진흙 속에서 피어난 백합화

세계복음화문제연구소
(The World Evangelization Research Center)는
한국 교회가 세계 복음화를 위하여
한 모퉁이를 담당해야 한다는 사명으로 사역하고 있습니다.

진흙 속에서 피어난 백합화

지 은 이	홍 성 철
발 행 인	홍 성 철
초판 1쇄	2015년 7월 18일

발 행 처	**도서출판 세 복**
주 소	경기도 파주시 문발로 123
전 화	070-4069-5562
홈페이지	http://www.saebok.net
E-mail	werchelper@hanmail.net
등록번호	제1~1800호 (1994년 10월 29일)

총 판 처	미스바출판유통
전 화	031-992-8691
팩 스	031-955-4433

ISBN 978-89-6334-026-5 03230
값 18,000원

ⓒ 도서출판 세 복

국립중앙도서관 출판예정도서목록(CIP)

진흙 속에서 피어난 백합화 = A lily blossomed in the mire
 : 룻기강해 / 지은이: 홍성철. -- 파주 : 세복, 2015
  p. ; cm

ISBN 978-89-6334-026-5 03230 : ₩18000

룻기[--記]
성서 강해[聖書講解]

233.239-KDC6
222.35-DDC23   CIP2015017797

롯기 강해

A Lily Blossomed in the Mire

진흙 속에서 피어난 백합화

홍 성 철

John Sungchul Hong

도서출판 세 복

A Lily Blossomed in the Mire

John Sungchul Hong

홍성철(John Sungchul Hong) 목사의 저서

국어
- 『고난 중에도 기뻐하라』 (빌립보서 강해설교)
- 『눈물로 빚어 낸 기쁨』 (룻기 강해)
- 『복음을 전하세 복음전도의 성경적 근거』
- 『불타는 전도자 존 웨슬리』
- 『성령으로 난 사람』 (요한복음 3장 1-16절 강해설교)
- 『십자가의 도』
- 『우리에게 일용할 양식을 주소서』 (주기도문 강해설교)
- 『유대인의 절기와 예수 그리스도』
- 『이렇게 예수 그리스도의 제자가 되자』
- 『절하며 경배하세』
- 『주님의 지상명령 성경적 의미와 적용』
- 『하나님의 사람들』 (마태복음 1장 1절 강해설교)
- 『현대인을 위한 복음전도의 성경적 모델』
- 『성령의 시대로! 오순절★복음★교제』
- 『전도학 개론』
- 『기독교의 8가지 핵심진리』

영어
- *Born of the Spirit* (Emeth Press)
- *John Wesley the Evangelist* (Emeth Press)
- *The Great Commission: Its Biblical Meaning and Application* (Evening Star Enterprise, Inc.)
- *The Genealogy of Jesus Christ: Evangelistic Sermon on the Covenant from Matthew 1:1* (Emeth Press)
- *The Jewish Festivals and Jesus Christ* (Emeth Press)

편저
- 『나는 어떻게 예수님을 만났는가?』
- 『회심 거듭남의 의미와 적용』
- 『복음주의 실천신학개론』
- 『전도학』
- 『선교세계』
- 『불교권의 선교신학과 방법』
- *How I Met Jesus*

번역서
- 『주님의 전도계획』외 30권의 기독교 서적

목차

추천의 글

    저자는 그의 사고와 행동에 있어서 복음적인 바탕을 지니고 있습니다. 좀 더 도발적으로 표현하자면 요즘 글줄 깨나 읽었다는 사람답지 않게 그에게는 복음이 알파와 오메가입니다. 저자는 그 일관된 기조를 그의 생애 중 단 한 순간도 무너뜨리거나 타협하지 않았습니다.

    젊은 시절 "조이선교회"의 지도자로 활약했습니다. 그리고 에스베리신학교에서 성서신학을 전공했으나 그의 공부는 복음을 설명하기 위한 방편이었고, 보스턴대학교에서 복음을 전하는 학문으로 학위를 취득하였습니다. 그리고 복음전도의 실천가로서 OMS 전도책임자로 활약했을 뿐만 아니라 태국에서 선교사로 복음을 전했습니다. 서울신학대학교에서 당시나 지금이나 드물게 존재하는 전도학 교수로서 복음의 기수로 부름 받은 신학생들을 섬기다가 정년을 맞았습니다. 그 어간에 "세계복음화문제연구소"를 창설하여 복음과 관련된 수많은 서적을 "도서출판 세복"을 통하여 출간했습니다. 뿐만 아니라 "기독교대한성결교회"

의 영문 표기를 문자적으로 "Holiness Church"로 할 수 있었으나 복음과 연관된 단어인 "Evangelical Holiness Church"로 건의하여 성결교회의 정체성은 복음주의에 있음을 천명하게 하였습니다.

정년 후, 서울신학대학교에서 석좌교수로 부름을 받은 후 에스베리신학교에서 석좌교수로 두 번째 부름을 받고 봉직하면서 오히려 더욱 원숙하면서도 왕성한 집필에 몰두하였습니다. 저자는 대중적 선호에 호응함으로 포퓰리즘에 영합하기 보다는 이 시대를 살고 있는 우리가 들어주지 않으면 다음 세대에서라도 들어줄 복음의 메시지를 남기고파 하였습니다. 이 한 권의 책 역시 저자의 그러한 일관성과 사명감을 배경으로 하여 세상에 나오게 되었음을 믿어 의심치 않습니다.

저자는 복음적 성경관으로 성경 단 한 절의 가치가 얼마나 위대한지, 단 한 장의 성경이 얼마나 방대한지를 우리에게 보여주어 왔습니다. 모세오경 속의 절기와 관련된 단 몇 절로 저서『유대인의 절기와 예수 그리스도』를 통하여 복음의 구약적 해석을 내놓은 저자는, 요한복음 3장 1-16절로 저서『성령으로 난 사람』으로 복음의 진수를 설명하였고, 사도행전 2장으로 저서『성령의 시대로! 오순절★복음★교재』를 통하여 복음의 신약교회적 실현을, 그리고 단 넉 장의 짧은 빌립보서를 강해하여 저서『고난 중에도 기뻐하라』를 통하여 교회와 성도에게 실존하는 복음의 진보를 보여주었습니다. 그리고 금번에 역시 단 넉 장의 룻기를 그의 복음에 관한 해박한 지식과 묵상을 통한 깊이 있는 영성으로 448쪽이나 되는 방대한 분량의 저서로 세상에 내놓았습니다.

그의 저서를 접해보면 복음이라는 것이 얼마나 심오한 것인 지를 보게

됩니다. 오늘날에 복음은 지나치게 이론적 공식이 되어서 감동 없는 도그마로 전락해 버리고 말았습니다. 그러나 그의 저서는 메마른 복음에 감동적 생명력을 불어 넣습니다. 단 한 절, 단 한 장, 단 한 권의 성경만으로도 성경 66권을 넘나듭니다. 짧은 본문이라는 이유로 복음의 능력을 감소시키거나 훼손시키기는커녕 더욱 찬란한 빛으로 밝히 드러내어 주면서 독자들에게 영적, 지적 황홀감마저 제공하여 주고 있습니다.

저자는 흘려버리기 쉬운 진리의 진수를 독수리의 눈으로 발견해내어 독자들에게 탄성을 지르게 하는 영적 탁월함을 소유하고 있습니다. 본서에서도 기왕의 룻기서 강해와 다른 각도의 복음적 접근이 곳곳에서 발견됩니다. 본서를 손에 넣는 사람은 복을 받은 사람임에 틀림없습니다. 한 번 읽기 시작하면, 다 읽기 전에는 손에서 이 책을 내려놓을 수가 없기 때문입니다.

노 영 근
대전태평교회 담임목사

문을 열면서

1. 서언

필자는 오랫동안 룻기에 매료되어 있었다. 그 증거가 몇 가지 있다. 첫째 증거는 룻기를 여러 교회--보스톤소망교회, 흑석교회, 한밀교회, 부천나눔교회, 대학연합교회--에서 설교했기 때문이다. 진정으로 룻기에 매료되어 있지 않았다면 이처럼 여러 교회에서, 그것도 전부다른 강조점을 가지고 설교하지 않았을 것이다. 물론 반응은 교회에 따라 달랐다. 대부분의 교회에서는 적극적으로 반응했다.

둘째 증거는 룻기 강해설교를 문자화하여 출판한 적이 있기 때문이다. 주후 2001년에 서울신학대학교에서 안식년을 허락받아, 미국 켄터키의 애스베리신학교Asbury Theological Seminary로부터 교환교수로 초청되어 가르치면서 룻기 집필을 마쳤다. 그 책의 제목은『눈물로 빚어낸 기쁨』이다. 그런데 묵상하면 할수록 그 제목은 나오미를 주인공으로 삼아서 나온 것임을 알게 되었다. 실제로 주인공은 룻인데 말이다.

셋째 증거는 룻기를 다시 강해하면서 또 책으로 출판하기에 이르렀기 때문이다. 처음 나온『눈물로 빚어낸 기쁨』은 총 17편으로 구성된 아담한 책이었다. 그러나 이번에는 다르다. 룻기를 보는 필자의 안목도 달라졌고, 또 인생을 바라보는 자세도 달라졌다. 그래서 총 48편의 두꺼운 책으로 출판하게 되었다. 1장과 2장이 각각 16장씩, 그리고 3장과 4장을 합쳐서 16장, 도합 48장이다.

넷째 증거는 이처럼 아름다운 룻기를 방대한 책으로 내놓으면서 강해설교에 치중하려고 했기 때문이다. 강해설교란 본문의 내용을 깊이 파악한 후, 그것을 현재의 삶에 적용하는 것이라고 할 수 있다. 필자는 가능한 대로 본문의 내용을 깊이 이해하고 전달하려고 애를 많이 썼다. 이미 적용에 관한 책들이 무수하기 때문이다. 그래서 필자는 책임감을 가지고 원문이 함축하고 있는 뜻을 파헤치려고 노력했다.

다섯째 증거는 설교의 형태 때문이다. 한두 편을 제외하고 모든 설교의 형태는 같다. 먼저, 머리말에 세 문단을 넣었다. 다음, 몸말에서 두 문단으로 소개한 후, 세 대지로 나누어서 본문을 풀어나갔다. 마지막 꼬리말에서는 두 문단으로 적용하려고 했다. 실제로 설교할 때는 적용부분을 상당히 강조하면서 예화도 들었으나, 책에서는 간단하게 마무리했다. 필자의 적용을 들으려면, 대학연합교회의 매체를 통해 들을 수 있다.

2. 유대인들

룻기는 유대인들이 사랑하는 책이자 동시에 이방 그리스도인들이 사랑하는 책이다. 먼저, 유대인들이 룻기를 사랑하는 이유는 이렇다. 유대인들은 보아스와 룻의 낭만적인 사랑과 그 사랑의 결과를 좋아하기 때문이다. 보아스는 나이가 지긋하도록 결혼하지 못한 노총각이었다. 룻은 유대인들이 싫어하는 모압 여인이었다. 그런 인간의 한계를 초월한 보아스와 룻의 사랑 이야기는 유대인들의 마음을 사로잡았다.

그 다음, 보아스는 여호와 하나님을 의지하면서 매일의 삶을 영위하였기 때문이다. 보아스는 하나님의 명령을 문자적으로 지켰을 뿐만 아니라, 한발 더 나아가서 그 명령이 함축하고 있는 정신을 십분 실천하였다. 이삭을 줍고 있는 가련한 이방 여인 룻에게 보여준 보아스의 배려는 확실히 하나님의 마음을 깊이 깨달은 사람만이 베풀 수 있는 긍휼이었다. 그 자신도 긍휼이 동정으로, 그리고 그 동정이 사랑으로 변화될 줄 몰랐을 것이다.

세 번째, 보아스가 엘리멜렉 가족에게 은혜의 손길을 뻗쳐서 보듬어준 마음 때문이다. 유대인에게는 하나님으로부터 받은 기업 내지 땅이 있다. 그 기업은 가문의 소유로서 대대로 전수되어야 한다. 불행하게도 엘리멜렉과 그의 두 아들이 죽자 그의 기업을 물려받을 사람이 없어졌다. 그 기업은 다른 가문으로 옮겨질 처지였다. 그러나 보아스가 손을 뻗쳐 엘리멜렉의 가문을 살렸다.

네 번째, 비록 보아스가 미천한 룻을 아내로 맞았지만, 그 후손에서 다윗이 태어났기 때문이다. 유대인들이 그처럼 존경하는 다윗 왕이 보아스와 룻의 후손이기에 그들은 룻기를 사랑한다. 유대인들은 룻기를 너무나 좋아하기에 칠칠절에 그 책을 읽는다. 그들은 그 밖의 책도 절기마다 읽는데, 유월절에는 아가를, 예루살렘이 멸망한 날인 5월 9일(종교력으로)에는 예레미야애가를, 초막절에는 전도서를, 그리고 부림절에는 에스더를 각각 읽었다.

다섯 번째, 비록 룻은 유대인들이 싫어하는 모압 여인이었지만, 그녀가 유대교에 입교하자, 그들의 하나님 여호와가 그녀를 인도하시고 축복하셨기 때문이다. 그들이 믿는 하나님은 모든 인간을 창조하셨기에 모든 사람을 사랑하신다. 그런 이유 때문에 유대인들도 이방인들을 유대교에 입교하게 하려고 많은 애를 쓴다(마 23:15). 그런데 룻은 스스로 유대교로 들어온 여인이다.

3. 이방 그리스도인들

룻기는 유대인들만 사랑하는 책이 아니다. 이방인이었다가 예수 그리스도를 구세주로 받아들여 하나님의 자녀가 된 그리스도인들도 사랑한다. 그들이 룻기를 사랑하는 이유도 분명히 있다. 첫째 이유는 이방 며느리인 룻이 시어머니인 나오미를 받드는 자세 때문이다. 성경 전체에 흐르는 부모에 대한 존경, 그 존경을 룻이 구체적으로 보여주고 있다. 그렇게 시어머니를 존경할 때, 하나님이 갚아주신 결말은 그야말로 아름답기만 하다.

둘째, 여인들의 역할이 너무나 아름답게 묘사되었기 때문이다. 일반적으로 이방문화의 특징은 남존여비의 사상이다. 그러나 나오미와 룻의 역할은 많은 여인들에게 희망을 불어넣어준다. 실제로 많은 이방 여인들이 노예처럼 살다가 예수 그리스도를 영접한 후, 그들의 사고와 삶이 변화된 사실을 볼 수 있다. 한발 더 나아가서, 그 여인들이 교회에서나 사회에서 미치는 영향은 지대하다.

셋째, 교회의 머리이신 예수 그리스도의 탄생에서 여자들의 역할이 지대했기 때문이다. 만일 예수 그리스도의 족보에 이방 여인들이 들어 있지 않았다면, 이방인들에게는 큰 실망이 되었을 것이다. 그러나 이방 여인들, 곧 다말, 라합, 룻과 같은 미천한 여인들이 그리스도 예수의 탄생에 제몫을 했다는 사실은 주로 이방인들로 구성된 교회가 룻기를 사랑하지 않을 수 없게 한다. 이 여인들은 모든 교회를 대표해서 예수님의 족보에 들어갔다.

넷째, 룻기 끝에 들어있는 족보 때문이다. 비록 그 족보에는 예수 그리스도가 포함되어있지 않지만, 다윗이 들어있다는 것은 중요하다. 왜냐하면 신약성경에서 예수 그리스도는 종종 "다윗의 자손"이라고 불리었기 때문이다(마 1:1, 눅 1:27, 18:38-39, 20:41). 그렇다! 룻기는 간접적으로 다윗의 자손 예수 그리스도를 소개하고 있다. 그렇지 않다면 룻기의 족보가 예수님의 족보에 들어갈 리가 없다(마 1:3-6).

다섯째, 보아스와 룻은 예수 그리스도와 교회의 관계를 간접적으로 나타내기 때문이다. 보아스는 기업 무를 자로서 구세주의 역할을 감당했다. 만일 그가 엘리멜렉의 소유지와 룻을 사지 않았다면, 그 가문은 스러진다. 그러나 그가 룻을 사서 아내로 맞이한 것처럼, 예수 그리스도도 피 값으로 죄인들을 사서 결혼하셨다. 그 결과 예수님은 남편이고, 교회는 아내이다(고후 11:2).

4. 감사의 마음

필자에게는 룻기 강해를 마치면서 감사의 마음을 표현해야 할 사람들이 있다. 첫째는 이처럼 오랜 기간 설교를 들어준 성도들의 갸륵한 믿음과 마음씨이다. 필자는 설교자보다 그분들의 믿음과 인내가 훨씬 깊다고 느끼고 있다. 그분들에게도 하나님이 보아스와 룻에게 부어주신 말할 수 없이 놀라운 은혜를 부어주시기를 기원할 따름이다. 왜냐하면 하나님은 보이지 않는 손길로 그분을 연모하는 사람들을 축복하시기 때문이다.

둘째는 필자가 이처럼 오랫동안 설교 준비에 씨름하고 있는 동안 아무 불평도 없이 묵묵히 기다려준 아내에게 깊은 고마움을 갖는다. 실제로는 묵묵히 기다리지만 않았다. 아내는 필자의 저술에 도움이 되게 하기 위하여 모든 것을 아끼지 않았다. 아내는 룻기에 나오는 룻과 같은 "현숙한" 여인이다. 그처럼 "현숙한" 아내의 도움을 받는 필자는 하나님으로부터 축복을 많이 받은 사람이다.

셋째는 필자에게 제목을 제시해준 목사님들이다. 김영호 목사님, 노영근 목사님, 그리고 정재우 목사님과 교제하면서 룻기를 말씀드렸다. 그분들은 "진흙 속에서 피어난 백합화"라는 제목을 제시하였다. 이 제목은 룻을 묘사하는 것이다. 사사시대라는 진흙 속에서, 그리고 이방신을 섬기는 모압 땅의 진흙 속에서, 한 송이 하얀 백합화가 피어났다. 룻은 과연 뭇사람이 사랑의 눈길로 우러러 보는 백합화였다.

넷째는 대전태평교회의 담임목사이신 노영근 목사님이다. 그분은 신학교 시절부터 복음 안에서 필자와 교제해 온 귀한 목사님인데, 현재는 세계복음화문제연구소의 이사장으로, 그리고 서울신학대학교의 이사로 섬기신다. 그분의 각별한 격려와 사랑의 도움으로 룻기 강해서를 출판하게 되었다. 뿐만 아니라 노 목사님은 이 강해서를 위하여 기쁨으로 "추천의 글"을 써주셨다. 마음 깊은 곳에서 고마움을 지니고 있다.

다섯째는 룻기와 같은 책에 매료되어 읽고 연구하고, 또 묵상하고 삶의 현장에 적용할 수 있도록 함께 하신 성령님께 감사를 드린다. 한발 더 나아가서 성령님과의 교제를 가능하게 하기 위하여 십자가에서 대속의 죽음과 영광스럽게 부활하신 주님, 그리고 룻처럼 그분의 재림을 대망하면서 기다리는 필자를 데리러 오실 예수님께 감사하며, 하나님 아버지께 모든 영광을 돌린다.

주후 2015년 5월

홍 성 철

The Book of Ruth Chapter 1

제1부
룻기 1장 돌아오다

영국의 화가 **윌리엄 블레이크**William Blake의 작품
"모압으로 돌아가는 오르바"

1 "사사들이 치리하던 때에"

"사사들이 치리하던 때에 그 땅에 흉년이 드니라" (룻기 1:1a)

1. 머리말

룻기는 4장밖에 안 되는 작은 책이다. 그러나 이스라엘 백성은 룻기를 사랑했다. 그렇지 않다면 이스라엘의 삼대 절기--유월절·무교절, 칠칠절·오순절, 초막절·수장절--중에서 칠칠절이라고도 하고, 오순절이라고 하는 두 번째 절기에 룻기를 읽었겠는가? 이 두 번째 절기는 유월절 이후 안식일이 7번 지난 다음에 오는 절기의 의미로 칠칠절이라고도 하고, 유월절 이후 정확히 50일째 되는 날의 의미로 오순절이라고도 한다.

이스라엘 백성은 룻기를 너무나 좋아한 나머지 첫 절기인 유월절과 마지막 절기인 초막절을 연결하는 오순절에 그 책을 즐거운 마음으로 읽었다. 그들이 즐겁게 읽은 이유가 또 있다. 오순절은 밀 수확의 계절이다(맥추절이라고도 불린다). 굶주림에 시달린 나오미와 룻이 모압을 떠나서 베들레헴으로 오자 그들을 맞이한 것은 풍성한 밀이었다. 그런 까닭에 이 절기에 이스라엘 백성은 룻기를 즐겁게 읽었다.

오순절은 이스라엘이 그처럼 중요하게 여기는 십계명과 토라를 받은 날이기도 하다. 하나님의 법을 버리면 굶주림과 죽음이 기다리나, 다시 하나님의 말씀에 의지하여 하나님께로 돌아오면 풍성한 축복이 기다린 다는 내용을 담은 룻기를 이스라엘 백성은 즐겁게 읽었다. 뿐만 아니 라, 룻의 증손자인 다윗 왕이 오순절에 태어났고, 또 그날에 죽었기 때 문에 이스라엘 백성은 오순절에 룻기를 즐겁게 읽었다.[1]

2. 몸말

그런데 이스라엘 백성이 룻기를 사랑하는 이유가 또 있다. 이스라엘 의 가장 위대한 왕인 다윗을 태어나게 한 가문을 일으킨 룻의 이야기가 기록되었기 때문이다. 그런데 그 룻은 본문이 가리키는 대로 "사사들이 치리하던 때에" 소리 없이 나타나서 그렇게 큰일을 일구어냈다. 이스라 엘 백성이 룻기를 그처럼 사랑하는 이유이기도 하다. 사사들이 통치하 던 이스라엘은 상황이 어떠했는가?

사사들이 통치하던 시대는 이스라엘이 젖과 꿀이 흐르는 가나안 땅에 들어와서 정착하려고 몸부림치던 시대이다. 대략 350년간의 사사시대 는 너무나 인간적인 모습을 드러낸 기간이기도 하다. 그들은 비록 모세 와 여호수아와 같은 지도자들의 영도 밑에서 출애굽과 가나안 입성을 이루었지만, 그들에게는 더 이상 그처럼 능력 있는 지도자가 없었다. 그 결과 그들은 "사람마다 자기 소견에 옳은 대로 행했다"(삿 17:6, 21:25).

1) 사사시대의 특징

　사사들은 왕이신 하나님을 대리하여 이스라엘을 통치하는 치리자들이었다. 사사들은 하나님이 세우시고, 하나님이 능력을 주시고, 하나님의 지시를 따라 나라를 다스리는 사람들이다. 이스라엘 백성이 하나님께 가까이 하면서 하나님의 뜻에 순종하면 하나님께서 좋은 사사들을 주셨다. 그러나 이스라엘 백성이 하나님을 저버리고 그들 마음대로 행하면 하나님은 사사들을 허락하지 않으셨다. 그러면 그들은 목자 없는 양들처럼 되었다.

　많은 경우 이스라엘 백성은 하나님도 없고, 또 지도자들도 없이 제멋대로 살았다. 그들은 영적으로나 정치적으로나 진흙탕 속에서 허우적거리는 사람들처럼 헤맸다. 그처럼 어두운 상황에 빠져 들어간 이유는 간단하다. 이스라엘이 하나님의 약속을 믿지도 않았고, 또 명령에 순종하지도 않았기 때문이다. 약속은 가나안 땅을 주시겠다는 것이고, 명령은 그 땅에 사는 원주민들을 쳐부수라는 것이었다. 그러나 이스라엘 백성은 언약의 하나님을 저버리고, 가나안 족속들을 받아주었다(삿 2:2).

　두 번째 잘못은 가나안 족속들과 같이 살면서 그들과 결혼을 한 것이다. "그들의 딸들을 맞아 아내로 삼으며, 자기 딸들을 그들의 아들들에게 주었다"(삿 3:6). 이런 행위는 하나님의 명령을 거부한 것이다. 일찍이 하나님은 이렇게 경고하신 바 있다, "네 하나님 여호와께서…일곱 족속을 쫓아내실 때에…그들과 혼인하지도 말지니, 네 딸을 그들의 아들에게 주지 말 것이요, 그들의 딸도 네 며느리로 삼지 말라"(신 7:1-3).

　이런 연혼은 필연적으로 더 큰 악을 낳았다. 그들은 결혼하면서 섬기던 우상을 가져왔고, 따라서 이스라엘도 서서히 그 우상들을 섬기기 시작했다. 다시 하나님의 경고를 보자, "그가 네 아들을 유혹하여 그가 여호와를 떠나고 다른 신들을 섬기게 하므로 여호와께서 너희에게 진노하사 갑자기 너희를 멸하실 것임이니라"(신 7:4). 사사시대에 이런 연혼의 결과는 하나님의 경고대로 "그들의 신들을 섬기게 되었다"는 것이다"(삿 3:6).

그러면 이스라엘 백성은 가나안 족속들이 가져온 우상을 섬기면서 하나님도 섬겼는가? 그것은 불가능한 일이다. 자연스럽게 그들은 그들을 애굽에서 건져내셨을 뿐만 아니라, 가나안으로 인도하여 들이신 여호와 하나님을 버렸다. "애굽 땅에서 그들을 인도하여 내신 그들의 조상들의 하나님 여호와를 버리고, 다른 신들 곧 그들의 주위에 있는 백성의 신들을 따라 그들에게 절했다"(삿 2:13).

이런 것들이 바로 사사시대의 특징이었다. 처음부터 확실히 하나님의 말씀에 조건 없이 순종하지 않고 타협했다. 그들과 공존할 수 없는데도 공존을 결정했고, 그 타협은 보다 깊은 타협, 곧 연혼을 가져왔다. 그 타협은 또 다른 타협, 곧 다른 신들을 받아들이기 시작했고, 마침내는 다른 신들을 섬기며 하나님을 버렸다. 얼마나 영적으로 어두운 시대였는가? 이처럼 어두운 때에 샛별 같이 나타난 신앙의 여인이 바로 룻이었다.

2) 사사시대의 정황

사사시대는 두 영도자들 사이에 있었던 중간시대이다. 한편으로 모세와 여호수아와 같은 탁월한 지도자들이 이스라엘 백성을 이끌었다.[2] 또 한편으로 사울과 다윗과 같은 큰 지도자들이 이스라엘을 다스렸다.

이처럼 두 그룹의 지도자들 사이에 처한 시대에는 위에 열거된 지도자들--모세, 여호수아, 사울 및 다윗--과 같은 호걸이 나오지 못했다. 위에서 언급한 것처럼, 사사들은 백성이 하나님께 부르짖어 받은 은혜의 선물이었다.

그 당시 이스라엘은 일정한 지도자들이 없었을 뿐만 아니라, 일정한 정치 수단도 없었다. 그들은 외국의 침공에 따라 여기저기에 흩어졌다가 모이는 이합집산의 무리와 같았다. 좋은 지도자가 나오면 힘을 합하여 적군을 물리치고, 또 지도자가 자취를 감추면 사방으로 흩어지는 오합지졸에 불과했다. 그들에게는 하나님이 세우시는 지도자가, 곧 정치 수단이 되었다.

그뿐만이 아니다! 그들에게는 하나님의 임재와 영광을 상징하는 성막도 일정한 장소에 있지 않았다. 하나님은 일찍이 성막에서 이스라엘 백성을 만나주고, 또 거기서 그들이 행할 바를 지시해 주겠다고 약속하셨다(출 25:22). 그러나 종종 외국의 지배자들의 눈치를 보면서 또 그들이 가져온 우상을 섬기면서, 이스라엘 백성은 하나님을 규칙적으로 그리고 일정한 장소에서 만나지 못했고 또 아무런 지시도 받지 못했다.

이스라엘 백성은 하나님이 선물로 주신 사사들 밑에서 먹고 살만하면 다시 하나님을 등졌다. 그때마다 하나님은 진노하시면서 그들을 여러 가지 어려움에 빠지게 하셨다. 그런 이유 때문에 이스라엘 백성은 때로는 외세의 침공을 받았고, 때로는 내부적으로 큰 갈등을 겪었다. 그러는 사이에 그들은 굶주리기도 했고, 학대받기도 했다. 그들이 그처럼 어려운 상황에 빠지면 다시 하나님께 부르짖었고, 하나님은 다시 은혜를 베푸셨다.

그러니까, 사사기 전체의 내용은 다음의 네 단어로 요약할 수 있다:

죄sin, 고난suffering, 간구supplication, 구원salvation. 그들이 죄를 범하면 하나님의 징계를 받아 고난에 들어갔다. 그들은 여러 가지 고난을 당하면서 더 이상 그들의 힘으로는 그 고난의 문제를 해결할 수 없다는 것을 깨달았다. 그러면 그들은 회개하면서 하나님께 간구하며 울부짖는다. 그리할 때, 하나님은 마다하지 않으시고 구원을 이루어주셨다.

그들이 교만해져서 하나님을 저버리고 우상을 섬겼을 때, 하나님은 사방의 적들로 그들을 침공하게 하셨다. 동서남북에서 침범한 집단을 보면 다음과 같다: 북동쪽에선 메소보다미아(삿 3:7), 북서쪽에서는 가나안(삿 4:2), 동쪽에서는 모압과 암몬(삿 3:12, 10:7), 서쪽에서는 블레셋(삿 10:7), 남쪽에서는 미디안(삿 6:1). 이처럼 사방에서 침공하여 이스라엘을 다스린 기간을 모두 합치면 111년이나 되었다.[3]

이스라엘 백성은 참으로 간사한 사람들이었다. 그들이 하나님을 알지 못하는 야만인들의 지배를 받으면서 양식과 가축을 빼앗기면, 그들은 하나님께 부르짖었다. 그러나 조금만 안락하면, 즉시 하나님을 떠나갔다. 사사시대에는 이스라엘 백성이 이렇게 죄악으로 떨어졌다가 다시 회개하고 회복하기를 7번이나 반복했다.[4] 이처럼 영적으로 하나님을 떠나가던 시대에 하나님께로 조건 없이 돌아온 여인이 바로 본문의 주인공인 룻이다.

3) 흉년

본래 하나님은 젖과 꿀이 흐르는 기름진 땅을 주겠다고 약속하셨다. 그런데 이스라엘은 하나님을 저버렸고, 많은 문제를 떠안게 되었다. 이런 과정을 잘 묘사한 하나님의 말씀이 있다: "내가 너희를 기름진 땅에 인도하여 그것의 열매와 그것의 아름다운 것을 먹게 하였거늘 너희가 이리로 들어와서는 내 땅을 더럽히고 내 기업을 역겨운 것으로 만들었으며…선지자들은 바알의 이름으로 예언하고 무익한 것들을 따랐느니라"(렘 2:7-8).

그런데 이게 웬 말인가? 본문을 다시 보자, "사사들이 치리하던 때에 그 땅에 흉년이 드니라." 그 기름진 땅에 왜 흉년이 들었는가? 그 땅은 늘 흉년이 드는 사막과 같은 곳이 아니었다. 하나님이 선민으로 부르신 이스라엘 백성이 거하는 곳, 그들을 위하여 하나님이 특별히 약속하시고 주신 곳! 그 땅에 흉년이 들었을 때는 반드시 이유가 있었을 것이다. 그렇다면 그 이유는 무엇이겠는가?

가장 중요한 이유는 무엇보다도 이스라엘 백성이 하나님을 떠나갔기 때문이었다. 하나님은 그들에게 일찍이 이런 약속을 주셨다, "너희가 건너가서 차지할 땅은 산과 골짜기가 있어서 하늘에서 내리는 비를 흡수하는 땅이요. 네 하나님 여호와께서 돌보아 주시는 땅이라; 연초부터 연말까지 네 하나님 여호와의 눈이 항상 그 위에 있느니라"(신 11:11-12). 하나님이 어떻게 그 땅을 돌보아주셨는가?

그 땅을 돌보시는 방법은 적당한 비를 통하여 풍성한 양식을 주시겠다는 것이다. 그처럼 중요한 약속을 보겠다. "여호와께서 너희의 땅에 이른 비, 늦은 비를 적당한 때에 내리시리니, 너희가 곡식과 포도주와 기름을 얻을 것이요, 또 가축을 위하여 들에 풀이 나게 하시리니 네가 먹고 배부를 것이라"(신 11:14-15). 그런데 이처럼 분명한 약속은 어디 가고, 그 대신 흉년이 들었는가?

하나님은 그처럼 놀라운 약속을 주실 때, 한 가지 조건이 있었다. 정말로 하나님이 그처럼 이른 비와 늦은 비를 좌지우지하실 수 있는 창조주시요 구속자이시라면, 이스라엘 백성은 그분만을 따르고 경배해야한다. 그러면 그 조건은 무엇인가? "너희는 스스로 삼가라; 두렵건대마음에 미혹하여 돌이켜 다른 신들을 섬기며 그것에게 절하므로, 여호와께서 너희에게 진노하사…"(신 11:16-17). 어떻게 진노하시겠다는것인가?

위의 말씀, 곧 신명기 11장을 더 읽어보면 분명해진다, "하늘을 닫아비를 내리지 아니하여 땅이 소산을 내지 않게 하시므로 너희가 여호와께서 주신 아름다운 땅에서 속히 멸망할까 하노라"(신 11:17). 그렇다!하나님이 약속하신 축복은 비와 풍성한 수확이었다. 그렇다면 흉년은하나님을 저버린 결과이다. 하나님은 인간의 생명에 없어서는 아니 될식량을 거두시겠다는 것이다. 바로 이런 이유 때문에 흉년이 들었다.[5]

3. 꼬리말

물론 흉년을 단순히 천재지변으로 볼 수 있다. 그러나 사사시대에 이스라엘 백성이 끊임없이 하나님을 저버리고 우상을 섬긴 사실에 비추어 볼 때(삿 3:7, 12, 4:1, 6:1, 10:6, 13:1), 그리고 그때마다 하나님이그들을 향하여 진노하셨다고 말씀하신 사실에 비추어 볼 때, 이 흉년은천재지변이 아니라 하나님의 진노였다. 그리고 이 흉년이 하나님의 진노였다면 해결의 방법도 있다. 이스라엘 백성이 하나님께 울부짖는 것이다.

이런 악순환은 현재도 있다. 김정일이 김일성을 대신하여 북한을 통치할 때, 북한의 모든 매체는 그를 하나님 이상으로 떠받들었다. 그가 그들의 생명이고, 그들의 현재이며 또 그들의 미래였다. 그처럼 인간을 우상화하고 섬긴 결과는 무엇인가? 사사기에서처럼 하나님은 북한을 비로 치셨다. 김정일은 식량증산 운동에 박차를 가해 야산들을 밭으로 개간했다. 인민들의 기대도 대단했다.

그러나 이게 웬일인가? 갑자기 폭우가 쏟아져서 개간된 밭의 흙이 쏟아져 내려왔다. 폭우로 논밭은 물에 잠겼다. 그해 농사는 완전히 망가졌다. 그 다음 해에는 어떠했는가? 역시 폭우가 쏟아졌다. 북한은 폭우로 인하여 연속해서 2년 동안 농사를 짓지 못했다. 김정일은 학생, 군인 및 인민을 동원하여 폭우를 대비하게 했다. 일 년 내내 그들은 폭우를 준비했다.

그러나 놀랍게도 3년째 해에는 비가 전혀 오지 않았다. 가뭄이 북한 전역을 엄습했다. 연속적으로 3년이나 농사를 짓지 못한 북한은 망하기 직전까지 갔다. "고난의 행군"이라는 기치 아래 북한 주민들은 허기져서 쓰러지고, 굶어서 쓰러지고, 북한을 탈출하다 총탄에 맞아 쓰러지고, 중국 땅을 헤매다 쓰러졌다. 그 3년의 기간 동안 이렇게 굶어죽은 사람들이 얼마나 많은지 정확한 수를 알 수 없을 정도였다.

하나님을 저버리고, 우상을 숭배하는 이스라엘 백성은 사사시대에 많은 어려움을 겪은 것처럼, 북한도 김정일이란 우상을 섬기면서 많은 사람들이 굶어 죽었다. 그러나 이스라엘 백성은 회개하며 간구했고, 또 하나님의 구원을 경험했다. 그런 회개의 운동이 북한 사람들에게서도 일어나도록 기도한다. 그렇지 않다면 그들은 지금은 굶주림이라는 심판을 받지만 후에는 "살아 계신 하나님의 손에 빠져 들어가서" 영원한 심판을 받을 것이다(히 10:31).

2 "모압 지방으로"

"유다 베들레헴에 한 사람이 그의 아내와 두 아들을 데리고 모압 지방에 가서 거류하였는데" (룻기 1:1b)

1. 머리말

사사시대의 특징은 각자가 원하는 대로 생각하고, 결정하고, 행동한 것이었다. 사사시대의 이스라엘 백성은 하나님의 뜻과 상관없이 행동했다. 그렇다고 그들에게 하나님이 없는 것도 아닌데 말이다. 그런데도 그들은 하나님을 구하지 않았다. 그들은 하나님의 뜻을 찾기 위하여 모세를 통하여 주신 율법서라도 뒤적거릴 수 있었는데 말이다. 그러나 그들은 하나님도 구하지 않았고, 율법서도 제쳐놓았다.

그런 이유 때문에 사사기에는 이런 표현이 나온다: "그 때에는 이스라엘에 왕이 없었으므로 사람마다 자기 소견에 옳은 대로 행하였더라"(삿 17:6). 이 표현은 미가라는 사람이 어머니의 은 천백을 훔쳤다가 돌려드렸고, 그 어머니는 은을 돌려준 아들의 행위에 감복하여 신상을 만들었을 때 나온 것이다. 그러다가 어느 지나가는 레위인 행객을 그 가정의 제사장으로 삼았다. 당시 이스라엘은 이처럼 중요한 영적 문제도 각자가 원하는 대로 행하였다.

사사기는 똑같은 말씀으로 끝맺음을 한다: "그 때에 이스라엘에 왕이 없으므로 사람이 각기 자기의 소견에 옳은 대로 행하였더라"(삿 21:25). 이 말씀은 베냐민 사람들이 한 여자를 성폭행하면서 죽였고, 이에 격분한 이스라엘 백성이 베냐민 자손들을 칼날로 친 후에 기록되었다. 먼저 하나님의 뜻을 찾은 후 그 뜻대로 결정하자고 제안하는 사람도 없었다. 사람마다 마음대로 생각하고, 결정하고, 행동했다.

2. 몸말

이런 때에 유다 베들레헴에 흉년이 들었다. 흉년이 들었을 때, 하나님의 백성인 이스라엘은 마땅히 그 원인을 찾아야 했다. 적어도 하나님에게 묻던지, 아니면 율법서에서 흉년의 원인을 찾아야 했다. 그러나 그 당시의 분위기는 그런 방향으로 흘러가지 않았다. 각자가 자기의 생각대로 궁리하고, 결정하고, 행동했다. 그렇게 행동한 백성들 가운데 아주 특별한 사람이 있었는데, 그가 바로 엘리멜렉이었다.

왜 엘리멜렉이 특별한 사람인가? 그는 흉년을 피하기 위하여 다른 사람들과 전혀 다른 결정을 했기 때문이다. 그는 사랑하는 아내와 금쪽같은 두 아들을 둔 가장이었다. 그는 풍족한 농토도 있는 제법 부유한 사람이었다. 가까운 친척들도 인근에 살고 있었다. 그런 엘리멜렉이 가정을 이끌고 고향을 떠날 이유가 전혀 없었다. 그러나 한순간 하나님의 뜻을 구하지 않고, 흉년을 피하려고 엘리멜렉은 다른 나라인 모압 지방으로 갔다.

1) 인위적인 결정

엘리멜렉이 흉년을 피하러 모압 지방으로 간 것은 너무나 인간적인 결정이었다. 그것이 인간적인 결정임을 어떻게 알 수 있는가? 첫째 이유로 그는 흉년을 자연적인 재해로만 보았다. 그 재해를 잠깐 피하면 문제를 해결할 수 있다고 생각했다. 그런 이유 때문에 그는 모압 지방에 잠시 피하러 간 것이다. 오늘의 본문, "모압 지방에 가서 거류하였는데"에서 *거류하다는 잠시 머물다*의 의미이다.[6]

그 결정이 인간적인 둘째 이유는 이스라엘 백성과 언약 관계를 맺은 하나님의 뜻을 전혀 고려하지 않은 이유 때문이다. 하나님은 이스라엘 백성이 출애굽을 한 후에 그리고 광야를 지난 후, 모압 땅에서 중요한 언약의 말씀을 주셨다. 그것은 이스라엘이 하나님을 섬기기만 하면 "네 땅에 때를 따라 비를 내리시어" 풍성한 수확을 주시겠다는 것이다(신 28:12). 반면, 우상을 섬기면 "비 대신에 티끌과 모래"를 주시겠다는 것이다(신 28: 24).

엘리멜렉은 모압으로 가기 전에 하나님의 뜻을 율법서에서 찾아야 했다. 그러나 그도 당시의 많은 사람들처럼 그의 소견대로 생각하고, 결정하고, 행동했다. 그가 흉년을 피하기 위하여 다른 나라로 갈 수 있었던 그런 용기를 가지고 하나님의 뜻을 구했더라면, 많은 이스라엘 사람들에게 신앙의 규범이 될 수도 있었다. 그는 이스라엘 사람들을 하나님과 말씀으로 돌아오게 하는 중요한 매개가 될 수도 있었다.

엘리멜렉이 모압으로 간 결정이 인간적인 셋째 이유는 그가 모압에 가서 얼마 지나지 않아 죽었기 때문이다. 그는 흉년을 피하러 잠시 간다고 생각했지만, 그것이 그의 생애를 일찍 마감하는 죽음의 선택으로 판명

되었다. 그는 잠시 고향을 떠난다고 생각했지만, 고향을 다시는 밟지도, 보지도 못했다. 한순간의 인간적인 선택은 그 인간을 이 세상에서 영원히 사라지게 하였다. 그렇다! 한순간의 선택은 너무나 중요하다.

넷째 이유는 엘리멜렉이 *유다 베들레헴*을 떠났기 때문이다. 유다는 하나님이 유다 지파에게 주신 땅으로, 우리나라의 도에 해당된다. 그 안에는 수도인 예루살렘도 있고, 예루살렘에서 약 9km 떨어진 베들레헴도 있다. 베들레헴은 작지만 특별한 곳이다. 전대에는 야곱의 막내아들 베냐민이 태어난 곳이며, 후대에는 그곳에서 이스라엘의 가장 위대한 왕 다윗과 인류의 구세주이신 예수님이 태어나신 곳이기도 하다.

다섯째 이유는 유다 베들레헴의 의미를 생각해보는 것도 유익할 것이다. 유다의 의미는 "찬송"이고, 베들레헴은 "떡의 집"이다.[7] 이런 의미와 연관시키면 다음과 같이 적용할 수 있을 것이다. 이스라엘 백성이 하나님을 찬송하면서 경외하기만 하면 그들에게 필요한 떡을 공급하신다. 그것은 하나님의 가장 기본적인 약속이다. 그런데 엘리멜렉은 그런 의미 있는 땅, 곧 찬송도 있고 떡도 있는 그런 놀라운 땅을 떠나서 모압 지방으로 갔다.

2) 모압 지방

엘리멜렉이 요단강 건너편에 있는 모압 지방을 택한 또 다른 이유가 있었을 것이다. 모압 땅에는 아르논^Arnon 강을 중심으로 풍요로운 들판이 펼쳐져 있다. 달리 표현하면, 모압에는 물이 풍부했다. 모압만 그런 것은 아니다. 모압 북쪽을 보면, 그곳은 이스라엘의 12지파 중 르우벤, 갓, 므낫세 반지파가 정착한 곳이기도 하다. 많은 가축을 거느린 그들에게 물도 많고 초지도 넓어서 알맞은 땅이기 때문이다(민 32:33).

엘리멜렉은 한때 그들의 조상도 거류했던 땅을 임시 피난처로 선택하는데 아무런 문제가 없다고 생각했을 것이다. 그가 가족을 이끌고 모압 지방에 이르렀을 때, 물이 가득한 들판을 보면서, 그리고 먹을 양식이 부족하지 않은 것을 보면서, 엘리멜렉은 흐뭇한 마음을 가졌을 것이다. 그는 자신의 선택이 결코 잘못 되지 않았다고 자부했을 것이다. 그의 가족, 곧 아내와 두 아들도 아무 불평 없이 그 가장의 선택을 받아들였다.

그러나 그 당시 겉으로 나타난 모압만 보지 않고 조금만 깊이 들여다보았다면 엘리멜렉도 그렇게 쉽게 결정하지는 않았을 것이다. 이스라엘 백성이 출애굽 후, 광야를 지나고 있었다. 물론 그들의 목적지는 요단강 건너편 서쪽에 있는 가나안 땅이었다. 그들이 많은 어려움을 겨우 극복하고 마침내 그처럼 오매불망하며 기다리던 가나안 땅에 가까웠다. 그런데 그들을 가로막고 있는 곳이 있었는데 바로 모압 땅이었다.

이스라엘 백성은 모압 땅을 지나지 않으면 결코 요단강 쪽으로 갈 수 없었다. 그들과 요단강 사이에 모압 땅이 있었기 때문이다. 그런데다가 그 땅의 왕인 발락은 이스라엘에 대하여 호의적이지도 않았다. 호의는 커녕 오히려 악의적이었다. 발락은 어떤 방법으로든지 이스라엘 백성이 모압을 통과하는 것을 막으려 했다. 그 방법은 무엇이었는가? 발락은 주술을 사용하여 이스라엘을 저지하기로 작정하였다.

발락 왕은 주술가인 발람을 매수하여 그를 통하여 이스라엘의 통과를 막으려고 했다(민 22:2-6). 물론 그런 주술은 전능하신 하나님 앞에서는 전혀 통하지 않았지만 말이다. 그러니까 모압 땅에는 주술이 횡행하고 주술가들이 여기저기 존재하는 땅이었다. 사사시대의 이스라엘 사람들이 비록 열심히 하나님을 구하진 않았지만, 그래도 주술 같은 천한 것을 의지하지는 않았다. 엘리멜렉은 그처럼 영적으로 천한 땅으로 갔다.

모압 땅에는 주술뿐만 아니라, 우상숭배가 횡행하였다. 이스라엘 백성이 가나안을 향하여 힘찬 발걸음을 내딛고 있을 때, 남자들이 모압 여인들과 더불어 음란한 짓거리에 연루된 적이 있다. 그 여인들은 자연스럽게 이스라엘 남자들에게 그들의 우상을 소개했고, 이스라엘 남자들은 주저하지 않고 그 여인들의 우상, 곧 모압의 우상에 절까지 했다(민 25:1-2). 그 결과 이스라엘 백성 중에서 24,000명이나 염병이라는 심판으로 죽었다(민 25:9).

3) 모압 사람들

엘리멜렉은 그처럼 주술과 우상이 가득한 땅으로 피난을 갔다. 모압 땅은 그렇다 치고, 모압 사람들은 어떠했는가? 엘리멜렉은 모압 사람들을 조금만 깊이 생각했어도 절대로 모압을 피난처로 여기지도 않았고, 또 들어가지도 않았을 것이다. 우선, 이스라엘 백성에게 모압 사람들이 행한 짓거리를 보겠다. 모압은 한 때, 이스라엘을 군사적으로는 침공하면서, 물질적으로도 착취를 주저하지 않았다.

그것은 사사들이 치리하던 때에 일어난 사건이었다. 한 번은 이스라엘 백성이 하나님 앞에서 악을 행했다. 그들이 악을 행하면서 백성들이 영적으로나 육체적으로 약해졌을 때, 모압은 에글론이란 지도자 밑에서 강성해졌다. 에글론은 암몬과 아멜렉과 더불어 연합군을 형성하고 이스라엘을 정복했다. 그리고 에글론은 이스라엘을 자그마치 18년 간이나 통치하면서 온갖 악행을 감행했다(삿 3:12-13).

이스라엘 백성은 그들의 죄악 때문에 18년이란 긴 세월 동안 모압을 섬기면서 조공을 바쳤다. 모압 백성은 주술과 우상숭배를 일상생활처럼 자행하는 사람들이었다. 당연히 그들은 이스라엘 백성의 신앙생활을 간섭하면서 한편 하나님 숭배를 방해하고, 또 한편 그들의 신을 섬길 것을 강요했을 것이다. 물질적으로는 공물을 바치고, 영적으로는 우상을 섬기라는 강요는 이스라엘 백성으로 하여금 하나님께 부르짖게 하였다(삿 3:15).

　모압 사람들이 국가적으로 섬기는 신은 그모스인데, 그들은 그 나라의 흥망성쇠가 이 신에게 달려 있다고 믿으면서 그 신을 전폭적으로 의지했다. 그런 이유 때문에 모압은 "그모스의 백성"이라고 불린다(민 21:29). 모압 사람들은 그모스 신에게 그들의 아들을 제물로 바쳐서 죽인다. 특별히 국가의 흥망성쇠를 위하여 그들은 주저하지 않고 아들들을 제물로 바쳤다.

　이스라엘에게 하나님의 형상을 따라 지음을 받은 사람은 참으로 중요하다. 그런데 이처럼 사람을 중요하게 여기는 이스라엘 백성이 모압으로 간다는 것은 있을 수 없다. 아들을 그모스 신에게 제물로 바친 기록을 우리는 모압의 왕 메사에게서 찾을 수 있다. 그가 유다와 전쟁하는 중 전세가 불리하니까 그의 맏아들을 그모스에게 번제로 바쳤다(왕하 3:27).

　이런 모압의 악행은 유다 나라에게도 영향을 끼쳤다. 그렇지 않다면 유다 왕 아하스가 아들을 번제로 드렸겠는가?(왕하 16:3). 북쪽 나라 이스라엘의 왕들은 자기 아들들을 예사롭게 번제로 드렸다(왕하 17:17). 이처럼 아들을 번제로 바치는 모압으로 이스라엘 백성이 간다는 것은 하나님을 등지겠다는 각오가 아니면 불가능했을 것이다. 유다 자손인 엘리멜렉은 혼자서도 아니고 아내와 두 아들을 데리고 "그모스의 백성"이 사는 모압으로 갔다.

3. 꼬리말

　엘리멜렉은 한순간 잘못된 선택을 했다. 그 결과 그 자신은 물론 죄 없는 두 아들도 일찍 죽었다. 그러면, 엘리멜렉의 모압 선택은 우리에게 어떤 교훈을 주는가? 우리도 마찬가지이다! 한순간의 잘못된 선택은 인생의 향방을 잘못 결정할 수 있다. 우리는 하나님의 뜻을 구해야 한다. 기도하면서 하나님의 뜻을 구해야 한다. 그뿐만이 아니다! 하나님의 말씀을 통하여 하나님의 뜻을 구해야 한다. 그리고 하나님의 뜻을 구하면 조건 없이 그 뜻에 순종해야 한다.

　나는 오래 전에 결혼을 앞두고 전셋집을 찾고 있었다. 적은 돈과 부족한 시간 때문에 마땅한 집을 찾기가 쉽지 않았다. 나는 하나님께 적절한 곳을 달라고 기도했다. 기도의 응답도 이루어지는 것 같지 않아서 울적하기도 했다. 하루는 점심을 먹고 다시 직장으로 터덜터덜 걸어가면서 주님께 중얼거리고 있었다: "주님, 주님이 저를 위하여 예비하신 곳은 어디인가요?"

　나는 어떤 소리에 소스라쳐 놀랐다, "선생님, 어디 가세요?" 몇 년 전에 내가 어느 고등학교에서 영어를 가르칠 때, 내게 배웠던 학생들이었다. 그들에게 복음도 전한 결과 예수님을 그들의 구세주로 받아들인 그리스도인 형제들이기도 했다. 그들은 말했다, "선생님, 배고픈데 점심 좀…." 나는 그들을 데리고 중국음식점으로 갔다. 그들이 점심을 먹은 후에 나도 부탁을 했다.

　그 제자들 5명이 모두 헤어져서 집을 봐달라는 것이었다. 전세금과 장소와 집의 형태를 대략 설명한 후, 그와 비슷한 집을 만나면 전화하라고 부탁했다. 3시간쯤 지나서부터 전화가 오기 시작했다. 일과가 끝나자마자 나는 가장 그럴 듯한 곳으로 달려갔고, 그리고 계약을 했다. 그 집이 바로 내가 결혼한 후에 처음 살게 된 집이었는데, 그 집은 새집이었고, 우리에게는 너무나 좋은 곳이었다.

주인집은 불교에 깊이 심취해 있었고, 절을 두 채나 지어서 봉헌한 사람들이었다. 그 집의 장남은 마침 재수를 하고 있었는데, 가끔 나에게 영어도 물어보고, 또 탁구도 치는 등 가깝게 지내기 시작했다. 그러다가 그 청년에게 복음을 제시했고, 그는 예수 그리스도를 자신의 구세주로 받아들였다. 그런데 계약기간이 끝나기 전에 그 집이 팔려서 우리는 이사를 가게 되었지만, 그 집에 복음의 씨앗을 떨어뜨렸다.

세월이 흘러서 그 청년을 다시 만났을 때는 그가 이미 결혼도 했고, 또 더욱 놀라운 것은 목사가 되었다는 사실이다. 그것도 보통 목사가 아니라, 다른 목사들에게 성경도 가르치며, 복음을 능력 있게 전하는 훌륭한 목사가 되어 있었다. 어느 날, 그 목사가 그의 교회에서 부흥회를 인도하라고 해서 갔는데, 그의 부모와 누이들이 나를 보고 너무나 고마워하는 것이었다.

전민새생명교회의 담임목사인 장수만 목사는 집안 식구 모두를 그리스도 앞으로 인도했던 것이다. 복음의 능력이라고 밖에는 달리 표현할 수 없었다. 그분은 지금 신학교에서 조직신학도 가르치면서 앞으로 목사가 될 사람들을 훈련하고 있다. 교단적으로도 훌륭한 목사이다. 나의 기도와 한 순간의 결정이 이런 엄청난 열매를 맺다니! 우리 그리스도인들에게 매순간의 결정은 얼마나 중요한지 모른다.

3 "보통 사람들"

"그 사람의 이름은 엘리멜렉이요, 그의 아내의 이름은 나오미요 그의 두 아들의 이름은 말론과 기룐이니 유다 베들레헴 에브랏 사람들이더라" (룻기 1:2)

1. 머리말

룻기를 전후한 성경에서 나오는 주인공들을 보라. 룻기 직전의 책인 사사기에는 옷니엘, 에훗, 드보라, 기드온, 입다, 삼손과 같은 영웅들의 이야기가 있다. 그들은 이스라엘 나라가 위기에 처했을 때, 혜성 같이 나타나서 나라를 구하기도 하고, 하나님께로 돌이키게도 하였다. 그 사사들은 과연 나라를 구출했을 뿐만 아니라, 나라를 잘 다스린 영웅들임에 틀림없다.

그런 사사들 이전에는 그들보다 훨씬 뛰어난 지도자들의 이야기가 나오는데, 곧 모세와 여호수아이다. 모세는 이스라엘을 출애굽시킨 후에 국가를 이룬 국부였다. 그의 대를 이어 지도자가 된 여호수아는 이스라엘을 대망의 땅 가나안으로 인도했다. 이 두 사람은 이스라엘의 역사에서 없어서는 안 될 중요한 지도자들이었다. 그리고 그런 사람들의 이야기가 성경에 나오는 것은 너무나 당연하다.

룻기 이후에는 어떤 주인공들이 성경에 등장하는가? 저 유명한 사무엘이 나온다. 그는 사울에게 기름을 부어 초대 왕으로 추대했다. 그뿐만이 아니다! 사무엘은 이스라엘의 역사 전체에서 가장 위대한 지도자인 다윗에게 기름을 부어서 왕으로 추대했다. 이처럼 룻기 이후에도 역시 걸출한 지도자들의 이야기가 전개된다. 백성 편에서 지도한 사무엘, 이기적인 면모를 벗지 못한 사울 왕, 그리고 하나님 편에서 다스린 다윗 왕이 그들이다.

2. 몸말

그렇다! 성경 전체에는 이처럼 사람들의 주의를 강렬하게 끄는 걸출한 하나님의 사람들의 이야기로 가득하다. 그리고 독자들은 그런 영웅들의 이야기를 기대한다. 그런데 룻기는 다르다. 룻기는 솔로몬과 같은 왕의 이야기도 아니다. 아론과 같은 제사장의 이야기도 아니다. 엘리야와 같은 선지자의 이야기도 아니다. 룻기는 요압과 같은 장군의 이야기도 아니다. 룻기는 다른 성경과는 달리 *보통사람*들의 이야기로 엮어졌다.

룻기의 서론에 해당하는 1장 1-5절에는 *보통사람*들 6명이 등장한다. 먼저 등장하는 인물은 엘리멜렉과 그의 아내 나오미이다. 두 번째 등장하는 인물은 그들의 두 아들, 말론과 기룐이다. 이들 네 명은 소박한 유대 가정을 이루고 있었다. 그리고 마지막으로 모압의 두 여인이 등장하는데, 곧 룻과 오르바이다. 그 두 여인은 각각 말론과 기룐의 아내가 되었고, 따라서 이 여섯 식구는 유대인과 모압인으로 구성된 다문화 가정이 되었다.

1) 엘리멜렉과 나오미

엘리멜렉과 나오미는 부부가 되어 가정을 이룬 참으로 *보통사람들*이다. 그들은 정치적인 지도자도 아니고, 종교적인 지도자도 아니다. 그러나 그들의 이름을 보면 어떤 가정에서 태어났는지 대강 짐작하게 된다. 엘리멜렉이란 이름은 두 단어가 합성되어 만들어졌는데, 곧 *엘리*와 *멜렉*이다.[8] 히브리어에서 *엘리*는 "나의 하나님"이고, *멜렉*은 "왕"이라는 의미이다. 이 둘을 합치면 "나의 하나님이 왕이시다"가 된다.

이런 이름에 비추어 볼 때, 엘리멜렉의 부모는 상당히 경건한 사람들인 것 같다. 비록 그 당시는 "사람마다 소견대로 행하는" 시대로서, 영적으로 굉장히 어지러운 때였다. 그런 시절 아들을 낳으면서 이름을 "나의 하나님이 왕이시다"라고 지었다면, 그 부모의 마음을 엿볼 수 있다. 그들은 낳아서 키운 아들, 엘리멜렉이 하나님을 왕으로 모시면서 그분에게 굴복되는 삶을 영위하기 원했을 것이다.

그렇게 살기만 하면 엘리멜렉도 영적으로 어두운 이스라엘에게 빛이 될 수 있다고 믿었을 것이다. 그러나 그처럼 경건한 부모의 마음과는 상관없이 엘리멜렉은 그의 왕이신 하나님께 묻지도 않고, 하나님의 뜻을 찾지도 않고, 모압 지방으로 갈 것을 결정했다. 그에게 하나님은 더 이상 그의 삶과 결정을 지배하는 왕이 아니었다. 그는 *보통사람*에서 하나님의 사람으로 도약할 수 있는 기회를 잃고, *보통사람*으로 살다가 죽었다.

엘리멜렉의 아내 나오미는 어떠한가? 나오미란 이름의 의미를 보면서 그 *보통사람*의 이야기를 펼쳐보겠다. 나오미의 의미는 "하나님이 나의 기쁨이시다"이다.[9] 나오미의 부모도 역시 상당히 경건하여 하나님을 깊이 의지하는 사람들이었던 것 같다. 그런 이유 때문에 딸을 낳으면서 그녀의 하나님으로 기쁨을 삼으라는 이름을 주었을 것이다. 그리고 이처럼 경건한 양 부모는 엘리멜렉과 나오미를 부부로 맺어지게 했다.

이 부부가 그들의 이름대로만 살았다면 그들은 진정으로 축복된 삶을 살았을 것이다. 하나님을 왕으로 모시고, 또 하나님에게서 기쁨을 구하는 삶이 얼마나 놀랍겠는가? 그들에게도 놀라운 삶일 뿐만 아니라, 그들의 아들들에게도, 그리고 후에는 며느리들에게 끼칠 영향도 대단했을 것이다. 그뿐만이 아니라, 그런 삶은 자연히 전염적이어서 주변의 사람들에게도 많은 영향을 끼쳤을 것이다.

그러나 하나님을 떠난 나오미에게 기쁨은 사라졌다. 하나님을 떠나면서 그에 따르는 파급 효과도 맛보았다. 어떤 파급 효과가 있었는가? 나오미는 모압으로 떠나면서 일차적으로 고향을 지키는 기쁨을 잃었다. 남편을 잃으면서 이차적으로 기쁨을 잃었다. 그리고 삼차적으로 두 아들을 잃으면서 나오미는 기쁨과 전혀 상관없는 여인이 되었다. 마지막으로 며느리 하나를 잃었다. 기쁨은커녕 그녀의 삶은 *마라*(괴로움) 자체였다.

2) 말론과 기론

엘리멜렉과 나오미는 하나님과 양 부모의 축복을 받으면서 결혼했다. 그리고 그들은 하나님의 은혜로 부모에게 기쁨을 안겨준 아들을 낳는데, 그것도 하나가 아니고 둘씩이나 낳았다. 이스라엘 백성에게 아들은 가계를 잇는 중요한 의미가 있었다. 그런 까닭에 아들을 낳지 못하는 여인은 죽은 자와 같이 취급되었다. 그러나 엘리멜렉과 나오미는 아들을 둘씩이나 낳았다. 축복된 결혼과 두 아들––겹경사였다!

이스라엘 백성에게 이름은 중요하다. 엘리멜렉과 나오미는 두 아들의 이름을 각각 말론과 기룐으로 지었다. 그 두 이름의 의미를 보면 엘리멜렉과 나오미의 신앙도 엿볼 수 있는 대목이다. 자신들의 이름이 하나님과 너무 깊이 연루된 것이 마땅치 않아서인지는 몰라도, 그들은 두 아들을 위하여 하나님과 전혀 상관이 없는 이름을 선택했다. 말론의 의미는 "질병"이고, 기룐의 이름은 "진멸" 내지 "소모"였다.

말론과 기룐도 역시 아버지의 결정을 따라 흉년을 피하여 모압 지방으로 갔다. 철모르는 두 아들은 여행의 기쁨에 들떠 있었을지도 모른다. 아니면 친척과 친구들과 헤어지는 슬픔을 곱씹었는지도 모른다. 여하튼 그들은 부모를 따라 모압으로 갔다. 그들의 운명이 부모님, 특히 아버지에 의하여 결정되는 엄청난 순간이었다. 왜냐하면 그들은 모압 지방에서 살아 돌아오지 못하고 그곳에다 뼈를 묻었기 때문이다.

말론과 기룐은 일찍 아버지를 잃는 슬픔을 맛보았다. 그것도 아무도 위로해 주는 사람이 없는 이방나라에서 말이다. 그들이 치루는 유대식 장례 절차도 모압 사람들의 손짓을 받았을 것이다. 그 남은 식구들의 슬픔은 아랑곳하지 않고 수군대며 손가락질하는 모압 사람들에 둘러싸여 그들은 아버지를 떠나보냈다. 말론과 기룐은 너무나 큰 허망한 마음을 달랠 길이 없어 결혼이라는 탈출구를 선택했는지도 모른다.

원래 이스라엘 백성은 이방인과 결혼하면 안 되었다. 신명기의 성경 말씀은 이렇다, "또 그들(이방족속)과 혼인하지도 말지니 네 딸을 그들의 아들에게 주지 말 것이요, 그들의 딸도 네 며느리로 삼지 말 것은 그가 네 아들을 유혹하여 그가 여호와를 떠나고 다른 신들을 섬기게 하므로 여호와께서 너희에게 진노하사 갑자기 너희를 멸하실 것임이니라"(신 7:3-4). 이처럼 분명한 하나님의 말씀에 말론과 기룐은 귀를 기울이지 않았다.

물론 그런 결정을 하는데 간접적으로 기여한 장본인은 아버지 엘리멜렉이었다. 아버지로부터 하나님을 경외하는 법을 배우지 못했던 것이다. 그뿐만이 아니라, 말론과 기룐은 새로운 환경과 문화에 적응하느라고 주저하지 않고 모압 청년들과 많은 타협을 했을 것이다.[10] 말론은 룻을 택했고(룻 4:10), 기룐은 오르바를 택했다. 그런 와중에서도 그들이 잘 한 것은 그래도 제법 훌륭한 인격을 갖춘 여인들을 택했다는 사실이다.

3) 룻과 오르바

물론 룻과 오르바도 *보통사람*들이다. 이스라엘에 혼연히 나타난 네 명의 *보통사람*들과 인연을 맺은 여인들이다. 십중팔구 룻과 오르바는 이스라엘 백성으로부터 경멸과 천시를 받는 보통 이하의 사람들이었다. 그러나 그들이 각각 말론과 기룐의 아내가 되면서 그들도 성경에 등장하는 인물이 되었던 것이다. 그러나 이 두 여인은 결코 *보통사람*의 신분 이상으로 올라간 적이 없는 진짜 *보통사람*들이었다.

그런데 모압 여인인 룻과 오르바는 무엇 때문에 그들 가운데 잠시 머무는 유대인들에게 시집갔는가? 그들보다 높은 도덕적인 삶에 감동을 받았는가? 이스라엘 백성은 아무리 타락해도 일반적으로 이방인들보다는 높은 윤리를 가지고 있다. 아니면 그들의 뛰어난 종교생활에 좋은 인상을 받았는가? 모압의 가시적인 그모스 신보다는 훨씬 초월적이고 고상한 신이 바로 여호와 하나님이다.

아니면 룻과 오르바는 이 이스라엘 청년들에게 끌렸는가? 아니면 인간의 생사화복을 주장하시는 하나님의 섭리였는가? 하나님은 인간의 위기를 바꾸어서 기회로 만드시는 지혜가 있으시다. 뿐만 아니라, 그렇게 바꾸실 수 있는 능력도 있으시다. 비록 하나님이 그들의 결혼은 직접적으로 간섭하지는 않으셨지만, 그래도 섭리하시면서 당신의 뜻을 일구어나가고 계셨던 것이다.

그러던 어느 날, 룻과 오르바의 남편들이 각각 죽었다. 그들은 청천벽력과 같은 그 사실에 깊은 절망에 빠졌다. 이때부터 이 두 여인의 운명이 갈리기 시작한다. 오르바의 이름이 "고개를 돌리는 자"이어서인지[11] 오르바는 그녀의 미래 운명을 모압의 풍습과 신에게 맡겼다. 그리고 모압에서 여생을 보내기로 작정했다. *보통사람*이었던 오르바는 그렇게 해서 *보통사람*들의 이야기를 담은 룻기에서 사라졌다. 그것도 영원히 사라졌다![12]

룻은 오르바와 달랐다. 룻은 비록 우상을 섬기는 문화에서 성장했지만, 그래도 말론과 결혼했고, 그리고 남편이 죽은 후에도 그녀의 인생을 이스라엘에 맡겼다. 남편을 잃은 어려운 때, 하나님을 의지하는 시어머니의 신앙적 자세에 감동을 받았는지도 모른다. 아니면 모압 남자들과는 달리 남편의 인격적 대우에 감동을 받았는지도 모른다. 두 아들은 잃은 시어머니가 대처하는 모습에 감동을 받았는지도 모른다.

룻은 그 이름값을 톡톡히 해낸 여인이었다. 룻의 의미는 "우정" 내지 "헌신"이다. 그녀는 남편 말론에게 자신의 일생을 맡겼다. 그리고 말론에 대한 헌신은 한 발 더 나아가서 남편인 말론의 가문과 신앙에 대한 것이기도 했다. 그런 이유 때문에 그녀는 남편이 죽은 후에도 시어머니에게 끝까지 헌신했고, 또 시어머니의 하나님께 자신의 인생을 걸었다. 그와 같은 4중적 헌신 때문에 룻은 하나님의 섭리와 축복 속으로 들어오게 되었다.

3. 꼬리말

　오늘 우리는 6명의 *보통사람*들이 일구어 내는 이야기를 들었다. 엘리멜렉과 나오미는 경건하게 시작했다가 나락으로 떨어졌다. 그들의 두 아들 말론과 기룐은 명맥상으로만 유대인으로 살다가 그대로 갔다. 그러나 룻과 오르바는 불신의 가정에서 성장했다가 유대교로 들어왔고, 그 중 룻은 비유적으로 말하자면 나락에서 시작했다가 한없이 위로 올랐다. 그리고 후에 일곱 번째 인물 보아스가 등장한다.[13]

　성경과 기독교 역사에는 위대한 사람들의 이야기가 많이 나온다. 그러나 그런 사람들은 1%도 안 된다. 나머지 99%의 보통사람들이 기독교를 형성하고 있다. 그들의 유형을 보면 오늘의 주인공들의 유형과 비슷하다. 경건하게 시작했다가 타락한 사람들, 명목상의 신앙인으로만 살다가 가는 사람들, 그리고 기독교와는 관계없던 이방인이 회심하여 별처럼 반짝이는 인생을 산 사람들이다. 이들의 삶을 간단한 도표로 그리면 다음과 같다:

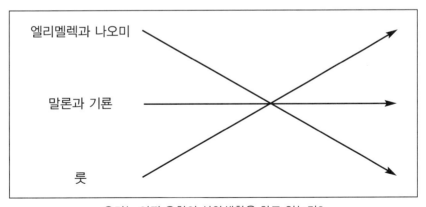

우리는 어떤 유형의 신앙생활을 하고 있는가?

4 "날개 없는 추락"

"나오미의 남편 엘리멜렉이 죽고 나오미와 그의 두 아들이 남았으며 그들은 모압 여자 중에서 그들의 아내를 맞이하였는데 하나의 이름은 오르바요 하나의 이름은 룻이더라 그들이 거기에 거주한 지 십 년쯤에 말론과 기룐 두 사람이 다 죽고 그 여인은 두 아들과 남편의 뒤에 남았더라" (룻기 1:3-5)

1. 머리말

추락에는 두 가지가 있다. 하나는 날개 있는 추락이고, 다른 하나는 날개 없는 추락이다. 날개 있는 추락은 새가 날개를 펄떡이며 안간힘을 쓰지만, 힘이 소진하여 조금씩 떨어지는 모습을 가리킨다. 반면, 날개 없는 추락은 날개가 없기에 펄떡거려보지도 못하고 내리막길을 향하여 곧장 떨어지는 모습을 가리킨다. 오늘의 본문은 이처럼 날개 없는 추락을 경험한 여인의 이야기이다.

물론 그 이야기의 주인공은 나오미였다. 나오미는 날개가 하나도 없는듯 끊임없이 추락에 추락을 거듭했다. 그런 끝없는 추락을 오늘의 본문은 이런 단어로 간단명료하게 표현한다: "남았더라." 3절과 5절에서 두 번 사용된 "남았더라"는 한없이 추락하여 부서질 대로 부서진 잔재를 연상시킨다. 다른 말로 하면, 한줌의 모래 같이, 또는 앙상하게 남은 뼈다귀 같이 되어버린 "찌꺼기"의 그림을 떠올리게 한다.

2. 몸말

성경에는 이처럼 날개 없는 추락을 경험한 사람들의 이야기가 많이 나온다. 그중 대표적인 사람은 역시 욥일 것이다. 욥은 "온전하고 정직하여 하나님을 경외하며 악에서 떠난 자"였다(욥 1:1). 이런 묘사에 의하면, 그는 신앙적으로나 인간적으로 거의 완전한 사람이었다. 그에게는 사랑하는 아내도 있었다. 하나님의 축복으로 자녀들도 많이 갖게 되어, 아들 일곱과 딸 셋을 두었다(욥 1:2).

그뿐만이 아니라, 욥은 당대의 거부였다. 그러나 욥은 까닭도 모른채 한 순간에 모든 것을 잃었다. 그는 재산도 잃었다. 뿐만 아니라 자녀들도 모두 잃었다. 그렇게 사랑스럽던 아내조차도 그를 저주하기에 이르렀다. 그뿐만이 아니다! 그는 몸도 상했다. "그의 발바닥에서 정수리까지 종기가 나서" 그의 괴로움은 극에 달했다(욥 2:7). 이것만큼 심한 날개 없는 추락이 또 있겠는가?

욥처럼 그렇게 급속도로 추락되지는 않았지만 그래도 날개 없는 추락을 경험한 사람이 또 있었는데, 그 사람은 오늘의 주인공인 나오미였다. 나오미의 인생은 참으로 기구하기 짝이 없었다. 처음에는 잘 나가는 것 같더니 어느 순간부터 추락하기 시작했다. 한 번 추락의 길로 들어서자 그녀를 기다린 것은 끝없는 추락이었다. 그녀는 문자 그대로 날개 없는 추락을 경험했다.

1) 일차적 추락

　나오미의 추락은 서서히 떨어지는 추락이었다. 룻기에 묘사된 그녀의 추락은 처음부터 끝까지 하강곡선으로 떨어지는 추락이었다. 다시 말해서, 그녀의 인생은 한 번도 반전이 없었던 추락이었다. 그런데 나오미의 추락은 그녀의 경험에 따라 몇 단계로 구분해서 설명할 수 있다. 첫 단계의 추락은 그녀가 결혼한 날부터 모압으로 이동한 시기를 말한다.

　나오미의 의미는 "하나님이 나의 기쁨이시다"이다. 그녀는 이름을 그렇게 지어준 경건한 부모님의 신앙을 본받지 못했다. 어떻게 그렇게 단언할 수 있는가? 그녀가 엘리멜렉과 결혼한 것을 보아도 알 수 있다. 엘리멜렉은 하나님의 뜻을 찾지도 않았고, 그리고 순종하지도 않은 사람이었다. 나오미가 그런 남자를 지아비로 선택했다면, 그녀의 신앙도 짐작할만하다. 엘리멜렉과 나오미는 비슷한 신앙을 가진 사람들이었다.

　나오미는 경건한 부모 밑에서 성장했지만, 부모로부터 받은 영향보다는 그 당시 세상의 흐름――"사람이 각기 자기의 소견에 옳은 대로 행하였더라"――으로부터 더 큰 영향을 받은 것 같다(삿 21:25). 그렇지 않다면 하나님의 뜻을 고려하지 않고 살아가는 그런 남자를 지아비로 선택하지 않았을 것이다. 여자에게 지아비의 선택은 말할 수 없이 중요한데, 그 이유는 그 여자의 운명을 결정하기 때문이다.

　아들을 둘씩이나 낳았을 때에 만일 나오미가 조금만 더 신앙적으로 생각했다면, 아들들의 이름을 말론과 기룐, 곧 "질병"과 "진멸"로 짓지는 않았을 것이다. 비록 남성이 지배하는 사회이긴 하지만, 그래도 나오미는 남편에게 강력하게 그녀의 신앙적인 생각을 개진할 수 있었을 것이다. 그러나 나오미는 남편이 정한 아들들의 이름을 아무 이견 없이 받아들였다. 단지 아들을 둘씩이나 낳았다는 축복으로 만족해 했다.

부부란 무엇인가? 하나님 안에서 한 몸을 이룬 인생의 반려자이다. 그런 이유 때문에 아내는 남편의 결정을 존중하면서도 지혜롭게 자기의 의견을 개진해야 한다. 남편의 결정을 무조건 받아들인다면, 그 부부는 더 이상 인격적인 만남이 아니라 비인격적인 결합에 지나지 않는다. 만일 나오미가 조금만 더 부모로부터 물려받은 신앙을 유지했다면, 남편과 두 아들에게 신앙적으로 영향을 끼칠 수 있었을 것이다.

나오미가 남편 엘리멜렉의 결정을 아무런 조건도 없이 받아들인 경우가 또 있었다. 그 결정은 남편이 흉년을 피하기 위하여 모압으로 가기로 한 것이었다. 그것은 남편 편에서는 최악의 결정이었고, 아내 편에서는 최악의 순종이었다. 나오미는 아내이자, 두 아들의 어미로서 남편을 말려야 했다. 다른 유대인들처럼 유다 베들레헴에서 흉년을 견디어내자고 했어야 했다. 나오미는 아무 반대도 하지 않고 추락의 길로 들어섰던 것이다.

2) 이차적 추락

모압으로 간 것이 왜 추락의 길이었는가? 엘리멜렉이 얼마 지나지 않아서 죽었기 때문이다. 룻기는 그 사실을 "나오미의 남편 엘리멜렉이 죽고 나오미와 그의 두 아들이 남았으며"(룻 1:3)라고 묘사한다. 왜 "엘리멜렉이 죽고"라고 묘사하지 않고 "나오미의 남편 엘리멜렉이 죽고"라고 묘사하는가? 지금부터 나오미의 추락을 강조하겠다는 것이다. 남편을 잃은 나오미는 과부가 되었을 뿐만 아니라, 가정을 떠맡게 되었다.

그 당시 이스라엘은 엄격한 부계사회였다. 여자는 일생 동안 남자의 보호를 받아야 했는데, 나오미는 과부가 되어 보호막이 사라진 사회적 약자가 된 것이다. 과부는 법정 증언자도 될 수 없었다. 그래서 그 시대 과부들은 억울한 일을 당해도 하소연할 길이 없었다. 과부는 언제 어디서 끔찍한 일을 당하게 될지 모르는 불안정한 위치에 있었다. 하물며 모압과 같은 이방나라에서는 더 말할 필요도 없다. 나오미의 또 다른 추락이었다!

위의 말씀에서 후반부를 다시 인용하겠다. "나오미와 그의 두 아들이 남았으며" 이는 얼마나 깊은 추락을 의미하는가? 가정적으로나 사회적으로 약자인 나오미가 두 아들을 책임지지 않을 수 없다는 말이다. 어떻게 두 아들을 먹여 살리라는 말인가? 그것도 아무 도움도 받을 수 없는 우상숭배의 나라 모압 땅에서 말이다. 나오미가 기껏 할 수 있는 일이란 두 아들을 장가보내는 것이었다.

물론 그곳에는 유다 여자가 없었기에 나오미는 모압 여자들을 며느리로 맞았다. 여기에서도 나오미의 천박한 신앙을 엿볼 수 있다. 나오미는 두 아들을 데리고 유다 베들레헴으로 돌아갈 수도 있었다. 만일 나오미가 그렇게 결정했다면 이방인을 며느리로 삼을 필요도 없었을 뿐만 아니라, 두 아들을 모압 땅에 묻지 않았을 지도 모른다. 그러나 나오미는 날개 없는 추락을 하고 있었다. 결국 모압 여인들인 룻과 오르바를 며느리로 맞았다.

나오미의 생각은 옳은 듯 했다. 얼마동안 그 가정은 안정을 찾는 듯 했는데, 이게 웬말인가? 두 아들, 말론과 기룐이 갑자기 죽었다. 물론 이런 죽음은 그들의 아내들에게도 너무나 큰 충격이 됐을 것이다. 그러나 나오미의 충격은 그 여인들의 충격과는 비교도 되지 않을 만큼 컸을 것이다. 나오미가 시집 와서 낳은 아들들! 가계를 이어갈 자랑스러운 아들들! 온 마음과 정성을 다하여 키운 아들들! 그들이 그렇게 일찍 죽다니 끝없는 추락이었다.

나오미의 추락은 어디까지인가? 이스라엘 백성에게 기업은 중대하다. 그런데 남편 엘리멜렉이 죽고, 거기다 아들들까지 죽었으니 엘리멜렉의 가문은 세상에서 없어지는 것을 의미했다. 왜냐하면 그 가문의 땅, 곧 기업을 물려받을 상속자가 없기 때문이다. 율법에 의하면 아들이 기업을 물려받거나(신 21:15), 아들이 없는 경우 딸도 기업을 물려받을 수 있다(민 27:8). 그러나 나오미는 이제 남편과 아들도 없는 추락할 대로 추락한 과부가 되었다.

3) 삼차적 추락

나오미가 남편을 따라 모압으로 들어가면서부터 그녀의 추락은 겉으로 드러나기 시작했다. 남편도 죽고, 아들들도 죽었다. 그녀에게 남은 것은 두 모압 며느리뿐이었다. 그런데 또 있다! 그녀의 텅 빈 가슴이다! 이스라엘 여자에게 남편은 생명의 보호자요, 아들은 미래의 희망이다. 그뿐만이 아니라 아들은 가계를 이어가는 너무나 중요한 사람이다. 그런데 나오미에게는 생명인 남편과 희망인 아들들이 없어졌다.

어떤 의미에서 나오미의 진짜 추락은 그때부터인지도 모른다. 왜냐하면 아무도 그녀의 텅 빈 마음을 달래줄 수 없었기 때문이다. 나오미가 유다 베들레헴--"찬송"과 "떡의 집"--을 떠나 모압으로 왔을 때, 그녀를 맞아준 것은 남편과 아들들의 죽음이었고, 그리고 죽음과 같은 텅 빈 마음이었다. 나오미는 아무도 이해해 줄 수 없는 어두운 마음으로 여러 가지를 생각하고 또 생각했을 것이다.

살려고 몸부림치면서 모압으로 간 것은 바로 죽음이었다. 나오미가 유다 베들레헴에 있었을 때에 비록 흉년이었지만, 그래도 거기에는 생명이 있었다. 생명의 상징인 아들들을 둘씩이나 생명의 주인이신 하나님으로부터 받았다. 생명의 하나님을 떠나고, 생명의 땅을 떠났을 때, 거기에는 이별과 눈물과 사별이 있었다. 거기에는 어두움과 절망만이 있었다. 더 이상 추락할 수 없을 만큼 추락했다.

이런 나오미의 처지를 잘 묘사한 내용이 있는데, 그 내용을 인용해보겠다:

"남성과 여성 중에서 여성이 더 약하다; 여성들 중에서 노인 여성은 더더욱 약하다;

노인 여성들 중에서 과부는 참으로 비참하다; 과부들 중에서 가난한 자는 그 곤궁이 참으로 처참하다; 불쌍한 과부들 중에서 자녀를 원하는 자는 참으로 슬프다;

자녀를 원하는 과부들 중에서 한 때 자녀를 가졌다가 잃은 자의 상태는 참으로 고독하다;

외국에서 이방인으로 살아가는 자는 참으로 위로 받을 수 없는 정황에 처해 있다.

그런데 이 모든 것을 나오미에게서 찾을 수 있으며, 마치 슬픔의 중앙에 있는 것처럼 그녀의 많은 비극이 눌려지고, 흔들려서, 마침내 밖으로 튀어 나온다.

그러므로 나는 이렇게 믿는다:

많은 사람들이 고난을 받되 욥처럼 고난을 받은 자가 없고;

많은 여자들이 환난을 당하나 나오미처럼 환난 당한 자가 없다."[14]

이런 처지가 나오미의 모습이었다. 나오미의 고난은 욥의 고난에 비교될 수 있는 고난이었다. 그런 이유 때문에 위의 인용문에서 나오미의 고난이라고 하지 않고 나오미의 환난이라고 했다. 그렇다! 나오미는 날개 없는 추락을 맛보았다. 얼마나 쓴 맛이었겠는가? 며느리들 몰래 눈물로 밤을 지새운 적이 한두 번이었겠는가? 죽음과 같은 텅 빈 가슴을 남편에 대한 그리움이나 아들들에 대한 미련으로 채울 수 있었겠는가?

3. 꼬리말

그렇다! 이제부터 주인공이 된 나오미는 날개 없는 추락을 했다. 인간적으로 더 밑으로 추락할 수 없다. 이런 때에 나오미가 할 수 있는 일은 무엇이었겠는가? 아무 것도 없다! 단지 고향이 머리에 떠올랐을 것이다. 유다 베들레헴 땅이 불현듯 떠올랐을 것이다. 그리고 아련히 떠오르는 부모의 신앙이 있었을 것이다. 부모가 믿고 또 전수하려 했던 여호와 하나님에 대한 신앙이 있었을 것이다.

사람은 참으로 교만한 존재인가 보다. 그러나 사람이 나오미처럼 더 이상 인간적으로 의지할 것이 없어질 때, 비로소 발견하는 것이 있다. 첫째는 사람의 한계이다. 그 다음, 하나님의 실존이다. 셋째, 사람이 그 하나님을 떠났다는 사실이다. 마지막으로 그런 하나님께로 돌아가야 된다는 느낌이다. 날개 없는 추락에서 나오미가 옳게 결정한 일이 있다면, 그것은 마침내 하나님께로 돌아가고자 하는 결정이었다.

5 "남은 자"

"말론과 기룐 두 사람이 다 죽고 그 여인은 두 아들과 남편의 뒤에 남았더라" (룻기 1:5)

1. 머리말

나오미는 십 수 년 전에 남편을 따라 두 아들과 함께 유다 베들레헴을 떠났다. 그들은 모압에서 새 둥지를 쳤다. 물론 그 둥지는 임시 피난처였다. 왜냐하면 유다 베들레헴에 흉년으로 인하여 생긴 기근을 잠시 피해보려고 모압으로 내려왔기 때문이다. 나오미의 남편 엘리멜렉의 생각은 흉년이 끝나는 대로 돌아갈 작정이었다. 그러나 이미 언급한 것처럼, 엘리멜렉과 두 아들은 다시 돌아오지 못하는 황천길로 갔다.

결국 나오미는 혼자되어 남은 자가 되었다. 홀로 남은 자가 된 나오미의 처지를 생각해보겠다. 사회학적으로, 나오미는 모압 백성 가운데 거하는, 그것도 홀로된 과부였다. 성경적으로, 나오미는 다른 많은 남은 자들과 같이 되었는데, 그 중에는 이미 언급한 대로 노아와 롯이 있다. 역사적으로, 나오미는 아합 왕 때 바알 앞에 무릎을 꿇지 않은 7천 명과 같이 모압의 신에게 무릎을 꿇지 않은 유일한 자가 되었다.

신학적으로, 나오미는 국가적인 위기에 처한 사람들과 같이 되었다. 이스라엘이 멸망할 즈음에 남았던 이사야와 미가와도 같았고, 유다가 패망할 때쯤 남았던 예레미야와 스바냐와도 같았다. 나오미도 이런 사람들처럼 국가적으로 기근이란 위기에 처했고, 그 위기를 피하려고 모압으로 임시 왔던 것이다. 그러나 나오미의 남편 엘리멜렉과 두 아들은 영원한 기근, 곧 죽음을 맞이했다.

2. 몸말

모압으로 내려온 네 식구 중 남자는 모두 죽고 나오미만 홀로 남았다. 이런 나오미의 처지를 보면서 "남은 자"가 함축하고 있는 뜻을 찾고자 한다. 왜 나오미는 이렇게 홀로 남았는가? 그 이유는 간단하다! 남편의 불순종 때문이었다. 남편은 하나님의 곳인 유다 베들레헴을 떠나 우상의 나라인 모압으로 감으로써 하나님의 심판을 받았던 것이다. 그런 이유 때문에 나오미는 "전능자가 나를 심히 괴롭게 하셨다"는 고백을 했다(룻 1:20).

그렇다! "남은 자"가 함축하는 가장 큰 뜻은 하나님의 심판이다. 노아와 롯도, 이스라엘의 아합 왕 때의 7천명도 모두 죄와 하나님의 심판과 연루되어있다. 북왕국 이스라엘의 멸망이나 남왕국 유다의 패망도 역시 죄와 심판이 연루되어있다. 그렇다면 하나님은 이런 모든 사람을 버리셨는가? 물론 아니다! "남은 자"를 통하여 하나님은 새로운 일을 행하셨다. 마찬가지로, 하나님은 "남은 자"인 나오미를 통하여 새로운 일을 행하셨다.

1) 심판

엘리멜렉이 죽은 후, 두 아들은 모압 여인들을 아내로 취했다. 그런 결정은 두말할 필요도 없이 하나님의 법을 정면으로 도전한 행위였다. 왜냐하면 하나님의 율법은 이렇게 말씀하고 있기 때문이다, "네 하나님 여호와께서 너를 인도하사, 네가 가서 차지할 땅으로 들이시고 네 앞에서 여러 민족…곧 너보다 많고 힘이 센 일곱 족속을 쫓아내실 때에…그 때에 너는 그들을 진멸할 것이라"(신 7:1-2).

물론 이방인들을 진멸한다면 그들과 연혼할 수 없다. 그러나 하나님은 다음과 같이 계속 말씀하신 것을 보면, 이스라엘이 이방인들을 진멸하지 않을 것이 분명했다. "또 그들과 혼인하지도 말지니, 네 딸을 그들의 아들에게 주지 말 것이요; 그들의 딸도 네 며느리로 삼지 말 것은, 그가 네 아들을 유혹하여 그가 여호와를 떠나고 다른 신들을 섬기게 하므로 여호와께서 진노하사 갑자기 너희를 멸하실 것임이니라"(신 7:3-4).

엘리멜렉이 죽은 후, 그의 두 아들, 말론과 기룐은 어머니 나오미를 모시고 그들의 고향으로 돌아갔어야 했다. 비록 그곳에 기근이 있었지만, 그것은 잠시 왔다가는 것이었다. 그러나 그들은 하나님과 하나님의 백성이 있는 유다 베들레헴으로 돌아가기를 거부했다. 그들은 아버지의 타락한 신앙을 본받았다. 그들은 하나님의 법을 어기고 모압 여인들을 아내로 취했던 것이다. 그리고 그들은 아들 하나 남기지 못하고 죽었다.

그들의 죽음은 불순종에 대한 심판이라고 밖에 달리 해석할 수 없다.[15] 남편과 두 아들을 잃은 나오미에게는 너무나 가혹한 인생이 기다리고 있었다. 실제로 남편과 아들들이 받은 심판의 열매를 나오미가 혼자서 따먹게 되었던 것이다. 이것은 마치 소돔과 고모라가 죄로 인하여 심판을 받을 때, 그 심판의 열매를 따먹은 롯의 이야기와 조금도 다를 바 없었다. 롯도 아들 하나 남기지 못하고 아내와 헤어졌기 때문이다.

왜 나오미는 그처럼 쓰고도 신 열매를 혼자 따먹어야 했는가? 온 세상이 물로 멸망한 후, "남은 자"인 노아와 그 가족을 통하여 다시 새로운 인류를 퍼뜨리게 하신 것처럼, 하나님은 나오미를 통하여 새로운 종족을 퍼뜨리기라도 하시겠다는 말인가? 아니면, 나오미의 개성이 너무나 강해서 그처럼 혹독한 시련을 통하지 않고서는 그 개성이 깨어질 수 없기 때문인가? 아니면, 하나님이 자유롭게 사용하실 수 있는 그릇으로 만들기 위해서인가?

나오미는 "두 아들과 남편의 뒤에 남았다." 나오미의 개성이 강했든지 아니면 약했든지 상관없다. 그녀의 개성은 산산조각으로 부서졌다. 얼마나 철저하게 부서졌던지 그녀는 하나님께 철저히, 그것도 아주 철저히 회개했다. 그렇게 회개하지 않았다면, 그녀는 유다 베들레헴으로 돌아가지 못했을 것이다. 왜냐하면 그것은 며느리들은 물론이고 모압의 모든 사람과 작별을 뜻했기 때문이다. 그녀는 홀로 돌아가기로 작정했다.

2) 회개

나오미는 하나님이 그 조상에게 물려주신 약속의 땅 유다 베들레헴으로 돌아가기로 작정했다. 그러나 돌아가기 위하여 나오미는 소극적인 결정은 물론 적극적인 결단을 내려야했다. 소극적으로는 지금까지 하나님과 관계없는 삶, 모압에서의 삶, 모압의 모든 사람과 관계를 맺은 삶, 우상숭배와 연루된 삶--이런 모든 삶을 버리지 않으면 안 되었다. 이처럼 지금까지의 삶을 버리고 접는 행위를 회개라고 부른다.

"남은 자"가 이방인 사이에서 맛보는 갖가지 고통에 대하여 모세는 "너희 남은 자가 너희의 원수들의 땅에서 자기의 죄로 말미암아 쇠잔하며, 그 조상의 죄로 말미암아 그 조상 같이 쇠잔하리라. 그들이 나를 거스른 잘못으로 자기의 죄악과 그들의 조상의 죄악을 자복하고 또 그들이 내게 대항하므로, 내가 그들에게 대항하여…"(레 26:39-41)라고 예언한 바 있다.

이처럼 하나님으로부터 직접 징계를 당하는 모습은 이스라엘 민족에게도 적용되며 개인에게도 적용된다. 나오미도 이런 고통 속에서 여러 해를 살았고, 그리고 찌끼 같이 남은 자가 되었을 때, 비로소 돌아가기로 결정한 것이다. 그녀의 삶에서 회개를 극명하게 나타낸 것은 역시 "돌아가는" 행위이다. 그러므로 "남은 자"가 함축하고 있는 두 번째 뜻은 회개, 곧 "돌아가다"이다.

이렇게 소극적으로 지금까지의 잘못된 결정과 행위는 물론 잘못된 삶을 버리지 않으면 돌아갈 수 없었다. 그러나 나오미는 거기에서 그치지 않고, 적극적인 결단도 내렸다. 그동안 정들었던 두 며느리와도 헤어지기로 했다. 그뿐만이 아니다! 그동안 잊었던 여호와 하나님의 품으로 돌아가기로 결단했다. 그 하나님의 품 안에서 하나님의 땅인 유다 베들레헴으로 돌아가기로 결단했다.

유다 베들레헴으로 돌아가기로 결단한 나오미의 마음을 미리 알기라도 하듯, 모세는 이렇게 예언했다: "내가 그들을 그들의 원수들의 땅으로 끌어갔음을 깨닫고 그 할례 받지 아니한 그들의 마음이 낮아져서 그들의 죄악의 형벌을 기쁘게 받으면, 내가 야곱과 맺은 내 언약과 이삭과 맺은 내 언약을 기억하며 아브라함과 맺은 내 언약을 기억하고 그 땅을 기억하리라"(레 26:41-42).

나오미는 홀로 "남은 자"가 되어 하나님에 대한 찬양이 있는 곳인 "유다"로, 그리고 "떡의 집"인 베들레헴으로 돌아가기로 결단했다. 의기양양하게 남편과 아들들과 함께 떠났던 나오미가 떠났던 바로 그곳으로 돌아가기로 결단한 것이었다. 이런 결단 때문에 따르는 많은 난관--어려운 여정, 옛 친척과 친구를 다시 만나야 하는 당혹감, 재산을 다 털어먹고 빈 깡통만 들고 돌아온 수치감--도 불평하지 않고 받아들이기로 한 결단이었다.

3) 회복

"남은 자"가 함축하는 세 번째 뜻은 회복이다. 그 이유는 무엇인가? 그 이유는 긍휼과 은혜가 많으신 여호와 하나님 때문이다. 하나님은 결코 심판을 위한 심판을 하지 않으시는 분이시다. 그분이 불순종하는 백성을 징계하시는 이유와 목적이 있다. 이유는 두말할 필요도 없이 불순종에 대한 심판이다. 불순종과 죄에 대한 심판이 없다면, 하나님은 더 이상 거룩한 하나님이 아니시기 때문이다.

그러면 불순종하는 백성을 징계하시는 목적은 무엇인가? 그 백성을 회복시키기 위해서이다. 회복을 위하여 하나님은 심판 중에서도 "남은 자"를 남겨놓으신다. 하나님의 말씀을 보겠다. "그러나 너희가 여러 나라에 흩어질 때에 내가 너희 중에서 칼을 피하여 이방인들 중에 살아남은 자가 있게 할지라"(겔 8:8). 그렇다! 하나님은 심판 중에도 노하기를 더디 하시며 긍휼과 은혜를 부어주신다.

시편 기자는 그런 하나님을 이렇게 묘사했다. "여호와는 은혜로우시며 긍휼이 많으시며 노하기를 더디 하시며 인자하심이 크시도다"(시 145:8). 이런 하나님 앞으로 돌아온 사람이 바로 나오미였다. 그녀는 하나님의 은혜와 긍휼 때문에 비록 홀로였지만, 그래도 "남은 자"가 되었다. 나오미는 분노 중에서도 인애를 베푸신 여호와 하나님을 경험했다. 나오미는 회복의 하나님을 의지하며 유다 베들레헴으로 돌아왔다.

마치 나오미를 두고 예언한 것과 같은 말씀이 있는데, 그 말씀을 보겠다. "만군의 여호와가 이같이 말하노라, '이 일이 그 날에 남은 백성의 눈에는 기이하려니와, 내 눈에야 어찌 기이하겠느냐?' 만군의 여호와의 말이니라. 만군의 여호와가 이같이 말하노라. '보라, 내가 내 백성을 해가 뜨는 땅과 해가 지는 땅에서부터 구원하여 내고 인도하여다가 예루살렘 가운데에 거주하게 하리니, 그들은 내 백성이 되고 나는⋯그들의 하나님이 되리라'"(슥 8:6-8).

여호와 하나님은 나오미를 이처럼 돌아오게만 하신 것이 아니다. 나오미로 하여금 유다 베들레헴에서 뿌리를 내리고 많은 열매를 맺게 하셨다. 왜냐하면 "남은 자"는 회복도 함축하기 때문이다. 그런 약속을 보겠다. "유다 족속 중에서 피하고 남은 자는 다시 아래로 뿌리를 내리고 위로 열매를 맺을지라. 남은 자는 예루살렘에서부터 나올 것이요 피하는 자는 시온 산에서부터 나오리니, 여호와의 열심이 이 일을 이루리라"(왕하 19:30-31).

위의 약속처럼, 나오미가 찌끼처럼 "남은 자"가 되어 하나님의 곳, 그리고 하나님의 백성이 있는 곳, 유다 베들레헴으로 돌아왔을 때, 어떤 누구도 상상치 못한 일이 벌어졌다. 나오미는 그곳에서 뿌리를 깊이 내렸을 뿐만 아니라, 엄청난 열매를 거두었다. 하나님은 처음에 보리와 밀로 연명하게 하시더니, 갑자기 신분 상승이 일어나면서 뭇 여인들로 부터 칭송을 받는 여인이 되었다(룻 4:14, 17).

3. 꼬리말

나오미는 이방 나라에서 남편과 두 아들을 잃고 "남은 자"가 되었다. 그때 나오미의 심정은 어떠했을까? 나오미는 그녀를 두고 간 남편을 원망했을까? 아니면, 남편과 두 아들을 데려갔다고 여기면서 하나님을 원망했을까? 아니면, 저주스러운 자기의 운명을 비관하고 있었을까? 아니면, 이렇게 힘들고 역겨운 생명을 구차하게 연장하지 말고 자살이라도 생각했을까?

아니다! 나오미는 비록 "남은 자"가 되었지만, 여호와 하나님을 의지하면서 분연히 일어났다. 그녀는 오뚝이와도 같았다. 인간적으로는 실망과 좌절밖에 보이지 않았지만, 그녀는 잘 알지도 못하는 여호와 하나님을 바라보면서 벌떡 일어났다. 그녀는 유다 베들레헴으로 돌아가기로 결단했다. 그녀는 찌끼 같은 "남은 자"가 됐지만, 돌이켰고 그리고 하나님의 은혜와 긍휼 안에서 비록 느리지만 회복을 경험하기 시작했다.

6 "남은 자의 결단"

"그 여인이 모압 지방에서 여호와께서 자기 백성을 돌보시사 그들에게 양식을 주셨다 함을 듣고 이에 두 며느리와 함께 일어나 모압 지방에서 돌아오려 하더라" (룻기 1:6)

1. 머리말

룻기 1장 6절부터는 나오미가 주도권을 잡는 이야기가 전개된다. 지금까지는 남자들이 주도하는 이야기였으나, 이제부터는 여인들의 이야기가 펼쳐진다. 남자들 셋, 다시 말해서, 엘리멜렉과 두 아들 말론과 기룐이 죽었기 때문이다. 그 세 남자는 보호막이요 미래의 상징이었지만, 그들은 하나씩 하나씩 이 세상을 떠났다. 그 남자들이 떠났다는 것은 두말할 필요도 없이 여인들 셋만 남았다는 것을 의미한다.

그러나 룻기는 세 여인들이 남자들 뒤에 남았더라고 묘사하지 않았다. 룻기는 이렇게 묘사한다: "말론과 기룐 두 사람이 다 죽고 그 여인은 두 아들과 남편의 뒤에 남았더라"(룻 1:5). "그 여인"이 두 아들과 남편 뒤에 남았다고 하면서 마치 나오미만이 남은 것처럼 묘사한다. 나오미의 두 며느리는 죽은 자들 뒤에 남겨진 여인들이 아니란 말인가? 그들이 모압 여인들이기에 배제되었는가?

2. 몸말

물론 그렇지 않다. 비록 며느리들이 모압 여인들이긴 해도 역시 하나님의 형상으로 지음을 받은 존귀한 사람들이다. 비록 하나님이 이스라엘을 선민으로 구별하셨지만, 그 목적은 나머지 세상 사람들의 구원을 위한 것이었다. 다시 말해서, 세상 사람들이 없다면 이스라엘이란 선민도 없다는 뜻이다. 왜 그런가? 하나님은 이 세상에 있는 모든 사람을 골고루 사랑하시며, 그 사랑을 이스라엘을 통하여 전하기를 원하셨기 때문이다.

그렇다면 왜 두 며느리는 배재되고 "그 여인은… 남았더라"고 하면서 나오미만을 언급하는가? 그 이유는 "남았더라"라는 단어에서 찾을 수 있다. 이 동사의 파생어가 "남은 자"이다.[16] 이스라엘은 선민이기에 선민답게 살아야 하며, 그렇지 않으면 하나님의 징계를 받는다. 그런데 이스라엘은 많은 범죄로 나라를 잃었고, 그 백성은 세상 각처로 흩어졌다. 그러나 하나님은 세상의 인류를 위하여 그 선민을 완전히 버리실 수는 없었다.

왜냐하면 그들이 하나님의 사랑을 세상에 전하는 매개이기 때문이었다. 그런 이유 때문에 하나님은 세상 각처에 흩어진 사람들 중 일부를 이스라엘로 불러 모으셨는데, 그들이 바로 "남은 자"이다(사 10:20-21, 미 2:12, 렘 31:7, 겔 9:8). 이처럼 남은 자의 모습을 구체적으로 잘 나타낸 인물이 바로 나오미였다. 나오미는 엘리멜렉 가문에서 유일한 남은 자가 되어서 다시 본국으로 돌아왔다. 그러므로 "그 여인이… 남았더라"고 묘사했다.

1) "돌아오다"

"남은 자"인 나오미가 마침내 고향으로 돌아가기로 결단했다. 지금까지의 모든 삶을 접고 고향으로 돌아가기로 작정했다. 그런 마음을 오늘의 본문은 이렇게 표현한다. "…이에 두 며느리와 함께 일어나 모압 지방에서 돌아오려 하여." 나오미의 이런 마음의 결단은 룻기의 대전환점이다. 뿐만 아니라, 나오미의 인생에서도 큰 전환점이다. 지금까지 절망의 연속인 삶이 종을 치고, 새로운 삶으로 들어가는 큰 전환점이었다.

이 전환점은 마음속에서 일어난 속삭임으로부터 시작되었다. 그 속삭임이 무엇인가? 한 단어이다: "돌아가자!" "돌아가자"라는 마음의 속삭임은 그렇게 쉽게 온 것은 아니었다. 남편과 두 아들을 잃고, 죽음보다도 더한 텅 빈 가슴을 어루만지기도 하고 때려보기도 하면서 서서히 떠오른 속삭임이었다. "돌아가자! 그래! 돌아가자! 왜 진작 그런 생각을 못했지? 그러나 이제라도 돌아가자!"--이런 속삭임이 또렷한 환상으로 바뀌었다.

그리고 그 환상이 구체화되기 시작했고, 마침내 행동으로 옮겨졌다. 오늘의 본문 룻기 1장 6절에서 속삭임과 환상과 결단을 표현하는 단어가 있는데 바로 "돌아오다"이다. 이 동사는 히브리어로 슈브(שוב)이며, 이 슈브는 구약성경 전체에서 가장 많이 나오는 단어 중 하나로서, 자그마치 1,060번이나 된다. 실제로 나오미가 모압을 떠나 유다 베들레헴으로 돌아오는 장면을 그린 1장 6-22절에서만도 12번이나 된다.[17]

그러니까 슈브를 모르면 유다 베들레헴으로 돌아오는 나오미의 속마음을 깊이 알 수 없다. 물론 이 단어가 돌아오다로 번역되었지만, 그것이 함축하고 있는 뜻을 알면 나오미의 마음을 보다 더 잘 이해하게 될 것이며, 더 나아가서 하나님의 마음도 이해하게 될 것이다. 하나님은 이스라엘이 그분만을 섬기면서 거룩하게 살기를 원하셨다. 그렇게 살 때만이 이스라엘 백성은 하나님을 알지 못하는 사람들에게 하나님을 소개할 수가 있기 때문이다.

그러나 이스라엘도 비록 선민이긴 하나, 모든 사람과 똑같은 나약한 인간들이다. 그들에게도 자존심과 교만이 숨겨져 있었다. 그들의 자존심이 불끈불끈 솟아날 적마다 그들은 하나님을 의지하지 않고도 건강하게 그리고 행복하게 살 수 있다고 잘못 생각했다. 그러나 그들이 하나님을 떠날 적마다 그들에게 찾아온 것은 심한 내적 갈등과 무서운 외적 징계였다. 징계를 받을 적마다 쓴 맛을 곱씹으면서 하나님께로 다시 돌아오라는 것이다.

구약성경에 돌아오라는 단어가 그처럼 많은 것은 하나님이 그 백성들에 대한 애틋한 마음을 표현한 것이다. 그들이 그런 하나님의 마음을 알고 돌아올 때는 그들의 잘못을 시인해야 한다. 그런 시인은 진정한 의미에서 잘못을 뉘우치는 회개이다. 그러니까 나오미가 "돌아오기로" 작정한 마음에는 깊은 회한과 뉘우침이 들어있다는 말이다. 한 발 더 나아가서 그녀를 기다리시는 애틋한 하나님 사랑의 품속으로 돌아가려는 마음의 표현이다.

2) 소극적 동기

그렇다면 무엇이 동기가 되어 나오미는 이처럼 엄청난 결정을 했는가? 두 가지 동기를 찾을 수 있는데, 하나는 소극적인 동기이고, 또 하나는 적극적인 동기이다. 먼저, 소극적인 동기는 두말할 필요도 없이 모압의 삶 때문이다. 나오미는 십여 년을 모압에 살면서 산전수전 온갖 경험을 다 했다. 물론 가장 마음을 아프게 한 경험은 남편과 두 아들을 잃는 사건이었다.

그들을 잃고 어쩌면 나오미는 모압에 더 정을 붙이고 살려고 노력했을 것이다. 특히 남편이 죽었을 때, 그런 마음을 구체적으로 표현한 것이 모압 여인들을 며느리로 삼은 사실에서도 엿볼 수 있다. 남편의 뼈를 묻은 모압 땅, 그곳에 정을 붙이고 남편이 못다 이룬 가문을 일으키고자 하는 결단을 할 수도 있었다. 그렇게 함으로써 고향 사람들에게 그녀의 결정이 잘못되지 않았다는 것을 보여주고 싶었을 것이다.

나오미는 시시때때로 남편이 묻힌 곳으로 찾아가서 한편 스스로를 위로하고, 또 한편 가문을 일으키겠다는 그녀의 결심을 굳혔는지도 모른다. 그런 이유 때문에 그녀는 두 아들의 결혼을 축복해 주었을 것이다. 그러는 동안 나오미는 모압이라는 환경에 익숙해지기 시작했다. 모압의 문화에도 익숙해졌다. 며느리들의 친정식구들과도 인간적인 정을 나누기 시작하면서 그녀에게 모압은 *안전지대*comfort zone가 되었는지도 모른다.

다시 말해서, 나오미는 모압의 삶에 익숙해져서 편안함까지 느꼈는지도 모른다. 그럴 즈음 두 아들이 차례로 죽었다. 그녀의 손으로 아들들을 묻게 될 줄 어찌 알았겠는가? 나오미는 강풍에 맥없이 쓰러지는 거대한 나무처럼 흔들렸고 그리고 쓰러졌다. 그녀의 *안전지대*가 무너져버렸던 것이다. 이제 나오미에게 남은 것은 두 모압 며느리와 텅 빈 가슴뿐이었다.

이방 나라에서 연약할 대로 연약한 늙은 과부가 무엇을 먹고 살 수 있단 말인가? 청상과부가 된 며느리들의 장래를 어떻게 책임질 수 있단 말인가? 하나님을 믿는 사람들의 저주를 비꼬는 모압 사람들의 눈초리를 어떻게 감당하란 말인가? 그렇다고 유다 베들레헴 땅으로 돌아간다는 것도 만만치 않아 보였다. 이제는 오히려 모압이 더 편안해진 삶의 터전이 되었다. 유대의 생활 방식에서 떠나 모압 방식으로 10여년이나 살았기 때문이다.

비록 남편과 아들들의 무덤이 있어도, 그리고 모압 생활이 익숙해졌어도 텅 빈 마음과 깜깜한 미래 때문에, 나오미는 마침내 유다 베들레헴을 선택하기로 작정했다. 모압에서의 삶과 유다 베들레헴의 삶을 비교해 볼 때, 나오미에게는 어디에도 소망이 있는 것 같지 않았다. 그러나 많은 눈물과 고뇌 끝에 고향을 선택하게 되었다. 그 결정은 어려웠지만 얼마나 가치 있는 결정이었는가?

3) 적극적 동기

나오미가 유다 베들레헴을 선택한 보다 중요한 동기가 있다. 나오미가 고향의 이런 소식을 들었기 때문이다: "…여호와께서 자기 백성을 돌보시사 그들에게 양식을 주셨다 함을 듣고…" 룻기에서 처음으로 나오는 하나님의 이름은 여호와였다. 왜 "*하나님*께서 자기 백성을 돌보시고…"라고 하지 않고 "*여호와*께서 자기 백성을 돌보시고"라고 했을까? 그 이유는 창조주 하나님보다는 인간을 돌보시는 여호와를 강조하고 싶었기 때문이다.

여호와는 인간들과 인격적인 관계를 맺고, 그 인간들이 행복하게 살기를 원하시는 언약 관계의 하나님을 강조한다(신 10:13). 그런 이유 때문에 "여호와께서 *자기 백성을*…"이라고 묘사한다. 다시 말해서, 언약

관계에 있는 *당신의 백성*이라는 뜻이다. 마치 부모가 잘못된 자녀를 조건 없이 용서하고 받아주는 것처럼 말이다. 나오미는 저 옛날 부모와 고향 사람들로부터 듣던 *여호와*의 이름을 듣고 그분에게 돌아가고픈 마음이 생겼다.

나오미가 인생의 나락에 빠지기 전에는 *여호와*라는 이름은 이스라엘 백성이 습관적으로 부르는 이름이었고, 관심도 없었다. 10여 년 동안 한 번도 귀담아 듣지 않았던 그 이름이 나오미에게 다가와서 그녀의 마음 깊숙이 각인됐다. 그것을 어떻게 알 수 있는가? 나오미가 돌아가는 길에서 며느리들과의 대화에서, 그리고 돌아가서 베들레헴 사람들과의 대화에서 *여호와*의 이름을 반복적으로 사용하는 것을 보면 분명히 알 수가 있다.

그 여호와 하나님이 어떻게 하셨는가? "자기 백성을 돌보셨다." *자기 백성*이라는 표현에 나오미는 얼마나 큰 충격을 받았겠는가? 그녀도 한때는 하나님의 백성이었는데, 이름도 "하나님이 나의 기쁨"이었는데, 그런 하나님을 그렇게 오랫동안 떠나 있었다니? 나오미는 여기까지 생각하면서 울부짖었을 것이다, "하나님! 여호와 하나님! 나 같은 죄인도 받아주시겠습니까? 나도 돌보아주시겠습니까? 노^{No}라고 하셔도 당신에게 가겠습니다!"

그 하나님이 무엇을 주셨는가? "양식을 주셨다"는 것이다. 양식! 양식! 과연 유다 베들레헴은 "찬송"과 "떡"이 있는 곳이다. 실제로 나오미가 그곳에 있었을 때는 생명이 있었다. 결혼도 했고, 아들을 둘이나 낳았다. 모압에서는 그 결혼도 사별로 깨어졌고, 결혼의 결실인 두 아들들도 잃었다. 더 이상 이 땅에서 무엇을 의지하고 살겠는가? 이렇게 해서 나오미는 모압 지방에서 "돌아오기로" 결정했던 것이다.

3. 꼬리말

　그러니까 나오미가 모압 땅을 떠나서 유다 베들레헴으로 돌아가기로 결정하기까지는 10여 년이나 걸렸다. 그러나 그 많은 세월보다도 더 오래 걸린 것은 여호와 하나님을 올바르게 보는 안목이었다. 왜 그렇게 오래 걸렸는가? 나오미와 그녀의 하나님 사이를 가로막는 것들 때문이었다. 남편과 아들들, 그리고 아들들의 결혼! 그러나 그런 것들보다 더 큰 장벽은 자아였다. 자존감과 교만 때문에 나오미는 자아를 보지 못했다.

　그처럼 강한 자아가 환경적인 요인에 의하여 양파의 껍질이 벗겨지듯 하나씩 하나씩 벗겨지기 시작했다. 양파 속에 아무 것도 없는 것처럼, 여호와 하나님을 떠난 삶이 아무 것도 아니라는 것을 깨닫는데 십 수 년이 걸렸다. 그러나 나오미는 마침내 모든 자아의 껍질이 벗겨졌을 때, 진정한 의미에서 여호와 하나님에 대하여 듣기 시작했다. 그리고 그녀의 귀가 번쩍 뜨이면서 그녀는 그 여호와 하나님께 돌아오기로 결단했던 것이다.

7 "돌아오는 길"

"있던 곳에서 나오고 두 며느리도 그와 함께 하여 유다 땅으로 돌아오려고 길을 가다가" (룻기 1:7)

1. 머리말

나오미는 남편과 두 아들과 더불어 유다 베들레헴을 떠나 모압 땅으로 갔다. 그리고 나오미는 남편과 두 아들을 거기에 묻었다. 나오미가 이처럼 홀로 남은 자가 되었을 때, 비로소 그녀는 정신이 번쩍 들었다. 그때까지 자신의 생각과 결정을 의지하며 살았던 삶의 한계를 보기 시작했다. 그리고 자아의 한계는 인간의 생사화복을 주장하시는 여호와 하나님께로 서서히 시선을 돌리는 계기가 되었다.

이런 원리를 잘 표현한 성경의 가르침이 있다. 다시 말해서, 이스라엘이 이방 나라에 흩어져 살면서 이방 신들을 섬기다가, 마침내 소수의 무리가 여호와 하나님께로 돌아온다는 표현이다. 비록 나오미가 이스라엘은 아니지만, 그래도 그녀의 가족이 이방 나라인 모압에서 살다가 마침내 이스라엘의 남은 자처럼 홀로 여호와 하나님께로 돌아온다. 이런 나오미의 모습과 이스라엘의 모습은 너무나도 닮았다.

2. 몸말

이처럼 나오미가 이스라엘의 남은 자처럼 여호와 하나님께로 돌아오는 가르침을 준 성경말씀은 신명기 4장 27-31절이다.

> "여호와께서 너희를 여러 민족 중에 흩으실 것이요; 여호와께서 너희를 쫓아 보내실 그 여러 민족 중에 너희의 남은 수가 많지 못할 것이며, 너희는 거기서 사람의 손으로 만든 바 보지도 못하며 듣지도 못하며 먹지도 못하며 냄새도 맡지 못하는 목석의 신들을 섬기리라. 그러나 네가 거기서 네 하나님 여호와를 찾게 되리니, 만일 마음을 다하고 뜻을 다하여 그를 찾으면 만나리라. 이 모든 일이 네게 임하여 환난을 당하다가 끝 날에 네가 네 하나님 여호와께로 돌아와서 그의 말씀을 청종하리니, 네 하나님 여호와는 자비하신 하나님이심이라. 그가 너를 버리지 아니하시며 너를 멸하지 아니하시며 네 조상들에게 맹세하신 언약을 잊지 아니하시리라."

위에 인용된 성경말씀은 이스라엘 백성에게 뿐만 아니라 나오미와 우리 모두에게도 중요한 성경적 원리를 제시한다. 그 신앙 원리는 간단하게 말하면, 하나님을 떠난 삶의 피폐를 거쳐서 다시 하나님께로 돌아올 수 있다는 사실이다. 그리고 돌아오면 하나님이 반갑게 맞아주시겠다는 것이다--돌아오는 사람이 이스라엘 백성이든 나오미이든 누구가 되든 말이다.

1) "나오고"

절망의 나락 속에 빠진 자신을 보면서 하나님께로 돌아오는 나오미의 첫 번째 행동은 "있던 곳에서 나오는" 것이었다. "있던 곳에서 나오지" 않고 하나님께로 갈 수 없고, 또 고향으로도 갈 수도 없다. 십 수 년 동안 정들었던 *안전지대*에서 나오지 않으면 안 되었다. 이미 말씀드렸지만, 나오미는 모압 땅에서 그렇게 오래 지내면서 나름대로 그곳이 편한 곳이 되었던 것이다.

뿐만 아니라, 많은 기억들이 깃들어 있는 그 "있던 곳"에서 나오지 않으면 여호와 하나님께로 갈 수가 없었다. 무슨 기억들이 나오미의 마음 속에서 맴돌고 있었겠는가? 남편과 함께 모압 지방에 와서 집을 구하고, 가구도 장만하며 아기자기하게 새살림을 시작한 기억들! 새로운 문화에 적응하면서 때로는 웃게 하고, 때로는 눈물 나게 한 기억들! 모압 여인들을 며느리로 맞이하면서 떠들썩했던 기억들! 이런 기억들을 떠났던 것이다.

한 발 더 나아가서 여기에서 "나오고"는 나오미가 과거를 청산한다는 뜻도 포함되어 있다. 많은 부정적인 과거도 청산하지 않으면 안 되었다. 남편을 떠나보낸 과거; 두 아들을 무덤에 묻은 과거; 모압의 문화에 적응한답시고 모압의 우상숭배와 연루된 과거; 자연스럽게 여호와 하나님과 멀어진 과거! "있었던 곳에서 나오고"는 그런 모든 과거를 정리한다는 강력한 행동이기도 했다.

성경에서 시시때때로 "나오다"는 새로운 전환점을 묘사하기 위하여 쓰이는 동사이다. 아브라함을 보라! 어느 날 하나님이 그에게 "너는 너의 고향과 친척과 아버지의 집을 떠나"라고 하셨다(창 12:1). "떠나"라는 하나님의 명령에 순종하여 아브라함은 그가 살던 곳에서 나왔다. 그런 "나옴"은 아브라함의 인생에도 대전환점이 되었지만, 인류의 역사에서도 선민의 탄생이라는 대전환점이 되었다.

애굽에 살던 이스라엘을 보라! 비록 그들이 애굽에서 430년이라는 긴 세월을 지냈지만, 마침내 하나님의 주권 아래 그들이 "있었던 곳에서 나온" 날이 있었다(출 12:37). 이스라엘 백성이 애굽에서 "나온" 사실은 그들에게 얼마나 큰 전환점이 되었는가? 그들은 더 이상 애굽의 종이 아니었다. 그들은 자유롭게 하나님을 섬길 수 있었고(출 4:23), 절기도 지킬 수 있었으며(출 5:1), 또 제사도 드릴 수 있었다(출 5:3).

나오미가 "있었던 곳에서 나오고"는 어떤 의미에서 아브라함의 떠남과 이스라엘 백성의 출애굽과 그 의미에서는 똑같은 전환점이었다. 물론 아브라함이나 출애굽처럼 혁혁해 보이지는 않았으나, 그 행위 때문에 다윗이 출생하는 계기가 되었다. 그러니까 아브라함의 순종이나 출애굽처럼 세상에 드러난 행위는 아니었을지라도, 조용하지만 확실히 하나님의 뜻을 이루어드리는 혁혁한 행위였던 것이다.

2) "유다 땅"

나오미가 돌아가려고 작심한 땅은 다른 곳이 아닌 유다 땅 베들레헴이었다. 그런 결정은 결코 쉬운 결정이 아니었을 것이다. 왜냐하면 거기에는 그녀를 아는 사람들도 많고, 또 친척들도 있었다. 참으로 체면 구기는 만남을 피할 수 없는 곳이었다. 차라리 유다 베들레헴이 아닌 다른 곳이라면 결정하기 더 쉬웠을 지도 모른다. 그러나 나오미는 의도적으로 "유다 땅으로 돌아오려고 길을 떠났다."

왜 유다 땅을 바라보고 모압 땅을 떠났는가? 무엇보다도 나오미는 낮아질 대로 낮아졌기 때문이었다. 그녀에게는 더 이상 체면 같은 것은 없었다. 그녀에게는 더 이상 자아도 없었다. 이미 언급했지만, "돌아오다"에는 "회개하다"의 뜻이 들어있다. 그러니까 어떤 의미에서 이런 자세야말로 진정한 회개의 자세이다. 진정한 회개란 체면과 자아를 내려놓는 것이기 때문이다.

그렇게 마음을 비우고 나니까, 새로운 소망의 빛이 비추기 시작했다. 왜냐하면 "여호와께서 자기 백성을 돌아보사 그들에게 양식을 주셨다"는 것이다(룻 1:6). 마음을 전적으로 비우니까, 여호와 하나님이 나오미의 마음을 사로잡았을 뿐만 아니라, 그곳에 양식이 있다는 소망도 보게 된 것이다. 그렇게 마음을 비우니까, 다른 사람들과 친척의 시선은 문제가 되지 않았다. 여호와 하나님만 있으면, 그것으로 족했다.

일단 이렇게 마음을 비우고 낮아졌을 때, 나오미가 돌아갈 곳은 여호와 하나님이 계신 유다 베들레헴이었다. 그녀에게 확실히 돌아갈 곳이 생겼다. 그녀에게 분명한 목적지가 생겼다. 그녀는 이제 더 이상 정처 없이 떠도는 부랑자가 아니었다. 비록 신세는 부랑자였지만, 그녀에게는 갈 곳과 갈 품이 있었다. 갈 곳은 유대 베들레헴이고, 갈 품은 하나님 아버지의 품이었다.

아브라함은 부르심을 받았을 때, 갈 곳이 분명하지 않았다. 왜냐하면 하나님이 "보여 줄 땅으로 가라"고 명령하셨기 때문이다(창 12:1). 그런데도 아브라함은 "있던 곳에서 나왔다." 그러나 나오미에게는 갈 곳이 분명했다. 그곳은 "찬송"의 곳인 유다 땅이요, 그중에서도 "떡의 집"인 베들레헴이었다. 여호와가 양식을 주셨기에 그곳은 과연 유다 베들레헴이었다.

나오미의 여정은 출애굽을 한 이스라엘과 매우 흡사했다. 그들에게는 젖과 꿀이 흐르는 땅이 약속으로 주어졌다. 그 약속 때문에 그들은 모든 어려움과 고통을 견디어 낼 수 있었다. 나오미도 마찬가지이다! 늙은 여인이 두 며느리를 데리고 그처럼 멀고도 척박하고 협착한 곳을 간다는 것은 결코 쉽지 않은 일이다. 그러나 나오미에게는 갈 곳이 있었다! 그녀는 모든 어려움과 고통을 견디면서 유다 땅으로 돌아가기 시작했다.

3) "길을 가다"

십 수 년 전, 나오미가 유다 베들레헴을 떠나 모압으로 갈 때는 남편이 길을 인도했다. 물론 그 길은 결코 만만하지 않았지만, 그래도 남편과 두 아들과 함께 하는 여행이었기에 견딜만한 길이었다. 그들이 택한 길은 대략 다음과 같았는데, 그 당시 길이 많지 않았기에 선택의 여지가 별로 없었다. 먼저 베들레헴에서 예루살렘으로 걸어서 올라갔는데, 그 거리는 대략 9km의 길이었다.

그 다음 예루살렘에서 여리고로 내려갔다. 비록 그 길은 46km에 불과하지만, 참으로 협착한 길이다. 그 길은 유다 광야에 속하였는데, 물도 없고 빨간 흙으로 뒤덮인 사막과 같이 척박한 길이다. 그 유다 광야에는 사해도 포함되어 있다. 그런 험난하고 뜨거운 길을 그들은 걸어서 내려갔다. 흉년을 피하기 위하여 그들이 택한 여정은 이루 말할 수 없이 어려운 길이었다.

그 후 나오미와 그 식구들은 요단 강을 건넜다. 요단 강을 건넜다는 것은 단순히 강을 건넌 것이 아니다. 하나님이 축복하신 약속의 땅을 떠났다는 것을 의미한다. 이렇게 요단 강을 건너면 암몬 땅이 나온다. 그 땅을 지나서 남쪽으로 내려가서 모압 땅에 이르렀다. 그런데 암몬 나라와 모압 나라 사이의 길도 참으로 험악하기 짝이 없다. 뜨겁고 척박한 남의 나라의 길을 걸어서 그들은 그들이 목적한 바 모압 땅에 이르렀던 것이다.

그럼 왜 그 길을 이렇게 자세히 묘사하는가? 그 이유는 간단하다! 그 길은 300여 년 전에 이스라엘 백성이 출애굽을 한 후, 마침내 가나안 땅으로 들어가기 위하여 걸어갔던 길이었기 때문이다. 그들은 여호수아의 인도를 따라 가나안 땅에 들어갔다. 그러나 이게 웬 말인가? 나오미의 가족은 그 젖과 꿀이 흐르는 약속의 땅을 떠날 때, 그들의 조상이 믿음으로 걸었던 그 길을 거꾸로 따라 내려간 것이다.

비록 나오미의 식구가 모압으로 들어간 거리는 불과 7일 내지 10일 여행의 짧은 길이었지만, 진짜 문제는 거리에 있지 않았다. 진짜 문제는 하나님이 그들의 조상을 인도하신 길을 역행했다는 데에 있다. 다시 말해서, 그들은 하나님의 방향을 따라서 가지 않고, 그 반대 방향으로 갔다는 것이다. 그들이 약속의 땅을 떠나 반대 방향으로 갔을 때, 그 결과는 참으로 참혹했다.

그러나 여기에 놀라운 일이 벌어졌다. 늙고 힘없는 여인 나오미는 그녀의 조상이 밟으며 하나님의 방향대로 간 바로 그 길로 들어섰다는 것이다. 이스라엘 백성이 그처럼 척박한 길을 인내하며 걸어간 것처럼, 나오미도 역시 인내하면서 그 길을 걸어가기 시작했던 것이다. 비록 햇볕은 말할 수 없이 뜨거워도, 비록 산을 넘고 강을 건너며 가파른 언덕길을 걸어도, 나오미는 "하나님의 방향"으로 걷기 시작했다.

3. 꼬리말

　나오미는 하나님의 방향으로 가면서 두 며느리를 데리고 갔다. 마치 아브라함이 롯을 데리고 간 것처럼 말이다. 그리고 이스라엘 백성이 애굽을 떠날 때, 애굽의 수많은 잡족을 데리고 떠난 것처럼 말이다(출 12:38). 그렇다! 나오미가 진정으로 회개하고 하나님을 향하여 가기 시작할 때, 하나님은 그녀에게 귀중한 선물을 안겨주셨다. 그 선물이 바로 두 며느리였다. 물론 도중에 한 며느리는 모압으로 돌아갔지만 말이다.

　이런 것이 하나님의 원리이다. 나오미가 하나님을 떠났을 때는 다 잃었지만, 그녀가 하나님을 떠난 그 곳으로 돌아가기로 결단했을 때에는 하나님은 그녀에게 며느리를 붙여주셨다. 그 며느리가 바로 롯이다. 하나님은 이처럼 보잘 것 없는 룻을 통하여 엄청난 계획을 이루고 계셨다. 그 계획은 룻을 통하여 다윗의 가계를 잇는 것이며, 그 가계를 통하여 마침내 예수 그리스도가 태어나게 하시는 것이었다.

8 "나오미와 두 며느리"

"나오미가 두 며느리에게 이르되 너희는 각기 너희 어머니의 집으로 돌아가라 너희가 죽은 자들과 나를 선대한 것 같이 여호와께서 너희를 선대하시기를 원하며 여호와께서 너희에게 허락하사 각기 남편의 집에서 위로를 받게 하시기를 원하노라 하고 그들에게 입 맞추매 그들이 소리를 높여 울며 나오미에게 이르되 아니니이다 우리는 어머니와 함께 어머니의 백성에게로 돌아가겠나이다 하는지라" (룻기 1:8-10)

1. 머리말

나오미의 결단은 확고했다. 나오미는 그동안 살던 모압 땅을 떠나기로 결단했다. 그동안 그녀가 의지하며 살았던 집도 정리했다. 모든 가구도 정리했다. 논밭도 정리했다. 인간적인 정을 나누던 두 며느리의 식구들은 물론 모든 이웃과도 작별을 고했다. 참으로 분주한 나날을 보냈다. 약 열흘의 여행길을 위한 준비도 바쁘게 했다.

마침내 세 여인은 보잘 것 없는 보따리들을 들고 그들이 그처럼 오랫동안 정들며 살던 "곳에서 나왔다." 두말할 필요도 없이 그들의 목적지는 유다 베들레헴이었다. 이 세 여인들 가운데 나오미의 마음이 가장 설레었을 것이다. 왜냐하면 유다 베들레헴은 그녀의 고향이기 때문이다. 그러나 나오미는 한편은 정리하며, 또 한편은 설레면서 두 며느리의 마음을 깊이 성찰할 여유는 없었다.

2. 몸말

그렇다면 두 며느리인 모압 여인들에게 유다 베들레헴 땅은 어떤 의미를 주었는가? 어떤 특별한 의미도 부여하지 못했을 것이다. 물론 시시때때로 가정의 대화에서 흘러나오는 유다 베들레헴에 대한 이야기도 들었을 것이다. 그들의 남편으로부터도 간혹 들었을 것이다. 그러나 그런 모든 이야기는 그냥 지나가는 이야기일 뿐이었다.

그런데 갑자기 그들의 시어머니인 나오미가 그녀의 고향인 유다 베들레헴으로 돌아간다는 결단을 표현했다. 그들도 시어머니를 도와 모든 것을 정리했다. 그들도 친정 식구들과 모든 친척들과 친구들에게 작별을 고했다. 그들도 봇짐을 준비했다. 두 며느리는 험난한 여정에 대해서도 알지 못했다. 유다 땅에서 누가 그들을 어떻게 맞아줄지 알지 못했다.

이렇게 세 여인은 모든 사람과 작별을 고하고 길을 떠났다. 뜨거운 햇볕과 삭막한 사막길이 그들을 맞아주었다. 그처럼 적막한 길을 묵묵히 걸어가는 동안 그들의 생각은 서로 달랐을 것이다. 그때 나오미는 불현듯 두 며느리의 미래를 생각하기 시작한 것 같다. 그렇지 않았다면 나오미가 느닷없이 두 며느리에게 그들의 장래 문제를 거론하지 않았을 것이다.

1) 나오미의 요청

그렇다면 나오미는 며느리들에 대하여 구체적으로 어떤 생각을 하고 있었을까? 어쩌면 나오미는 소극적인 것과 적극적인 것을 동시에 생각했을 것이다. 소극적으로는 그래도 자기가 유대 여인인데 모압 여인들을 유다 땅으로 데리고 가도 괜찮을까 하는 생각이었을 것이다. 집안이 산산조각이 난 마당에 모압 여인들까지 데리고 가면 유대인들이 자기에 대하여 어떻게 말할까 하는 생각이었을 것이다.

적극적으로도 생각했을 것이다. 그것은 두 며느리 편에서 생각하는 것이었다. "모압 여인들이 아주 유별난 유다 문화와 사회에 잘 적응할 수 있을까? 그들을 데리고 가는 것이 과연 옳은가? 나도 유대 여인으로 모압에서 많은 갈등을 겪었는데, 이 여인들에게도 그런 갈등을 겪게 하는 것이 과연 옳은가? 나는 그래도 남편과 아들들과 함께 갈등을 겪었는데도 그렇게 힘들었는데, 청상과부가 된 이들은…?"[18]

생각이 여기까지 미치자 나오미는 더 이상 입을 다물고 있을 수 없었다. 그녀는 입을 열었다, "너희는 각기 너희 어머니의 집으로 돌아가라." 이 말에서 나오미는 *돌아가라*는 단어를 사용한다. 그녀가 모압에서의 삶을 접고 유다 베들레헴으로 돌아가는 것처럼, 그들도 시모를 따라 가는 것을 접고 모압으로 돌아가라는 말이다.

다시 말하면, 그녀가 유다 베들레헴을 떠나서 모압에서 살았던 잘못을 시인하고 돌아가듯, 그들도 모압을 떠나 시모와 함께 가는 잘못을 시인하고 그들의 고향으로 돌아가라는 요청이다. 나오미는 자신을 어머니로 여기고 따르는 며느리들에게 그들을 낳아주고 길러준 그들의 진짜 어머니에게로 돌아가라고 말하는 것이다. 그들을 무조건 받아줄 그들

의 어머니에게로 돌아가라고 말한다.[19]

그런데 나오미는 "너희는 각기 너희 어머니의 집으로 돌아가라"고 말하면서 어머니를 강조한다. 나오미는 "너희 아비 집으로 돌아가라"고 할 수도 있었다. 실제로 구약시대에는 종종 아비 집으로 표현되기도 하다. 예를 들어보겠다. "유다가 그 며느리 다말에게 이르되 수절하고 네 아비 집에 있어서 내 아들 셀라가 장성하기를 기다리라"(창 38:11, 또한 민 30:16, 신 22:21, 삿 19:2-3 참고). 아비 집은 한 가정의 대표이며, 권위를 상징할 때 쓰는 표현이다. 반면에 무조건적인 사랑을 표현하며, 또 조건 없이 받아주는 행위를 강조할 때는 "어머니의 집"이라고 사용된다(아 3:4, 창 24:67 참고). 그러니까 나오미는 비록 며느리들을 친 딸들처럼 대우했지만(룻 1:13), 그래도 그들을 조건 없이 받아줄 그들의 친정 어머니, 그들을 무조건적으로 사랑해줄 어머니에게로 돌아가라고 요청했다.

2) 나오미의 축복

나오미는 며느리들에게 어미 품으로 돌아가라고 하면서 두 가지의 축복을 빌어준다. 한 가지는 "여호와의 선대"이고, 다른 한 가지는 "여호와께서 허락하사" 그들이 재혼하는 것이다. 이런 축복의 말에서 우리는 무엇을 볼 수 있는가? 첫째, 나오미가 두 며느리에게 물질적으로는 줄 수 있는 것이 없다는 사실이다. 모든 남자를 잃은 삶, 그것도 이방 나라에서의 삶은 경제적으로도 빈털터리가 됐다는 말이다.

둘째, 나오미의 신앙 상태를 볼 수 있다. 그녀가 인간적으로 밑바닥을 쳤을 때, 바라볼 수 있는 분은 여호와 하나님이었다. 나오미가 낮아질 대로 낮아지지 않았다면, 그동안 보여주지도 못했던 하나님에 대하여 며느리들에게 이제 새삼스럽게 말한다는 것이 얼마나 쑥스러웠겠는가? 그러나 나오미는 인간적으로 모든 것을 잃고 나서 얻은 것이 하나 있었는데, 바로 여호와에 대한 신앙이었다.

셋째, 나오미는 그렇게 되찾은 여호와가 그들의 "선대"를 갚아주시기를 빌었다. 며느리들은 죽은 남편들에게는 물론 살아 있는 시모에게도 똑같이 선대했다. 여기에서 "선대"는 히브리어로 *헤세드*(חֶסֶד)인데, "인애, 인자, 은혜, 긍휼, 신실한 사랑, 충성, 선행" 등의 의미를 가지고 있다. 이렇게 많은 의미 가운데 특히 여기에서 "선대"로 번역된 *헤세드*는 "힘, 충성, 사랑"이 내포된 행위를 가리킨다.[20]

그러니까 며느리들은 비록 모압 여인이었지만, 어느 유다 여인 못지않게 정성을 다하여 남편과 시모를 모셨다. 그들은 온 정성을 다하여 죽은 자들과 시모를 섬겼는데, 그 섬김에는 충성심과 사랑이 곁들인 선대였다. 다시 말해서, 두 며느리는 아내와 며느리로서 모든 의무를 다했지만, 그들이 그렇게 섬길 수 있었던 것은 의무 외에도 사랑이 있었기에 가능했다. 나오미는 하나님도 그들에게 똑같이 갚아주시기를 빌었던 것이다.

넷째, 나오미는 한 발 더 나아가 며느리들의 장래를 위하여 축복을 빌어주었다. 나오미의 말을 직접 들어보자. "여호와께서 너희에게 허락하사 각기 남편의 집에서 위로를 받게 하시기를 원하노라." 이런 축복은 나오미가 의지할 수 있는 마지막 식구들인 며느리들마저 포기하겠다는 의지의 표현이었다. 함께 여행하고, 함께 의지하며 살아갈 수 있는 식구들을 포기하겠다는 말이다.

그 이유는 도대체 무엇인가? 나오미만큼 과부가 된 며느리들을 깊이 이해할 수 있는 사람이 얼마나 있겠는가? 그녀 자신도 과부로 살았다. 적어도 며느리들은 과부로 인생을 끝내기를 원하지 않았던 것이다. 그녀는 진정으로 며느리들의 행복을 바랐는데, 그것은 그들이 다시 남편을 만나서 새로운 인생을 사는 것이었다. 자신을 완전히 비우지 않으면 결정하고 축복을 빌어줄 수 없는 표현이다.

3) 며느리들의 반응

나오미는 며느리들에게 이처럼 고향으로 돌아가라고 요청하면서 축복의 말을 마치자, 그 말이 빈말이 아닌 확고한 결단임을 행동으로 보여주었다. 그 행동은 작별의 입맞춤이었다. 이런 입맞춤은 시모와 며느리들의 깊은 관계를 알려주고도 남는 행동이었다. 그들은 서로 눈을 흘기는 시어머니와 며느리가 아니라, 친어머니와 친딸과 같은 사랑의 관계를 유지했다는 사실을 말해준다.

그런데 여기에서 나오미의 입맞춤은 잠시 동안의 작별이 아니라, 영원한 작별을 뜻한다. 십 수 년 동안 함께 살면서 미운 정 고운 정을 다 훌훌 털어버리고, 영원히 헤어지고자 하는 작별을 뜻한다. 나라도 달리하고, 종교도 달리하는 영원한 이별을 뜻한다. 이 세 여인이 각기 남편과 영원히 헤어진 것처럼, 그들도 영원히 헤어져야 함을 뜻하는 입맞춤이었다.

며느리들은 어떻게 반응했는가? 두 가지로 반응을 했는데, 하나는 행동으로 반응했고, 또 하나는 말로 반응했다. 행동으로는 "그들이 소리를 높여 울었다." 영원한 생이별이란 슬픔을 자아낸다. 그처럼 뜨거운 불볕이 쏟아져 내리는 사막에서, 빨간 흙으로 뒤덮인 허허벌판에서 모

압의 두 여인은 목청을 높여서 통곡을 했다.[21]

그들의 큰 울음소리로 시어머니의 마음을 바꾸려는 듯, 그리고 그들의 펑펑 쏟아지는 눈물로 사막을 촉촉이 적시려는 듯, 두 며느리는 "소리를 높여 울었다." 그리고 입을 열어서 시모의 요청에 반응했다, "아니니이다! 우리는 어머니의 백성에게로 돌아가겠나이다." 이 말은 그들이 모압으로 돌아가는 것은 잘못이라는 말이다. 그런 잘못을 범하지 않고 어머니의 백성에게로 돌아가겠다는 것이다.

두 며느리의 반응은 그들이 죽은 자들과 산 자인 시모를 어떻게 *선대*한 것을 보여주는 대목이기도 하다. 그들은 과거에도 온 정성과 충성과 사랑으로 죽은 자들과 산 자를 섬긴 것처럼, 앞으로도 그런 자세로 시모를 섬기겠다는 것이다. 그들의 결연한 의지의 표현이요, 또 생활태도의 표현이었다. 그들은 시모와 함께 여정을 같이 가면서 어떤 어려움이 있어도 시모를 섬기겠다는 표현이었다.

그뿐만이 아니라, 유다 베들레헴 땅으로 가서 시모의 백성을 그들의 백성으로 여기면서 끝까지 시모를 섬기겠다는 말이다. 어떤 어려움이 와도 견디겠다는 표현이다. 어떤 냉대를 사람들로부터 받아도 달게 받으면서 시모에 대한 정성과 충성과 사랑을 변치 않겠다는 단오한 마음의 표현이다. 어머니의 결단이 확고한 것 못지않게 그들의 결단도 확고하다는 의지의 표현이다.

3. 꼬리말

나오미는 진정으로 비운의 여인이었다. 그녀는 타국에서 남편과 두 아들을 잃었다. 한 마디로 말해서, 그녀는 삶의 모든 것, 곧 사랑과 소망을 잃었다. 나오미는 모든 것을 잃는 와중에서도 건진 것이 없잖아 있었다. 무엇을 건졌는가? 하나는 그녀가 그토록 오랫동안 망각했던 여호와 하나님이다. 그녀는 하나님 뿐만 아니라, 두 며느리의 마음도 건졌다.

어떻게 나오미는 두 며느리로부터 *선대*를 받을 수 있을 정도로 그들의 마음을 샀는가? 물론 룻기에서는 그 이유를 설명하지 않지만, 쉽게 유추할 수 있는 부분이다. 그녀가 며느리들을 *선대*하였기 때문이다. 두 며느리는 그들을 인격적으로 대우하며 사랑하는 시모의 자세에 반응하여 그들의 남편이 죽은 후에도 시모를 *선대*했다. 시어머니로부터 그런 *선대*를 받았다는 사실은 모압 지방에서는 찾기 어려운 특별한 것이었다.

*선대*는 문자적으로는 선하게 대했다는 의미이다. 위에서 본 것처럼, 히브리어에서 선대는 *헤세드*로, 힘과 충성과 사랑을 함께 나눈다는 의미이다. 그렇다! 나오미는 며느리들로부터 그런 선대를 받을 수 있는 그런 시어머니였다. 이렇게 묶여진 끈끈한 관계 때문에 이처럼 아름다운 룻기의 이야기가 펼쳐진다. 우리도 서로 선대하면서 아름다운 교회의 이야기를 만들어 가면 좋겠다.

9 "나오미의 축복"

"나오미가 두 며느리에게 이르되 너희는 각기 너희 어머니의 집으로 돌아가라 너희가 죽은 자들과 나를 선대한 것 같이 여호와께서 너희를 선대하시기를 원하며 여호와께서 너희에게 허락하사 각기 남편의 집에서 위로를 받게 하시기를 원하노라" (룻기 1:8-9a)

1. 머리말

남편과 두 아들을 잃은 나오미의 처지는 참으로 딱했다. 그 당시 남성이 지배하는 사회에서 남편과 아들들을 잃었다는 것은 모든 것을 다 잃었다는 뜻이다. 남편의 보호도 받을 수 없고, 아들들의 재정적인 후원도 받을 수 없다. 거기다가 나오미는 과부나 고아를 적극적으로 도와주는 유다 땅에 살고 있지 않았다(신 24:19-21 참고). 일반적으로 여인을 무시하며 그런 처지에 있는 여인을 멸시하는 고대국가 모압에서 살고 있었다.

어떻게 하면 나오미는 생계를 유지할 수 있을까? 세 가지 방법을 생각해 볼 수 있는데, 하나는 부모에게로 돌아가는 방법이다. 그러나 벌써 오랜 세월이 흘렀기에 나오미의 부모는 이미 죽었든지 아니면 그들도 자녀들의 부양을 받아야 될 나이에 처했을 것이다. 두 번째 방법은 재혼하여 가정을 꾸리는 것이다. 그러나 나오미는 이미 늙었다. 그녀의 말을 직접 들어보자, "나는 늙었으니 남편을 두지 못할지라"(룻 1:12).

　세 번째 방법은 나오미가 직접 나서서 장사라도 하는 것이다. 그러나 그 당시 문화에서 그런 것은 허용되지도 않을 뿐더러, 그녀에게는 아무런 재산도 있지 않았다.[22] 일찍 남편을 여의고, 거기다가 두 아들마저 잃은 처지에 무엇이 남아있겠는가? 그녀에게 조금이라도 소망이 있다면 그것은 유다 베들레헴에서 양식을 주실 여호와 하나님을 믿고, 고향으로 돌아가는 것 뿐이었다(룻 1:6).

2. 몸말

　나오미가 모든 것을 다 잃었을 때, 찾은 것이 있다고 했다. 그것은 그녀가 그처럼 오랫동안 잊고 있었던 여호와 하나님이다. 부모로부터 물려받은 신앙을 그녀는 잊고 살았다. 그녀의 조상을 애굽에서 인도해내신 여호와 하나님을 잊었다. 그녀의 조상에게 광야에서 만나를 주시고, 그리고 반석에서 물을 주신 여호와 하나님을 잊었다. 그녀의 조상에게 젖과 꿀이 흐르는 가나안 땅을 선물로 주신 여호와 하나님을 잊고 살았다.

　그러나 나오미는 여호와 하나님에 대한 신앙을 되찾았다. 어떻게 찾았는가? 그녀가 의지하던 사람들이 하나씩 그녀의 곁을 떠났기 때문이다. 이제는 그녀가 의지할 사람은 아무도 없었다. 물론 두 며느리가 있었지만, 그들은 자기가 보호하고 부양해야 될 식구들이었다. 나오미는 이처럼 모든 것을 다 잃고 나서야 언약의 하나님이신 여호와를 의지하기 시작했다. 이제부터 나오미에게는 여호와가 전부였다.

1) 여호와의 선대

　나오미는 두 며느리와 작별을 고하면서 그녀가 새롭게 찾은 여호와 하나님이 며느리들을 축복해 주시기를 기원해 주었다. 나오미는 두 며느리에게 이렇게 축복을 빌어주었다: "너희가 죽은 자들과 나를 선대한 것 같이 여호와께서 너희를 선대하시기를 원하노라." 선대는 히브리어로 *헤세드*로 "힘과 충성과 사랑"을 드리는 것이라고 했다. 며느리들이 나오미를 선대한 것처럼 여호와께서도 그들을 선대하시기를 축복해 주었다.

　그러면 두 며느리는 나오미에게 어떻게 선대를 했는가? 두 며느리인 오르바와 룻은 남편을 잃은 후, 법적으로 시집으로부터 독립할 수 있었다. 다시 말해서, 그들은 더 이상 죽은 남편의 집에서 시집살이를 할 의무가 없어졌다. 그들은 그 시집살이를 떠나서 자유롭게 살 수 있었다. 그러나 오르바와 룻은 시어머니를 섬기기 위하여 자원해서 시집살이를 계속했다. 이것이야말로 사랑이 넘치는 선대이다.

　오르바와 룻은 각기 친정으로 돌아갈 수도 있었다. 친정에는 그들을 무조건 받아주는 어머니와 형제자매들이 있다. 친정으로 돌아가면 십중팔구 먹을 것도 있었을 것이다. 적어도 나오미의 시집살이보다는 경제적으로 나았으면 나았지, 부족하지는 않았을 것이다. 그러나 오르바와 룻이 친정으로 돌아간다면 그들의 시어머니는 누가 돌보는가? 그들은 자원해서 시어머니와 함께 살았다. 이것이야말로 그들의 모든 힘을 나누어주는 선대이다.

　그들의 시어머니인 나오미가 유다 베들레헴으로 돌아가기로 결정했을 때, 오르바와 룻은 모압에 남기로 작정할 수도 있었다. 그런 이별은 누가 보아도 가장 자연스러운 것이다. 그러나 오르바와 룻은 시어머니에게 혼자 그처럼 험난한 길을 가게 할 수는 없었다. 가는 길에 병이라도 나거나 못된 도둑이라도 만나면 누가 시어머니를 보호하는가? 그들은 자원해서 시어머니와 함께 가기로 작정했다. 이것이야말로 그들의 충성을 준 선대이다.

오르바와 룻은 시어머니를 선대하기 위하여 고국을 떠나는 것조차 마다하지 않았다. 더군다나 가는 노상에서 시어머니가 그들에게 "너희는 각기 너희 어머니의 집으로 돌아가라"고 했을 때, 마지못해 하면서 돌아갈 수도 있었다. 그러나 이 늙은 시어머니의 미래에 대한 걱정 때문에 그들은 끝까지 시어머니를 따르겠다고 소리를 높여 울면서 호소했다. 그들의 결정은 재혼도 거부하며 시모를 돌보겠다는 진정한 *헤세드*, 곧 선대이다.

시어머니를 이처럼 공경한 오르바와 룻의 선대를 나오미는 어떻게 잊을 수 있는가? 나오미가 "여호와께서 너희를 선대하시기를 원한다"는 축복은 물론 그녀의 신앙을 표현한 것이다. 나오미가 날개 없는 추락을 경험한 후 되찾은 신앙이다. 그리고 나오미가 축복해준 것처럼, 두 며느리가 하나님의 선대를 받아, 고국과 친정으로 무사히 돌아가라는 것이다. 유다 베들레헴으로 가서 온갖 고생을 하지 말라는 부탁이었다.

2) 여호와의 안식

이처럼 나오미는 두 며느리가 여호와의 선대를 받기 원했다. 그런데 나오미는 많은 선대 가운데 특별히 한 가지 선대를 드러내어 강조한다. 그것은 더 이상 과부로 살지 말고 여호와의 선대를 따라 좋은 남편을 만나서 행복하게 살라는 축복이었다. 나오미의 축복을 직접 들어보겠다, "여호와께서 너희에게 허락하사 각기 남편의 집에서 위로를 받게 하시기를 원하노라."

이 나오미의 축복에서 특별히 중요한 표현이 있는데, 그것은 "위로를 받게 하시기를 원하노라"이다. 이 표현은 결국 이런 의미이다: 두 며느리가 각각 남편을 만나 결혼하여, 남편의 집으로 시집을 가서 위로를 받으라는 것이다. 그런데 개역한글성경에서는 "위로를 받게 하시기를 원하노라" 대신에 "평안함을 얻게 하시기를 원하노라"고 번역되었다. 그러니까 "위로" 내지 "평안함"으로 번역된 단어의 의미를 찾아보는 것도 중요하다.

히브리어 성경은 "쉬다" 또는 "안식하다"rest or repose의 의미를 가진 동사인데, 그 동사가 "위로 받게 하시기를" 또는 "평안함을 얻게 하시기를"로 번역되었다. 그런데 흥미롭게도 같은 동사가 3장 1절에서는 "안식할 곳"으로 번역되었다.[23] 그 구절을 보겠다: "룻의 시어머니 나오미가 그에게 이르되, '내 딸아, 내가 너를 위하여 *안식할 곳*을 구하여 너를 복되게 하여야 하지 않겠느냐?'"

그러니까 1장 9절에서 "위로를 받게 하시기를"이라고 번역되는 것보다는 "안식할 곳"으로 번역되는 것이 훨씬 더 원어에 가깝다. 그런데 안식은 어떤 배경을 깔고 있는가? 안식은 방황과 불안, 염려와 피곤, 불신과 고통에 반대되는 표현이다. 오르바와 룻은 모압 여인들로 유대인의 가정으로 시집을 와서 다문화가정을 이루었다. 문화가 다른 그 가정에서 얼마나 많이 불안해 하면서 방황할 때가 많았겠는가?

더군다나 그들의 남편이 세상을 떠나자, 오르바와 룻이 겪은 외로움과 슬픔을 누가 이해할 수 있었겠는가? 친정의 부모와 형제자매들조차

이해하지 못하는 슬픔을 곱씹으면서 얼마나 많은 밤을 눈물로 지새웠겠는가? 거기다가 모든 남자를 잃은 가정의 경제적인 몰락을 이 세 여인이 감당하기에는 너무나 벅찬 것이었다. 먹고 살기조차 힘든 환경에서 그 둘이 당한 고통과 회한은 얼마나 컸는가?

나오미가 두 며느리에게 "여호와께서 너희에게 허락하사 각기 남편의 집에서 위로를 받게 하시기를 원하노라"고 축복해 주었을 때, 그 축복의 의미는 너무나 깊다. 건강하고 훌륭한 남편들을 만나서 안식을 누리라는 말이다. 모든 불안과 피곤에서 떨쳐나서 평안하고, 자유롭고, 안정되고, 영원한 안식을 누리며 살라는 축복이다.[24] 그리고 그런 축복은 여호와 하나님만이 마련해 주실 수 있는 지고의 축복이다.

3) 여호와의 보상

나오미가 두 며느리를 축복해 준 말을 다시 보겠다, "너희가 죽은 자들과 나를 선대한 것 같이 여호와께서 너희를 선대하시기를 원하며…" 이 말씀에서 우리는 중요한 성경의 원리를 찾아야 한다. 그 원리는 사람들의 행위와 하나님의 축복 사이에 있는 상관관계이다. 다시 말해서, 사람들이 다른 사람들에게 한 행동을 근거로 하나님은 그 사람들을 축복하신다는 사실이다.

위의 말씀에 의하면, 나오미의 두 며느리는 어떤 행동을 했는가? 그들은 "죽은 자들과 나를 선대했다"고 나오미는 말한다. 오르바와 룻은 그들의 남편이 살아 있는 동안 남편들을 선대했다. 다시 말해서, 그들은 그들의 남편들에게 힘과 충성과 사랑을 바쳤다. 그뿐만 아니라 남편들이 죽은 후에도 그 남편들의 어머니에게도 똑같이 선대했다. 이미 위에서 본 것처럼, 그들은 모든 정성을 기울여 이 어머니에게 충성하며 사랑을 나타냈다.

그런 행동을 토대로 나오미는 그들에게도 여호와 하나님이 그들을 똑같이 선대해 주시기를 축복해 주었다. 특히 오르바와 룻에게 좋은 남편을 만나 안식을 얻기 위하여 축복해 주었다. 여기에서 우리는 사람들의 행동과 하나님의 축복 사이에 연루된 상관관계를 찾아야 한다. 사람들이 다른 사람들에게 친절하게 행동하며, 특히 온 힘을 다하여 충성과 사랑을 바쳤을 때, 하나님께서도 그대로 갚아주신다는 원리이다.[25]

왜 그런 원리가 성립되는가? 그런 원리가 성립되는 이유가 두 가지 있다. 첫째 이유는 사람들이 하나님의 형상을 따라 지음을 받았기 때문이다. 우리가 하나님의 형상을 따라 지음을 받은 사람들을 선대할 때, 하나님은 그 선대를 기뻐 받으신다. 그 이유는 다른 사람들을 선대하는 것은 간접적으로 하나님을 선대하는 것과 마찬가지이기 때문이다. 그러면 우리는 얼마나 많은 사람들을 선대해야 하는가? 물론 모든 사람을 선대할 수는 없다.

하나님이 우리에게 붙여준 사람들이 바로 우리의 몫이다. 하나님이 우리에게 붙여준 사람들 가운데는 제일 먼저 부부가 있다. 그 다음 그 부부에 관계된 사람들, 곧 그들의 자녀와 부모도 있다. 오르바와 룻은 먼저 그들의 남편을 선대했고, 그 다음 남편의 어머니인 나오미를 선대했다. 그들의 선대의 행위는 필연적으로 하나님의 보상을 받게 된다는 원리이다. 물론 선대의 대상은 점점 더 확대될 수 있다.

그 원리가 성립되는 두 번째 이유는 하나님이 우리의 모든 행동을 아시기 때문이다. 하나님은 다른 사람들의 안녕과 행복을 위하여 우리가 한 행동을 아신다. 하나님은 그런 행동을 아실뿐만 아니라, 보상해 주시기를 원하신다. 우리가 다른 사람들, 특히 하나님이 우리에게 붙여준 사람들을 향하여 힘과 충성과 사랑의 손길을 베풀 때, 하나님도 우리를 똑같이 보상해 주신다.

3. 꼬리말

우리가 살고 있는 세상에는 "이기주의"와 "개인주의"가 넘쳐난다. 이기주의는 나의 유익을 추구하기 위하여 다른 모든 것이 존재하는 것처럼 행동하는 것이다. 이기주의자들은 다른 사람들의 복지와 안녕에는 관심이 없다. 그들은 오히려 다른 사람들의 복지와 안녕을 헐어서라도 자신들의 이익을 추구하는 사람들이다. 음식에 해로운 물질을 삽입하여 돈을 벌려는 사람들이 얼마나 많은가?

개인주의는 다른 사람들에 대해서는 전혀 관심이 없는 사람들이다. 오로지 자신들이 추구하는 일에만 열중하는 사람들이다. 예를 들면, 어느 약국의 점원이 일을 끝낼 시간이 되었는데, 손님이 와서 급히 약을 찾는다. 그 점원은 "시간이 다 됐어요. 다음에 오세요!"라고 말한다. 그 점원은 법적으로는 조금도 잘못이 없다. 왜냐하면 일할 시간을 채웠고, 시간이 되었기 때문에 더 이상 약을 팔지 않아도 된다. 개인주의자이다!

그러나 오늘의 성경말씀은 이기주의와 개인주의와는 전혀 다른 인생관을 제시한다. 하나님의 형상으로 지음을 받은 다른 사람들의 행복과 안녕을 위하여 힘과 충성과 사랑을 바칠 때, 여호와 하나님이 똑같이 보상하신다는 것이다. 그렇다! 우리는 이기주의에 빠져서 나의 이익만을 추구해서도 안 된다. 우리는 개인주의에 빠져서 나의 일에만 관심을 가져서도 안 된다. 우리는 서로를 선대하면서 하나님의 나라를 이루어 가야만 한다.

10 "나오미의 설득"

"나오미가 이르되 내 딸들아 돌아가라 너희가 어찌 나와 함께 가려느냐 내 태중에 너희의 남편 될 아들들이 아직 있느냐 내 딸들아 되돌아 가라 나는 늙었으니 남편을 두지 못할지라 가령 내가 소망이 있다고 말한다든지 오늘 밤에 남편을 두어 아들들을 낳는다 하더라도 너희가 어찌 그들이 자라기를 기다리겠으며 어찌 남편 없이 지내겠다고 결심하겠느냐 내 딸들아 그렇지 아니하니라 여호와의 손이 나를 치셨으므로 나는 너희로 말미암아 더욱 마음이 아프도다" (룻기 1:11-13)

1. 머리말

나오미가 두 며느리에게 그들의 고향과 친정으로 돌아가라는 설득은 성공하지 못했다. 나오미는 며느리들에게 축복을 선물하면서 돌아가라고 했지만, 그들은 한편 통곡하면서 또 한편 시어머니의 축복을 거절했다. 그들이 "소리를 높여 울었다"는 것은 시어머니와 며느리들 사이에 맺어진 끈끈한 정을 묘사하고도 남음이 있었다. 그들의 정이 깊은 만큼 헤어지기도 그만큼 어려웠던 것이다.

시어머니인 나오미의 결정도 확고했다. 비록 며느리들이 통곡하면서 시어머니와 함께 유대 땅으로 가겠다고 했지만, 시어머니는 물러서지 않고 두 번째 설득을 시작한다. 첫 번째 설득에서 사용했던 안식의 문제를 다시 거론한다. 첫 번째는 여호와의 선대를 통하여 그들이 남편을 만나서 남은 인생을 안식하며 살기를 바란다는 적극적인 설득이었다.

그러나 두 번째 설득은 첫 번째보다 강도가 보다 깊으면서도 설득력이 보다 강한 소극적인 논리로 접근했다. 첫 번째는 여호와 하나님이 며느리들에게 남편을 허락해 주실 것이라는 설득이었지만, 두 번째는 인간적으로 나오미가 그들의 남편을 마련해 줄 수가 없다는 설득이었다. 그 당시 유대 문화에서 며느리들의 남편을 마련해야 하나 그럴 수 없는 자신의 입장을 강변했던 것이다.

2. 몸말

이처럼 나오미가 두 며느리를 두 번씩이나 설득하는 과정에서 나오미의 확고부동한 결단을 표현하기 위하여 각각 세 번씩이나 반복적으로 사용된 두 단어가 나온다. 한 단어는 "돌아가라"이고, 또 다른 단어는 "내 딸들아"이다. 먼저 "돌아가라"를 보자: "너희는 각기 너의 어머니의 집으로 돌아가라"(8절); "내 딸들아, 돌아가라"(11절); "내 딸들아, 되돌아가라"(12절).

또 다른 단어인 "내 딸들아"를 찾아보자: "내 딸들아, 돌아가라"(11절); "내 딸들아, 되돌아가라"(12절); "내 딸들아, 그렇지 아니 하니라"(13절). 이렇게 세 번씩이나 반복된 "내 딸들아"라는 표현은 시어머니와 며느리들 사이에 있었던 특별히 가까운 사이를 말해주고도 남는다. 평상시에 시어머니가 며느리들을 어떻게 대했으며, 또한 며느리들이 시어머니를 어떻게 대했는지를 알려주는 대목이다.

1) "돌아가라"

그런 특별한 관계에서 비롯된 단어가 바로 "돌아가라"이다. 그 말에는 시어머니의 희생적인 사랑과 며느리들에 대한 특별한 배려가 흠뻑 배어있다. 왜 희생적인 사랑인가? 그녀에게 남은 유일한 피붙이를 그들을 위하여 이미 포기하였기 때문이다. 물론 나오미가 그들을 낳지는 않았지만, 그녀가 낳은 아들들을 통하여 한 식구가 된 피붙이었다. 그 유일한 피붙이를 떠나보내겠다는 것이다.

왜 특별한 배려인가? 나오미는 자신의 안위와 보호보다는 며느리들의 장래를 생각했기 때문이다. 만일에 나오미가 조금만 이기적으로 생각했다면 그녀를 따라와서 봉양하겠다는 며느리들을 막을 필요가 없었다. 그러나 나오미는 모든 것을 잃은 후, 여호와 하나님을 찾았다. 그분만을 의지하면서 여생을 살아가겠다는 신앙의 결단이 있었다. 다시 말해서, 자아를 온전히 내려놓았다.

얼마나 나오미의 마음이 간절했으면 이 짧은 대화에서 "돌아가라"를 세 번씩이나 반복하는가? 지난번에 언급한대로, "돌아가라"는 표현은 인간에 대한 하나님의 마음을 잘 나타내는 단어이다. 왜냐하면 인간은 자아와 교만 때문에 끊임없이 하나님을 떠난다. 그럴 적마다 하나님은 그 인간을 버리지 않으시고 기다리신다. 언제까지 기다리시는가? 그가 돌아올 때까지이다.

인간이 하나님을 한 번만 떠나가는가? 물론 아니다! 인간은 반복적으로 하나님을 떠난다. 자신의 머리와 주먹을 의지해서 행복하게 살 수 있다는 착각 때문이다. 하나님은 얼마나 기다리시는가? 하루에 70번씩 7번, 그러니까 하루에 490번이라도 하나님을 떠나거나 죄를 범하고 나서 잘못을 인정하고 돌아오면 다시 받아주신다. 그러므로 "돌아오다"는 방향을 180도 바꾼다는 회개의 의미가 있다.

나오미는 자기가 지금까지의 생활을 청산하고 모압 땅을 떠나 유다 베들레헴으로 돌아가기로 작정했다. 여호와 하나님이 그녀를 받아주시리라는 신앙의 행위가 아닐 수가 없다. 그런 마음으로 나오미는 며느리들에게 하나님의 축복을 빌면서 돌아가라고 요청한다. 아니 눈물의 호소를 한다. "그들이 소리를 높여 울" 때, 나오미도 쏟아지는 눈물을 막지 못했을 것이다(룻 1:9).

나오미가 지금까지 모압에서 살던 모든 잘못을 시인하고 그녀를 받아주실 여호와 하나님께 돌아가듯, 두 며느리도 그녀를 따르려는 잘못된 결정을 시인하고 친정으로 돌아가라는 간청이다. 그렇게 돌아가면 여호와 하나님도 그들을 축복해 주시리라는 언질도 주면서 돌아가라고 한다. 그렇지 않았다면 나오미는 결코 "여호와께서 너희를 선대하시기를 원하며"라고 말하지 못했을 것이다(룻 1:8).

2) "내 딸들아"

나오미의 설득에서 세 번씩이나 나오는 다른 단어는 "내 딸들아"이다. 친정으로 돌아가라는 나오미의 요청에 두 며느리는 목을 놓아 울었다. 그처럼 통곡하고 있는 며느리들을 한편 다정한 음성으로 "내 딸들아"라고 부르면서 그들의 눈물을 닦아주기나 하듯 상냥하게 불렀다. 동시에 나오미는 그녀의 확고부동한 결정을 표현하기 위하여 그렇게 불렀다. 참으로 애정과 결의가 섞인 부름이었다.[26]

그렇게 부르면서 며느리들을 설득하기 위하여 끄집어낸 것은 역시 며느리들의 결혼 문제였다. 그런데 흥미로운 사실이 있다. 나오미는 "돌아가라"와 "내 딸들아"를 각각 세 번씩 사용했는데, 며느리들의 재혼 문제를 말할 때도 역시 세 번씩 반복해서 말했다. 나오미가 이처럼 모든 것을 세 번씩이나 반복해서 말하고 있다는 사실은 그녀의 생각이 확고하다는 표현이다.

그런데 재혼 문제를 세 번씩 반복할 때는 "돌아가라"와 "내 딸들아"처럼 똑같은 말을 반복하지 않는다. 나오미는 결혼 문제를 소극적인 표현으로 접근했는데, 그럴 적마다 그 강도를 세게 했다. 그러니까, 첫 번째 표현보다는 두 번째 표현이 강했고, 그리고 두 번째 표현보다는 세 번째가 훨씬 더 강했다는 말이다. 진정으로 며느리들의 장래를 위한 자기희생의 절정이라고밖에 볼 수가 없다.

첫 번째 재혼의 문제를 보겠다: "내 딸들아, 돌아가라; 너희가 어찌 나와 함께 가려느냐? 내 태중에 너희의 남편 될 아들들이 아직 있느냐?" 나오미의 두 아들, 말론과 기룐은 이미 죽었다. 그런데 나오미에게는 더 이상 아들이 없었다. 두 아들의 죽음으로 그 가정의 남자는 씨가 말랐다. 더 이상 그 가정에는 나오미의 남편인 엘리멜렉의 대를 이어갈 아들이 없었다.

다시 말해서, 며느리들에게 줄 아들이 없다는 말이다. 며느리들이 시어머니를 따라 유다 베들레헴으로 가면 그들에게는 재혼의 소망이 전혀 없다는 말이다. 두 번째도 같은 내용을 더 길게, 강력하게 말한다: "내 딸들아, 되돌아 가라; 나는 늙었으니 남편을 두지 못할지라. 가령 내가 소망이 있다고 말한다든지 오늘 밤에 남편을 두어 아들들을 낳는다 하더라도, 너희가 어찌 기다리겠으며, 어찌 남편 없이 지내겠다고 결심하겠느냐?"(12절).

세 번째의 말은 아주 심각하다. "내 딸들아, 그렇지 아니하니라. 여호와의 손이 나를 치셨으므로 나는 너희로 말미암아 더욱 마음이 아프도다"(13절). 여호와 하나님이 그녀를 징계하셔서 아들들이 다 죽었다는 고백이다. 그 결과 오르바와 룻이 과부가 되었다는 고백이다. 거기다가 그녀는 더 이상 아들을 낳을 수 없기에 며느리들을 위하여 아무 것도 해 줄 수 없어서 너무나 마음이 아프다는 고백이다.

3) "역연혼"[27)

그러면 왜 나오미는 며느리들을 위하여 아들들을 낳아줄 수 없기 때문에 마음이 아프다는 고백을 하는가? 도대체 왜 시어머니가 남편을 잃은 며느리들에게 아들들을 다시 공급해야 하는가? 그런 연혼은 오히려 죄가 되는 행위는 아닌가? 나오미의 아픈 마음을 이해하기 위하여 그 당시 유대의 문화와 배경을 알지 않으면, 우리는 역연혼의 당위성을 이해할 수 없다.

그 배경을 알아보기 위하여 신명기를 보겠다:

> 형제들이 함께 사는데, 그 중 하나가 죽고 아들이 없거든 그 죽은 자의 아내는 나가서 타인에게 시집가지 말 것이요; 그의 남편의 형제가 그에게로 들어가서 그를 맞이하여 아내로 삼아 그의 남편의 형제 된 의무를 그에게 다 행할 것이요, 그 여인이 낳은 첫 아들이 그 죽은 형제의 이름을 잇게 하여 그 이름이 이스라엘 중에서 끊어지지 않게 할 것이니라(신 25:5-6).

위의 율법에 의하면, 이스라엘에서 가문이 지속되는 것은 중요하다. 여기에서는 물론 엘리멜렉의 가문이다. 엘리멜렉이 죽자, 두 아들 중 하나가 대를 이어가야 했지만, 두 아들도 다 죽었다. 엘리멜렉의 며느리는 위의 율법에 따르면 다른 남자에게로 시집가면 안 된다. 위의 말씀 중 일부를 다시 인용하겠다: "그 죽은 자의 아내는 나가서 타인에게 시집가지 말 것이요." 왜냐하면 그녀는 죽은 남편의 형제의 부인이 되어 아들을 낳아주어야 하기 때문이다.

그런데 불행하게도 나오미에게는 죽은 형들의 동생이 없을 뿐만 아니라, 앞으로도 동생을 갖게 될 가능성도 전혀 없다는 설득이었다. 그러니까 두 며느리, 곧 오르바와 룻은 시어머니인 나오미를 따르면 결코 재혼할 수 없다는 말이다. 그 당시 여인에게 소망이 있다면 재혼뿐인데, 그런 가능성이 전혀 없으니 모압 땅으로 돌아가라는 강력한 설득이었다. 이미 언급했지만, 이런 강력한 설득은 며느리를 위한 나오미의 희생적인 선대였다.

만일에 나오미가 완전히 자아를 내려놓지 않았다면, 만일 나오미가 조금이라도 자신의 권리를 포기하지 않았더라면, 며느리들을 데리고 묵묵히 유다 땅으로 갈 수도 있었다. 만일 며느리들이 모압으로 가겠다고 해도, 그들을 설득해서 데리고 가려고 했을 것이다. 늙은 여인인 나오미는 젊은 며느리들의 부축과 부양을 절대로 필요로 했기 때문이다. 그러나 나오미는 자신을 완전히 내려놓았기에 며느리들에게 돌아가라고 설득할 수 있었다.

만일 나오미가 며느리들에게 같이 가자고 설득했다면 어떻게 말했을까? 유다 베들레헴에서도 그들이 남편을 만날 수 있다고 할 수도 있었다. 그러나 나오미는 그렇게 하지 않았는데, 그 이유는 세 가지이다.

첫째, 며느리들은 유대인이 싫어하는 모압 여인들인데다가 과부였다. 둘째. 나오미 자신은 어떤 유대 남자도 소개할 수 있는 처지가 못 되었다.[28] 셋째, 그녀가 되찾은 여호와 하나님만을 의지하기로 작정했기 때문이다.

3. 꼬리말

나오미는 며느리들이 모압으로 돌아가라고 세 번씩이나 강하게 설득했는데, 마지막 설득을 다시 보겠다: "…여호와의 손이 나를 치셨으므로 나는 너희로 말미암아 더욱 마음이 아프도다." 이 말은 얼른 듣기에 하나님에 대한 원망의 소리 같으나, 조금만 깊이 음미하면 원망의 소리가 아니라 여호와 하나님에 대한 믿음의 소리이다. 무엇을 근거로 그렇게 말할 수 있는가?

우선, 여호와 하나님은 그분을 등지고 모압으로 간 나오미를 버리지 않으셨다는 사실이다. 만일 하나님이 그녀를 버리셨다면 잘못을 하든지 말든지 관심을 두지 않으셨을 것이다. 그러나 하나님은 여전히 그녀에게 관심을 가지셨다. 그 다음, 사랑의 대상인 나오미가 잘못된 길로 갔을 때에 징계하셨다. 물론 징계가 그 당시에는 힘들어도 결국 그것이 사랑의 징계라는 것을 나오미는 알게 될 것이다.[29]

그런데, 하나님은 결코 징계를 위한 징계는 하지 않으신다. 징계의 목적은 그 징계를 통하여 다시 하나님께로 돌아오라는 사랑의 표현이기도 하다. 하나님은 지금도 기다리고 계시다는 말이다. 마지막으로, 일단 돌아오면 그 하나님은 따뜻하게 맞아주신다. 왜냐하면 하나님은 회복의 하나님이시기 때문이다. 이처럼 하나님이 나오미의 삶에 개입하셨고, 또 그녀를 기다리신다는 믿음의 소리였다.

11 "운명의 갈림길"

"그들이 소리를 높여 다시 울더니 오르바는 그의 시어머니에게 입
맞추되 룻은 그를 붙좇았더라" (룻기 1:14)

1. 머리말

나오미는 사랑하는 남편과 그녀를 부양해줄 수 있는 아들들을 잃고
나서야 찾은 것이 있었다. 무엇을 찾았는가? 그것은 여호와 하나님이
다! 어떻게 찾았는가? 그녀는 들을 수 있는 귀를 갖게 되었다. 1장 6
절의 말씀을 보겠다: "그 여인이 모압 지방에서 여호와께서 자기 백성
을 돌보시사 그들에게 양식을 주셨다 함을 듣고…" 그녀는 여전히 모압
지방에 있었지만, 언약의 여호와가 당신의 백성을 찾아오셨다는 말을
들었다.

나오미는 즉각적으로 그 들은 것을 행동에 옮기기 시작했다. 그 행동
은 지금까지 본대로 유다 땅으로 돌아가는 것이었다. 그리고 돌아가는
길에 나오미는 며느리들에게 친정으로 돌아가라고 설득했다. 나오미의
삼중적인 설득은 강력했다. 그처럼 강력한 설득을 듣고서도 반응을 보
이지 않을 사람이 있다면, 그는 정신 상태가 잘못되었든지 아니면 어떤

하나님의 섭리에 의하여 움직이든지 둘 중 하나일 것이다.

2. 몸말

오늘의 본문은 그처럼 강력한 나오미의 설득의 결과 두 며느리가 각각 반응한 내용이다. 그들의 반응에 따라 그들의 운명은 달라졌다. "운명의 갈림길"에 선 두 여인의 선택은 그들의 운명을 결정했다. 그런데 그들의 선택은 그들의 미래만을 결정하지 않았다. 가까이는 그들과 관계된 사람들의 운명에도 결정적인 영향을 끼쳤고, 멀리에는 많은 사람들의 구원에도 영향을 끼쳤다.

룻의 결정을 생각해 보라. 룻은 시어머니와 더불어 유다 베들레헴으로 돌아가기로 선택했다. 룻의 선택으로 인하여 가장 가까이에 있는 나오미의 인생이 전혀 다르게 바뀌었다. 나오미는 더 이상 홀로된 늙은 여인이 아니었다. 그녀에게는 그녀를 부양해줄 청순하고도 힘이 넘치는 며느리가 있었다. 친딸처럼 룻은 시어머니인 나오미를 모든 희생을 감수하면서 봉양했다.

룻이 시어머니를 선택했을 때, 그 다음으로 인생이 바뀐 사람이 있는데, 그는 바로 보아스였다. 그는 제법 나이가 많았는데도 결혼을 하지 못한 노총각이었다. 오늘날 많은 농촌의 노총각들이 장가를 들기 위하여 먼 나라에 가서 많은 돈을 들여 아내를 얻는다. 그러나 보아스의 경우는 다르다. 그는 먼 나라로 가지도 않았고, 또 돈을 쓰지도 않았다. 그에게 굴러 들어온 모압 여인을 아내로 맞아서 다문화가정을 이루었다.

1) 오르바의 선택

　그럼 두 며느리, 곧 오르바와 룻이 어떤 것을 선택했는지 차례로 보겠다. 먼저, 오르바의 선택을 보겠다. "그들이 소리를 높여 다시 울더니 오르바는 그의 시어머니에게 입 맞추되…" 이 말씀은 9절의 말씀과 두 가지 면에서 대조가 된다. 어떤 대조가 있는지 알아보기 위하여 9절을 다시 읽어보겠다, "…그들에게 입 맞추매 그들이 소리를 높이 울며."

　그러니까 9절에서는 나오미의 선택이었다. 그녀는 며느리들에게 친정으로 돌아가라고 하면서 그들에게 작별의 입맞춤을 했다. 나오미는 말로만 작별을 고한 것이 아니라 행동으로, 다시 말해서 입맞춤으로 작별을 고한 것이다. 나오미의 결연한 결단의 표현이었다. 그렇게 모질게 결단한 시어머니에 대한 반응은 무엇이었는가? 두 며느리는 소리를 높여 통곡했다. 그리고 시어머니의 결정을 거부했다.

　그러니까 나오미가 입맞추고 며느리들은 울었다. 그러나 14절에서는 약간 다르다. 며느리들이 "소리를 높여 다시 울었다." 그리고 나서 두 며느리 가운데 오르바는 시어머니에게 입맞추며 작별을 고했다. 위에서는 시어머니가 작별을 고했을 때, 며느리들이 울면서 그 작별을 받아들이지 않았지만, 이번에는 소리 높여 울면서 오르바가 작별을 고했다. 왜 두 며느리 중 오르바는 작별을 고했는가?

　두말할 필요도 없이 시어머니의 삼중적인 설득이 주효했기 때문이다. 비록 두 며느리는 같은 집에 살면서 같은 영향을 받았지만, 그래도 오르바는 시어머니가 한 말, 곧 며느리들이 다시는 결혼할 수 없다는 말에 동의한 것이다. 오르바의 머리에는 많은 생각들이 스쳐지나갔을 것이다. 남의 나라에서 받을 냉대, 남편 없는 힘든 삶, 가난에 찌든 배고품 등등. 반면, 친정에서 맛볼 수 있는 여러 가지 가능성에 대해서도 생각했을 것이다.

오르바는 종교적으로 생각했을지도 모른다. 특히 시어머니인 나오미가 한 마지막 말은 비수처럼 그녀의 마음을 깊이 찔렀을 것이다. 시어머니는 이렇게 말했다. "…여호와의 손이 나를 치셨으므로 나는 너희로 말미암아 더욱 마음이 아프도다"(룻 1:13). 만일 시어머니의 말이 사실이라면, 여호와 하나님이 그녀의 시아버지인 아비멜렉도 죽였다는 사실이 성립한다.

뿐만 아니라, 오르바가 인생을 맡겼던 그녀의 남편, 기룐도 바로 그 하나님이 데려가셨다는 말도 성립한다. 이렇게 생각하면서 시어머니의 여호와는 너무나 무섭다는 생각이 들었을 것이다. 인정사정없이 남자를 다 죽인 하나님이라면 그런 분에게 인생을 맡길 수 있을까? 오르바는 남은 인생을 그처럼 잔인한 여호와에게 맡길 수 없다고 생각했을 것이다. 그동안 그녀가 남편을 잃고 받은 모든 서러움이 한꺼번에 몰려 왔을 것이다.

2) 룻의 선택

어떤 생각을 했던지 상관없이 오르바는 시어머니에게 입맞추고 지금까지 시모와 동서인 룻과 함께 걸었던 길을 혼자서 되돌아갔다. 그녀의 결정은 한편 친정과 모압으로 돌아가는 것이었으나, 또 한편 시어머니와 동서인 룻과 맺었던 모든 정을 끊어버리는 결정이었다. 반면, 룻은 어떻게 결정했는가? 룻의 결정은 이렇게 간단명료하게 묘사되었다: "룻은 그[시어머니]를 붙좇았더라."

여기에서 중요한 표현은 "붙좇았더라"이다.[30] 이 표현은 얼른 보아도 알 수 있듯, 두 가지 뉘앙스를 지니고 있는데, 곧 "꽉 붙잡다"와 "바싹 좇는다"이다. 룻은 동서인 오르바가 시어머니와 작별을 고하고 모압으로 돌아가는 모습에 심히 놀란 듯, 오히려 시어머니에게 달라붙어서 좇았다. 마치 시어머니가 그녀를 동서와 함께 모압으로 돌아가라는 강요를 사전에 막으려는 듯, 룻은 시어머니를 붙좇았다.

여기에서 "붙좇다"로 번역된 단어는 원래 남녀가 결혼하여 서로에게 밀착되는 모습을 묘사할 때에 사용되는 단어이다. 이 단어가 제일 처음 사용된 것은 아담이 그의 "뼈 중의 뼈요 살 중의 살"인 하와를 받아들였을 때였다(창 2:23). 그 말씀을 직접 보겠다, "이러므로 남자가 부모를 떠나 그의 아내와 합하여 한 몸을 이룰지로다"(창 2:24). 여기에서 "합하여"는 "붙좇다"와 같은 히브리어 동사이다.[31]

룻이 나오미를 "붙좇은" 것은 우선 시어머니에 대한 깊은 애정의 표현이었다. 그들의 관계는 시어머니와 며느리의 관계보다는 정을 나누는 부부와 같은 관계였다. 그 다음, 그 표현은 룻의 확고한 충성심을 말해 준다. 룻은 시어머니의 삶을 책임지겠다는 결단을 말해 준다. 그리고, 룻이 그렇게 결정했을 때, 그것은 그녀가 모압과 친정을 포기하며 동시에 모압의 우상숭배를 포기하겠다는 마음의 표현이었다.

룻의 결단은 세상 사람들의 기대와는 전혀 반대였다. 그처럼 논리적이며, 실제적이면서도 강력한 시어머니의 설득에도 불구하고 그 반대의 결단을 내렸다. 그렇다면 늙은 시어머니의 지혜롭고도 희생적인 요청을 거부했단 말인가? 물론 표면상으로는 그렇게 보이지만, 조금만 깊이 보면 그렇지 않다. 룻은 여호와만을 의지하면서 유다 베들레헴으로 돌아가겠다는 시어머니의 신앙 행위에 영향을 받고 그렇게 특별한 결정을 했다고 봐야할 것이다.

룻이 시어머니를 "붙좇기로" 결단했을 때, 친정과 고국을 버리기로 작정한 것과 똑같다. 그러나 소극적으로는 모든 과거의 흔적을 지웠고 적극적으로는 시어머니와 같이 유다 베들레헴으로 돌아가기로 결정하자, 갑자기 룻은 무대의 주인공이 되었다. 나오미와 룻이 여호와 하나님만을 의지하기로 결정한 순간, 하나님은 룻에게 초점을 맞추시면서 남은 이야기를 전개하셨다.

3) 잃음과 얻음

지금까지 조연이던 오르바와 룻의 운명은 바뀌었다. 오르바는 하나님 없는 모압을 선택함으로써 하나님의 시야에서 영원히 떠났다. 그러나 시어머니를 선택한 룻은 하나님의 장소인 유다 베들레헴에서 하나님의 초점의 대상이 되었다. 다시 말해서, 룻은 하나님에게는 너무나 중요한 눈동자와 같은 주인공이 되었다. 이 세 여인, 곧 나오미와 오르바와 룻의 선택에서 우리는 어떤 교훈을 얻을 수 있는가?

잃음과 얻음의 상관관계라는 중요한 교훈을 얻을 수 있다. 먼저, 오르바를 보겠다. 그녀는 친정과 고국을 선택했다. 그녀는 세상을 얻었다. 그녀는 모압의 우상을 얻었다. 그러나 오르바는 시어머니 나오미와 동서인 룻을 잃었다. 그것보다 훨씬 중요한 것은 하나님을 잃었다. 그녀는 하나님과 동행한다는 엄청난 축복을 잃었다. 그녀는 하나님 밖이라는 세상에서 살다가 하나님 없이 이 세상을 떠났다.

나오미는 무엇을 잃고 또 무엇을 얻었는가? 나오미는 남편과 아들들을 잃었다. 나오미는 십 수 년 동안 정을 붙이며 살던 모압도 잃었다.

그리고 며느리인 오르바도 잃었다. 그 대신 나오미는 하나님을 얻었다. 하나님 안에서의 풍성한 삶을 얻었다. 그뿐만 아니라 하나님의 선물인 룻도 얻었다. 나오미는 오랫동안 잃었던 기쁨도 얻었다. 마침내는 남편의 가문을 이어줄 자식까지 얻는 축복을 얻었다.

그렇다면 룻은 무엇을 잃었고 또 무엇을 얻었는가? 룻이 잃은 것은 한두 가지가 아니다. 그녀는 무엇보다도 남편을 잃었다. 시어머니인 나오미를 "붙잡기로" 작정함으로써 그녀는 그동안 희로애락을 함께 나누던 동서도 잃었다. 그러나 그것은 어느 정도 견딜 수 있는 잃음이었다. 룻은 친정 식구들을 몽땅 잃었다. 다시는 만날 수 없는 영원한 잃음이었다.

그뿐인가? 아니다! 룻은 고향과 고국도 잃었다. 다시는 밟을 수 없는 머나먼 곳이 되었다. 아울러 모압의 신들도 잃었다. 그 대신 룻은 무엇을 얻었는가? 그녀가 얻은 것도 별것 아니었다. 그렇다! 그녀는 모든 것을 다 잃은 대신 늙은 시어머니를 얻었다. 그러나 이것은 말할 수 없이 중요하다. 왜냐하면 시어머니를 얻었다는 것은 시어머니가 의지하기로 작정한 여호와 하나님도 얻었다는 사실 때문이다.

룻이 얻은 여호와 하나님은 조금씩 그녀를 당신의 길로 인도하기 시작하셨다. 하나님은 한 순간에 환경을 바꾸지 않으신다. 그러나 멀리 내다보시는 하나님은 그 먼 곳을 향하여 룻의 발걸음을 한 걸음씩 인도하셨다. 하나님은 룻의 먹거리도 책임지셨다. 그 하나님은 룻의 장래도 책임지셨다. 하나님은 인간적으로 불가능한 결혼도 책임지고 마련하셨다. 하나님은 나오미가 그처럼 걱정하던 가문의 대를 잇는 아들도 책임지셨다.

3. 꼬리말

결과를 두고 볼 때, 나오미를 "붙좇은" 룻의 선택은 정말로 탁월했다. 하나님만을 의지하기로 작정한 나오미는 다른 말로 하면 하나님을 선택한 것이다. 룻은 많은 것을 잃었지만, 그런 잃음을 통하여 얻은 것은 잃은 것보다 수백 배, 아니 수천 배나 되었다. 룻은 마침내 보아스를 남편으로 만나서 아들을 낳았다. 그리고 그 아들의 후손이 다윗이요, 더 나아가서 예수 그리스도이다.

그리고 바로 그 예수 그리스도를 통하여 인류의 역사가 바뀌었다. 수도 없이 많은 사람들의 삶이 구원을 얻고 풍요로워졌다. 가냘픈 한 이방 여인이 늙은 시어머니를 선택했을 때, 고아와 객과 과부를 아끼시는 하나님은 룻에게 그렇게 많은 것을 안겨주셨다. 물론 룻은 그렇게 멀리까지는 보지 못했지만, 그리고 그런 축복들을 기대하고 시어머니를 "붙좇지는" 않았지만, 하나님이 갚아주셨던 것이다.

룻이 "붙좇음"은 잃음과 얻음의 원리를 함축하고 있는 놀라운 단어이다. 우리가 누구를 "붙좇기로" 결정하느냐는, 곧 우리가 무엇을 잃고 또 무엇을 얻는 가를 결정한다. 룻이 보잘 것 없는 늙은 시어머니를 봉양하려고 작정했을 때, 얼른 보기에는 어리석은 결정 같았으나, 그렇지 않았다! 인간적으로 손해 보는 것 같았으나, 하나님 보시기에 많은 것을 얻는 결정이었다.

12 "룻의 신앙고백"

"나오미가 또 이르되 보라 네 동서는 그의 백성과 그의 신들에게로 돌아가나니 너도 너의 동서를 따라 돌아가라 하니 룻이 이르되 내게 어머니를 떠나며 어머니를 따르지 말고 돌아가라 강권하지 마옵소서 어머니께서 가시는 곳에 나도 가고 어머니께서 머무시는 곳에서 나도 머물겠나이다 어머니의 백성이 나의 백성이 되고 어머니의 하나님이 나의 하나님이 되시리니 어머니께서 죽으시는 곳에서 나도 죽어 거기 묻힐 것이라 만일 내가 죽는 일 외에 어머니를 떠나면 여호와께서 내게 벌을 내리시고 더 내리시기를 원하나이다 하는지라" (룻기 1:15-17)

1. 머리말

인생은 결정의 연속이다. 그리고 모든 결정은 현재와 미래에 영향을 끼치는데, 그 중에는 아주 심각한 영향을 끼치는 결정도 있다. 룻기 1장에도 세 사람이 그들의 인생을 송두리째 바꾼 결정을 했다. 먼저, 엘리멜렉은 기근을 피하여 유다 베들레헴을 떠나 모압 땅으로 갔는데(룻 1:1), 그 결정은 본인의 생명은 물론 두 아들의 생명도 앗아가는 비극적인 결정으로 끝났다.

그 다음, 나오미의 결정은 어떠했는가? 나오미는 남편과 아들들을 잃은 서글픈 신세가 되었다. 그러나 그녀가 그렇게 서글프고 비참한 처지가 되었을 때에 중대한 결정을 했는데, 그것은 고향인 유다 베들레헴으로 돌아가는 결정이었다(룻 1:6). 남편의 결정은 모든 것을 잃게 하는 것이었으나, 나오미의 결정은 회복의 결정이자 동시에 서글픔에서 기쁨으로 전환하는 큰 결정이었다.

마지막으로, 룻의 결정은 어떠했는가? 룻은 늙은 시어머니를 붙좇기로 결정했다. 그런 결정의 결과는 어떠했는가? 한 번도 가보지 못했던 사막 길 여행이었으며, 본 적도 없는 유다 베들레헴으로 들어가는 결정이었다. 냉대와 빈곤과 수치를 선택한 셈이었다. 그럼에도 불구하고 룻은 그 길과 그 곳을 선택했다. 시어머니에 대한 사랑이었고, 또 충성이었다. 시어머니를 끝까지 돌보겠다는 헌신의 결정이었다.

2. 몸말

룻이 그렇게 결정한 것은 물론 시어머니를 위한 선택이었지만, 그것만은 아니었다! 룻은 시어머니의 하나님을 선택한 것이다. 그녀가 시어머니로부터 전수받은 신앙을 지키면서 그 하나님께 자신의 생애를 맡긴 결정이었다. 하나님께 대한 신앙이 없었다면 그녀는 그처럼 힘든 여정과 고달픈 삶을 선택하지 않았을 것이다. 신앙이 없었다면 동서처럼 도중에서 고향으로 되돌아갔을 것이다.

룻이 동서와 더불어 떠난 지점도 같았지만, 목적지도 같았다. 그러나 한 사람은 도중에 뒤로 돌아갔다. 마치 소돔을 떠난 롯의 아내가 뒤를 돌아보고 소금기둥이 된 것처럼 말이다. 그러나 룻은 여호와 하나님만을 의지하고, 모진 여행길과 어려운 타향살이를 마다하지 않았다. 그녀는 시어머니를 붙좇듯 하나님을 붙좇았다. 오늘의 본문은 시어머니와 하나님을 붙좇기로 한 룻의 신앙고백이다.

1) 여호와를 붙좇음

룻이 여호와 하나님을 붙좇은 것을 어떻게 알 수 있는가? 두 가지로 알 수 있는데, 하나는 소극적인 나오미의 발언을 통해서이고, 또 하나는 적극적인 룻의 발언들을 통해서이다. 멀리 아련히 사라져가는 동서의 희미한 모습을 가리키면서, 나오미는 이렇게 말했다, "네 동서는 그의 백성과 그의 신들에게로 돌아가나니, 너도 너의 동서를 따라 돌아가라"(룻 1:15).

나오미가 이처럼 룻에게 돌아가라고 말했을 때, 그것은 며느리에게 돌아가라는 네 번째이자 마지막 권고였다(룻 1:8, 11, 12, 15). 그런데 그냥 그녀의 고향으로 돌아가라는 단순한 권고가 아니었다. 동서처럼 룻도 그녀의 백성에게로 그리고 그녀의 신들에게로 돌아가라는 권고였다.[32] 그러니까 나오미가 지금까지 돌아가라고 한 것은 결국엔 모압 백성이 섬기는 모압 신들을 선택하라는 권고였던 것이다.

룻도 모압 땅으로만 돌아가는 것이 아니라는 사실을 분명히 알았다. 그녀가 모압으로 돌아간다면 필연적으로 모압 백성과 어울리면서 모압의 신들을 섬겨야 된다는 사실을 너무나 잘 알고 있었다. 그렇지 않았다면, 룻의 반응 가운데 이런 말이 포함되었을 리가 없다, "어머니의 백성이 나의 백성이 되고, 어머니의 하나님이 나의 하나님이 되시리니…"(룻 1:16).[33]

룻이 한 이 말은 한편으로는 시어머니의 하나님을 그녀의 하나님으로 섬기겠다는 결단이지만, 또 한편으로는 시어머니의 백성을 그녀의 백성으로 받아들이는 결단이기도 했다. 왜냐하면 하나님과 백성은 같이 가기 때문이다. 보이지 않으시는 하나님은 그분을 섬기는 보이는 백성의 삶에서 드러나기 때문이다. 그런 이유 때문에 룻은 시어머니의 하나님과 그 하나님을 섬기는 백성을 자기의 몫으로 받아들이겠다고 고백한 것이다.

룻은 그 말로 그치지 않고 한 발 더 나아갔다. 시어머니가 고백한 언약의 하나님, 곧 여호와를 거명하면서 이렇게 말했다, "…만일 내가 죽는 일 외에 어머니를 떠나면 여호와께서 내게 벌을 내리시고 더 내리시기를 원하나이다"(룻 1:17).[34] 이런 표현은 룻이 시어머니가 고백한 여호와 하나님을 자기도 받아들였다는 고백일 뿐만 아니라, 그 하나님을 자기의 하나님으로 삼고 붙좇겠다는 결단이기도 하다.

룻은 시어머니가 백성을 돌보고 축복하시는 여호와를 언급하는 것을 들었다(룻 1:6, 8). 동시에 룻은 시어머니가 여호와를 삶과 연결해서 고백하는 것도 들었다, "…여호와의 손이 나를 치셨으므로…"(룻 1:13). 시어머니의 모든 고난을 주장하신 바로 그 하나님 여호와가 자기에게도 벌주시기를 바란다는 신앙고백이었다(룻 1:17). 그분을 붙좇지 않고서는 나올 수 없는 그런 신앙고백이었다.[35]

2) 시어머니를 붙좇음

시어머니는 룻에게 돌아가라고 엄하게 명령했다(룻 1:15). 그에 대한 룻의 반응도 똑같이 무게를 둔 그런 명령문이었다. "내게 어머니를 떠나며, 어머니를 따르지 말고 돌아가라 강권하지 마옵소서!" 물론 어투와 어조는 며느리로서 예의를 갖추었지만, 그 내용은 시어머니의 명령

못지않게 강한 명령문이었다. 어떻게 룻은 시어머니에게 그처럼 강하게 반응할 수 있는가?

다음과 같은 세 가지 결단 때문이다. 첫째는 시어머니가 가는 곳에 같이 가겠다는 결단 때문이고, 둘째는 시어머니와 함께 거하겠다는 거취의 결단 때문이고, 셋째는 시어머니와 함께 죽겠다는 결단 때문이다. 젊은 여인이 늙은 시어머니를 이처럼 봉양하겠다는 결단은 가히 남다른 것이다. 위에서 이미 언급했지만, 이런 결단은 여호와 하나님에 대한 신앙이 없이는 절대로 불가능 할 것이다.

위의 세 가지 결단을 차례로 살펴보면서 그 의의를 찾아보겠다. 첫 번째 결단은 다음과 같다. "어머니께서 가시는 곳에 나도 가고." 이것은 두말할 필요도 없이 목적지를 가리킨다. 달리 말하면, 시어머니의 목적지가 바로 그녀의 목적지라는 것이다. 룻의 미래를 시어머니에게 완전히 맡기는 고귀한 결단이라고 밖에 볼 수 없다. 시어머니가 어디로 가든, 그녀도 거기로 가서 시어머니를 봉양하겠다는 의미이다.

두 번째 결단은 다음과 같다, "어머니께서 머무시는 곳에서 나도 머물겠나이다." 이 결단은 시어머니와 함께 가서 그곳에서 같이 살겠다는 의미이다. 이렇게 생활을 같이 한다는 결단에는 시어머니의 백성을 그녀의 백성으로 삼으면서 그들과 어울려 살겠다는 의지가 담겨있다. 그뿐만이 아니라, 시어머니의 하나님을 같이 섬기면서 살겠다는 것이다. 그 거주지가 어떠하든, 먹거리가 어떠하든 시어머니와 함께 살겠다는 결단이다.

세 번째 결단은 다음과 같다, "어머니께서 죽으시는 곳에서 나도 죽어 거기 묻힐 것이라." 이 결단은 죽음 이외에는 결단코 시어머니를 떠나지 않겠다는 강한 의지의 표현이다. 심지어는 시어머니가 자기보다 일찍 죽더라도 시어머니를 버리지 않겠다는 결단이다. 죽은 후에라도 고향으로 돌아가서 지나간 허물을 고치고 착하게 되는 일은 결단코 없다는 결단이다.

이처럼 세 가지 결단, 곧 목적지와 거취의 문제와 최후의 장래를 시어머니와 함께 하겠다는 룻의 결단이었다. 이런 결단은 친정어머니 편에서는 너무나 서운한 것이겠지만, 사람이 만든 우상을 과감히 버리겠다는 룻의 결단이었다. 모든 사람을 창조하셨을 뿐만 아니라, 그 사람들과 언약을 맺으시는 인격적인 하나님을 받아들이지 않았더라면 불가능한 결단이었다.

3) 신앙의 근거

그러면 룻은 무엇을 근거로 이처럼 여호와 하나님을 붙좇으며 또 그 하나님을 의지하는 시어머니를 그처럼 붙좇았는가? 룻의 신앙의 근거를 알아보기 위하여 아브라함의 믿음과 비교해보는 것도 도움이 될 것이다. 왜 아브라함과 비교하는가? 아브라함은 이스라엘 백성뿐만 아니라, 모든 그리스도인들로부터 믿음의 조상이라는 추앙을 받기 때문이다. 그러나 룻은 아브라함처럼 믿음의 조상이라고 알려지지 않았다.

먼저, 아브라함과 룻은 똑같이 우상숭배를 하던 백성들 가운데 살던 사람이었다. 이미 살펴본 대로, 룻은 그모스의 백성들 사이에서 살던 사람이었다. 아브라함은 다른 신들을 섬기는 가문과 환경에서 성장했다. 여호수아의 말을 보겠다, "옛적에 너희의 조상들, 곧 아브라함의 아버지, 나홀의 아버지 데라가 강 저쪽에 거주하여 다른 신들을 섬겼으나"(수 24:2).

그 다음, 하나님이 아브라함을 직접 부르셨다. "너는 너의 고향과 친척과 아버지의 집을 떠나 내가 네게 보여 줄 땅으로 가라"(창 12:1). 그러나 룻에게는 하나님이 직접 부르신 적이 없었다. 그러면 룻은 그 하나님을 어떻게 알았는가? 시어머니의 신앙, 그것도 아주 가냘픈 신앙을 보았던 것이다. 그러니까 아브라함은 구체적인 하나님의 부르심을 통하여, 룻은 삶을 통하여 부르심을 받았다고 할 수 있다.

셋째로, 하나님은 아브라함을 부르셨을 때, 굉장한 약속을 주셨다. 아브라함에게 주신 약속은 이러했다, "너를 축복하는 자에게는 내가 복을 내리고, 너를 저주하는 자에게는 내가 저주하리니, 땅의 모든 족속이 너로 말미암아 복을 얻을 것이라"(창 12:3). 그러나 룻에게는 어떤 약속이 주어졌는가? 위에서 본 것처럼, 부르심이 없었을 뿐만 아니라 아무런 약속도 없었다.

넷째로, 하나님이 아브라함에게 이런 약속도 주셨다, "내가 너로 큰 민족을 이루고 네게 복을 주어 네 이름을 창대하게 하리니, 너는 복이 될지라"(창 12:2). 이 약속에 의하면, 아브라함으로부터 자손이 많이 생긴다는 것이다. 그러나 룻에게 그런 약속이 있었는가? 전혀 없었다! 결혼의 가능성조차도 없다고 시어머니가 여러 번 강조했다. 그렇다! 룻은 아무런 약속도 없이 고향을 떠났다.

고향과 백성을 떠난 아브라함이 믿음의 조상이라면, 룻은 어떻게 불려야 하는가? 아브라함에게는 인간이 상상할 수 있는 모든 축복이 약속으로 주어졌다. 실제로 그만큼 많은 약속을 받고 고향과 백성을 떠나지 않을 사람이 있을까? 그러나 룻은 달랐다. 그녀는 아무런 부르심도, 그리고 약속도 없이 고향과 백성을 떠났다. 고국과 신들도 떠났다. 이런 룻을 하나님이 어여삐 여기지 않으신다면 누구를 어여삐 여기시겠는가?

3. 꼬리말

우리는 오늘의 본문에서 중요한 교훈을 얻을 수 있다. 그 교훈은 룻이 신앙을 고백한 방법이다. 룻의 신앙고백은 여호와 하나님께 대한 고백이다. 비록 아브라함처럼 하나님의 부르심과 약속은 받지 못했지만, 룻은 아브라함보다 못하지 않은 신앙고백을 했다. 시어머니에게 있는 약하디 약한 신앙에서 크고도 큰 하나님을 찾았던 것이다. 일단 하나님을 찾은 후, 룻은 두 가지로 그 신앙을 고백했다.

그것은 하나님과 시어머니를 붙좇는 신앙고백이었다. 그리고 하나님을 붙좇는다는 것은 구체적으로 사람을 붙좇는 것이다. 사도 요한도 하나님과 사람을 일치시켰다: "누구든지 하나님을 사랑하노라 하고 그 형제를 미워하면 이는 거짓말하는 자니; 보는 바 그 형제를 사랑하지 아니하는 자는 보지 못하는 바 하나님을 사랑할 수 없느니라"(요일 4:20).

여러분이 붙좇는 하나님은 어떤 분인가? 그 하나님이 구체적으로 붙여주신 사람도 붙좇아야 한다. 비록 나오미의 신앙은 미약했지만, 그래도 룻은 그 시어머니로부터 신앙을 물려받았기에, 그 시어머니를 붙좇았다. 다른 말로 하면, 룻은 시어머니를 하나님 대하듯, 그리고 하나님을 시어머니 대하듯 했다는 것이다. 그런 신앙 때문에 하나님은 룻을 그토록 많은 축복으로 갚아주셨던 것이다!

13 "룻의 결단"

"룻이 이르되 내게 어머니를 떠나며 어머니를 따르지 말고 돌아가라 강권하지 마옵소서… 어머니의 백성이 나의 백성이 되고 어머니의 하나님이 나의 하나님이 되시리니" (룻기 1:16)

1. 머리말

룻이 이와 같이 결단하기란 결코 쉽지 않았을 것이다. 왜냐하면 이런 결단은 과거에 대한 완전한 청산을 의미하며, 동시에 알지 못하는 미래로의 모험이었기 때문이다. 실제로 룻이 이런 결단을 내리는데 걸림돌도 만만치 않았다. 첫째 걸림돌은 룻이 지금껏 맺었던 모든 모압과의 관계를 끊어야 했기 때문이다. 그녀의 부모, 형제자매, 친척들, 옛 친구들, 고향 등 모든 것과 영원히 결별한다는 것을 의미하기 때문이었다.

둘째 걸림돌은 나오미의 강력한 설득이었다. 그런데 그 설득이 단순한 설득이었다면 그래도 뿌리치기 쉬웠을 것이다. 그러나 그 설득을 뿌리치기 어려웠던 것은 시어머니의 진심에서 우러나오는 설득이었기 때문이었다. 시어머니는 친딸과 같은 며느리의 장래와 안위를 진심으로 바랐다. 그런 진심이 깃든 설득이었기에 그만큼 뿌리치기 어려웠다. 그러나 룻은 그런 애정 어린 설득도 극복했다.

셋째 걸림돌은 동서였던 오르바의 결정 때문이었다. 만일 오르바가 룻과 함께 끝까지 유다 베들레헴으로 갔다면 얼마나 힘이 되었겠는가? 아니면 적어도 시어머니와 룻이 모압을 떠날 당시에 처음부터 오르바가 그들과 함께 떠나지 않았더라면 그만큼 쉬웠을 것이다. 그러나 지금까지 함께 떠났고, 또 함께 베들레헴을 향하여 여기까지 힘들게 왔다. 그런데 그 동서가 돌아가는 결정은 룻에게는 적지 않은 유혹이 됐을 것이다.

넷째 걸림돌은 무엇보다도 룻이 어려서부터 지켜온 종교 때문이었다. 모압 민족은 굉장히 종교적인 사람들이었다. 모압 여인이었던 룻도 그런 종교적인 환경에서 성장했기에 그녀의 사고와 생활에는 모압의 종교에 깊이 연루되었음에 틀림없다. 룻이 그녀의 삶이라고 해도 과언이 아닌 종교를 버린다는 것은 결코 쉽지 않았을 것이다. 그러나 룻은 그런 종교적인 집착도 떨쳐버렸다.[36]

2. 몸말

그렇다면 룻은 무엇을 근거로 그처럼 많은 유혹을 뿌리치고 시어머니를 붙좇아서 유다 베들레헴까지 가게 되었는가? 그뿐만이 아니라, 어떻게 시어머니의 백성을 그녀의 백성으로, 시어머니의 하나님을 그녀의 하나님으로 받아들일 수 있었는가? 룻은 어떻게 시어머니의 목적지를 그녀의 목적지로, 시어머니의 거주지를 그녀의 거주지로, 그리고 시어머니의 무덤을 그녀의 무덤으로 삼을 수 있었는가? 그 열쇠는 역시 시어머니에게 있었다.

1) 시어머니의 결단

룻은 시어머니가 홀연히 결단하는 모습을 눈여겨보았다. 물론 나오미는 그동안 많은 눈물과 고통이 있었지만, 여호와의 소식을 듣는 순간 모압의 삶을 훌훌 털어버렸다. 특히 여호와 하나님이 이스라엘 백성을 돌보셨다는 소식을 들었다. 참으로 오랜만에 들은 반가운 소식이었다. 언약의 하나님이신 여호와는 이스라엘 백성을 버리지 않으셨다. 다시 찾아오셔서 그들에게 양식을 주셨다는 것이었다.

나오미는 그 소식을 듣자 바로 결단을 내렸다. 그 하나님이 돌보시는 백성과 땅으로 돌아가겠다는 결단을 내렸다. "남은 자"가 된 그녀, 다시 말해서, 알맹이는 다 빠지고 남은 찌끼처럼 일그러진 그녀––그녀는 모압 땅의 삶을 접고 언약의 하나님이 다시 찾아오신 유다 베들레헴으로 돌아가기로 작정했다. 나오미는 그렇게 결연한 작정을 하자 아무것도 거리끼는 것이 없었다. 그녀의 생각은 오로지 오래 전에 떠났던 언약의 땅뿐이었다.

나오미의 강력한 결단을 묘사하는 단어는 "돌아오다"이다. 그녀의 의식을 사로잡고 있는 것은 하나 밖에 없었는데, 곧 "돌아간다"는 것이었다. 유다 베들레헴으로 "돌아간다"는 것이었다. 하나님의 백성에게로 "돌아간다"는 것이었다. 하나님이 돌보셔서 양식을 주신 언약의 땅으로 "돌아간다"는 것이었다! 그런 이유 때문에 룻기 1장 6절부터 22절에는 "돌아가다"가 12번이나 사용되었다.

물론 12번이나 사용된 "돌아가다"가 모두 유다 베들레헴으로 간다는 의미로 사용되지는 않았다. 나오미는 하나님이 돌보셔서 양식을 주신 유다 베들레헴으로 "돌아가면서" 며느리들에게 그녀를 따라오지 말고 모압 땅으로 "돌아가라"고 강력하게 명령했다. 그렇게 명령할 때도 "돌아가라"는 똑같은 동사를 사용한 것을 보면, 나오미는 어떤 일이 생겨도 베들레헴으로 "돌아가고야" 말겠다는 생각과 의지가 있음을 엿볼 수가 있다.

시어머니의 그런 생각과 의지를 말없이 그러나 가까이서 지켜본 사람은 바로 룻이었다. 그리고 그처럼 굳은 의지를 가지고 하나님의 백성과 하나님의 땅으로 "돌아가지" 않으면 안 되는 시어머니의 모습에서 룻이 터득한 것이 있었다. 그것은 하나님께로 "돌아가기" 위해서는 온 마음과 정성을 다하고, 또 모든 의지를 사용하지 않으면 안 된다는 사실이었다. 서서히 그러나 확실하게 나오미의 결정은 룻의 마음에 깊은 인상을 남겼다.

그리고 마침내 룻이 결정하지 않으면 안 될 차례가 되었다. 나오미는 강력하게 설득하면서 모압 땅으로 돌아가라고 말했다. 그냥 지나가는 말이 아니라, 강력한 명령이었다. 그 명령을 그녀의 동서는 받아들이고 모압 땅으로 돌아갔다. 그러나 룻은 시어머니의 결단에서 본 것처럼, 전 생애를 걸고 시어머니를 따라 유다 베들레헴으로 "돌아가기로" 결정했다. 그 시어머니에 그 며느리였다!

2) "돌아가다"의 의미

나오미는 오랫동안 하나님도 떠났고, 하나님의 백성도 떠났다. 그 결과 "남은 자," 곧 찌끼 같이 보잘 것 없는 인생으로 추락해 버렸다. 그녀는 지금까지 잘못된 삶의 방식을 바꾸지 않으면 안 되었다. 그녀는 인생의 방향을 바꾸지 않으면 안 되었다. 그녀는 이방 나라에서 살던 잘못을 깊이 뉘우치고 하나님께로 그리고 하나님의 백성에게로 "돌아가지" 않으면 안 되었다.

나오미는 이방 나라에서 찌끼처럼 된 "남은 자"가 하나님에게 "돌아와야" 된다는 모세의 엄중한 예언적 선포를 알았는지 모르겠다. 모세는 이렇게 선포했다: "…저주가 임하므로 네가…쫓겨간…나라 가운데서…네 하나님 여호와께로 돌아와…여호와의 말씀을 청종하면…네 쫓겨간 자들이 하늘가에 있을지라도 네 하나님 여호와께서 거기서 너를 모으실 것이며 거기서부터 너를 이끄실 것이라"(신 30:1-4).

모세는 이와 같이 돌아오라고만 하지 않았다. 돌아오면 받아주신다고 하나님은 약속하셨다: "…네 마음을 다하여 여호와 네 하나님께 돌아오면 네 하나님 여호와께서 네 손으로 하는 모든 일과 네 몸의 소생과 네 가축의 새끼와 네 토지 소산을 많게 하시고, 네게 복을 주시되…너를 다시 기뻐하사 네게 복을 주시리라"(신 30:10). 결국 축복과 저주 사이의 열쇠는 "돌아오느냐" 않느냐에 달려 있다.

모세는 이처럼 "돌아옴"의 중요성을 강조하기 위하여 "돌아오라"를 6번이나 반복적으로 사용했다(신 30:2, 3-2회, 5, 8, 10). 이 신명기의 말씀을 나오미가 알든 모르든, 그녀가 유다 베들레헴으로 "돌아오는" 작정과 행동을 묘사한 동사도 역시 6번이었다. 그러나 룻기 1장에서 "돌아오다"는 12번 사용되었다. 그렇다! 그러나 나머지 6번은 며느리들에게 모압 땅으로 "돌아가라"고 하면서 사용되었다(룻 1:8, 11, 12, 15-2회, 16).

나오미가 신명기의 선포를 알든 모르든 상관없다. 왜냐하면 나오미는 여호와 하나님께로 돌아오려는 결단을 했을 때, 이미 그분의 손길이 그녀에게 있었기 때문이다. 신명기의 저자도 하나님이시고, 나오미의 마음을 돌이키게 하신 분도 하나님이시다. 그런 이유 때문에 신명기에 서는 물론 룻기에서도 "돌아오다"가 각각 6번씩 사용되었다. "돌아오라"는 하나님의 말씀과 "돌아가는" 나오미의 행동을 일치시킨 하나님의 신비로운 인도였다.

이와 같이 신비로운 하나님의 손길을 맛보면서 하나님께와 그 백성에게 "돌아오는" 나오미의 모습은 룻에게 숭고해 보였을 것이다. 룻은 그런 결단과 함께 결연히 유다 베들레헴으로 떠난 시어머니의 모습에 압도되었을 것이다. 룻은 시어머니처럼 결연하게 시어머니를 "붙좇아" 유다 베들레헴으로 "돌아가기로" 결단했다. 비록 이 두 여인에게는 보이는 구름 기둥과 불 기둥은 없었을지라도, 보이지 않는 기둥이 그들을 인도했을 것이다.

3) 룻의 결단

이처럼 결연한 결단을 내린 시어머니는 조금도 주저하지 않고 며느리인 룻에게 명령했다, "보라! 네 동서는 그의 백성과 그의 신들에게로 돌아가나니, 너도 너의 동서를 따라 돌아가라"(룻 1:15). 이 명령에서도 나오미는 "돌아가라"는 동사를 두 번씩 사용했다. 그녀의 동서인 오르바도 돌아갔으니, 너도 돌아가라는 것이었다. 동서도 "그의 백성과 그의 신들에게로 돌아가나니, 너도 너의 동서를 따라 돌아가라!"

시어머니의 강력한 명령에서 룻이 깨달은 것이 있었다. 무엇을 깨달았는가? 그것은 "돌아섬"의 중요성이다. 룻이 어느 방향으로 돌아서느냐는 적어도 시어머니의 말에 의하면 두 가지가 포함됐다. 첫째는 어떤 신을 선택하느냐의 문제였다. 그러니까 룻은 동서처럼 모압의 신을 선택하고 모압 땅으로 "돌아갈" 수도 있었다. 그러면 남은 여생을 그 신에 의하여 조정되면서 살게 될 것이었다.

이미 언급했지만, 모압 백성이 섬기는 그모스 신은 사람들이 만든 우상에 지나지 않았다. 그 신을 만든 사람들이 만든 규율에 지배를 받으며 살아야 했다. 필요하면 사람도 죽여서 제물로 바치는 등 두려움에 떨면서 살지 않으면 안 되었다. 그런 신을 섬기는 사람들에게는 자비나 사랑도 없었고, 어려운 사람들에 대한 배려도 없었다. 룻은 그런 신을 향하여 "돌아서기"를 거부했다.

"돌아섬"이 내포하는 둘째 사실은 어떤 백성을 선택하느냐의 문제였다. 그렇지 않다면 시어머니는 이렇게 말하지 않았을 것이다, "그의 백성과 그의 신들에게로 돌아가라!" 룻은 그모스의 백성을 선택하지 않았다. 룻은 시어머니의 백성, 곧 하나님의 백성을 선택했다. 그런 이유 때문에 그녀는 시어머니를 붙좇으면서 신앙고백을 했다. 그 신앙고백을 자세히 들여다보면, 그것은 나오미의 고백이기도 했다.

룻은 이렇게 고백했다, "어머니의 백성이 나의 백성이 되고 어머니의 하나님이 나의 하나님이 되시리이다"(룻 1:16). 이런 결정 때문에 룻도 유다 베들레헴으로 "돌아온" 것이었다. 룻도 나오미처럼 하나님의 백성에게로 "돌아왔고," 또 하나님께로 "돌아온" 것이었다. 그런 이유 때문에 히브리어 성경에서는 룻이 "돌아왔다"고 선언했으나, 안타깝게도 개역한글성경에서는 번역 과정에서 그런 중요한 표현이 빠졌다.

이미 인용한 적이 있지만 룻기 1장 22절을 히브리어 성경에 의하여 다시 번역해보겠다, "이렇게 해서 나오미가 그의 며느리인 모압 여인 룻과 함께 돌아왔는데, 그 며느리는 모압 지방에서 **돌아왔더라.**" "돌아왔더라"는 묘사에는 룻의 신앙고백이 포함되어 있다: "어머니의 백성이 나의 백성이 되고 어머니의 하나님이 나의 하나님이 되시리이다." 그렇다! 룻은 살아 계신 하나님께로 그리고 그 하나님의 백성에게로 "돌아왔던" 것이다!

3. 꼬리말

"남은 자," 곧 인생의 찌끼가 된 나오미는 그래도 위대했다. 그녀가 언약의 하나님에 대한 복된 소식을 듣자 즉시 그 하나님께로 "돌아오기로" 결단했기 때문이다. 그녀의 신앙적 결단은 하나님의 인도와 축복을 가져오게 하는 놀라운 결단이었다. 어떻게 하나님의 축복을 알 수 있는가? 무엇보다도 며느리인 룻에게 같은 결단을 하게 한 멘토의 역할을 했기 때문이었다.

우리도 요철이 많은 짧은 인생을 걸어가면서 적어도 한 사람에게는 멘토의 역할을 감당해야 하지 않겠는가? 위기의 순간에 언약의 하나님께로 돌아오려는 자세, 그 하나님께 인생 전체를 걸려는 자세--이런 자세는 필연적으로 그런 자세를 본받고자 하는 사람을 얻게 하지 않겠는가? 여러분과 나도 하강곡선의 인생에서 "돌아섬"이라는 징검다리를 거쳐서 상향곡선의 인생으로 바꾸지 않겠는가?

14 "돌고 돌아서!"

"나오미가 룻이 자기와 함께 가기로 굳게 결심함을 보고 그에게 말하기를 그치니라 이에 그 두 사람이 베들레헴까지 갔더라" (룻기 1:18-19a)

1. 머리말

시어머니와 며느리들 사이의 있었던 긴 논쟁은 끝났다. 룻기 1장 8절부터 17절에 이르는 동안 나오미는 며느리들에게 친정으로 돌아가라고 설득했다. 나오미는 그들이 알아들을 수 있도록 설명도 충분히 했다. 나오미의 설득은 50% 성공하여, 두 며느리 중 하나는 돌아갔다. 그러나 룻을 설득하는데는 실패했다. 그 실패를 이렇게 말한다, "…룻이 자기와 함께 가기로 굳게 결심함을 보고 그에게 말하기를 그치니라."

나오미는 진정으로 며느리를 위했다. 그녀는 모든 희생을 마다하지 않고 오로지 며느리를 위하여 설득하고 또 설득했다. 그녀의 진정성 있는 설득을 뒤집을 수 있는 것은 며느리인 룻의 진정성 있는 사랑과 충성과 헌신뿐이었다. 이 두 사람의 관계에서 우리는 신앙의 대원리를 발견할 수 있다. 그것은 하나님의 뜻대로 포기해야 얻는다는 원리이다. 나오미가 룻을 진정으로 포기하자 그 포기의 결과로 룻을 얻었다.

성경은 이런 중요한 신앙의 원리를 가르친다. 이스라엘 백성이 화목 제물을 드릴 때 동물의 가장 좋은 부위인 가슴과 뒷다리를 하나님이 받으신 후, 다시 제사장과 그 식구들에게 돌려주셨다(레 7:34). 마찬가지로, 나오미도 그 순간 가장 좋은 가슴과 뒷다리와 같은 룻을 포기했다. 룻의 진정한 행복을 위하여 진정으로 포기했다. 하나님은 진정으로 룻의 행복을 위하여 룻을 포기한 나오미에게 룻을 돌려주셨던 것이다.

2. 몸말

나오미는 "그[룻]에게 말하기를 그쳤다." 그처럼 강력하게 설득하던 나오미는 더 이상 입을 열지 않고 굳게 다물었다. 나오미가 말을 그친 것은 두말할 필요도 없이 며느리 룻의 결심을 꺾을 수 없다는 사실을 시인한 셈이다. 그뿐만이 아니라, 룻의 결심을 받아들였다는 뜻이다. 룻의 결심을 받아들였다는 것은 룻을 받아들였다는 뜻이다. 그리고 룻의 뜻을 받아들였다는 것은 룻과 같이 그녀의 고향으로 가기로 작정했다는 뜻이다.

룻과 함께 고향으로 가겠다는 작정은 하나님의 뜻을 받아들였다는 뜻이기도 하다. 룻의 말, "내가 죽는 일 외에 어머니를 떠나면 여호와께서 내게 벌을 내리시고 더 내리시기를 원하나이다"를 받아들였다는 뜻이다(룻 1:17). 룻의 이 말을 다시 뒤집어보면, 시어머니와 동행하면 여호와께서 복을 내리신다는 뜻도 된다. 나오미는 이런 룻의 작정을 받아들이면서, 그들의 운명을 여호와께 맡기기로 작정하였기에 "말하기를 그쳤다."

1) 고난의 길

모압 땅을 떠나서 유다 베들레헴으로 가는 길은 참으로 고난의 길이라고 밖에 말할 수 없었다. 이런 길은 두 여인이 걸어가기에는 어떤 모양으로든지 적당하지 않은 길이었다. 왜 적당하지 않은 길인가? 첫째 이유는 그 길은 적어도 열흘이나 걸리는 길인데, 늙은 나오미를 포함한 두 여인의 걸음걸이로는 훨씬 더 많이 걸릴 수도 있는 길이었다. 그 당시 그처럼 먼 여행을 단지 두 여인이 여행한다는 것은 거의 불가능한 모험이었다.

그 길이 그들에게 적당하지 않은 둘째 이유는 그 길 대부분이 사막 길이었기 때문이다. 물도 없고 나무도 없는 사막 길을 두 여인이 걷는다는 것은 고난의 길임에 틀림없었다. 그 길을 가는 동안 물도 쉽게 구할 수 없는 척박한 길이었다. 거기다가 요단 강을 건너서부터는 상당히 가파른 오르막길이어서 나오미와 룻에게는 진정으로 고난의 길이 아닐 수가 없었다.

그 길이 그들에게 적당하지 않은 셋째 이유는 그 길에는 도둑이나 강도가 많았기 때문이다. 그 당시는 사사들이 치리하던 때라 치안은 말할 수 없이 열악했다. 그런 이유 때문에 사람들은 그 길을 갈 때, 다른 사람들의 눈에 잘 띄는 대로를 피하고 작은 길을 택했다. "아낫의 아들 삼갈의 날에 또는 야엘의 날에는 대로가 비었고 길의 행인들은 오솔길로 다녔도다"(삿 5:6).

그 길이 그들에게 적당하지 않은 넷째 이유는 그 길에는 그들이 밤을 보낼만한 마땅한 처소가 많지 않았기 때문이다. 낮에는 불볕 같은 사막의 열기를 견디어야 하고, 밤에는 차가운 냉기에 그대로 노출된 채 보내야 했던 적이 한두 번이 아니었다. 거기다가 그 노정에는 마땅히 음식을 사먹을 만한 곳도 곳곳에 있지 않았다. 설사 있다손 치더라도 거의 거지와 같은 그들에게는 큰 도움이 되지 못했다.

이런 길을 약하디 약한 두 여인이 열흘이 넘게 걸어간다는 것은 참으로 고난의 길이 아닐 수 없었다. 어쩌면 이런 길을 통하여 유다 베들레헴으로 돌아가겠다는 나오미의 결단은 갸륵하기까지 하다. 한편 모압 땅에서의 고통을 끝내고자 하는 결연한 의지의 표현이지만, 또 한편 여호와 하나님이 유다 베들레헴에 있는 자기의 백성을 돌보시면서 양식을 주셨다는 소식에 미래를 걸은 여행길이었다.

비록 그 길이 고난의 길이었지만, 그래도 자기 백성을 돌보시는 하나님에게 불쌍한 자기의 미래를 걸겠다는 집념으로 나오미는 걸었고, 룻은 따랐다. 모든 어려움을 참으면서 그들은 묵묵히 목적지를 향하여 걸어갔다. 이런 나오미의 결단은 문자 그대로 "죽으면 죽으리라"는 고난의 행군이었다(에 4:16). 죽기를 두려워하지 않은 에스더를 하나님이 살려 주신 것처럼, 죽음을 각오하고 길을 떠난 나오미를 하나님이 살려 주셨다.

2) 동행의 길

비록 두 여인이 걸어간 길은 고난의 길이었지만 동행의 길이기도 했다. 오늘의 본문은 이렇게 말한다, "그 두 사람이 베들레헴까지 갔더라." 이제부터는 시어머니와 며느리의 사이라기보다는 두 사람, 곧 인간 대 인간의 이야기이다. 두 여인이 함께 터벅터벅 길을 걸었다. 먼 옛날 그 길을 식구들과 내려온 적이 있던 시어머니가 앞장을 섰을 것이다.

그리고 그 뒤를 며느리가 다소곳이 따르고 있었을 것이다.

비록 그들의 신분은 시어머니와 며느리였지만, 적어도 그 고난의 길을 가는 동안에는 시어머니와 며느리의 관계가 중요하지 않았다. 그들은 서로를 필요하며, 또 서로를 의지하며 터벅터벅 걸어가는 동행자였다. 신분과 나이를 초월한 동행자였다. 두 사람은 음식과 물도 같이 나누었다. 두 사람은 잠자리도 같이 나누었다. 어쩌면 들판에서 잘 때도 있었을 터인데, 그들은 서로의 등에서 온기를 느끼며 잤을 것이다.

나오미는 아무 것도 확실하지 않은 미래와 유다 땅을 선택한 룻에 대한 측은한 마음도 가지고 있었고, 또 자기를 돌보겠다는 며느리에게 고마운 마음으로 길을 걷고 있었을 것이다. 룻은 늙고 힘없는 나오미에 대하여 측은한 마음을 가졌을 것이고, 또 자기를 받아준 시어머니에 대한 고마운 마음도 있었을 것이다. 나오미는 룻이 유대인들로부터 배척을 받을 가능성에 대하여 염려하는 마음도 가졌을 것이다. 룻은 늙은 시어머니가 고난의 길을 가다가 쓰러지기라도 하면 어떻게 하나 하는 염려의 마음도 가졌을 것이다.

이 두 여인이 이처럼 서로에 대한 온갖 상념에 사로잡혀 있었던 것도 사실이지만, 그래도 그들은 같이 걸어가고 있었던 것이다. 시어머니는 십중팔구 이런 생각을 했을 것이다, "며느리를 돌려보내야 했었는데, 고생이 너무나 많구먼!" 한편 며느리는 이런 생각을 했을 것이다, "내가 시어머니를 붙좇아 따라오기를 너무나 잘했어!"

이 두 여인의 동행을 여호와 하나님도 눈여겨보시면서 동행하셨을 것이다. 이런 하나님의 말씀은 바로 이 두 여인을 염두에 두고 기록되었는지 누가 아는가? "두 사람이 한 사람보다 나음은 그들이 수고함으로 좋은 상을 얻을 것임이라. 혹시 그들이 넘어지면 하나가 그 동무를 붙들어 일으키려니와 홀로 있어 넘어지고 붙들어 일으킬 자가 없는 자에게는 화가 있으리라. 또 두 사람이 함께 누우면 따뜻하거니와 한 사람이면 어찌 따뜻하랴?"(전 5:9-11).

그렇다! 나오미는 당신의 백성을 돌보시는 여호와 하나님을 뚫어져라 바라보면서 베들레헴을 향하여 발걸음을 옮겼다. 룻은 그 하나님을 바라보며 앞서 가는 나오미의 등을 뚫어져라 바라보며 붙좇으면서 그들은 동행했다. 이 두 여인은 그처럼 험난한 고난의 길을 걸었지만, 하나님의 돌보심이 있었기에 아무 탈도 없이 그들의 목적지에 도착했다. 마치 독수리가 그들을 업어서 데리고 온 것처럼 어느새 그들은 베들레헴에 도달했다.[37]

3) 베들레헴

나오미는 돌고 돌아서 마침내 베들레헴까지 돌아왔다. 베들레헴을 떠나서 다시 베들레헴으로 돌아오기까지 십 수 년이나 걸렸다. 떠나기는 쉬웠지만, 돌아오기란 결코 쉽지 않은 여정이었다. 어린 두 아들을 데리고 떠났는데, 이제는 늙은이가 되어서 돌아왔다. 떠날 때와는 달리 아무 것도 가진 것도 없이 돌아왔다. 하나님 편에서는 귀중한 선물이지만, 인간 편에서는 골칫거리인 모압 여인을 데리고 왔다.

그렇다! 이것이 신앙의 대원리이다. 떠나기는 쉬워도 돌아오기는 어렵다. 잘못하면 나오미처럼 다 잃고서야 겨우 돌아올 수 있다. 나오미가 날개 없는 추락을 하면서 인생의 밑바닥으로 내려가는 길이 완만한 하강선인 것과 똑같이, 반전의 길도 완만한 상향선이다. 다시 말해서, 아무리 시간이 많이 걸려도, 아무리 많은 희생을 치르더라도, 떨어진 곳으로 돌아와야 된다는 말이다. 그때부터 회복과 치유가 일어나기 때문이다.

이 여인이 돌아온 곳은 베들레헴이었다. 베들레헴은 이미 언급한 대로 "떡의 집"이다. 나오미는 "떡의 집"을 떠난 후에 빈곤의 과정 속으로 빠졌다. 그러나 나오미가 그처럼 먼 길을 돌고 돌아서 베들레헴으로 돌아왔을 때, 떡만이 그녀를 기다린 것은 아니었다. "떡의 집"은 일차적으로 먹거리를 의미한다. 나오미와 룻에게 이제부터 먹거리가 생기기 시작한다.

물론 그 먹거리는 하나님이 친히 공급하시는 것이다. 왜냐하면 하나님이 유다 베들레헴에 있는 당신의 백성을 돌보시기 때문이다. 나오미가 베들레헴으로 돌아왔을 때, 하나님은 그녀에게 떡만 주신 것이 아니다. 하나님은 그분의 백성도 주셨다. 오랜만에 나오미는 하나님의 백성 가운데로 들어오게 되었다. 그들은 하나님을 섬기며, 또 서로를 섬기는 백성이다.

나오미는 엘리멜렉 가문에서 유일하게 살아남아 돌아온 자이다. 그녀가 베들레헴으로 돌아온 것은 마치 타국으로 흩어졌다가 돌아온 남은 자와 같다. 하나님은 일찍이 모세를 통하여 이스라엘 백성이 우상을 섬기면 본토에서 쫓겨난다고 예언하셨다. 그러나 그들이 쫓겨 간 곳에서 하나님의 은혜로 다시 돌아오게 하신다고 말씀하셨다, "네 하나님 여호와께서 거기서 너를 모으실 것이며, 거기서부터 너를 이끄실 것이라"(신 30:4).

하나님은 남은 자를 돌아오게 하실 뿐만 아니라, 그들에게 "선을 행하사 너를 네 조상들보다 더 번성하게 하실 것이라"고 약속하셨다(신 30:5). 위의 약속들에 의하면, 결국 여호와 하나님이 나오미를 베들레헴으로 인도하셨다. 그뿐만이 아니라, 그 하나님이 나오미를 번성하게 하실 것이다. 왜냐하면 나오미가 자기의 잘못을 뉘우치고 돌고 돌아서 "떡의 집"으로 돌아왔기 때문이다.

3. 꼬리말

나오미는 돌고 돌아서 베들레헴으로 돌아왔다. 그러나 룻은 어떻게 했는가? 룻은 시어머니의 하나님을 믿고, 시어머니를 따라 베들레헴으로 왔다. 시어머니는 돌아왔지만, 룻은 붙좇아 따라왔다. 그러면 룻의 결정은 잘못되었는가? 아니다! 시어머니의 여호와 하나님은 나오미를 회복시키실 뿐만 아니라, 나오미의 손길을 통하여 룻과도 동행하시면서 축복하실 것이다.

그 이유는 간단하다! 룻이 여호와 하나님을 선택했기 때문이다. 그 하나님을 선택하기 위하여 룻은 과거의 모든 삶을 청산해야 했으며, 조국과 조국의 종교도 포기했기 때문이다. 그뿐만 아니라, 룻은 불확실한 미래를 선택하기 위하여 확실한 과거를 버렸다. 불확실한 이스라엘의 하나님을 선택하기 위하여 룻은 확실한 모압의 신들을 버렸다. 하나님의 백성을 선택하기 위하여 자기 민족의 백성을 버렸다. 그런 룻을 하나님이 복을 주신다.

15 "돌아온 나오미"

"베들레헴에 이를 때에 온 성읍이 그들로 말미암아 떠들며 이르기를 이이가 나오미냐 하는지라 나오미가 그들에게 이르되 나를 나오미라 부르지 말고 나를 마라라 부르라 이는 전능자가 나를 심히 괴롭게 하셨음이니라 내가 풍족하게 나갔더니 여호와께서 내게 비어 돌아오게 하셨느니라 여호와께서 나를 징벌하셨고 전능자가 나를 괴롭게 하셨거늘 너희가 어찌 나를 나오미라 부르느냐 하니라" (룻기 1:19b-21)

1. 머리말

마침내 나오미는 그녀가 떠났던 베들레헴으로 돌아왔다. 그런데 떠날 때는 남편과 두 아들을 데리고 갔는데, 돌아올 때는 혼자 남아서 돌아왔다. 룻기는 그렇게 혼자 남은 나오미에 대하여 이렇게 말한다, "그 여인은 두 아들과 남편의 뒤에 남았더라"(룻 1:5). 어쩌면 나오미가 그렇게 고향으로 돌아온 사실은 앞으로 온 세상에 흩어져 살다가 남은 자들만이 귀국하여 나라를 다시 이룬 이스라엘의 역사를 암시하는지도 모르겠다(스 1:4-5).

그처럼 남은 자를 암시하는 사건은 또 있다. 노아의 식구들을 보라! 그 당시 모든 사람의 생각과 행위는 너무나 악했다(창 6:5). 하나님도 그들을 심판하기로 작정하셨다(창 6:7). 그것이 저 유명한 노아의 대홍수이다. 온 인간이 그 홍수에 몰살되었지만, 하나님은 그 가운데 노아의 식구 8명만을 살리셨다. 그리고 그들을 통하여 세상을 재건하기 시작하셨는데, 그 노아의 식구들이 바로 남은 자들이었다.

남은 자를 가리키는 사건이 또 있다. 하나님은 패역한 소돔과 고모라를 멸망시키지 않을 수 없으셨다. 그 이유는 간단하다! 소돔과 고모라의 죄가 극에 달했기 때문이다(창 19:5, 9). 그러나 하나님은 소돔과 고모라를 멸망하시기 전에 롯과 그의 식구들을 건져내셨다. 비록 롯의 아내는 중도에 하차했지만, 롯과 두 딸은 소돔과 고모라의 멸망으로부터 구원받은 남은 자들이 되었다(창 19:29).

남은 자를 가장 잘 가리키는 사건은 역시 아합 왕 때 일어났다. 그 왕은 아내 이세벨과 더불어 모든 이스라엘 사람들로 하여금 바알 신 앞에 무릎을 꿇게 하였다. 혼자서 고군분투하던 엘리야는 자신만 홀로 하나님을 섬긴다는 호소를 했다. 그때 하나님은 바알 앞에 무릎을 꿇지 않은 남은 자가 7천명이나 된다고 하셨다(왕상 19:18, 롬 11:4). 그리고 하나님은 그처럼 남은 자들을 통하여 이스라엘의 신앙을 회복시키셨다.

2. 몸말

남은 자들의 특징은 무엇인가? 그들은 그들의 신앙을 위하여 세상의 모든 것을 다 잃을 각오를 한 사람들이다. 노아도 그랬고, 롯도 그랬다. 그뿐만 아니라 엘리야를 비롯한 7천명도 그랬다. 그들은 하나님만을 의지하면서 남은 자들이 되었다. 오늘의 주인공인 나오미는 어떠했는가? 비록 그녀는 그런 각오를 한 적은 없지만, 그래도 결과적으로는 다 잃었다. 그렇게 남은 자가 되어 하나님만을 의지하면서 돌아왔다.

1) 나오미의 고백: 마라

나오미는 참으로 돌아오기 어려운 곳으로 돌아왔다. 그녀가 십 수 년 전, 베들레헴을 떠날 때는 그처럼 쉬웠는데, 돌아오는 것이 그처럼 어려운 일이란 사실은 미처 몰랐다. 어려운 길이었지만 그래도 나오미는 돌고 돌아서 유다 베들레헴 땅으로 돌아왔다. 그녀가 룻을 데리고 베들레헴 성문으로 들어섰다. 많은 회한이 일어나기도 전에 나오미는 그녀를 맞아준 "온 성읍"을 만났다.

그들은 왁자지껄 떠들어대며 나오미를 맞아주면서 이렇게 말했다, "이이가 나오미냐?" 나오미가 베들레헴으로 돌아왔을 때, 그녀는 양식만을 얻은 것이 아니다. 그녀는 하나님도 되찾고 그리고 하나님의 백성을 되찾은 것이다. 그렇지 않다면 온 성읍이 그녀를 맞아줄 리가 없었다. 얼마나 대조적인가? 그녀가 십 수 년 전, 모압 땅에 이르렀을 때에 맞아준 사람들이 하나라도 있었는가? 그들은 그곳에서 쓸쓸한 인생을 시작했었다.

나오미는 마침내 그녀를 맞아준 하나님의 백성 가운데로 돌아온 것이다. 왜 온 성읍이 나오미를 그처럼 떠들썩하게 맞아주었는가? 그 이유를 몇 가지로 생각해볼 수 있을 것이다. 첫째는 오랜만에 왔기 때문이다. 둘째는 생각지도 않은 때에 갑자기 나타났기 때문이다. 셋째는 나오미가 남편과 아들들을 데리고 오지 않았기 때문이다. 넷째는 모압 여인을 데리고 왔기 때문이다. 다섯째는 나오미의 초라한 모습 때문이었다.

여섯째는 파란 많은 인생의 난관을 뚫고 온 흔적들이 얼굴 여기저기에 묻어있었기 때문이다. 십중팔구 그녀의 얼굴 여러 곳에 주름살이 가득했을 것이다. 오랜 세월과 숱한 고뇌를 이기지 못한 표정이었다. 그동안의 모진 세월의 흔적이 그녀의 얼굴에 가득했을 것이다. 까맣게 탄 얼굴에 묻어있는 슬픈 표정, 많은 고통이 가져다 준 절망의 표정, 오랜 고난의 여행으로 지칠 대로 지친 모습――이런 것들이 온 성읍을 놀라게 했던 것이다.

나오미는 그들의 시끄러운 말에 이렇게 대답한다, "나를 나오미라 부르지 말고, 나를 마라라 부르라." 왜 나오미는 그녀의 이름을 바꾸어서 부르라고 했는가? 그 이유는 이렇다. 이스라엘 백성에게 이름은 각 개인을 가리키는 것이기에 중요하지만, 그보다 더 중요한 것이 있다. 이름은 내적 인격을 묘사하며, 따라서 그 사람의 행동을 좌우하기 때문이다.[38] 나오미는 그런 사실을 너무나 잘 알고 있는 유다 여인이었다.

"나오미"라는 이름의 뜻은 "하나님이 주시는 기쁨"이라고 언급한 적이 있다. 그러나 그녀에게는 그런 기쁨을 잃은 지 오래 된다. 어쩌면 유다 베들레헴을 떠나면서부터 그런 기쁨을 잃었는지도 모른다. 그녀는 성읍 사람들에게 그녀의 이름을 "마라"라고 불러주기를 원했다. 마라는 "쓰다"라는 뜻이다. 그녀에게 있던 기쁨은 변하여 쓴 것이 되었다. 비록 그녀가 여호와 하나님을 바라보고 돌아왔지만, 아직은 "마라"의 연속이었다.

2) 나오미의 고백: 전능자

두 번째 나오미의 고백은 다음과 같다, "전능자가 나를 심히 괴롭게 하셨음이니라"(룻 1:20-21). 나오미는 처음으로 전능자라는 하나님의 이름을 언급하면서 자신의 상태를 고백했다. 전능자는 여호와 하나님에 이어서 세 번째로 룻기에 나오는 하나님의 이름이다. 전능자는 영어로는 얼마이티^Almighty^이고, 히브리어로는 *샤다이*(שַׁדַּי)이다.[39) 그러면 왜 나오미는 갑자기 전능자의 이름을 거론했는가?

첫 번째 이유는 나오미가 하나님의 백성에게로 돌아왔기 때문이다. 다시 말해서, 나오미는 하나님의 백성들과 교통하면서 그들이 이해할 수 있는 하나님의 이름을 불렀다. 그녀가 모압 땅에 있을 동안에는 전혀 가능하지 않았다. 그러나 그녀가 하나님이 그 백성을 돌보시는 하나님의 땅 유다 베들레헴으로 돌아오자 자유롭게 부른 하나님의 이름은 전능자였다. 얼마나 큰 해방감을 만끽하는 고백인가?

나오미가 하나님의 이름을 전능자라고 부른 두 번째 이유는 그 이름이 지니는 특성 때문이다. 전능자는 축복과 저주를 주관하는 분이시다. 특히 이스라엘의 조상인 아브라함과 이삭과 야곱에게 복을 주신 분이 바로 전능자였던 것이다. 하나님은 아브라함에게도 전능자로 나타나셨고(창 17:1), 야곱에게도 전능자로 나타나셔서 복을 약속하셨다(창 35:11). 그리고 이삭에게도 야곱을 내보내면서 전능자의 복을 빌어주었다(창 28:3).

전능자는 복만 내리시는 분이 아니다. 전능자는 저주와 심판도 내리시는 하나님이시다. 그런데 전능자의 심판은 심판을 위한 심판이 아니다. 그분의 심판은 언제나 회복을 위한 심판이다. 욥의 말을 들어보면 쉽게 이해할 수 있다, "볼지어다! 하나님께 징계 받는 자에게는 복이 있나니, 그런즉 너는 전능자의 징계를 업신여기지 말지니라"(욥 5:17). 물론 이 말은 욥의 친구가 한 말이지만 놀라운 진리를 내포하고 있다.

그 진리는 간단하다! 전능자는 징계도 내리시지만, 그 징계를 업신여기지 않고 돌이키면 전능자가 받아주신다는 것이다. 그런 이유 때문에 전능자에게 징계를 받는 자는 복을 받은 사람이다. 나오미가 베들레헴을 떠나는 잘못을 범했는데도 전능자가 내버려두신다면, 나오미는 더 이상 하나님의 관심 안에 있지 않다는 뜻이기도 하다. 하나님이 그녀를 버려두셨다는 뜻이기도 하다.

그러나 나오미는 이렇게 고백한다, "전능자가 나를 심히 괴롭게 하셨음이니라." 이 고백은 역설적이다. 전능자에게 징계를 받았으나 그 징계를 달게 받고 돌아왔으니, 결국엔 복 받은 자라는 고백이다. 시편의 말씀이다, "전능자의 그늘 아래에 사는 자여!…그는 나의 피난처요, 나의 요새요, 내가 의뢰하는 하나님이라"(시 91:1-2). 나오미는 마침내 "전능자가 나를 심히 괴롭게 하셨음이니라"는 고백을 이해할 수 있는 백성에게로 돌아왔던 것이다.

3) 나오미의 고백: 여호와

나오미의 세 번째 고백은 다음과 같다, "내가 풍족하게 나갔더니, 여호와께서 내게 비어 돌아오게 하셨느니라. 여호와께서 나를 징벌하셨노라." 이런 고백을 할 수 있고 또 받아들일 수 있는 사람들 속으로 다시 돌아온 나오미는 진정으로 축복 받은 여인이다. 비록 그녀가 남편과 두 아들은 잃었지만, 그리고 모든 재산과 젊음을 다 잃었지만, 그래도 그녀는 하나님이 그 백성을 돌보시는 유다 베들레헴으로 돌아왔다.

나오미가 유다 베들레헴 성읍에 들어서면서 그녀는 그동안의 모든 과거를 회상하며 눈물을 펑펑 쏟았을 것이다. 부모님의 사랑을 받던 곳, 남편을 만나서 사랑을 나누던 곳, 아들을 둘씩이나 낳아서 키운 곳, 아들들이 동네 애들과 뛰놀던 곳! 드디어 그곳으로 돌아왔다. 모압 땅에서 발버둥 치면서 살던 생각, 두 아들을 결혼시킨 생각, 남편과 아들들을 차례로 잃은 생각! 이런저런 생각을 하면서 눈물을 쏟았을 것이다.

마침내 나오미는 여호와 하나님을 되찾았다. 그 여호와를 의지하고 그 여호와의 땅으로 돌아왔다. 그런 이유로 나오미는 고백한다, "여호와께서 내게 비어 돌아오게 하셨느니라!" 비록 빈손으로 돌아왔지만, 결국 그 여호와 하나님이 당신의 땅으로 돌아오게 하신 것이다. 그 여호와 하나님이 당신의 백성에게로 돌아오게 하신 것이다. 그 하나님이 여호와에 대하여 들을 귀를, 돌아오려는 마음을, 고난의 길로 오게 하신 힘을 주셨다.

나오미는 계속해서 고백한다. "여호와께서 나를 징벌하셨느니라." 실제로 여호와 하나님이 징벌하신 사람은 남편과 아들들이다. 그들은 여호와 하나님의 징벌을 받고 일찍 죽었다. 남편은 하나님의 땅인 유다 베들레헴을 떠난 잘못 때문에 죽었다. 아들들은 모압 여인들을 아내로 맞아들인 후에 죽었다. 그들의 일거수일투족을 아시는 하나님은 그들을 징벌하셨다.

그러나 나오미는 여호와 하나님이 자기를 징벌하셨다고 고백한다. 이런 고백은 위대하다. 문제의 원인을 다른 사람에게 돌리지 않고 자신에게 돌리는 태도이다. 아담과 하와가 선악과를 먹고, 서로에게 책임을 전가시킨 것과는 전혀 다르다(창 3:12-13). 나오미는 남자가 없으면 살 수 없는 시대에 살면서도 남편을 조금도 원망하지 않았다. 아들들도 원망하지 않았다. 그녀는 모든 잘못을 자신에게 돌렸다.

이런 나오미의 자세야말로 진정한 회개이다. 그렇다! 나오미는 몸만 유다 베들레헴으로 돌아온 것이 아니었다. 그녀는 몸만 하나님과 하나님의 백성으로 돌아온 것이 아니었다. 그녀의 마음도 돌아왔다. 이처럼 진심으로 돌아온 나오미를 베들레헴 성읍 사람들이 받아들였다. 뿐만 아니라, 하나님도 받아들이셨다. 그처럼 정직한 고백을 통하여 그녀의 삶은 비어서 돌아왔지만, 이제부터 풍족하게 될 것이다.

3. 꼬리말

나오미는 풍족하게 나갔다. 풍족할 때는 하나님의 손길을 느끼지 못했다. 그때는 마음대로 하나님을 떠나갔다. 그러다가 모든 것을 잃었다. 빈손이 되어서야 비로소 나오미는 여호와 하나님께로 서서히 돌아오기 시작했다. 먼저, 여호와 하나님이 그 백성을 돌보셨다는 말을 들었다. 그 다음, 돌아오기로 결단했다. 마지막으로, 나오미는 마침내 유다 베들레헴으로 돌아왔다.

나오미가 돌아왔을 때는 아무 것도 가지고 온 것이 없다. 빈손으로 돌아왔다. 뿐만 아니라 유대인들이 그처럼 싫어하는 룻을 데리고 왔다. 하나님의 징계를 받아 남편까지 잃은 룻을 데리고 왔다. 엄격하게 말하면, 빈손이 아니라 애물단지를 가지고 왔다. 그러나 나오미와 룻은 여호와 하나님을 의지하면서 돌아왔다. 그분을 의지하고 돌아오는 사람들을 하나님은 받으신다. 이제부터 빈손을 축복으로 가득히 채워주실 것이다.

16 "추수 때에!"

"나오미가 모압 지방에서 그의 며느리 모압 여인 룻과 함께 돌아왔는데 그들이 보리 추수 시작할 때에 베들레헴에 이르렀더라" (룻기 1:22)

1. 머리말

나오미와 룻이 베들레헴으로 돌아온 것은 너무나 중요하기에 그 사실이 다섯 번씩이나 서술된다. 첫째는 "이에 그 두 사람이 베들레헴까지 *갔더라*"(룻 1:19a); 둘째는 "베들레헴에 *이를 때에*"(룻 1:19b); 셋째는 "여호와께서 내게 비어 *돌아오게* 하셨느니라"(룻 1:21); 그리고 넷째와 다섯째는 오늘의 본문이다. "나오미가 모압 지방에서 그의 며느리 모압 여인 룻과 함께 *돌아왔더라*;" "그들이 보리 추수 시작할 때에 베들레헴에 *이르렀더라.*"

이 다섯 번 가운데 그들이 베들레헴에 도착한 것을 묘사한 동사는 세 가지이다. 첫 번째에서는 "갔더라"이다. "가다"라는 동사가 사용된 것은 두 여인의 의지적인 결단을 강조한 것이다. 그들은 그처럼 어려운 고난의 길을 서로 동행하면서 갔다. 그들은 중도에서 포기하지 않고 끝까지 갔다. 나오미는 그녀를 "불러준" 여호와를 바라고 갔고, 룻은 시어머니를 붙좇아갔다. 그러므로 "가다"는 그들이 베들레헴까지 간 결단을 묘사한다.

둘째와 다섯째는 "이르다"는 동사를 사용했다. 나오미와 룻이 베들레헴에 이르렀을 때 두 가지 사건이 생겼다. 한 가지 사건은 "온 성읍"이 소동하면서 나오미를 맞아준 것이다. 또 한 가지 사건은 그들이 베들레헴에 이르렀을 때, 보리 추수 때였다. 그러니까 "이르다"는 동사가 사용될 때는 베들레헴의 정황을 묘사하기 위해서인 것이다. 한 가지 정황은 사람들의 마중이었고, 또 한 가지 정황은 보리의 마중이었다.

셋째와 넷째 사용된 동사는 "돌아오다"이다. 지금까지 살펴본 대로, 룻기 1장에서 "돌아오다"가 12번이나 나온다. 결국 "돌아오다"가 룻기 1장에서는 가장 중요한 동사이다. 그런데, 셋째는 여호와께서 나오미로 하여금 비어서 돌아오게 하셨다는 그녀의 고백에 들어 있다. 또 한 번은 마지막 묘사로서 "나오미가 모압 지방에서 그의 며느리 모압 여인 룻과 함께 돌아왔다"고 했다. 결국 "돌아오다"는 하나님께 돌아오는 행위를 강조한다.

2. 몸말

그런데 이 말씀은 잘 된 번역이 아니다. 원문에 의하면 이렇게 번역되어야 한다: "이렇게 해서 나오미가 그의 며느리인 모압 여인 룻과 함께 돌아왔는데, 그 며느리는 모압 지방에서 돌아왔더라."[40] 나오미가 돌아온 것은 룻기 1장 6절의 성취였으나, 룻이 돌아온 것은 지금까지 직접적으로 언급되지 않은 전혀 새로운 표현이다. 나오미는 룻에게 모압으로 돌아가라고 세 번씩이나 강하게 말했지만, 룻이 베들레헴으로 *돌아왔다*는 것은 처음이다.

그럼 왜 원문에서는 룻이 돌아왔다는 것을 별도로 언급하면서 그 사실을 그렇게 덧붙였는가? 그 이유는 나오미가 돌아온 것을 강조하기 위해서가 아니라, 룻이 돌아온 것을 강조하기 위함이었다.[41] 물론 룻은 베들레헴에 온 적이 없었기 때문에 돌아왔다고 할 수 없다. 그러나 룻이 1장 16-17절에서 표현한 신앙고백 때문에 그녀의 고향과 나라는 유다 베들레헴으로 바뀐 것이다. 그런 이유로 룻이 돌아왔다고 묘사되었다.[42]

1) 베들레헴과 모압

룻기 1장은 똑같은 장소의 이름으로 시작해서 똑같은 장소의 이름으로 끝을 맺는다. 그 시작을 다시 보겠다. "…유다 *베들레헴*에 한 사람이 그의 아내와 두 아들을 데리고 *모압* 지방으로 가서 거류하였는데"(룻 1:1b). 여기에서 베들레헴과 모압을 주목하라. 마지막 절, 곧 오늘의 본문이다. "나오미가 *모압* 지방에서…그들이 보리 추수 시작할 때에 *베들레헴*에 이르렀더라."

달라진 것이 있다면 그 지방의 이름이 나오는 순서이다. 1절에서는 베들레헴이 먼저 나오고 모압이 나중 나오는데 반해, 22절에서는 모압이 먼저 나오고 베들레헴이 나중 나온다. 그 이유는 너무나 간단하다! 먼저 나오는 곳은 출발지이고, 나중 나오는 곳은 도착지이다. 그러니까 룻기 1장은 베들레헴을 떠나서 모압으로 가는 장면으로 시작되었다가, 모압을 떠나서 베들레헴으로 돌아오는 장면으로 끝이난다.

이미 살펴본 대로, 베들레헴의 뜻은 "떡의 집"이다. 그러나 모압의 뜻은 "나의 아버지로부터"이다. 다시 말해서, 큰 딸이 아버지 롯에게 술을 취하게 한 후에 동침하여서 난 아들이라는 뜻이다(창 19:37). 그 후 그 아들이 모압 왕국을 이루었다. 이렇게 추하게 시작된 민족이라 그런지 그 나라는 그모스 신을 섬기면서 그들의 아들들을 제물로 바치는 추잡하고도 비인격적인 나라였다.

엘리멜렉이 식구들을 이끌고 비옥한 땅 에브랏, 다시 말해서 "떡의 집"을 떠나서 그처럼 우상숭배의 지방으로 들어간 것은 큰 잘못이었다. 엘리멜렉이 베들레헴을 떠나기로 작정한 순간부터 그들은 끝없는 나락의 길로 떨어졌다. 인간적으로 그 나락의 골짜기에서 올라온다는 것은 결코 쉬운 일이 아니었다. 룻기 1장은 "떡의 집"을 떠난 사람들의 모습을 너무나 잘 보여주고 있다.

그러나 나오미는 모압을 떠나서 베들레헴으로 돌아왔다. 나오미는 모든 것을 잃을 때까지 견디었다. 그리고 여호와 하나님은 나오미가 모든 것을 잃을 때까지 기다리셨다. 왜 그렇게 하나님은 오래 기다리셨는가? 만일 나오미가 빈손으로 돌아오지 않았다면, 하나님의 축복을 자신의 행위 때문에 주신 축복으로 여길 수 있었기 때문이다. 나오미는 빈손으로 돌아왔기에 모든 축복이 여호와 하나님에게서 온 것이라는 것을 알았다.

남편인 엘리멜렉은 잠시의 기근을 피하기 위하여 베들레헴을 떠나서 모압 지방으로 갔다. 그러나 그 아내 나오미는 기근을 피하기 위하여 모압 지방을 떠나서 유다 베들레헴으로 돌아왔다. 남편의 결정은 기근을 피하려다가 진짜 기근을 맞았지만, 나오미는 기근을 피하기 위하여 베들레헴으로 돌아왔기에 기근을 피할 수 있었다. 그러니까 여호와 하나님이 그 백성을 돌보시는 하나님의 곳으로 돌아오는 것은 말할 수 없이 중요하다.

2) 나오미와 룻

　나오미는 유다 여인이나, 룻은 모압 여인이다. 앞서 이미 언급했지만, 유다인들은 모압 사람들을 반기지 않는다. 그런 이유 때문에 나오미가 룻을 데리고 간 사실은 "온 성읍" 사람들에게 큰 이야깃거리가 되었다. 만일 나오미가 혼자 돌아왔더라면 그처럼 모든 사람의 시선도 끌지 못했을 것이며, 또 그렇게 큰 이야깃거리도 되지 못했을 것이다. "온 성읍"이 "이이가 나오미냐?"라고 웅성거리게 한 것에는 룻의 몫도 있었다(룻 1:19b).

　한 번은 보아스가 그의 밭에 와서 룻을 보게 되었다. 보아스는 사환에게 물었다, "이는 누구의 소녀냐?"(룻 2:5). 그 사환의 대답은 흥미롭다. "이는 나오미와 함께 모압 지방에서 돌아온 소녀입니다"(룻 2:6). 이런 대답은 무엇을 의미하는가? "온 성읍"이 나오미가 모압 여인인 룻을 데리고 왔다는 것을 다 알고 있었다는 것을 의미한다. 그렇지 않다면 갑작스러운 질문에 사환이 그렇게 세세하게 대답할 수 없었을 것이다.

　보아스가 룻에게 한 말은 한 발 더 나아갔다, "네 남편이 죽은 후로 네가 시어머니에게 행한 모든 것과 네 부모와 고국을 떠나 전에 알지 못하던 백성에게로 온 일이 내게 분명히 알려졌느니라"(룻 2:11). 이 말에 의하면, 보아스는 룻의 모든 것에 대하여 자세히 알고 있었다. 그렇다! 룻이 베들레헴으로 돌아온 것은 커다란 이야깃거리이었을 뿐만 아니라, 사람들에게 깊은 인상을 남겼음에 틀림없다.

　그렇다! 나오미는 그 식구들과 함께 베들레헴을 떠났다가 산전수전 겪은 후, 돌고 돌아서 베들레헴으로 다시 돌아왔다. 룻은 시어머니를 붙좇아 베들레헴까지 왔다. 여기에서 두 사람은 하나님이 묶어주신 특별한 관계라는 사실을 쉽게 알 수 있다. 나오미는 룻을 필요로 했고, 룻도 나오미를 필요로 했다. 그들은 서로를 필요로 한 상호적인 관계였다.

나오미가 룻을 필요로 했다는 것은 생각하기 쉽다. 그녀는 늙은 여인이었고, 남자의 도움을 받는 시대에 가정에 남자가 하나도 없었다. 나오미에게 룻은 그녀의 인생을 책임지는 남편과 같았고, 또 아들과도 같았다. 룻은 그녀의 생명과도 같았다. 성읍의 여인들이 룻의 아들에 대하여 말한 것을 보아도 분명하다, "이는 네 생명의 회복자이며, 네 노년의 봉양자라. 곧 너를 사랑하며 일곱 아들보다 귀한 네 며느리가 낳은 자로다"(룻 4:15).

룻도 시어머니를 필요로 했다. 왜냐하면 시어머니를 통하여 슬픔에 처한 사람들을 돌보시는 여호와를 찾게 되었기 때문이다. 시어머니의 하나님을 그녀의 하나님으로 받아들이고, 그 시어머니를 따르기만 하면 되었기 때문이다. 시어머니에게 힘과 사랑과 충성을 바쳤기에 하나님으로부터 보상을 받았기 때문이다. 룻은 나오미를 시어머니로, 하나님의 대리자로, 남편으로 여기면서 그녀의 생명을 걸었던 것이다.

3) 기근과 보리

룻기 1장의 시작은 "기근"이었다. 그런데 기근을 피했다가 모든 면에서 기근을 당한 나오미는 룻을 데리고 베들레헴으로 돌아왔다. 그들이 돌아왔을 때, "보리 추수 시작할 때"였다. 본래 보리 추수는 유월절이 지난 두 번째 날에 드리는 첫 이삭 절기부터 시작된다. 첫 이삭 절기를 드린 후에 비로소 이스라엘 백성은 보리 추수를 시작했다(레 23:10). 다시 말해서, 보리 추수가 백성에게는 그 해의 첫 추수이다. [43]

이스라엘 백성은 유월절이 지나 50일이 되는 때에 칠칠절이라고도 하고, 오순절이라고도 하는 절기를 지켰다. 그런데 칠칠절에는 밀을 추수하기 시작한다. 오순절과 칠칠절 사이에 곡물의 작황에 따라 어떤 농부는 늦은 보리를 추수하고, 또 어떤 농부는 이른 밀을 추수하기 시작한다. 물론 율법적으로는 이스라엘 백성은 첫 이삭 절기에는 보리를, 그리고 칠칠절에는 밀을 각각 하나님에게 제물로 바쳤다.

그러니까 실제적으로는 보리 추수와 밀 추수가 밭의 작황에 따라 여기저기에서 거의 동시에 이루어졌다고 해도 지나친 말은 아니다.[44] 위에서 언급한 것처럼, 어떤 사람은 보리를, 그리고 어떤 사람은 밀을 추수했다. 그런 사실을 룻기는 이렇게 묘사한다: "이에 룻이 보아스의 소녀들에게 가까이 있어서 *보리 추수와 밀 추수*를 마치기까지 이삭을 주우며 그의 시어머니와 함께 거주하니라"(룻 2:23).

모압의 기근을 피하여 베들레헴으로 나오미와 룻이 돌아오자, 그 백성을 돌보시는 하나님은 그들로 하여금 보리 추수를 맞게 하셨다. 나오미는 진정으로 "떡의 집"으로 돌아온 것이며, 룻은 시어머니의 하나님 여호와의 손길을 느끼기 시작한 것이다. 그들이 베들레헴으로 돌아와서 어디에 거주한지는 알 수 없다. 그러나 한 가지 분명한 사실은 여호와 하나님이 그 백성을 통하여 그들의 거주지를 마련해 주셨다는 것이다.

나오미가 식구와 베들레헴을 떠났을 때는 아무 것도 확실하지 않았다. 미지의 땅으로 그 식구는 간 것이다. 우상의 땅으로 갔다. 하나님의 백성을 떠나 다른 신을 섬기는 백성에게로 들어갔다. 기근을 피하러 간 것이 아니라, 보다 깊고 무서운 기근 속으로 기어들어간 꼴이 되었다. 그러나 여호와 하나님은 나오미를 건져내셨다. 그녀로 하여금 희망의 땅, 베들레헴으로 돌아오게 하셨다.

나오미와 룻이 돌아왔을 때는 보리 추수 시작할 때였다. 보리 추수의 계절이란 그들이 결코 굶어죽지 않는다는 뜻도 포함되어 있다. 그리고 무엇보다도 여호와 하나님을 바라고, 의지하면서 돌아오는 그 백성을 하나님은 결코 마다하지 않으신다는 뜻도 포함되어 있다. 마다하시기는커녕 오히려 많은 축복으로 맞아주신다는 뜻이다. 하나님은 그 백성의 손길을 통하여 그들의 필요를 채워주시겠다는 것이다.

3. 꼬리말

나오미와 룻이 돌아온 때는 이스라엘의 중요한 두 절기 사이였는데, 첫 이삭 절기와 칠칠절이다. 그 절기가 의미하는 것은 무엇인가? 그것은 풍성한 곡식을 의미한다. 그들이 베들레헴으로 돌아왔을 때, 이미 그들의 궁핍을 아시는 여호와 하나님은 그들에게 넘치는 곡물로 맞아주셨다. 그렇다! 하나님은 그들로 적절한 시기에 돌아오게 하시고 그들의 필요를 적절한 방법으로 채워주셨다.

첫 이삭 절기와 칠칠절의 신약적 의미는 무엇인가? 첫 이삭 절기는 예수 그리스도가 십자가에서 죽으신지 삼일 만에 다시 사신 부활을 가리킨다.[45] 그리고 칠칠절은 성령의 강림을 가리키는 절기이다.[46] 그러니까 나오미와 룻이 돌아온 것은 소망의 하나님이요, 동시에 새로운 시작의 하나님께로 돌아왔다는 것을 의미하기도 한다. 빈손으로 돌아온 그들에게 하나님은 소망의 하나님으로, 그리고 새로운 시작의 하나님으로 그들을 맞아주셨다.

제2부
룻기 2장 이삭을 줍다

프랑스 화가 장 **프랑수아 밀레**Jean-François Millet의 작품
"이삭 줍는 여인들"

1 "보아스"

"나오미의 남편 엘리멜렉의 친족으로 유력한 자가 있으니 그의 이름은 보아스더라" (룻기 2:1)

1. 머리말

나오미와 룻이 마침내 유다 베들레헴에 이르렀다. 그들이 베들레헴으로 돌아왔을 때, 여호와 하나님은 그들을 위하여 큰 은혜를 베풀기 시작하셨다. 그들이 돌아왔을 때는 바로 추수 때였기 때문이다. 뿐만 아니라, 그들을 위하여 하나님은 한 남자를 예비해 두셨다. 그 남자가 바로 보아스이다. 그러면 왜 하나님은 그들에게 이처럼 많은 은혜를 베푸셨는가? 그 이유는 그들이 서로 주고받은 선대 때문이다.

이스라엘의 하나님은 사람들이 다른 사람들에게 베푼 선대를 다시 선대로 갚으시는 여호와 하나님이시다. 룻이 시어머니인 나오미를 진심으로 힘과 충성과 사랑을 다하여 선대했기에 하나님은 룻에게 그 못지않은 선대로 갚으신다. 그런 하나님의 선대를 나오미는 이렇게 언급한 적이 있다, "너희가 죽은 자들과 나를 선대한 것 같이 여호와께서 너희를 선대하시기를 원하노라"(룻 1:8).

그렇다면 나오미는 어떤가? 나오미도 며느리인 룻을 대할 때, 진정으로 선대했다. 나오미는 자신의 유익을 위하여 며느리인 룻을 비틀지도 않았고, 악용하지도 않았다. 나오미는 진심으로 룻의 행복한 미래를 원했다. 그런 이유 때문에 거듭거듭 친정으로 돌아가라고 강제적으로 명령했다. 며느리이기 전에 한 인간이 다른 인간을 존중하는 진정한 선대였다.

2. 몸말

그러면 하나님은 나오미와 룻을 어떤 선대로 갚으셨는가? 첫 번째 선대는 그들이 베들레헴으로 돌아왔을 때가 바로 추수 때였다. 굶주릴 때로 굶주린 나오미와 룻은 보이지 않는 여호와 하나님의 손길을 느끼게 하는 놀라운 계절에 돌아온 것이다. 인간이 일부러 그렇게 만들래도 만들 수 없는 그런 상황을 하나님은 조성하셨다. 이것이 하나님이 나오미와 룻에게 베푸신 첫 번째 선대였다.

여호와 하나님이 그들에게 베푸신 두 번째 선대는 보아스의 출현이다. 보아스는 룻기에 나오는 일곱 번째 인물이다. 1장에 나오는 여섯 명의 이야기는 비극의 연속이었다. 세 명의 남자가 죽고, 한 명의 여인은 모압으로 돌아갔고, 두 명의 여인은 빈털터리가 되어서 베들레헴으로 돌아왔다. 그러나 두 여인의 운명을 바꿀 사람은 바로 룻기의 일곱 번째 주인공인 보아스이다.[47] 보아스는 하나님이 그들에게 베푸신 가장 큰 선대였다.

1) 뿌리

그러면 하나님의 선대인 보아스는 도대체 어떻게 출현하게 되었는가? 오늘의 본문에서는 밑도 끝도 없이 보아스를 등장시켰다. 단지 보아스는 엘리멜렉의 친족이라는 설명 밖엔 나오지 않는다. 그러므로 이 시점에서 보아스가 누구인지 또 어디서 왔는지 알아보는 것도 필요할 것이다. 그런 사실들을 알아보기 위하여 우선 마태복음 1장 5절, "살몬은 라합에게서 보아스를 낳고"를 인용하겠다.

이 말씀에 의하면 보아스의 부모는 살몬과 라합이다. 그러면 살몬과 라합은 누구인가? 먼저, 살몬에 대하여 알아보겠다. 이스라엘 백성이 요단강을 건너 가나안으로 들어가기 전에 여호수아는 정탐꾼 둘을 여리고로 보냈는데, 그 중 한 사람이 살몬이었다. 그 두 정탐꾼이 여리고로 갔을 때, 하마터면 적군에게 잡힐 뻔했다. 그런데 하나님에 대한 믿음을 가진 기생 라합이 재치로 그 정탐꾼들을 잡히지 않게 했다(수 2:16).

그 정탐꾼들을 보내면서 라합이 한 말을 직접 들어보겠다. "그러므로 이제 청하노니, 내가 너희를 선대하였은즉 너희도 내 아버지의 집을 선대하도록 여호와로 내게 맹세하고 내게 증표를 내라"(수 2:12). 라합은 두 정탐꾼이 잡히지 않도록 선처하여 그들의 생명을 살린 행위를 선대라고 했다. 그리고 이스라엘이 여리고를 치고 그 백성을 죽일 때, 자기 가족들을 선대해 달라고 했다.

그 약속대로 여호수아가 여리고를 무너뜨릴 때, 기생 라합과 그 식구들을 선대하여 살려주었다. 그리고 정탐꾼 중 하나인 살몬은 기생 라합을 아내로 맞아들였던 것이다. 그들의 결합을 하나님은 축복하시어 그들에게 보아스를 주셨다. 여기에서 보아스의 어머니인 라합의 면모를 찾아볼 수 있다. 첫째는 그녀가 이방 여인이었다는 사실이다. 유대인들이 달갑게 여기지 않는 이방인이었다.

둘째는 라합의 천한 직업이다. 그녀는 돈을 받고 몸을 파는 여인이었다. 셋째, 그렇지만 그 여인에게는 놀라운 것이 있었는데, 바로 믿음이다. 그녀의 믿음에 대하여 히브리서 저자는 이렇게 언급한다. "믿음으로 기생 라합은 정탐꾼을 평안히 영접하였으므로 순종하지 아니한 자와 함께 멸망하지 아니하였도다"(히 11:31). 야고보는 라합의 믿음을 머리로만 믿는 것이 아닌, 행함이 따르는 믿음이라고 칭찬했다(약 2:25).

보아스는 이처럼 탁월한 신앙을 가진 어머니 밑에서 성장했다. 비록 어머니 라합의 신앙은 탁월했지만, 출신이나 직업은 낮을 대로 낮았다. 그의 아버지 살몬은 그 많은 이스라엘 백성 중 단 두 명만인 정탐꾼에 뽑혔다. 여호수아와 백성에게 신임을 받을 만큼 뛰어난 지도자였다. 그는 신앙의 눈으로 모든 인간적인 한계를 뛰어넘어서 라합을 아내로 맞아들였다. 그리하여 보아스의 뿌리는 바로 살몬과 라합이었다.

2) 가지

그러면 살몬과 라합의 가지인 보아스는 어떤 사람인가? 먼저, 보아스는 엘리멜렉의 친족이었다. 그러니까 나오미가 엘리멜렉에게 시집을 와서 알게 된 남편의 친족이었다. 남편과 같은 혈통의 인연을 가진 사람이라는 말이다. 나오미와 피를 나눈 친족이 아니라, 남편의 친족이라는 사실은 아주 중요하다. 그것이 왜 중요한가? 그런 혈연 때문에 보아스는 엘리멜렉의 남은 식구들에게 책임의식을 갖게 되기 때문이다.

그 다음, 보아스는 "유력한 자"라고 소개된다.[48] "유력한 자"의 다른 의미는 "부유한 자"이다. 보아스는 그 당시 제법 부유해서 밭도 상당히 가지고 있었다. 그냥 작은 밭떼기가 아니라, 많은 남자와 여자들을 고용해서 추수할 정도로, 그것도 여러 날 추수할 정도로 많은 농토를 가지고 있는 부유한 농부였다(룻 2:8-9). 그뿐만이 아니라, 그는 엘리멜렉의 기업을 무를 만큼 자금력도 넉넉한 부자였다.

"유력한 자"의 또 다른 뜻은 "능력의 사람"이다. 보아스는 여러 가지면에서 능력을 갖춘 사람인 것 같다. 실제로 그가 능력이 없었다면 그처럼 많은 밭과 자금을 소유하게 되지 못했을 것이다. 그는 그의 능력을 발휘하여 동산과 부동산을 모았다. 그뿐만이 아니다! 그의 능력은 돈을 늘리는 데만 있는 것이 아니라, 사무를 처리하는데도 뛰어난 사람인 것 같다. 그가 기업 무르는 문제를 다루는 것을 보면 참으로 능력의 사람이다.

한 번은 엘리멜렉의 기업을 무를 수 있는 가장 가까운 친족과 문제를 의논한 적이 있다(룻 4:4). 보아스는 조금도 서두르지 않았다. 비록 그의 마음으로는 엘리멜렉의 기업과 룻을 사기로 결정했지만, 그런 사실을 전혀 표현하지 않으면서 그 사람을 대했다. 그리고 지혜로운 대화를 통하여 그 사람으로 하여금 모든 것을 포기하도록 유도했다. 성경의 가르침을 따르면서 말이다. 이런 것들은 보아스의 능력을 보여주고도 남는다.

"유력한 자"의 또 다른 뜻은 "영향력 있는 사람"이다. 그의 영향력은 그를 존경하는 남녀 사환들의 태도에서 잘 보여준다(룻 2:4). 그의 영향력은 성읍의 지도자인 장로들을 만나는 상황에서도 엿볼 수 있다. 그는 기업을 무를 문제를 다루면서 성읍의 장로를 10명이나 초청했는데, 그들은 지체하지 않고 와서 보아스의 말에 귀를 기울였다. 그리고 보아스의 제안대로 모두 문제 해결에 동참한 것을 보아서도 그의 영향력은 탁월했다(룻 4:10).

보아스라는 이름의 의미는 "그에게 능력이 있다"이다. 그의 이름이 뜻하는 대로 보아스는 참으로 능력이 있는 사람이었다. 그렇지 않다면 어떻게 빈털터리로 돌아온 두 여인의 운명을 그렇게 혁혁하게 변화시킬 수 있었겠는가? 그런데 그의 능력은 어떤 권위나 사회적인 지위로 인한 것이 아니라, 여호와 하나님의 뜻을 조건 없이 따르면서 주어지는 능력이다. 그리고 그런 능력이야말로 진정한 능력이다.

3) 하나님의 도구

여호와 하나님은 나오미가 며느리인 룻에게 베푼 선대를 아신다. 뿐만 아니라, 룻이 시어머니에게 쏟아 부은 선대도 잘 아신다. 그렇게 아시는 하나님은 그들을 선대하시므로, 그들이 서로에게 베푼 선대를 갚아주셨다. 그런데 여기에서 주목하지 않으면 안 될 사실은 이것이다. 하나님은 직접 사람들을 선대하지 않으시고, 그분의 마음에 합한 사람을 통하여 선대하신다는 것이다.

나오미와 룻을 선대하는 도구로 사용하신 그릇은 바로 보아스이다. 그런데 하나님이 보아스를 택하셔서 그분의 선대를 베푸시는 도구로 사용하실 때는 몇 가지 이유가 있었다. 첫째 이유는 보아스가 엘리멜렉의 근족이었기 때문이다. 하나님은 당신이 세우신 율법의 테두리 안에서 역사하셨는데, 그렇게 하기 위해서는 반드시 엘리멜렉의 친족이어야만 된다. 보아스가 엘리멜렉의 친족이기에 하나님은 보아스를 도구로 사용하셨다.

둘째 이유는 보아스가 친척의 기업을 무를 만큼 재정적인 여유가 있었기 때문이다. 보아스가 아무리 그의 친족 엘리멜렉의 기업을 무르려 해도 그에게 재정적인 여유가 없었다면 하나님은 보아스를 도구로 사용하지 않으셨을 것이다. 그런 이유 때문에 룻기의 저자는 보아스를 등장시킬 때, 의도적으로 그 사람은 "유력한 자"라고 힘주어서 소개를 했다. 필요에 따라 필요한 인물을 택하여서 사용하시는 하나님은 참으로 위대하시다.

하나님이 보아스를 도구로 사용하신 세 번째 이유는 그가 노총각이었기 때문이다. 그는 지금까지 결혼하지 않았다. 그 이유를 추측하기란 그리 어렵지 않다. 그의 어머니가 이방 여인이요 또 기생이었기 때문이었을 것이다. 혈통을 목숨보다 더 중요하게 여기는 유대인들에게 이방 여인의 피가 섞인 보아스는 많은 유대인 여자들에게 배척을 받을 충분한 이유가 되었다. 거기다가 기생 출신이라니 두말할 여지가 없었다!

그러나 보아스는 서두르지 않았다. 그는 인간적으로 발버둥치지 않았다. 그는 외국으로 가서 돈을 들여 여자를 사오지도 않았다. 그는 어머니의 신앙과 아버지의 용기를 물려받은 믿음과 행동의 사람이었다. 하나님을 믿기에 하나님의 때가 오지 않았을 때는 절대로 성급하게 행동하지 않았다. 그러나 때가 오자 그는 성난 파도처럼 일어나서 몰아치는 바람처럼 단번에 행동으로 옮겼다.

보아스는 결혼을 포기할 만큼 나이가 많은 사람인 것 같다. 왜냐하면 그가 룻을 부를 때, "내 딸아!"라고 부른 것을 보아도 분명하다(룻 2:8, 3:10). 이런 호칭은 시어머니인 나오미가 며느리들을 부를 때에 사용한 호칭이다. 그렇다! 보아스는 나이를 먹었지만, 하나님을 의지하며 살았다. 그리고 그의 믿음은 마침내 룻을 만남으로 응답되었던 것이다.

하나님의 뜻을 인내로 기다린 것에 대한 보상이다.

3. 꼬리말

하나님은 당신을 바라고 베들레헴으로 돌아온 나오미와 룻을 결코 실망시키지 않으셨다. 그들을 선대로 맞아주셨다! 여호와의 선대를 기원했던 나오미의 믿음대로 이루어진 것이다(룻 1:8). 그뿐만이 아니다! 보아스의 어머니 라합이 정탐꾼들에게 우리가 너희를 선대한 것처럼 너희도 우리를 선대해 달라는 믿음의 표현이 그 아들 보아스를 통하여 이루어졌다. 마침내 보아스가 결혼이라는 선대를 받은 것이다.

이런 선대를 위하여 불쑥 보아스가 일곱 번째 인물로 룻기에 등장한다. 그가 하나님의 선대를 나오미와 룻에게 베푸는 도구로 사용되기 위해서였다. 그러나 그것만이 아니었다. 그에게도 어머니 라합의 간절한 요구가 선대, 곧 결혼으로 이루어졌기 때문이다. 그렇다! 여호와 하나님은 다른 사람을 선대하는 사람들을 선대하신다. 다른 사람이 가족이든, 친구이든, 교회 식구이든 상관없이 말이다!

2 "모압 여인"

"모압 여인 룻이 나오미에게 이르되 원하건대 내가 밭으로 가서 내가 누구에게 은혜를 입으면 그를 따라서 이삭을 줍겠나이다 하니 나오미가 그에게 이르되 내 딸아 갈지어다 하매 룻이 가서 베는 자를 따라 밭에서 이삭을 줍는데 우연히 엘리멜렉의 친족 보아스에게 속한 밭에 이르렀더라" (룻기 2:2-3)

1. 머리말

나오미와 룻은 빈손으로 베들레헴에 왔다. 그들은 당장 먹거리조차 보기 힘든 처절한 상태였다. 그러나 그들은 여호와의 땅, 베들레헴으로 돌아왔기에, 여호와 하나님이 그들의 먹거리를 채워주시리라고 믿었다. 그것도 사람의 손길을 통해서 말이다. 그들이 저주의 땅 모압을 떠나 축복의 땅으로 돌아왔기에 가능했다. 그 축복의 땅에는 하나님의 손길이 되는 하나님의 사람들이 있었다.

하나님은 일찍이 이렇게 말씀하셨다, "네가 밭에서 곡식을 벨 때에 그 한 뭇을 밭에 잊어버렸거든 다시 가서 가져오지 말고 나그네와 고아와 과부를 위하여 남겨두라. 그리하면 네 하나님 여호와께서 네 손으로 하는 모든 일에 복을 내리시리라"(신 24:19, 출 22:22-24, 레 19:0-10, 신 10:18, 14:29 참고). 그리고 이스라엘에는 이런 말씀에 순종하는 사람들이 여기저기에 있었다.

특히 나오미와 룻이 베들레헴으로 돌아왔을 때는 칠칠절로 밀을 추수하는 때라고 한 적이 있다. 칠칠절과 연관해서 여호와 하나님은 위와 비슷한 말씀을 반복하면서 객과 고아와 과부를 도와야 되는 사실을 강조하셨다. "너희 중에 있는 객과 고아와 과부가 함께 네 하나님 여호와께서 자기의 이름을 두시려고 택하신 곳에서 네 하나님 여호와 앞에서 즐거워할지니라"(신 16:11, 레 23:22).

2. 몸말

그런데 룻처럼 이 세 가지 범주에 잘 맞는 사람도 그리 많지는 않았을 것이다. 룻은 이스라엘 사람이 아닌 모압 사람으로 이스라엘에 거주하러 온 객이었다. 그뿐만이 아니라 룻은 천하의 고아이기도 했다. 물론 그녀의 부모와 형제자매가 십중팔구 지금도 살아있을 것이다. 그러나 그들은 모압 땅에 사는 모압 사람들이다. 룻은 그들과 모든 인연을 끊고 시어머니를 따라서 베들레헴으로 영구히 이주함으로 스스로 고아가 되었다.

그뿐만이 아니다! 룻은 남편을 잃은 과부였다. 거기다가 그녀는 문자 그대로 빈손으로 돌아온 가난한 여인이었다. 율법에 의하면 가난한 자도 돌봄을 받아야 된다고 분명히 언급한다(레 19:10). 그러니까 룻처럼 이런 모든 범주에 들어간 사람도 그리 많지는 않을 것이다. 그녀는 위로 여호와 하나님으로부터 그리고 아래로 이스라엘 사람들로부터 동정과 동냥을 얻을 수 있는 자격을 골고루 갖춘 여인이었다.

1) 모압 여인

오늘의 본문은 룻을 모압 여인이라고 소개한다. 룻기 전체에서 룻을 특별히 모압 여인이라고 불린 것은 꼭 다섯 번이다(룻 1:22, 2:2, 2:21, 4:5, 4:10). 그런데 묘하게도 룻이 베들레헴에 돌아온 후부터 모압 여인 이라고 불리었다. 제일 먼저는 나오미와 룻이 베들레헴으로 돌아왔을 때였다. 룻기 1장 22절을 보겠다. "나오미가 모압 지방에서 그의 며느 리 모압 여인 룻과 함께 돌아왔는데…."

그 이유는 간단하다! 룻이 모압 지방에 살 때는 당연히 그녀가 모압 여인이었기에 특별히 모압 여인이라고 불릴 필요가 없었다. 그러나 룻 이 베들레헴으로 돌아온 후부터는 모든 것이 달라졌다. 룻은 더 이상 모 압 사람들 사이에서 사는 모압 여인이 아니었다. 룻은 베들레헴에 있는 유대 사람들 가운데 사는 이방 여인이었다. 그러니까 그녀가 그렇게 불 린 것은 유대 사람이 아닌 모압 출신의 사람이라는 뜻이었다.

룻이 모압 여인이라고 불린 이유가 또 있다. 그녀는 본래 모압에서 태 어났고, 또 모압에서 성장했다. 그녀의 고향은 베들레헴이 아닌 모압이 었다. 그녀의 고향에는 그녀의 부모와 가족, 친척들과 친구들이 살고 있다. 그뿐만이 아니라, 모압에는 그녀가 한 때 섬기던 그모스 신도 있 다. 룻은 그 모든 것을 영원히 뒤로 하고 시어머니와 더불어 베들레헴 으로 돌아왔다. 그녀는 진정으로 빈손으로 온 것이다.

비록 시어머니인 나오미가 빈손으로 돌아왔다고 고백했지만(룻 1:21), 실제로는 룻이 빈손으로 돌아온 것이다. 나오미는 아직도 친척들이 둘 씩이나 남아 있었다. 그뿐만이 아니라, 그녀에게는 아직도 팔 수 있는 땅도 있었다. 며느리인 룻에 비하면 시어머니는 부유한 셈이다. 당장에 그녀를 부양할 남편과 아들이 없기는 했어도, 그녀에게는 남아 있는 것이 제법 있었다. 거기다가 그녀를 책임지고 부양할 며느리까지 있다.

룻이 모압 여인이라고 불린 이유가 또 있다. 그것은 배타적인 유대 사람들 가운데 사는 너무나 다른 여인이라는 뜻도 포함되어 있다. 룻이 어디를 가든지, 그리고 무엇을 하든지 그녀는 다른 유대 여자들과는 전혀 다르다. 말씨도 다르다. 생활방식도 다르다. 음식도 다르다. 생김새도 다르다. 그렇게 다른데도 불구하고 유대 사람들 속에서 견디어내는 룻의 가련한 모습을 나타내는 표현이기도 하다.

룻이 모압 여인이라고 불린 네 번째 이유가 있다. 룻은 모압 여인이기에 나그네임에 틀림없다. 나그네인 룻은 여호와 하나님으로부터 그리고 사람들로부터 도움을 받을 자격을 구비한 셈이다. 위에서 살펴본 것처럼, 룻은 가난한 나그네요, 고아요, 과부로서 도움을 받을 수 있다. 그러니까 모압 여인이라는 칭호에는 은혜도 숨겨져 있다. 그런 이유 때문에 모압 여인인 룻은 이삭을 주우러 밭으로 나갈 수 있었다.[49]

2) 두 가지 청원

나오미와 룻이 베들레헴으로 돌아온 후, 며칠 지나지도 않아서 룻이 시어머니에게 청원을 했다. 룻은 여독을 풀 여유도 없을 만큼 급했던 것 같다. 시어머니와 그녀에게 끼니 문제가 눈앞에 닥쳤기 때문이다. 특히 룻은 "어머니께서 머무시는 곳에서 나도 머물겠나이다"라고 하면서, 그녀가 시어머니의 봉양자로 자청한 바 있다(룻 1:16). 룻은 시어머니의 얼굴만 바라보고 있을 수가 없었다.

그런 이유로 룻은 겸손하지만 결연하게 시어머니에게 청원을 한다:

"원하건대, 내가 밭으로 가서…그를 따라서 이삭을 줍겠나이다." 실제로 지금까지 룻이 시어머니보다 앞장 서서 무엇을 제안한 적은 없었다. 그러나 이제는 다르다. 룻은 시어머니를 책임진 자세로 주도권을 잡고 먼저 생각하고 그리고 청원한다. 그렇지만 룻이 먼저 생각했더라도 그녀는 시어머니의 허락을 받지 않고는 가지 않겠다는 것이다.

룻이 두 번째로 청원한 것은 무엇인가? 그것은 "내가 누구에게 은혜를 입으면"이다. 이 표현이 왜 청원인가? 그 이유는 간단하다! 룻이 비록 이스라엘의 율법에 따라 이삭을 주우러 가지만, 만일 그 밭의 주인이나 사환이 허락하지 않으면 이삭을 주울 수 없다. 그런 이유 때문에 룻은 밭의 주인이나 사환에게 이삭을 주울 수 있는 허락을 받아야 된다. 허락을 받기 위하여 룻은 다시 청원의 의미로 말한 것이다.[50]

이런 청원은 이상하지 않은가? 위에서 본 것처럼, 가난한 과부와 고아와 나그네에게 밭에서 이삭을 줍게 하는 것은 하나님의 명령이다. 하나님은 그것을 명령으로 이스라엘 백성에게 주셨다. 그렇다면 가난한 과부인 룻은 그 율법에 따라 아무 밭에서나 이삭을 주워도 되는 것이 아닌가? 그런데 왜 룻은 허락을 받기 위하여 "누구에게 은혜를 입으면"이라고 하면서 겸손한 청원을 했는가?

룻이 베들레헴으로 돌아왔을 때도 나오미가 가족을 데리고 모압 땅으로 갈 때처럼 사사들이 치리하던 때였다. 그런데 사사들이 치리하던 때의 특징이 무엇이었는가? 그때의 특징은 "사람이 각기 자기의 소견에 옳은 대로 행한" 것이었다(삿 17:6, 21:25). 그런 시대에는 하나님의 율법을 귀하게 여기고 지키는 사람들이 있는가 하면, 그렇지 않은 사람들도 많았다. 나그네가 이삭을 줍는다는 것은 전적으로 밭 주인에게 달렸다.[51]

실제로 이스라엘 백성은 가난한 나그네와 과부와 고아를 돌보기는커녕 오히려 핍박하고, 학대하고, 약탈도 했었다. 물론 그것만이 원인은 아니었지만, 그래도 그 결과 이스라엘은 마침내 나라를 잃었다. 이사야와 시편 기자의 말을 빌려보겠다: "가난한 자를 불공평하게 판결하여 가난한 내 백성의 권리를 박탈하며 과부에게 토색하고 고아의 것을 약탈하는 자는 화 있을진저"(사 10:2); "과부와 나그네를 죽이며 고아들을 살해하며"(시 94:6).

3) "우연히"

이렇게 험악한 시대에 아녀자인 룻이 밭으로 이삭을 주우러 가기 위해서는 반드시 나오미의 허락을 받아야 했고, 또 밭의 주인으로부터 허락을 받아야만 했다. 그런 이유 때문에 룻은 시어머니에게 청원을 했고, 시어머니는 아무 군소리도 하지 않고 이렇게 말하면서 허락했다, "내 딸아, 갈지어다." 청순한 여인인 며느리가 이삭을 주우러 가야하는 상황이 못내 아쉽지만 달리 어쩔 수도 없어서 허락했다.

그런데 룻이 간 밭은 "우연히" 시아버지 엘리멜렉의 친족인 보아스의 밭이었다. 나오미와 룻은 보아스의 밭에 대하여 논한 적도 없었다. 룻이 보아스의 밭으로 가야한다는 시어머니의 충고도 없었다. 거기다가 룻은 이방 여인으로 베들레헴에 대해서도 잘 알지 못하는 처지였다. 룻은 동네를 나와서 사방을 둘러보면서 밭을 찾아서 발길 닿는 곳으로 정처 없이 갔을 것이다.

룻은 밭을 찾으러 가면서 무엇을 생각하고 있었을까? 따분한 신세타령을 하고 있었을까? 아니면 고향 생각을 하고 있었을까? 아니다! 룻이 이런 고백, 곧 "어머니의 백성이 나의 백성이 되고, 어머니의 하나님이 나의 하나님이 되시리니"라는 말은 조금도 다른 뜻이 없는, 말 그대로였다(룻 1:16). 룻은 더 이상 신세타령도 하지 않았을 것이며, 더 이상 고향 생각에 빠지지도 않았다.

십중팔구 룻은 그녀가 받아들인 어머니의 백성과 어머니의 하나님을 생각하고 있었을 것이다. 동시에 룻은 이삭을 빨리 그리고 많이 주워서 시어머니를 봉양해야겠다는 생각에 사로잡혔을 것이다. 시어머니를 위해서라면 어떤 수고도, 그리고 어떤 수모도 감내할 수 있다는 생각을 하면서 말이다. 이런 생각 저런 생각에 몰입하면서 가다보니 "우연히" 보아스의 밭에 이른 것이다.

그렇다! 룻 편에서는 전혀 "우연히" 보아스의 밭에 이르렀다. 그러나 그 밭에 이르렀기 때문에 룻은 보아스를 만날 수 있었고, 또 결국엔 결혼까지 할 수 있었다. 그렇다면 룻의 발길이 보아스의 밭쪽으로 향한 것이 오로지 "우연"만이었는가? 그렇지 않다. 하나님 편에서는 그런 인간의 "우연"조차도 섭리하셨다. 인간은 미래를 볼 수 없기에 현재의 사건을 "우연"으로 치부한다.

그러나 "어제나 오늘이나 영원토록 동일하신" 예수 그리스도께는 "우연"이란 없다(히 13:8). 하나님은 인간의 "우연"조차도 섭리하셔서 당신의 뜻을 이루는 분이시다. 그러니까 룻이 "우연히" 보아스의 밭에 이르렀는데, 그것은 인간 편에서의 묘사이다. 실제로는 하나님이 룻의 발걸음을 인도하셔서 엘리멜렉의 친족인 보아스의 밭으로 인도하신 것이다.[52] 그리고 보아스를 만나게 하시고, 그 후손으로 다윗과 예수 그리스도를 주셨다.

3. 꼬리말

　결국 인간 편에서는 "우연"이지만, 하나님 편에서는 "필연"인 경우가 얼마든지 있다. 여호수아가 두 정탐꾼을 가나안과 여리고로 보낸 사건을 생각해보자. 그 정탐꾼이 "우연히" 라합의 집으로 들어갔다. 그 결과 라합의 집도 멸망에서 구원 받았고, 그 정탐꾼 중 하나인 살몬은 라합과 결혼하게 되었다. 그리고 그들에게서 태어난 사람이 바로 보아스였다. 하나님이 섭리하시며 인도하신 "필연"의 사건이었다.

　하나님의 손에 시어머니와 자신의 운명과 미래를 완전히 맡긴 룻은 "우연히 엘리멜렉의 친족 보아스에게 속한 밭에 이르렀다." 룻은 하나님의 오묘한 뜻을 다 알지 못했지만, 그 하나님을 전폭적으로 의지했다. 그런 하나님은 룻의 발걸음이 보아스의 밭으로 가게 하셨다. 그렇다! 인간 편에서는 "우연"이지만, 하나님 편에서는 깊고 넓으신 당신의 뜻을 이루기 위한 "필연"이었다.

3 "이삭줍기"

"룻이 가서 베는 자를 따라 밭에서 이삭을 줍는데…" (룻기 2:3a)

1. 머리말

오늘의 강해 제목은 "이삭줍기"이다. 이삭줍기를 보다 실제적으로 알아보기 위하여 저 유명한 프랑스 화가인 장 프랑스와 밀레Jean-Francois Millet가 그린 "이삭 줍는 여인들"이라는 작품을 보겠다. 그 작가는 특히 농경을 주제로 많은 그림을 그렸다. 그리고 밀레의 "이삭 줍는 여인들"은 많은 사람들에게 감동을 준 명화 중 한 편이다. 다 같이 이 그림을 보겠다.

프랑스에서 거듭되는 정쟁으로 많은 사람들이 죽어나가고, 일반 대중은 먹을 것이 부족한 어려운 때, 밀레는 이 그림을 1857년에 그렸다. 그 당시 프랑스의 가난을 극복하는 방법 중 하나로 추수 후에 이삭 줍기가 허용되었다. 그 결과 추수 때가 끝날 무렵 수많은 사람들이 농지로 몰려나와 경쟁적으로 이삭을 주어서 연명했다. 그런데 이 "이삭 줍는 여인들"의 그림에서 우리는 무엇을 볼 수 있는가?

2. 몸말

그렇다! 우리는 이 그림에서 많은 것을 볼 수 있다. 먼저, 가난한 사람들이 허리를 숙이고 이삭을 줍는 힘든 모습을 본다. 반대로, 지주들은 높은 낟가리를 쌓아놓고 창고로 옮길 준비를 하고 있는 모습도 보인다. 그 다음, 이삭을 줍는 사람들은 세 여인만이 아니다. 멀리에는 많은 사람들이 허겁지겁 이삭 줍는 모습도 보인다. 그뿐인가? 그들을 감시하는 말 탄 사람도 보인다. 혹시 사람들이 낟가리에서 곡식을 훔쳐 갈까봐 감시한다.

하늘은 을씨년스럽게 보인다. 마치 배고픈 사람들의 마음을 대변이나 하듯 날씨는 쾌청하지 않다. 좀 더 자세히 보면 세 여인의 옷은 남루할 대로 남루하다. 그들은 참으로 가난에 찌든 사람들이다. 얼마나 배고프면 눈을 크게 뜨고 보아도 많지 않은, 몇 알 되지도 않은 이삭을 주우려고 허리를 구부리고 있었겠는가? 그러나 그렇게 고생하지 않으면 당장의 끼니도 해결할 수 없는 안타까운 사람들이다.

허리를 구부리고 이삭을 줍는다는 것은 참으로 힘든 노역이다. 그러나 허리를 구부리지 않으면 결코 이삭을 주울 수 없다. 그런 이유 때문에 허리를 구부린다는 것은 낮아진 모습을 그리기도 한다. 다시 말해서, 낮아지지 않으면 허리를 구부릴 수 없다. 결국 그런 것은 겸손의 모습이기도 하다. 그런 겸손은 배고픔 때문에 생기는 어쩔 수 없는 겸손이다. 배고픈 사람들만이 갖는 겸손이다.

1) 배고픔

롯을 데리고 유다 베들레헴으로 돌아온 나오미의 모습은 이루 말할 수 없이 초췌했다. 의복도 남루했을 것이다. 얼굴은 주름살로 가득했을 것이다. 거기다가 햇볕에 타서 얼굴은 검게 그을렸을 것이다. 그러나 무엇보다도 나오미는 빈손으로 돌아왔다. 다시 말해서 나오미와 룻에게는 아무 것도 없었다는 말이다. 나오미의 고백을 다시 들어보겠다, "여호와께서 내게 비어 돌아오게 하셨느니라"(룻 1:21).

나오미와 룻이 베들레헴으로 돌아오자 틀림없이 이웃들의 도움도 받았을 것이다. 그러나 그런 도움은 너무나 한계가 있었다. 결국엔 나오미나 룻은 무엇인가를 하지 않으면 생명도 부지할 수 없는 처지가 되었다. 그러면 나오미와 룻 가운데 누가 먼저 나서야 하겠는가? 유다 베들레헴을 잘 아는 사람은 나오미이다. 그러나 그는 더 이상 먹거리를 구할 수 있을 만큼 젊지 않았다.

결국 나서야 할 사람은 룻밖에 없었다. 실제로 룻은 이미 이렇게 언약을 한 바 있다. "어머니께서 머무시는 곳에 나도 머물겠나이다"(룻 1:16). 이 언약은 단순히 함께 있겠다는 뜻만은 아니다. 그것은 함께 먹고, 함께 자고, 함께 생활한다는 뜻도 포함되어 있다. 그 언약을 지키기라도 하겠다는 듯, 룻은 분연히 일어났다. 그렇지 않으면 나오미와 룻은 배고픔을 해결할 수 있는 길이 없었다.

실제로 나오미로 하여금 유다 베들레헴으로 돌아오게 하신 여호와 하나님은 이미 그들이 먹고 살 수 있는 방편을 마련해 놓으셨다. 왜냐하면 그들이 돌아왔을 때는 추수 때였기 때문이다. 하나님이 마련해주신 추수 때를 그들은 십분 활용하지 않으면 안 되었다. 하나님이 마련해주신 자원을 그들은 몸소 캐내어야 했다. 그런 의미에서 하나님과 인간은 협력해서 일해야 한다. 이것을 어려운 말로 신인협동이라고 한다.

하나님의 공급을 실제적으로 받아낸 인물은 룻이다. 그 이유는 간단하다! 첫째, 룻이 젊었기 때문이다. 둘째, 룻이 시어머니의 하나님을 자기의 하나님으로 받아들였기 때문이다. 그녀가 받아들인 하나님을 믿을 수 있었기 때문이다. 셋째, 룻은 하나님의 약속을 믿었기 때문이다. 어떤 약속을 믿었는가? 가난한 객과 고아와 과부를 돌보시는 하나님의 약속을 믿었기 때문이다.

넷째, 룻이 그녀의 백성으로 받아들인 어머니의 백성을 믿었기 때문이다. 그 백성 중에는 배고픈 시어머니와 자기를 외면하지 않고 도와줄 베들레헴 사람들이 있을 것이라고 믿었기 때문이다. 다섯째, 그 하나님이 자기를 올바른 사람들에게로 인도하실 것을 믿었기 때문이다. 비록 룻은 배고플 대로 배고팠지만, 그래도 그런 하나님을 의지하고 한 걸음씩 발걸음을 밭으로 옮겼던 것이다.

2) 노역

룻은 그렇게 엘리멜렉의 친족인 보아스의 밭에 이르렀다.[53] 제법 넓은 밭이었다. 왜냐하면 보리를 베는 남자들도 여러 명이 있었고, 또 그 벤 보리를 한 아름씩 묶는 여자들도 여러 명 있었기 때문이었다. 거기다가 그들을 총괄하는 사환도 있었다. 그리고 얼마 지나지 않아서 보아스도 그곳에 나타났다. 모두 한데 어울려서 남자들은 보리를 자르고, 여자들은 묶고, 룻은 이삭을 줍고, 사환은 모든 것을 감시하고 있었다.

룻은 사환에게서 이삭을 주울 수 있도록 허락을 받은 것이 분명하다. 그리고 후에 가세한 보아스도 룻으로 하여금 그의 밭에서 이삭줍기를 허락했다. 룻은 사환과 보아스의 허락과 비호 아래에서 마음껏 이삭을 주울 수 있었다. 얼마나 많이 주었든지 한 에바쯤 되었다. 그것을 환산하면 대략 22리터 또는 12되나 된다. 이렇게 많은 보리를 하루에 주웠다는 것은 두말할 필요도 없이 기적 중의 기적이다.

어떻게 룻은 그렇게 많은 것을 주울 수 있었는가? 보리를 베는 자들은 보리 단 여러 가지를 한 손에 잡고 다른 손의 낫으로 벤다. 그때 얌전히 그리고 기술적으로 베는 사람들도 있고, 아무렇게나 베는 사람들도 있다. 얌전하게 베는 사람들 뒤에는 많은 이삭이 떨어지지 않으나, 거칠게 베는 사람들 뒤에는 많은 이삭이 떨어진다. 비록 룻이 그처럼 거칠게 베는 사람들을 따라 이삭을 주었다손 치더라도 그렇게 많이는 줍지 못했을 것이다.

그러면 룻이 그렇게 많은 이삭을 주운 비밀은 어디에 있는가? 그 비밀은 보아스에게 있었다. 보아스가 보리를 베는 소년들에게 이런 명령을 내렸다. "그에게 곡식 단 사이에서 줍게 하고…그를 위하여 곡식 다발에서 조금씩 뽑아 버려서 그에게 줍게 하라"(룻 2:15-16). 보통은 곡식 단 뒤에서 이삭을 줍는다. 그러나 룻은 곡식 단 사이에서 줍는 특권을 받았다.

그뿐만이 아니다! 보아스는 일꾼들에게 곡식 다발에서 뽑아 버려서 룻으로 하여금 얼마든지 줍게 한 것이다. 이것은 과연 어머니의 백성을 자기의 백성으로 삼은 룻에게 그 백성으로부터 주어지는 넘치는 사랑이었다. 룻이 보아스의 밭으로 간 것도 기적이라고 할 수밖에 없었다. 그리고 보아스로부터 그처럼 융숭한 대접을 받으면서 마음껏 이삭을 주울 수 있었던 것도 기적이라고 밖에 할 수 없었다.

비록 결과적으로는 그렇게 많은 보리를 주워서 12되 내지 22리터씩이나 주웠다. 얼마나 풍성한 수확인가? 얼마나 풍성한 하나님의 공급인가? 과연 하나님은 그분을 바라고 온 룻을 멸시치 않으셨다. 하나님은 룻으로 하여금 많은 땀도 흘리며 노역하게 하셨지만, 그 결과로 주운 보리는 하나님만이 채워주실 수 있을 만큼 넘치는 것이었다. 바로 이것이 성경의 원리이다--룻은 땀 흘려 일하고, 하나님은 풍성하게 채워주셨다!

3) 낮아짐

룻은 그렇게 많은 이삭을 줍기 위하여 온종일 거의 허리를 펼 겨를도 없었을 것이다. 실제로 사환은 보아스에게 이렇게 보고했다, "…아침부터 와서는 잠시 집에서 쉰 외에 지금까지 계속하는 중이니이다"(룻 2:7). 룻은 무엇 때문에 그렇게 열심히 보리를 주웠는가? 그동안의 허기를 생각하면 허리를 수그리는 것쯤은 문제도 되지 않았을 것이다. 그녀와 시어머니가 배를 곯지 않고 먹을 수 있다는 것만으로도 감지덕지할 뿐이었다.

사실상 룻기 2장에는 줍는다는 동사가 12번이나 나온다. 그러니까 룻기 2장은 처음부터 마지막까지 줍는다는 동사로 도배를 했다고 해도 지나친 말은 아니다. 이처럼 많이 나오는 동사가 함축한 뜻은 무엇인가? 첫째는 룻이 쉬지 않고 이삭을 주웠다는 사실을 함축한다. 룻은 아침부터 저녁까지 하나님만이 주실 수 있는 그처럼 풍성한 보리를 줍고 또 주웠다. 오랜만에 음식을 맛볼 수 있다는 기대로 기쁨에 사로잡혀서 말이다!

둘째는 룻이 낮아질 대로 낮아졌다는 사실을 함축한다. 이미 잠깐 언급했지만, 사람은 누구를 막론하고 배고프면 낮아지게 된다. 정말 배고프면 진정으로 낮아진다. 그리고 진정으로 낮아지면 그 배고픔을 달래기 위하여 못할 것이 없다. 나무껍질도 먹고, 심지어는 자신의 자녀까지도 먹는다고 한다. 그렇다면 룻이 허리를 굽혀서 이삭을 주울 수 있다는 것은 그녀에게는 충분히 감내할 수 있는 노역임에 틀림없다.

룻기 2장에서 줍는다는 동사가 12번이나 나오는 것은 룻이 낮아질 대로 낮아졌다는 사실을 강조하기 위해서였다. 룻은 자랑할 것이 하나도 없었다. 그녀는 남편을 잃은 가난한 과부였다. 거기다가 그녀는 모압 여인이었다. 이스라엘 백성들 가운데 거주하는 모압 여인은 문자 그대로 개나 돼지와 같은 존재에 지나지 않았다. 룻은 자기의 신분을 너무나 잘 알기에 낮아지고 낮아져서 이삭을 줍는 것을 당연하게 여겼다.

이처럼 줍는다는 동사가 12번이나 나오는 셋째의 함축은 룻기 1장과 대조하기 위함이다. 룻기 1장에서는 돌아오다는 동사가 12번이나 나온다. 그러니까 룻기 1장의 흐름은 나오미와 룻이 돌아오는 결단과 행위에 있다. 그들이 돌아오지 않는다면 그들의 운명은 아무도 장담할 수 없었다. 그러나 그들이 돌아온다면 여호와가 그들을 권고하실 뿐만 아니라 책임도 져주실 것이다.

줍는다는 동사가 12번이나 사용된 넷째의 함축은 룻이 주울 수 있는 보리가 얼마든지 있었다는 사실을 말한다. 아무리 룻이 낮아져서 허리를 수그려도 주울 이삭이 없으면 헛수고 뿐일 것이다. 그러나 보리 이삭은 얼마든지 널려져 있었다. 그러니 몫은 룻의 것이다. 그녀가 계속해서 이삭을 주우면 그녀의 것이 될 것이나, 그렇지 않으면 룻은 이삭들을 차지할 수 없다. 그러나 룻은 그녀에게 주어진 기회를 결코 잃어버리지 않았다.

3. 꼬리말

룻은 베들레헴에 빈손으로 돌아왔다. 물론 그것은 나오미가 한 말이지만, 룻도 역시 비어서 돌아왔다(룻 1:21). 그러나 룻은 결코 빈손으로 돌아오지 않았다. 룻이 가지고 온 것은 무엇이었는가? 그것은 시어머니의 하나님을 그녀의 하나님으로 모시고 돌아온 것이다. 비록 룻이 낮아져서 이삭을 줍는 처지였지만, 그래도 이삭을 줍는 룻에게 하나님이 함께 하셨다. 룻이 모신 하나님은 그녀를 한 걸음씩 인도하셨다.

첫째는 풍부한 보리를 주울 수 있도록 인도하셨다. 둘째는 보아스를 만나게 하셨다. 셋째는 음료를 얻었다. 넷째는 보아스와 결혼을 했다. 이삭을 줍던 천하고 천한 룻은 부유한 보아스의 부인이 되었다. 다섯째는 아들을 낳았다. 그 이삭이 씨가 되어 룻은 이스라엘 역사에서 가장 위대한 왕인 다윗의 증조할머니가 되었다. 다윗은 개인적으로도 부유할 뿐만 아니라, 그가 다스리는 국가도 부유한 국가가 되었다.

룻이 비록 보리 추수하는 사람들을 따르면서 이삭을 줍는 처지였지만, 하나님과 함께 하면서 주웠다. 그 결과 보리 이삭으로 시작된 인생은 가정적으로 부유해졌다. 하나님과 동행하면서 이삭을 주웠기 때문이다. 그뿐만이 아니다! 룻이 하나님과 동행하면서 이삭을 주웠기 때문에 그 나라도 부유해졌다. 더군다나 다윗의 후손은 예수 그리스도이시다. 그분을 통하여 얼마나 많은 사람들이 영적으로 부유해졌는가? 룻이 하나님과 함께 이삭을 주웠기 때문이다.

4 "보아스의 등장"

"마침 보아스가 베들레헴에서부터 와서 베는 자들에게 이르되 여호와께서 너희와 함께 하시기를 원하노라 하니 그들이 대답하되 여호와께서 당신에게 복 주시기를 원하나이다 하니라" (룻기 2:4)

1. 머리말

룻이 "우연히" 엘리멜렉의 친족인 보아스의 밭에 이르러 이삭을 줍게 되었다. 그런데 이미 살펴본 대로, 룻이 보아스의 밭에 이른 것은 인간 편에서는 "우연"이였지만, 하나님 편에서는 결코 "우연"이 아니었다. 하나님의 손길에 전적으로 자신을 맡긴 룻에게 그 하나님은 한 걸음씩 발걸음을 인도하셨다. 그렇지 않았다면 룻이 그 많은 밭 가운데서 보아스의 밭으로 가서 이삭을 줍게 될 수 있었겠는가?

*하나님*의 인도하심을 따라 룻이 보아스의 밭에 이르렀다는 것은 오늘의 본문 중 첫 단어인 "마침"에서도 찾아볼 수 있다. 개역개정성경에 "마침"이라고 번역된 단어는 원어에서는 "볼지어다, 또는 보라"의 뜻을 가지고 있다.[54] 룻이 이삭을 부지런히 줍고 있는데 왜 갑자기 이런 표현이 나오는가? 그 이유는 간단하다! 지금부터 새롭게 등장하는 인물을 눈여겨보라는 뜻도 포함되어 있고, 또 놀라움을 표시하기도 한다.[55]

왜 새로운 인물인 보아스의 등장을 눈여겨보아야 하며, 또 놀라워해야 하는가? 보아스의 등장을 눈여겨보아야 할 이유는 분명하다. 룻이 엘리멜렉의 가문에 시집간 이래 상황은 악화일로였다. 남편도 죽고 남편의 동생도 죽었다. 가운은 기울기만 했다. 빈털터리가 되어 베들레헴으로 왔다. 그러나! 엘리멜렉의 친족인 보아스가 나타남으로써 룻의 운명도 바뀌고, 또 그 가운도 바뀌게 될 사실 때문이다.

보아스의 등장이 놀라운 사건인 이유는 무엇인가? 보아스 같은 농장주인이 추수 때에 자신의 밭에 나타날 수도 있고, 나타나지 않을 수도 있다. 그런데 "마침" 보아스가 나타났다! 그가 나타난 날짜와 시간 때문에 놀라지 않을 수가 없다. 왜 하필이면 그날 그 시간인가? 룻이 "우연히" 그 밭에 와서 이삭을 줍고 있는 그날 그 시간에 말이다. 확실히 룻은 하나님의 인도하심을 따라서 올바른 밭에 올바른 시간에 이르렀던 것이다.[56]

2. 몸말

그렇다! 하나님을 자기의 하나님으로 삼고, 또 하나님의 백성을 자기의 백성을 삼은 룻에게 하나님과 하나님의 백성은 함께 역사하기 시작했다(룻 1:16). 하나님은 룻을 바로 그 시간에 보아스의 밭으로 인도하셨다. 그리고 보아스는 바로 그 시간에 그의 밭으로 가보고자 하는 마음이 생겼다. 그렇게 하나님은 보아스를 룻에게로 인도하셨다. 이것이 바로 보아스와 룻의 첫 만남이었다.

1) 보아스의 첫마디

사람의 첫마디는 그의 인격의 표현이라고 해도 지나친 말은 아닐 것이다. 룻기에서도 등장인물들의 첫마디가 각각 소개되는데, 그들의 첫마디는 바로 그들의 인격이었다. 룻기에서 첫 번째 첫마디를 남긴 사람은 나오미였는데, 그녀의 첫마디이다: "너희는 각기 너희 어머니의 집으로 돌아가라. 너희가 죽은 자들과 나를 선대한 것 같이 여호와께서 너희를 선대하시기를 원하며…각기 남편의 집에서 위로를 받게 하시기를 원하노라"(룻 1:8-9).

나오미의 이 첫마디는 바로 그녀의 인격이었다. 나오미는 며느리들의 장래를 진정으로 걱정하면서 평안히 살기를 원했다. 나오미는 한 마디도 불평이나 부정적인 이야기를 하지 않았다. 며느리들이 그들의 남편도 선대했고, 또 남편들이 죽은 후에도 시어머니인 자기를 선대했다는 것이다. 하나님이 그들을 선대하실 뿐만 아니라, 재혼하여 행복하게 살라고 했다. 이것이 나오미의 진정한 신앙 인격이었다.

룻의 첫마디는 너무나 훌륭한 인격의 표현이자 엄청난 신앙의 고백이었다. 룻의 첫마디는 왜 하나님과 하나님의 백성이 룻을 축복하였는지를 설명해주는 대목이다. "어머니께서 가시는 곳에 나도 가고, 어머니께서 머무시는 곳에서 나도 머물겠나이다. 어머니의 백성이 나의 백성이 되고, 어머니의 하나님이 나의 하나님이 되시리니, 어머니께서 죽으시는 곳에 나도 죽어 거기 묻힐 것이라"(룻 1:16-17).

보아스의 인격을 표현한 첫마디는 무엇이었는가? "여호와께서 너희와 함께 하시기를 원하노라!" 그 당시 유대인들이 처음 만날 때, 흔히 서로 나누는 인사는 "당신에게 평강이 있기를 원하노라!"이다. 그런 인사는 우리가 처음 만났을 때, "안녕하세요?"와 별로 차이가 없는 형식적인 인사였다. 그러나 보아스는 그의 밭에서 열심히 일하는 그의 일꾼들에게 그렇게 형식적인 인사를 하지 않았다. 그런 인사는 인격을 드러내지 못한다.

"여호와께서 너희와 함께 하시기를 원하노라!"는 인사는 이스라엘 사람들에게는 너무나 중요한 인사이다. 왜냐하면 이스라엘의 신앙인들이 위기를 느낄 때마다 하나님이 함께 하시면서 그들을 돕겠다고 하셨기 때문이다. 흉년을 만난 이삭에게 하나님은 함께 하시면서 돕겠다고 약속하셨다(창 26:3). 모세와 여호수아가 하나님의 부르심에 떨고 있을 때도 하나님은 함께 하시겠다고 약속하셨다(출 3:12, 수 1:5).

하나님은 같은 약속을 기드온과 다윗에게도 주셨다(삿 6:16, 삼하 7:9). 먼 훗날 예수 그리스도도 제자들을 떠나면서 하신 약속도 "내가 세상 끝날까지 너희와 항상 함께 있으리라"였다(마 28:20). 보아스가 보리를 베는 일꾼들에게 던진 인사도 마찬가지였다. 비록 일꾼들이 힘겹게 추수하지만 그들과 함께 하시기로 약속하신 하나님의 임재를 빌어준 것이었다. 하나님은 그들과 함께 하시는 임마누엘이시기 때문이다(사 7:14, 마 1:23, 25).

2) 일꾼들의 인사

그러니까 보아스의 첫마디는 인사이자 동시에 그의 신앙고백이었다. 보아스의 그처럼 고매한 신앙 인격은 두말할 필요도 없이 다른 사람들에게도 영향을 끼쳤다. 그렇게 하나님의 임재를 빌어준 보아스에게 일꾼들이 험악한 말로 반응을 보일 수는 없었다. 그들의 상전인 보아스의 따뜻한 인사말에 일꾼들도 역시 똑같이 따뜻하게 그리고 신앙적으로 반응했다. 그들은 형식적으로 "안녕하세요?"라고 인사하지 않았다.

그들은 어떻게 인사를 했는가? 일꾼들의 인사를 직접 들어보겠다. "여호와께서 당신에게 복 주시기를 원하나이다." 보아스는 여호와의 임재를 빌어주는 인사를 했는데 반하여, 일꾼들은 보아스에게 여호와의 복을 빌어주면서 화답했다. 그러니까 보아스의 인사와 일꾼들의 인사는 똑같이 *여호와*의 이름으로 인사를 나누었다. 인간들과 함께 하시며, 인간들의 생사화복을 주장하시는 여호와의 이름으로 각각 인사를 한 것이다.

그러면 왜 일꾼들은 보아스에게 여호와의 복을 빌어주었는가? 그 이유는 간단하다! 보아스가 그의 밭으로 온 것은 수확하는 사람들과 수확물을 점검하기 위해서였다. 그처럼 풍성한 보리를 수확하도록 여러 모양으로 축복하신 분은 역시 여호와이시다. 그분이 비옥한 땅과 적당한 비를 내려주셨다. 그분이 곡물이 토실토실 영글게 하셨다. 그분이 수확을 아무 부담 없이 할 수 있는 날씨도 허락하셨다.

뿐만 아니라, 일꾼들이 보아스에게 여호와의 복을 빌어준 것은 그 수확물이 풍성하기를 바라는 그들의 마음의 표현이었다.[57] 일꾼들이 풍성한 수확을 빌어준 것은 그 당시 유대인이 가지고 있던 복의 개념이기도 하다. 유대인의 복의 개념은 무엇인가? 구약성경 중 738절에서 복이라는 단어는 자그마치 816번이나 나온다. 구약성경 각처에서 복이 왜 그렇게 많이 나오는가? 유대인에게 복의 개념이 그만큼 중요하기 때문이다.

그러면 유대인의 복의 개념은 무엇인가? 복의 개념이 가장 잘 묘사된 곳은 신명기 28장 3-7절이다. 이 말씀에 의하면, 복의 개념은 세속적이고 물질적인 것으로, 육체와 가축과 밭의 풍요는 물론, 정치적인 연합과 이웃 나라와의 화목이다.[58] 이런 복의 개념은 유대인의 사고에 뿌리박혀 있었다. 그런 이유 때문에 보아스의 밭에서 일하던 일꾼들은 한참 추수의 때에 추수의 소유주인 보아스에게 이런 복을 빌어주는 것은 너무나 당연했다.

3) 보아스와 일꾼들

실제로 보아스와 일꾼들의 관계는 주인과 종의 관계이다.[59] 보아스의 밭에서 곡물을 수확해주는 사람들 가운데는 몇 부류가 있었다. 먼저는 모든 일꾼들을 총괄하는 사환이 있었다. 그 사환은 주인을 대신하여 수확의 과정을 감독할 뿐만 아니라, 모든 일꾼들 사이에서 위계질서를 유지시켜주는 역할도 했다. 그뿐만이 아니라, 룻과 같은 가난한 사람들에게 이삭줍기도 허용할 수 있는 권한도 주인으로부터 받았다.[60]

그 다음으로 곡물을 직접 베는 사람들이 있었다. 이 사람들은 실제적으로 곡물을 수확하는 주된 사람들이다. 그들은 보리를 한 다발씩 한 손으로 잡고 다른 손으로 베었다. 물론 어떤 사람은 기술도 좋고 또 손도 커서 한꺼번에 많은 양을 벨 수 있으나, 어떤 사람들은 그렇게 많이 베지 못했을 것이다. 어찌했든 그들은 일꾼이 되어 주인인 보아스를 위하여 열심히 보리를 베고 있었다.

그 다음으로 곡물을 베는 사람들이 보리를 베어놓으면 그것을 단으로 묶는 하녀들이 있었다(룻 3:2). 그들도 베는 자들에게서 뒤지기를 원하지 않았기에 베는 자들을 따르면서 열심히 묶었다. 이렇게 남자들은 베고 여자들은 묶는 과정에서 이삭들이 땅에 떨어질 수밖에 없었다. 그런 이삭들을 줍는 여인들이 그 다음 그룹을 형성한다. 그 여인들은 가난한 고아든지, 아니면 나그네이든지 과부로서 가장 처지가 딱한 여인네들이다.

이런 세 종류의 일꾼들을 활용하여 일을 시키고 대가를 주는 주인인 보아스가 그들에게 나타났다. 비록 신분은 달라서, 한 사람은 주인이고 다른 사람들은 일꾼들이었지만, 그들이 서로 주고받은 인사의 내용을 보면 동등한 위치에 있는 사람들 같다. 종적 관계가 유지되던 구약시대에는 참으로 보기 힘든 장면이 연출된 것이다. 일반적으로 그런 일터에 주인이 나타나면 분위기는 삭막해지는 법인데 말이다.

그러나 보아스가 나타나도 일꾼들은 조금도 움츠러들지 않았다. 움츠러들기는커녕 오히려 분위기가 좋아졌다. 한발 더 나아가서 그들은 서로 따뜻한 인사를 나누었고, 보아스가 필요한 것들을 부탁할 정도였다. 그 이유는 무엇인가? 그 이유는 한 마디로 고용주인 보아스의 친절한 언어와 행위 때문이었다. 주인과 종과는 심각한 갑을 관계였던 그 시대에 어떻게 보아스는 언어와 행위가 그처럼 상냥할 수 있었는가?

그것은 두말할 필요도 없이 보아스의 깊은 신앙 때문이었다. 그의 신앙은 안식일에나 머리에서만 맴도는 것이 아니었다. 그의 신앙은 그의 인격 전체에 스며들어 있었다. 그는 자신보다 높은 사람들에게도 틀림없이 그렇게 친절하고 공손했을 것이다. 그러나 그의 신앙의 극치는 아래 사람들에 대한 자세에서 드러났다. 그의 인자한 눈빛, 그의 겸손한 태도, 그의 상냥한 어투는 그의 살아 있는 신앙 자체였다.[61]

그 일꾼들이 그의 종들이었는데도 보아스가 그처럼 공손하고 친절했다는 것은 그가 그만큼 겸손했다는 뜻이다. 왜냐하면 그 당시 종들은 사람이 아니라 거의 물건이나 동물처럼 취급되던 시대였기 때문이다. 보아스의 특별히 친절한 태도는 두말할 필요도 없이 일꾼들로부터 큰 존경을 이끌어내었을 것이다. 그들은 그런 상전의 태도에 감동되어 그만큼 더욱 열심히 일했을 것이고, 보아스가 "유력한 자"가 되는데 일조했을 것이다.

3. 꼬리말

룻의 운명은 참으로 기구하나 신비하기도 하다! 모압 여인인 그가 엘리멜렉의 가문에 시집을 갔고, 그리고 그 가문은 망했다. 그렇게 망하는 과정에서 룻은 하나님과 시어머니인 나오미를 붙좇았다. 낮아질 대로 낮아지고, 초라할 대로 초라해진 룻에게 혜성 같이 나타난 사나이가 있었는데, 그가 바로 보아스였다. 그런데 무엇보다도 놀라운 사실은 그가 시아버지 엘리멜렉의 친족이었다는 사실이다.

엘리멜렉 때문에 낭떠러지에서 한없이 굴러떨어지던 룻에게 꿈도 꾸지 못했던 보아스의 등장은 모든 것을 변화시켰다. 왜냐하면 보아스는 엘리멜렉의 친족이었기 때문이다. 룻은 낭떠러지에서 데굴데굴 굴러떨어지면서도 하나님과 나오미의 손을 놓지 않았다. 그렇게 붙잡은 손끝에서 보아스가 나올 줄을 어떻게 알았겠는가? 그 손끝에서 위대한 왕 다윗이 나올 줄 누가 알았겠는가?

5 "사환의 증언"

"보아스가 베는 자들을 거느린 사환에게 이르되 이는 누구의 소녀
냐 하니 베는 자를 거느린 사환이 대답하여 이르되 이는 나오미와
함께 모압 지방에서 돌아온 모압 소녀인데 그의 말이 나로 베는 자
를 따라 단 사이에서 이삭을 줍게 하소서 하였고 아침부터 와서는
잠시 집에서 쉰 외에 지금까지 계속하는 중이니이다" (룻기 2:5-7)

1. 머리말

추수의 현장은 참으로 활기가 넘쳤다. 어떤 사람들은 흥얼거리면서
보리를 베고 있었다. 어떤 사람들은 벤 보리를 단으로 묶고 있었다. 또
어떤 사람들은 묶은 단들을 한 군데로 모아 낟가리를 만들고 있었다. 거
기다가 가난한 과부와 고아들도 한데 어울리면서 이삭을 줍고 있었다.
그렇게 북적대면서 분위기가 흐트러지는 것을 막으면서 지시하며 감독
하는 사환도 있었다. 모두들 구슬땀을 흘리면서 열심히 일하고 있었다.

거기다가 그 밭의 주인인 보아스까지 나타났으니 그 장면은 가히 짐
작할 수 있다. 보아스는 일꾼들에게 고마움을 표시했고, 일꾼들은 보아
스에게 복을 빌어주었다. 그런 분위기에서 그들은 더욱 흥이 나서 열심
히 각자에게 맡겨진 일에 성실히 임하고 있었다. 거기에는 제법 나이가
지긋한 사환, 보리를 열심히 베는 젊은 남자들, 그 뒤를 따라가면서 단

으로 묶는 여인네들, 그들의 뒤를 따르면서 이삭을 열심히 줍는 가난한 사람들—이런 사람들이 뒤엉켜 있었다.

그처럼 북적대면서 모두가 분주히 움직이는 상황을 훑어보던 보아스의 눈길을 사로잡은 것이 있었다. 무엇이었는가? 물론 룻이었다. 왜 룻은 보아스의 눈길을 사로잡았는가? 무엇보다도 보아스의 예리한 관찰력 때문이었다. 그가 베들레헴의 "유력한 자"라고 알려진 것은 그만한 이유가 있었기 때문이다(룻 2:1). 그에게 남다른 통찰력과 관찰력이 없다면 그가 재정적으로나 사회적으로 그렇게 유력한 자가 되지 못했을 것이다.

2. 몸말

룻이 보아스의 눈길을 사로잡은 또 다른 이유가 있었는데, 그것은 바로 룻 자신이었다. 왜 룻은 보아스의 눈길을 사로잡았는가? 두 가지 이유 때문이었을 것이다. 첫째, 보아스는 그가 직접 채용한 다른 일꾼들을 다 알고 있었지만, 룻은 처음 보는 여인이었다. 그처럼 처음 보는 여인이 보아스의 눈길을 사로잡는 것은 당연하다. 둘째, 룻은 거기에 모인 많은 사람들 가운데 유일한 외국인이었다.

보아스가 얼핏 보기에도 룻은 다른 모든 일꾼들과 다른 외국인이었다. 많은 것이 달랐겠지만, 가장 다른 것은 역시 생김새였을 것이다. 얼굴의 모습과 몸매도 달랐다. 그처럼 다른 여인이 보아스의 눈에 띄지 않을 리가 없었다. 너무나 다른 그 여인에 대하여 호기심을 갖는 것은 인간의 본능이라고 할 수 있다. 그의 눈길이 룻에게 도달하자, 그의 눈을 의심하면서 사환에게 룻에 대하여 물었다.

1) 보아스의 질문

"이는 누구의 소녀냐?" 이것은 보아스가 룻에 대한 첫 번째 질문이다. 그런데 흥미로운 것은 보아스가 룻에게 직접 묻지 않고 사환을 통해 물었다는 사실이다. 물론 보아스는 그의 밭에서 일하는 사람들에게 어떤 질문도 할 수 있는 위치에 있는 사람이었다. 그러나 보아스는 신앙 인격을 갖춘 사람이었다. 처음 보는 여인에게 접근하여 묻는다는 것은 예의가 아니었다. 비록 이삭을 줍는 천한 여인이었지만, 보아스는 예의를 갖추었다.

보아스가 두 번째로 예의를 갖춘 것은 그의 용어 선택이었다. "이는 누구의 소녀냐?" 여기에서 보아스는 룻을 가리켜서 소녀라고 불렀다. 여기에서 소녀라는 말은 젊은 여인을 가리킨다. 보아스는 룻이 다른 나라에서 온 여인이라는 것을 첫 눈에 알아보았다. 아니면 어느 유대인 가족의 종이었을 것이다. 그러나 보아스는 멸시하는 용어를 쓰지 않고 "소녀"라고 불렀다.

보아스의 세 번째 예의는 룻에 대해 직접적인 질문은 하지 않았다. 예를 들면, "이는 누구의 종이냐?"라고 물을 수도 있었다. 그러나 보아스는 그렇게 경멸조로 묻지 않았다. 그 여인이 비록 외국인으로 가난하거나 남의 수하에 속한 종이라고 할지라도, 그녀는 하나님의 형상을 따라 지음을 받은 존귀한 사람이기 때문이었다. 참으로 보아스는 신앙 인격을 갖춘 사람이었다.

보아스의 질문, "이는 누구의 소녀냐?"는 그 당시 이스라엘의 풍속에 따라 최대의 예의를 갖춘 질문이었다. 왜냐하면 그 당시 이스라엘의 풍속은 그녀가 속한 가족, 마을, 족속 등에 따라 그녀의 신분과 지위가 결정되기 때문에, 흔히 그렇게 소속을 묻는 것이 정상이었다. 예를 들면, 다윗이 골리앗을 대적하러 나간 적이 있는데, 그때 사울 왕이 한 장군에게 이렇게 물었다. "이 소년이 누구의 아들이냐?"(삼상 17:55).

아브라함의 종이 이삭의 아내를 구하면서 리브가를 처음 만났을 때, '네 이름이 무엇이냐?'라고 묻지 않고, '네가 누구의 딸이냐?'고 물었다 (창 24:33). 그 이유는 간단하다! 그 당시 결혼 전의 소년·소녀는 독립적인 신분이나 정체성을 갖지 못했다. 특히 여자의 경우 남자가 지배하는 이스라엘에서 더욱 그러했다. 그 여자가 처녀라면 아버지의 권위 아래서 살았으며, 결혼했다면 남편의 권위 아래서 살았다.

보아스의 네 번째 예의는 "이는 누구의 소녀냐?"는 소속에 대한 질문이 포함되어 있었다. 위에서 언급한 대로, 룻은 외국인인데다가 이삭을 줍는 여인이었기에 아버지나 남편이 없었을 것이다. 거기다 외국인의 신분으로 유다에 거주하는 사람은 어떤 권리와 신분도 주어지지 않는, 이방인 거주자라는 딱지를 달고 살았다. 그런 것을 뻔히 알면서도 "이는 누구의 소녀냐?"라고 소속을 물은 것은 보아스의 깊은 배려에서 나온 질문이었다.

2) 사환의 대답

"이는 누구의 소녀냐?"라는 아주 짧은 질문에 대한 사환의 대답은 참으로 길었다. 그 사환은 룻을 소개하면서 그녀의 비극적인 상황에 대해서 대답했다. 그 사환의 대답을 직접 들어보겠다: "이는 나오미와 함께 모압 지방에서 돌아온 모압 소녀인데, 그의 말이 '나로 베는 자를 따라 단 사이에서 이삭을 줍게 하소서' 하였고, 아침부터 와서는 잠시 집에서 쉰 외에 지금까지 계속 하는 중이니이다."

사환은 질문 이상의 것을 답했다. 보아스는 룻이 얼마나 열심히 일하고 있는지에 대해서 물은 적이 없다. 실제로 보아스가 질문을 던졌을 당시 그의 관심은 유대인들 사이에서 이삭을 줍는 이방 여인의 신분에 관한 것뿐이었다. 그래서 보아스는 "이는 누구의 소녀냐?"라고 하면서 그 소녀의 소속에 대하여 물었던 것이다. 그러나 사환은 그 질문에 대해서도 간단하게 대답했지만, 실제로는 묻지도 않은 사실을 자세히 묘사했다.

사환의 대답은 둘로 나누어지는데, 첫째 부분은 보아스의 질문에 대한 대답이었다. 둘째 부분은 그 자신이 관찰한 것을 그대로 옮겼다. 먼저, 첫째 부분에 대하여 좀 더 알아보겠다. 보아스는 "이는 누구의 소녀냐?"라고 물었다. 위에서 언급한 대로, 이 물음은 이 소녀의 신분과 권리에 관한 질문이었다. 다시 말해서, 그 소녀가 누구에게 속한 여인이었느냐는 질문이었다.

사환의 대답은 그 물음에 대한 대답이면서도 실제로는 아니었다. 다시 그의 대답 첫 부분을 보겠다. "이는 나오미와 함께 모압 지방에서 돌아온 모압 소녀인데…" 이 대답을 자세히 살펴보면, 그 소녀의 신분에 관한 것은 전혀 없다. 다시 말해서, 그 소녀가 누구의 딸인지, 아니면 누구의 아내인지 전혀 나타나지 않다. 단지 나오미와 함께 온 모압 여인이라는 말이다. 얼마나 사실에 입각하면서도 지혜로운 대답이었는가?

그 소녀에게는 부모도 없다. 왜냐하면 그 소녀는 부모·형제와 친척과 친구들을 다 버리고 시어머니의 하나님을 붙잡고 시어머니를 따라 여기까지 온 여인이었기 때문이다. 다시 말해서, 그녀는 자의로 고아가

된 소녀였다. 그러니까 사환은 그 소녀의 아버지 이름을 대면서 그녀가 속한 가정을 말할 수 없었다. 그녀는 오직 시어머니의 하나님을 붙잡고 고아가 되기를 마다하지 않은 여인이었다.

그렇다고 사환은 그 소녀의 남편을 소개할 수도 없었다. 왜냐하면 그녀의 남편은 모압에서 죽었기 때문이다. 그 소녀는 모압 여인인데 유다 베들레헴에 사는 이방 여인으로, 아무에게도 귀속되지 않은 혈혈단신이었다. 구태여 한 가지를 말할 수 있다면, 그녀가 나오미와 함께 유다 땅으로 온 과부라는 사실뿐이었다. 그 소녀는 모압 지방에서 온 모압 소녀이다! 아무 신분도 아무 권리도 없는 불쌍한 이방 과부였다.

3) 사환의 증언

위에서 언급한 것처럼, 그 사환은 룻을 그렇게 아무 신분도 그리고 아무 권리도 없는 이방 여인으로 소개했지만, 꼭 보아스에게 덧붙여서 증언하고 싶은 말이 있었다. 그것은 그 소녀가 지금까지 자기에게 보여준 행실이었다. 사환의 증언을 다시 들어보겠다, "그의 말이 '나로 베는 자를 따라 단 사이에서 이삭을 줍게 하소서' 하였고, 아침부터 와서는 잠시 집에서 쉰 외에 지금까지 계속하는 중이니이다."

사환의 증언에 의하면, 룻은 그 사환에게 이삭을 주울 수 있는 은혜를 청구했고--"나로 베는 자를 따라 단 사이에서 이삭을 줍게 하소서." 그리고 사환은 허락했다. 그가 보아스에게 묻지도 않고 허락했다는 것은 그의 마음을 알았기 때문이다. 사환은 평상시 보아스가 가난한 사람들에게 그의 밭에서 이삭 줍게 하는 것을 보았음에 틀림없다. 만일 보아스가 금했었더라면, 그 밑에서 일하는 사환이 감히 단독으로 허락하지 못했을 것이다.

보아스의 신앙 인격은 이미 본 것처럼, 사환은 물론 모든 일꾼들에게 좋은 영향을 끼쳤다. 그런 까닭에 사환은 룻의 요청을 허락했다. 그리고 사환은 많은 유대인들 가운데서 이삭을 줍는 그 소녀를 유심히 관찰했을 것이다. 그 사환은 이렇게 열심히 일하는 여인에게 이삭을 줍게 한 것을 잘 했다고 생각했음에 틀림없다. 그렇지 않다면, 보아스가 그 소녀의 신분을 묻는데, 오히려 그가 관찰한 룻을 묘사했을 리가 있겠는가?

그 사환의 말에 의하면, 이 모압 여인은 아침부터 보아스가 나타날 때까지 계속해서 이삭을 주웠다. 중간에 잠시 움막에서 쉰 것을 제외하고는 말이다. 이런 룻의 모습에서 무엇을 볼 수 있는가? 첫째 룻은 가장 천한 일이지만 최선을 다했다. 힘에 겨울 정도로 최선을 다했다. 둘째 룻은 다른 사람들의 눈치를 보지 않고 엎드려서 끊임없이 이삭을 주웠다. 다른 사람들이 어떻게 생각하든 상관없이 자기 일에 열중했다.

셋째 룻은 시어머니를 봉양할 수 있다는 기쁨으로 충만해서 일했다. 비록 자기가 모압에서 온 천한 여인이지만, 자기 같은 여인을 통해서라도 시어머니를 굶지 않게 해드린다는 기쁨이 충만했다. 이처럼 남의 나라에서도 자기의 서원, 곧 "어머니께서 머무시는 곳에서 나도 머물겠나이다"를 실행에 옮길 수 있는 특권을 갖게 된 사실에 너무나 기뻐서 그처럼 열심히 일할 수 있었다(룻 1:16).

넷째 비록 자기가 모압에서 온 여인이었지만, 그의 마음을 한편 하나님이 알아주시고, 또 한편 이스라엘 백성이 받아준 사실에 감사했을 것이다. 그녀는 이렇게 시어머니에게 말한 적이 있다. "어머니의 백성이 나의 백성이 되고, 어머니의 하나님이 나의 하나님이 되시리라"(룻 1:16). 그녀가 감히 시어머니의 하나님과 백성을 그녀의 것으로 받아들였는데, 시어머니의 하나님과 백성도 비천한 자기를 받아주고 있다는 사실에 감격했을 것이다.

3. 꼬리말

우리는 사환의 증언에서 무엇을 배울 수 있는가? 첫째로, 우리에게 맡겨진 일에 최선을 다해야 한다는 사실이다. 그 일이 시시해 보이든 중요하게 보이든 상관없이 일단 맡겨진 일에 최선을 다해야 한다. 이것이 성경의 원리이다: "지극히 작은 것에 충성된 자는 큰 것에도 충성되고, 지극히 작은 것에 불의한 자는 큰 것에도 불의하니라"(눅 16:10). 그렇다! 룻은 지극히 작고도 천한 이삭줍기에 충성을 다했기에 하나님은 그녀를 크게 만드셨다.

둘째로, 우리는 다른 사람으로부터도 좋은 증언을 얻을 수 있어야 된다. 룻이 얼마나 열심히 그리고 기쁨으로 이삭줍기에 최선을 다한 나머지 사환도 그 사실을 보아스에게 보고했다. 만일 그 사환이 보아스에게 이렇게 보고했다면, "이방 여인이기에 기회를 주었더니, 쓸데없는 농담이나 늘어놓으면서 일은 참으로 게을리 했습니다." 룻의 운명은 참으로 비참하게 끝났을 것이다. 우리도 마찬가지다! 우리 주변의 사람들에게서 인정을 받을 만해야 한다.

6 **"보아스와 룻의 첫 대화"**

"보아스가 룻에게 이르되 내 딸아 들으라 이삭을 주우러 다른 밭으로 가지 말며 여기서 떠나지 말고 나의 소녀들과 함께 있으라 그들이 베는 밭을 보고 그들을 따르라 내가 그 소년들에게 명령하여 너를 건드리지 말라 하였느니라 목이 마르거든 그릇에 가서 소년들이 길어 온 것을 마실지니라 하는지라 룻이 엎드려 얼굴을 땅에 대고 절하며 그에게 이르되 나는 이방 여인이거늘 당신이 어찌하여 내게 은혜를 베푸시며 나를 돌보시나이까" (룻기 2:8-10)

1. 머리말

오늘의 장면은 보아스가 처음으로 룻에게 말을 거는 내용이다. 그동안 보아스와 사환이 자기에 대하여 이야기를 하고 있다는 것을 알지도 못한 채, 룻은 열심히 이삭을 줍고 있었다. 그녀는 다른 사람들에게 신경을 쓸 겨를도 그리고 관심도 없었다. 그녀는 시어머니를 위한 양식에만 관심을 가지고 있었다. 그런데 갑자기 하늘처럼 높은 보아스가 땅처럼 낮은 자기에게 말을 걸었다. 룻은 얼마나 놀랐겠는가?

그런데 보아스가 그렇게 말을 건넨 것은 사환의 소개를 통해서였다. 사환은 종들을 거느리는 사람이며,[62] 나이도 제법 들었기에 결혼을 하여 가정도 꾸린 자이다. 그런데 룻을 위한 사환의 역할은 한 가지뿐이었다. 그 역할은 룻에게 이삭줍기를 허용했고, 룻을 관찰했고, 그리고 룻을 보아스에게 소개한 것이었다(룻 2:6-7). 그렇게 간단한 역할을 한 후, 룻기에서는 다시 등장하지 않는다. 그의 역할이 끝났기 때문이다!

그의 역할이 이처럼 간단했지만, 보아스와 룻을 연결시키는 중요한 고리 역할을 했다. 그런데 룻기에는 그의 이름이 나오지 않는다. 왜 그런가? 룻기의 주인공인 룻을 보아스에게 소개하면 되기 때문이다. 성경에서 그런 예가 또 있다. 아브라함이 그의 종에게 아들 이삭을 위하여 아내를 구하러 보낸 적이 있다. 그 종은 신실하게 리브가를 구하여 이삭에게 소개했다. 그러나 그 종의 이름은 전혀 나오지 않는다(창 24:2 절 이하).

2. 몸말

이런 사실은 기독교의 역사에서 아주 중요한 원리이다. 여러분과 내가 섬기는 주님의 이름이 높여지고, 그리고 그분의 신부인 교회가 그분에게 소개되면 된다. 다시 말해서, 우리의 이름이 알려지거나, 다른 사람들에게 인정받는 것은 중요하지 않다는 것이다. 그런 이유 때문에 아브라함의 종이 누구인지, 또 보아스의 사환이 누구인지 성경은 밝히지 않는다. 단지 그들에게 맡겨진 작은, 그러나 의미 있는 일에 충성했다는 것이 중요하다.

저 이름 없는 아브라함의 종 때문에 이스라엘의 2대 족장인 이삭은 리브가를 아내로 얻었다. 이름 없는 사환의 소개로 보아스는 룻을 만났고, 결국 결혼하게 되었다. 우리도 마찬가지이다! 이름 없이, 그러나 우리의 신랑이신 예수 그리스도에게 사람들을 소개함으로, 그들이 그분의 신부가 되기만 하면 된다(고후 11:2). "이름 없이 빛도 없이 감사하며 섬기리다"는 찬송처럼, 우리는 신랑과 신부를 소개하는 이름 없는 "사환"이 되어야 한다.

1) "함께 있으라"

사환의 믿음직한 소개를 받은 보아스는 즉시 룻에게 입을 열었다. "내 딸아, 들으라! 이삭을 주우러 다른 밭으로 가지 말며, 여기서 떠나지 말고, 나의 소녀들과 함께 있으라." 어떻게 처음 본 소녀에게 "내 딸아!"라고 부를 수 있었는가? 그것은 자애로운 아버지의 음성이라고 밖에 말할 수 없다. 그처럼 훌륭한 사환의 증거를 듣고 룻에 대한 긍휼과 자비의 마음을 갖게 된 것이 틀림없다. 그런 마음의 표시가 바로 "내 딸아!"이다.[63]

그런 부름에 소스라쳐 놀란 룻에게 보아스는 말했다 "들으라!" 여기에서 "들으라!"는 명령은 아주 강한 동사이다. 한 번은 유일신 하나님을 이스라엘 백성에게 처음 소개하는 너무나 중요한 시점에서 모세는 이렇게 시작했다, "이스라엘아, 들으라! 우리 하나님 여호와는 오직 유일한 여호와이시라"(신 6:4). 유대인들에게 이처럼 "들으라!"는 강한 명령은 그 뒤에 따르는 내용을 반드시 경청하고 순종해야만 된다는 뜻이 들어 있다.[64]

무엇을 경청하고 순종해야 된다는 말인가? 보아스의 명령은 간단했다, "이삭을 주우러 다른 밭으로 가지 말며, 여기서 떠나지 말고, 나의 소녀들과 함께 있으라." 한 마디로, 그 명령은 다른 밭으로 가지 말고 보아스의 밭에서만 이삭을 주우라는 것이다. 그 당시 이삭을 줍는 사람들은 이 밭에서 저 밭으로 다니면서 될 수 있는 대로 많이 주우려고 했다. 그런 관행을 좇지 말고 그의 밭에서만 끝까지 이삭을 주우라는 명령이었다.

"다른 밭으로 가지 말며"는 소극적인 표현이며, "여기서 떠나지 말라"는 같은 내용을 적극적으로 표현한 것이다. 그런데 여기에서 의미 있는 명령은 "나의 소녀들과 함께 있으라"이다. 특히 "있으라"는 동사는 룻기 1장 14절에서 번역된 "붙좇다"와 같은 단어이다. 그때 언급한 것처럼, "꽉 붙잡다"와 "바싹 좇는다"가 합쳐져서 "붙좇다"의 뜻을 지닌 단어이다. 룻이 시어머니를 "붙좇은" 결과 하나님은 보아스를 통하여 갚아주셨다.

왜 "소녀들과 함께 있으라"가 보상인가? 그 이유를 몇 가지로 볼 수 있다. 첫째, 룻은 다른 이삭을 줍는 사람들처럼 이 밭에서 저 밭으로 배회하면서 조금이라도 더 주우려고 애타게 할 필요가 없어졌다. 둘째, 룻은 다른 모든 이삭 줍는 사람들보다 맨 앞, 곧 단을 묶는 소녀들 바로 뒤에서 이삭을 주울 수 있었다. 다른 이삭을 줍는 어떤 사람들보다도 많이 주울 수 있는 위치에 놓여 있는 것이다.

셋째, 룻의 위치를 생각해보라. 맨 앞에서 낫으로 곡식을 베는 사람들이 있다. 그 다음, 베어놓은 곡식을 단으로 묶는 여자들이 있다. 그리고 그 뒤로 이삭을 줍는 각종의 사람들이 있다. 그들은 대부분 이방인이거나 종이거나 아주 가난한 사람들이었다. 룻을 그런 이방인들과 유대인 소녀들 사이에 놓아둠으로써 그의 신분이 달라졌다. 룻은 유대 사람이 아니지만, 그렇다고 완전히 이방인도 아닌 중간 위치에 놓였던 것이다.[65]

2) "함께 있는" 방법

그러면 어떻게 룻은 보아스의 밭을 떠나지 않고 다른 밭으로 가지 않을 수 있는가? 그 당시는 밭의 경계 표시를 분명히 해두지 않았기에, 이삭을 줍는 일에 몰두하다 보면 자기도 모르는 사이에 다른 밭으로 갈 수 있었다. 그뿐만이 아니라, 그 당시에는 보리와 밀 수확을 거의 동시에 했는데, 같은 보아스의 밭이라도 보리밭과 밀밭의 위치가 다르다. 어떤 경우엔 보리밭과 밀밭이 서로 멀리 떨어져 있을 수도 있다.

그러니까 이 지역에 대하여 전혀 모르는 룻은 쉽게 보아스의 밭을 벗어날 수 있었다. 거기다가 룻은 이삭을 주울 때 정성과 마음을 다 받쳐서 주웠기 때문에 보아스의 밭에서 쉽게 떨어져 나올 수 있었다. 그런 것을 너무나 잘 아는 보아스는 룻에게 그의 밭을 떠나지 않는 방법을 알려준다. "그들이 베는 밭을 보고 그들을 따르라." 이 명령은 이삭을 줍는 것도 중요하지만, 그 소년들이 일하는 곳을 주시하는 것도 중요하다는 말이다.

그러니까 룻은 소년들을 눈여겨보면서 그들을 "붙좇아야" 된다는 말이다. 그렇게 따라가면서 이삭을 주워야 한다는 말이다. 그런데 보아스는 한 발 더 나아가서 이삭을 잘 줍는 방법 두 가지를 알려주었다. 첫째 방법은 소극적인 것이며, 둘째는 적극적인 것이다. 그 두 가지 방법을 직접 듣겠다, "내가 그 소년들에게 명령하여 너를 건드리지 말라 하였느니라. 목이 마르거든 그릇에 가서 소년들이 길어 온 것을 마실지니라"(룻 2:9).

왜 이것이 이삭을 효율적으로 줍는 방법인가? 첫째, 그 당시 남자들은 여인네들을 집접거리는 예가 허다했다. 특히 밭에서 일하는 남자들은 그들 뒤에서 이삭을 줍는 가난하고 힘없는 이방 여인들에게는 더욱 그랬다. 어떤 때는 듣기 안 좋은 농담도 하고, 어떤 때는 슬쩍 부딪치기도 하고, 어떤 때는 손을 대기도 하고, 또 심지어는 폭행도 심심찮게 일어났다. 그런 상황이 벌어진다면 이삭을 줍는 일이 잘 진행되지 않을 것은 뻔하다.

보아스가 이런 말을 룻에게 했을 때, 그 말은 추수꾼들에게는 명령이 되었다. 이런 보아스의 깊은 배려는 룻을 보호하고픈 마음의 표현이었다. 그리고 그 보호의 본능이 확대되어 룻이 이삭을 효율적으로 줍는 둘째 방법을 제시하였다. 그것은 "목이 마르거든 소년들이 길어온 물을 마시라"는 것이다. 뜨거운 날씨에 이삭을 주우면서 목마르지 않는 사람이 있는가? 목마를 때 소년들이 길어온 물을 마시라는 것이다.

물을 마시면 갈증을 해소하기에 이삭을 그만큼 잘 주울 수 있다. 그뿐만이 아니라, 갈증을 해소하기 위하여 본인이 직접 물을 마시러 멀리 있는 우물로 간다는 것을 생각해보라. 거기다 그 우물은 베들레헴 성문가에 있었기에(삼하 23:16), 그곳까지 왕복한다는 것은 많은 시간과 정력의 낭비를 뜻한다. 그러나 룻은 그렇게 할 필요가 없기에, 아주 효율적으로 이삭을 주울 수 있었다.[66]

3) 룻의 반응

보아스의 친절한 언사와 넘치는 호의는 룻으로 하여금 두 가지 반응을 하게 했다. 한 가지 반응은 행동이고, 다른 반응은 언어였다. 룻의 반응을 차례로 보겠다. "룻이 엎드려 얼굴을 땅에 대고 절하며…" 이것은 먼저 무릎을 꿇고, 다음 이마를 땅에 대는 행위이다. 본래 이런 행동은 신이나 왕에게 경의의 표현으로 드려졌으나(대상 21:21), 감사의 표현으로 위에 있는 사람들에게도 드려진 행동이었다.

이런 행동으로 감사의 표시를 한 경우가 또 있다. 그것은 수넴 여인이 한 행동이었다. 한 번은 엘리사가 수넴 여인으로부터 극진한 대접을 받고 그녀에게 아들을 안겨주게 되었다. 수넴 여인은 아들이 없었는데 엘리사의 기도로 아들을 낳았던 것이다. 얼마나 감사했겠는가? 그런데 그 아들이 제법 나이 들어서 갑자기 머리가 아프다고 하더니 죽었다. 얼마나 황당했겠는가?

그 수넴 여인은 엘리사 선지자에게 이 사실을 알렸고, 엘리사는 몸소 수넴 여인의 집으로 왔다. 그는 그 죽은 아들을 위하여 간절히 기도했고, 그리고 하나님은 그의 기도를 응답하셨다. 죽었던 아들이 다시 살아난 것이다! 수넴 여인은 인간이 할 수 있는 최대의 방법으로 감사했다. 그녀는 엘리사에게 "땅에 엎드려 절했다." 그리고 그 아들을 돌려받았다(왕하 4:37).

룻도 마찬가지이다! 그녀는 무릎을 꿇고 이마를 땅에 대고 감사의 표시를 했다. 최대의 감사 표시였다. 그처럼 행동으로 나타낸 감사의 표시로도 충분할 터인데, 룻은 한 발 더 나아가서 언어로 감사를 표시했다. 룻의 말을 직접 들어보자, "나는 이방 여인이거늘, 당신이 어찌하여 내게 은혜를 베푸시며 나를 돌보시나이까?" 룻의 이 말은 감사의 표시라기보다는 자기에게 그렇게 잘 해준 보아스에게 그 연유를 묻는 것이기도 했다.

룻은 상당히 오랫동안 유대인 가정에서 생활하였기에 유대의 풍속을 너무나 잘 아는 듯 했다. 그런 연유로 룻은 이렇게 말했다, "나는 이방 여인이거늘…." 아무리 보아스가 룻을 소녀라고 불러주었지만(룻 2:5),

그래도 그녀의 사회적 신분은 *이방 여인*이었다. 이방인이라는 신분은 같은 유다족속에 속해 있지 않다는 말이다. 같은 족속이 아니기에 유대인들은 그녀를 완전히 무시할 수도 있었다.[67)]

한 마디로 말해서, 유대인들 가운데 사는 이방인은 거의 사람 취급을 받지 못했다. 유대인들 가운데 사는 이방인들은 대부분 종으로 팔려온 사람들이거나, 아니면 가난 때문에 유대인 가정으로 시집 온 사람들이었다. 이처럼 이방인의 신분이 의미하는 바를 너무나 잘 아는 룻은 보아스가 그처럼 큰 은혜를 베풀며 또 돌보는 연유를 알 수 없었다. 룻은 질문이자 동시에 강한 감사의 표현을 하고 있었다.

3. 꼬리말

룻은 대부분의 이방 여인들과는 달랐다. 그녀는 고향에서 부모와 형제자매들과 남부럽지 않은 삶을 영위할 수 있었다. 만일 그녀가 동서처럼 고향으로 돌아갔다면 말이다. 그러나 룻은 시어머니를 붙좇아 유다 베들레헴으로 돌아왔기에 이방 여인이 되었다. 다시 말해서, 그녀는 스스로 선택하여 이방인이 되었다. 팔려온 것도 아니고, 그렇다고 가난 때문에 시집 온 것도 아니었다. 그녀는 자원해서 이방 여인이 되었던 것이다.

룻은 시어머니의 하나님을 자기의 하나님으로 받아들이면서, 그리고 하나님의 백성을 자기의 백성으로 받아들이면서 유다 베들레헴으로 시어머니와 돌아왔다. 룻은 비천한 이방 여인의 신분을 자처했다. 그리고 그녀의 선택에 따라 룻은 배고픔도 맛보았고, 이삭을 줍는 노역도 감수했다. 그처럼 낮아질 대로 낮아진, 그리고 천해질 대로 천해진 룻을 하나님은 높이기 시작하셨다. 현재의 고난 뒤에 나타나는 영광이라고밖에 말할 수가 없다.

7 "이방 여인"

"나는 이방 여인이거늘 당신이 어찌하여 내게 은혜를 베푸시며 나를 돌보시나이까" (룻기 2:10)

1. 머리말

룻이 엎드려서 한 말은 참으로 의미심장하다. 그녀는 이렇게 말문을 열었다. "나는 이방 여인이거늘!" 왜 룻은 스스로를 이방 여인이라고 했는가? 그 이유는 너무나 간단하다! 룻은 비록 유대인의 가정에 시집을 왔지만, 그렇다고 유대인이 된 것이 아니라는 것을 알았기 때문이었다. 비록 남편이 유대인이었고, 유대인 시어머니를 붙좇아 유다 베들레헴으로 왔지만, 그래도 그녀는 여전히 모압 여인이었다.

비록 룻이 유대인의 하나님을 그녀의 하나님으로 삼고, 유대인 백성을 그녀의 백성으로 삼았지만, 그래도 모압 여인이었다. 룻은 그녀의 생애를 유대인처럼 살다가 유대인처럼 죽겠다고 결심하고 유다 베들레헴으로 돌아왔지만, 그래도 그녀는 모압 여인이었다. 그녀는 모압에서 태어나서, 모압 백성들과 살면서 모압의 신을 섬기면서 살던 모압 여인이었다. 그녀의 몸 안에는 모압의 피가 여전히 흐르고 있었다.

이미 언급한 바 있지만, 룻의 생김새와 몸맵시, 그리고 억양은 누가 보아도 유대인이 아니었다. 그녀는 비록 마음은 유대인이 되고도 남았지만, 아니 대부분의 유대 여인들보다 훨씬 더 철저한 유대인이 되었지만, 그래도 그녀의 혈통과 근원은 모압 여인이었다. 룻은 유다 베들레헴에서 살고 있지만, 유대 민족의 일부는 아니었다. 룻은 자신의 사회적·민족적 다름을 너무나 잘 알고 있었다.

2. 몸말

룻은 보아스 앞에 무릎을 꿇고 엎드려서 이렇게 말할 수도 있었다, "나는 이방 여인입니다! 그러나 나는 유대인이 되려고 모든 것을 버렸습니다. 나는 '어머니의 백성을 나의 백성으로 삼고, 어머니의 하나님을 나의 하나님으로 삼기' 위하여 유다 베들레헴으로 왔습니다(룻 1:16). 그리고 나는 시어머니를 돌보기 위하여 모든 것을 희생하고 여기까지 왔습니다. 나를 받아주시고, 많은 은혜로 갚아주세요!" 그러나 그렇게 강변하지 않았다.

룻은 자신의 입장을 옹호하는 발언을 한 것이 아니라, 유대인의 입장에서 말한 것이다. 그녀는 유대인 가정에 시집 와서 살면서 유대인들의 독특한 신앙과 삶의 방식을 너무나 잘 알고 있었다. 룻은 유대인들이 보기에는 여전히 모압에서 온 이방 여인에 지나지 않았던 것이다. 그리고 룻은 유대인들이 이방인을 어떻게 보는지 너무나 잘 알고 있었다. 그렇다면 그들은 이방인을 어떻게 바라보았는가?

1) 다른 신들을 섬기는 사람들

유대인들에게 이방인들은 다른 신들을 섬기는 사람들이었다. 이방인들이 섬기는 신은 참으로 다양했다. 한 실례를 들어보면 이해할 수 있다. 이스라엘의 위대한 왕 솔로몬은 많은 아내와 첩을 두었다. 그 중 많은 여자들을 외국에서 데려왔다. 다시 말해서, 외국의 공주들을 데려다가 아내로 삼았다는 말이다. 이런 외국 여자들은 시집 올 때, 그들의 신들도 가지고 와서 솔로몬을 타락시켰다.

솔로몬이 받아들인 신들을 보겠다. "솔로몬의 나이가 많을 때에 그의 여인들이 그의 마음을 돌려 다른 신들을 따르게 하였으므로, 왕의 마음이…그의 하나님 여호와 앞에 온전하지 못하였으니, 이는 시돈 사람의 여신 아스다롯을 따르고, 암몬 사람의 가증한 밀곰을 따름이라…모압의 가증한 그모스를 위하여 예루살렘 앞산에 산당을 지었고 또 암몬 자손의 가증한 몰록을 위하여 그와 같이 하였으며…"(왕상 11:4-5, 7).

아세라라고도 하는 아스다롯은 저 악명 높은 바알 신 밑에 있으면서 이스라엘 백성을 하나님으로부터 떠나게 했다. 몰록이라고도 하는 밀곰은 왕자의 의미를 갖는데, 그 신을 위하여 아이들을 제물로 바쳤다(왕하 23:10). 그모스 신은 전쟁의 신이다. 그 신을 위해서도 자녀들을 제물로 바쳤다(왕하 3:26-27). 어떻게 해서든지 전쟁에서 이기려고 암몬 사람들도 어린아이들을 몰록 신에게 바쳤다(왕하 16:3, 21:6).

그렇다! 다른 신들을 섬기는 자들은 사람들의 존엄성을 알지 못한다. 그들의 목적을 이루기 위하여 자녀들을 그들의 신들에게 바친다면서 불에 태워 죽였다. 그들의 자녀들도 역시 하나님의 형상을 따라 지음을 받은 존귀한 존재들인데 말이다. 그런 까닭에 하나님은 반복적으로 "하나님 이외에는 다른 신을 섬기지 말라"고 엄히 명령하셨다(신 5:7, 6:14). 그들이 약속의 땅에 들어가면 모든 신상들을 파괴하도록 엄명하셨다.

그 말씀을 직접 보겠다. "너희가 쫓아낼 민족들이 그들의 신들을 섬기는 곳은 높은 산이든지 작은 산이든지 푸른 나무 아래든지를 막론하고 그 모든 곳을 너희가 마땅히 파멸하며, 그 제단을 헐며, 주상을 깨뜨리며, 아세라 상을 불사르고, 또 그 조각한 신상들을 찍어 그 이름을 그곳에서 멸하라"(신 12:2-3). 그런 모든 신은 인간이 만든 것으로 인간을 파괴하는 것들이기 때문이다.

룻이 "나는 이방 여인이거늘!"이라고 고백했을 때, 그의 출신이 이처럼 다른 신들, 특히 그모스 신을 섬기는 모압 여인이라는 고백이었다. 왜냐하면 룻은 유대인들이 이런 이방 신들을 미워한다는 사실을 너무나 잘 알고 있었기 때문이다. 실제로 룻이 유다 베들레헴으로 온 것은 그런 우상숭배를 버리고, 시어머니의 하나님을 그녀의 하나님으로 모시기 위해서였다. 그러나 룻은 겸손하게 자신이 그런 이방 여인이라고 고백했다.

2) 다른 습관을 가진 사람들

이방인들은 유다 백성과 다른 신들을 섬기는 것은 물론이고, 다른 습관을 가지고 있었다. 예를 들면, 유다 백성은 스스로 죽은 동물을 먹지 않으나, 이방인들은 먹는다. 성경의 말씀도 이런 것을 뒷받침하고 있다. "너희는 너희의 하나님 여호와의 성민이라; 스스로 죽은 모든 것은 먹지 말 것이나, 그것을 성중에 거류하는 객에게 주어 먹게 하거나 이방인에게 파는 것은 가하니라…"(신 14:21).

이방인들은 성적으로 아주 난잡했다. 그들은 거의 본능적으로 살면서 때와 장소를 가리지 않았다. 그뿐만이 아니라, 상대방도 가리지 않고 닥치는 대로 그리고 기회가 주어지는 대로 난잡하게 성적 활동에 연루되었다. 그런 이유 때문에 하나님은 모세를 통하여 이스라엘 백성에게 애굽 사람들의 행위나 아니면 그들이 차지할 가나안 땅에 사는 사람들의 풍습을 좇지 말라고 강력하게 권고하고 또 경고했다.

그 권고와 경고를 직접 보겠다: "너희는 너희가 거주하던 애굽 땅의 풍속을 따르지 말며, 내가 너희를 인도할 가나안 땅의 풍속과 규례도 행하지 말고, 너희는 내 법도를 따르며 내 규례를 지켜 그대로 행하라. 나는 너희의 하나님 여호와이니라. 너희는 내 규례와 법도를 지키라; 사람이 이를 행하면 그로 말미암아 살리라. 나는 여호와이니라"(레 18:3-5). 이렇게 경고하신 후, 하나님은 구체적으로 이방인들의 난잡한 성행위를 자세히 묘사하셨다.

그런 이방인의 난잡한 성행위는 레위기에만 기록된 것이 아니다. 잠언을 보면 이방 여인들이 어떻게 선량한 남자들을 유혹하는지를 묘사한다. "지혜가 또 너를 음녀에게서, 말로 호리는 이방 계집에게서 구원하리니, 그는 젊은 시절의 짝을 버리며 그의 하나님의 언약을 잊어버린 자라. 그의 집은 사망으로, 그의 길은 스올로 기울어졌나니, 누구든지 그에게로 가는 자는 돌아오지 못하며 또 생명 길을 얻지 못하느니라"(잠 2:16-19).

이방인들은 이처럼 성적으로 타락했을 뿐만 아니라, 정직하지도 않았다. 반면, 이스라엘 백성은 정직하게 살려고 노력한다. 그들이 섬기는 하나님은 모든 것을 아시기 때문이다(시 139:1-4). 그러나 이방인들은 그런 하나님을 알지 못하고, 오히려 그들에 대하여 전혀 모르는 사람이 만든 신들을 섬기는 고로, 정직하지 않았다. 시편 기자는 이렇게 그 사실을 다음과 같이 꼬집어서 말했다.

"이방인의 손에서 구하여 나를 건지소서. 그들의 입은 거짓을 말하며, 그 오른손은 거짓의 오른손이니이다"(시 144:11). 그런 이방인들의 습관에 대하여 룻은 너무나 잘 알고 있었다. 그녀는 대조적으로 유대 가정으로 시집 와서 다른 것을 보았다. 비록 그 시집이 유다 베들레헴을 떠났지만, 그래도 그들의 정직한 삶, 깨끗한 삶을 영위하는 것을 보았다. 룻이 고향을 떠날 수 있었던 여러 이유 중 하나는 유대인들의 다른 삶 때문이었다.

3) 천대 받은 사람들

이처럼 다른 신들을 섬기며 또 다른 습관을 가진 이방인들을 유대인들이 곱게 볼 리가 없었다. 거기다가 하나님이 율법을 통하여 유대인들의 음식을 구별하셨기에, 그렇지 않은 이방인들을 천대했다. 유대인들은 절대로 부정한 음식을 먹지 않았으나(레 11), 이방인들은 아무 것이나 가리지 않고 먹었다. 그런 이유 때문에 하나님은 이방인들이 거룩한 유월절의 양고기도 먹을 수 없다고 말씀하셨다(출 12:43-45).

하나님이 친히 유대인과 이방인을 이처럼 구분하셨는데, 유대인이 이방인을 천대한 것은 너무나 당연하다. 유대인이 유대인에게 꾸어주면 이자를 받지 말라고 율법은 명시했다. 반면, 이방인에게는 반드시 이자를 받으라고 했다(신 23:20). 그뿐만이 아니라, 칠년이 지나면 유대인에게 꾸어준 것은 면제해야 되나, 이방인에게 꾸어준 것은 면제하지 않았다. 면제하기는커녕 오히려 그 빚을 독촉하라고 분명히 말씀하셨다.

"매 칠 년 끝에는 면제하라! 면제의 규례는 이러하니라; 그의 이웃에게 꾸어준 모든 채주는 그것을 면제하고 그의 이웃에게나 그 형제에게 독촉하지 말지니, 이는 여호와를 위하여 면제를 선포하였음이라. 이방인에게는 네가 독촉하려니와 네 형제에게 꾸어준 것은 네 손에서 면제하라"(신 15:1-3). 얼마나 분명한 율법인가? 유대인은 하나님과 언약을 맺었기에 특별한 사랑을 받았으나, 이방인은 언약 관계가 없기에 그렇지 않았다.

하나님의 구분은 거기에서 끝나지 않았다. 꾸어준 빚은 물론, 유대인이 종을 삼는 일에도 유대인과 이방인 사이를 엄격하게 구분하셨다. 다시 말해서, 유대인이 종을 돈을 주고 사거나 팔 때, 같은 족속인 유대인에게는 그렇게 하지 못했다. 그들이 종으로 살 수 있는 사람은 이방인이었다. 그 이유는 간단하다! 이방인은 우상을 섬기면서, 그들을 창조하신 하나님을 거부하기 때문이었다.

하나님은 그런 이방인들로 하여금 당신과 언약 관계에 있는 유대인을 섬기게 하셨다. 하나님의 말씀을 직접 보겠다, "너와 함께 있는 네 형제가 가난하게 되어 네게 몸이 팔리거든 너는 그를 종으로 부리지 말고… 그 때[희년]에는 그와 그의 자녀가 함께 네게서 떠나 그의 가족과 그의 조상의 기업으로 돌아가게 하라…네 종은 남녀를 막론하고 네 사방 이방인 중에서 취할지니 남녀 종은 이런 자 중에서 사올 것이며(레 25:39, 41, 44).

이렇게 엄격하게 구별된 유대인들은 이방인과 교제하는 것도 금했다. 이런 습관은 사사기에 나오는 어떤 레위인의 말에서도 볼 수 있다. "우리가 돌이켜 이스라엘 자손에게 속하지 아니한 이방 사람의 성읍으로 들어갈 것이 아니니…"(삿 19:12). 이런 습관은 초대교회에까지 전수되었는데, 베드로의 말에서도 볼 수가 있다. "유대인으로서 이방인과 교제하며 가까이 하는 것이 위법인 줄은 너희도 아느니라"(행 10:28, 요 18:28 참고).

3. 꼬리말

그렇다! 이방인은 유대인과 달랐다. 무엇보다도 그들이 섬기는 신이 달랐다. 그들의 신은 사람들이 그들의 필요를 충족시키기 위하여 만든 것이다. 신이 다르다는 것은 필연적으로 습관도 다르다는 것을 의미한다. 그런 다름 때문에 유대인은 이방인들을 천대했다. 얼마큼 천대했는가? 이방인들은 사람의 모습을 갖추었으나 사람이 아닌 동물처럼 여겼다.

그런 천대를 대변해서 직설적으로 말씀하신 분은 바로 예수 그리스도이셨다. 한 번은 가나안 여인이 그분에게 다가왔다. 그녀의 딸이 귀신 들렸기 때문이었다. 예수님은 이렇게 말씀하셨다, "나는 이스라엘 집의 잃어버린 양 외에는 다른 데로 보내심을 받지 아니하였노라. 자녀의 떡을 취하여 개들에게 던짐이 마땅하지 아니하니라"(마 15:26). 그러나 그 여인의 대답은 룻의 말을 상기시키고도 남았다.

"개들도 제 주인의 상에서 떨어지는 부스러기를 먹나이다"(마 15:27). 가나안 여인은 그녀가 유대인에게 개와 다를 바 없다는 사실을 시인함으로써 은혜를 받았다. 룻도 마찬가지이다! "나는 이방 여인이거늘!"이라는 고백에는 "나는 유대인이 아닙니다. 나는 다른 신을 섬기던 여인네였습니다. 나는 습관이 다른 모압 족속에 속한 여인입니다. 나는 개와 같은 이방인입니다"라는 겸양의 고백이 들어있었다. 그런 고백 때문에 룻도 가나안 여인처럼 은혜를 받을 수가 있었다!

8 "보아스의 두 번째 대화"

"보아스가 그에게 대답하여 이르되 네 남편이 죽은 후로 네가 시어머니에게 행한 모든 것과 네 부모와 고국을 떠나 전에 알지 못하던 백성에게로 온 일이 내게 분명히 알려졌느니라 여호와께서 네가 행한 일에 보답하시기를 원하며 이스라엘의 하나님 여호와께서 그의 날개 아래에 보호를 받으러 온 네게 온전한 상 주시기를 원하노라 하는지라" (룻기 2:11-12)

1. 머리말

보아스와 룻의 첫 번째 대화에서 보아스는 룻에게 다른 밭으로 가지 말고 그의 밭에서 이삭을 주우라고 말하면서 선의를 나타냈다. 그뿐만이 아니라, 한 발 더 나아가서 보아스는 일꾼들에게 룻을 건드리지 말라는 명령도 내렸다. 그리고 목이 마르면 남자들이 길어온 물도 마시라는 은혜를 내려주었다. 이미 살펴본 대로, 이런 선의는 그 당시 상황에서는 거의 불가능한 처사였다.

이런 선의에 대하여 룻이 어떻게 반응했느냐는 참으로 중요하다. 왜냐하면 그녀의 반응에 따라 보아스의 대화 내용도 결정될 것이기 때문이다. 만일 룻이 보아스의 은혜를 당연한 것처럼 받아들였다고 하면, 당연히 보아스는 더 이상의 은혜를 내리지 않았을 것이다. 그러나 룻의 반응은 보아스로 하여금 더 큰 은혜를 내리게 했다. 이미 살펴본 대로,

룻은 무릎을 꿇고 이마를 땅에 댔다.

그리고 이렇게 말했다, "나는 이방 여인이거늘, 당신이 어찌하여 내게 은혜를 베푸시며 나를 돌보시나이까?"(룻 2:10). 이런 룻의 말에는 깊은 감사의 마음을 담고 있었다. 그뿐만 아니라, 룻은 감사의 마음을 질문의 형식으로도 표현했다. 왜냐하면 보아스가 룻에게 베푼 은혜는 당시의 상황에서는 도저히 이해가 되지 않는 처사였기 때문이다. 이처럼 감사에 깃든 질문은 보아스로 하여금 은혜를 베푼 이유를 개진하게 했다.

2. 몸말

룻의 반응은 많은 고난과 눈물을 통하여 빚어진 인격에서 나온 것이라고 밖에 볼 수 없다. 왜 그런가? 우선, 그녀는 보아스가 지금까지 베풀어준 은혜를 가볍게 여기지 않았다. 그녀는 "참으로 고맙습니다!"라고 말하고 넘어갈 수도 있었다. 그 다음, 그녀는 보아스에게 앞으로도 잘 부탁한다고 말할 수도 있었다. 마지막으로, 그녀는 밭의 주인인 보아스가 그 정도의 은혜는 베풀 수 있다고 여길 수도 있었다.

그러나 룻은 어떻게 보면 이삭을 줍도록 허락한 보아스의 작은 호의를 결코 작게 여기지 않았다. 작든 크든 일단 호의를 베푼다는 것은 그만큼 배려했다는 것을 의미하기 때문이다. 그러니까 룻의 반응은 룻의 미래를 결정한다고 해도 지나친 말은 아니다. 어떤 의미에서, 룻은 그녀의 미래와 운명을 스스로 개척했다고 할 수 있다. 그녀의 감사에 가득한 질문은 그만큼 중요했다.

1) 이유

　룻이 이처럼 감사로 가득한 질문에 대한 보아스의 대답은 참으로 뜻밖의 내용이었다. 보아스가 그처럼 룻에게 은혜를 베푼 이유는 바로 룻 자신에게 있었다는 대답이었다. 그 대답 가운데 일부를 다시 보겠다: "네 남편이 죽은 후로 네가 시어머니에게 행한 모든 것과, 네 부모와 고국을 떠나 전에 알지 못하던 백성에게로 온 일이 내게 분명히 알려졌느니라."

　보아스가 한 이 말에 의하면, 룻의 일거수일투족을 보아스가 다 알고 있었다는 것이다. 실제로 나오미가 유다 베들레헴으로 돌아온 것은 베들레헴 사람들에게 큰 이야깃거리였다. 왜냐하면 온 성읍 사람들이 떠들어댔기 때문이다, "온 성읍이 그들로 말미암아 떠들며 이르기를, '이이가 나오미냐?' 하는지라"(룻 1:19). 그러나 실제로는 나오미가 데리고 온 룻의 이야기가 더욱 큰 화젯거리였음에 틀림없었다.

　이방 여인이 남편이 죽은 후에 시어머니를 따라 베들레헴까지 왔다는 사실 자체가 그 성읍 사람들에게는 화젯거리가 되고도 남았다. 그런데다 나오미의 남편 엘리멜렉과 친척 관계인 보아스는 다른 어떤 사람들보다도 룻의 행적에 대하여 귀를 기울였을 것이다. 그런 연유로 보아스는 조금도 주저하지 않고 룻의 과거의 모든 행적을 네 가지로 요약해서 말했다. 그 네 가지 행적 때문에 룻에게 은혜를 베풀었을 것이다.

　네 가지 행적으로 요약된 것은 이렇다: 첫째, 룻의 남편이 죽었다는 사실이다. 유대인들이 천대하는 이방 여인네들은 대부분 남편이 죽으면 친정으로 가든지 다시 결혼을 했다. 그런데 유대인들의 마음에는 물론 보아스에게도 룻은 달랐다. 룻은 다른 이방 여인네들과는 달리 계속해서 시집에 남았다. 어쩌면 룻은 많은 유대 여인네들과도 달리, 스스로의 인생을 다시 설계하지 않았다.

둘째, 룻은 과부가 된 이후에도 시어머니를 정성껏 보살폈다. 어쩌면 과부가 과부의 사정을 알았기에 취한 행위인지 모르겠다. 그러나 그것만은 아니었다. 룻은 시어머니를 자신의 어머니처럼 여겼을 뿐만 아니라, 어머니의 하나님을 자신의 하나님으로 모셨다. 다시 말해서, 모압 신인 그모스를 버리고, 참 신인 여호와 하나님께로 회심했다는 말이다. 그녀는 신앙인답게 시어머니를 선대하며 모셨다(룻 1:8).

셋째, 룻은 고향은 물론 고향에 있는 부모를 과감히 떠났다. 이런 결단은 대부분의 이방 여인네들은 감히 할 수 없는 그런 결단이었다. 실제로 함께 살면서 함께 고향을 떠났던 동서 오르바도 모압으로 돌아갔다. 이런 것은 깊은 신앙심이 아니면 결코 가능하지 않은 결단이었다. 누구보다도 어머니가 이방 여인이었던 보아스에게 룻의 이런 결단은 마음 속 깊이에 각인된 그런 결단이었다.

넷째, 룻은 전에 알지 못하던 백성에게로 왔다. 그냥 단순히 온 것만이 아니었다. 그녀는 "어머니의 백성이 나의 백성이 되고"라고 시어머니에게 고백한 적이 있다(룻 1:16). 보아스도 일찍 룻과 비슷한 경험을 했다. 이방 여인이었던 라합이 유대인 남자 살몬에게 시집을 왔다. 그런 다문화가정에서 성장한 보아스는 룻의 결단을 다른 누구보다도 깊이 이해했다. "전에 알지 못하던 백성에게로 온 일"을 나도 들었노라.

2) 보답

보아스는 룻의 네 가지 행적을 열거한 후, 그녀에게 은혜를 베푼 두 번째 이유를 다음과 같이 말한다, "여호와께서 네가 행한 일에 보답하시기를 원하며…" 그 이유는 한 마디로 말해서 "여호와께서 보답하기를 원하시기" 때문이었다. 그러니까 보아스는 룻이 "행한 일"에 대하여 이스라엘의 하나님이 보답해주실 것이라는 확신을 가지고 있었다. 그는 그 보답의 도구가 되기를 원했던 것이다.

실제로 보아스가 여호와의 도구가 되어 호의를 베푼 것도 사실이지만, 그 하나님은 이미 룻에게 보답하고 계셨다. 어떻게 보답하셨는가? 먼저 룻이 낯선 유다 베들레헴에 이르렀을 때는 보리를 추수할 시기였다. 물론 우연의 일치라고 볼 수도 있다. 그러나 "우연"을 "필연"으로 바꾸실 수 있는 섭리의 하나님은 룻을 그런 때에 베들레헴으로 인도하셨다. 만일 추수 때가 아니었다면 룻의 처지는 참으로 어려웠을 것이다.

하나님의 보답은 그것만이 아니었다! 룻이 이삭을 주우러 나아갔을 때, 하나님은 그녀의 발걸음을 보아스의 밭으로 옮기셨다. 물론 룻 편에서는 "우연"이었지만, 하나님 편에서는 당신의 섭리와 주권으로 인도하신 "필연"이었다. 만일 룻이 보아스의 밭이 아닌 다른 밭으로 갔더라면, 그녀의 운명은 완전히 바뀌었을 것이다. 그러나 지구가 태양의 주위를 한 치의 오차도 없이 회전하는 것처럼, 하나님은 한 치의 오차도 없이 당신의 섭리에 따라 인도하셨다.

또 있다! 룻이 보아스의 밭에 이르렀을 때, 그의 사환은 그녀에게 이삭 줍는 것을 허용했다. 만일 그 사환이 이 이방 여인을 천대하고 거절했다면, 룻의 운명은 바뀌었을 것이다. 그러나 그 사환은 이삭줍기를 허용했을 뿐만 아니라, 성실히 일하는 룻의 모습을 보아스에게 보고했다. 룻이 일생을 건 여호와는 참으로 자상한 분으로, 룻을 인자하게 인도하시며 보답하고 계셨다.

여호와의 보답은 또 있다! 이번에는 보아스를 통하여 보답하기 시작하셨다. 보아스는 사환이 룻에게 이삭줍기를 허용한 큰마음 못지않은 마음을 가지고 있다는 것을 보여주듯, 그도 룻에게 허용했다. 이미 살펴본 대로, 보아스는 이삭줍기를 허용했을 뿐만 아니라, 다른 밭으로 가지 말고 그의 밭에서 추수가 끝날 때까지 이삭을 주우라는 넓은 아량을 보여주었다. 이 모든 것은 두말할 필요도 없이 하나님의 보답이었다.

3) 보상

보아스의 대답은 계속된다, "이스라엘의 하나님 여호와께서 그의 날개 아래에 보호를 받으러 온 네게 온전한 상 주시기를 원하노라." 그렇다! 이스라엘의 하나님 여호와는 룻의 네 가지 행적에 대하여 보답하실 뿐만 아니라, 온전한 상도 내려주실 것이다. 그러니까 룻이 이처럼 큰 보답과 보상을 받게 된 가장 중요한 이유는 그녀가 행한 네 가지 행적 때문이었다. 하나님은 그런 선행을 간과하지 않으셨다.

그런데 본문에서 보답과 온전한 상이라는 단어는 아주 특이하다. 어떻게 특이한가? 우선 "보답하다"를 보겠다. "보답하다"로 번역된 히브리어 동사는 놀랍게도 샬롬(שלם)이다. 이 단어는 물론 "갚아주다"의 의미도 있다. 그러나 이 단어가 사용된 주된 이유는 여호와가 유대인의 집에 시집 온 이후 산산조각 난 룻의 인생을 회복시켜주겠다는 뜻이 강하게 내포되어 있다. 그리할 때, 그녀는 진정한 의미에서 평안을 찾기 때문이다.

그 다음, "온전한 상"으로 번역된 히브리어에서 "온전한"에 해당하는 형용사는 샬롬이다.[68] "상"은 "성실에 대한 보상"의 의미이고, "온전한"

은 평강을 의미하는 샬롬이다. 그러니까 여호와 하나님이 룻에게 이렇게 보상하기를 원하신다는 말이다: "완전한 보상, 공의로운 보상, 조용하지만 우의에 넘치는 보상, 평안을 주는 보상."[69] 이것은 모두 샬롬이 지니고 있는 의미를 열거한 것이다.

평안을 뜻하는 샬롬을 어떻게 얻을 수 있는가? 그런 평안은 여호와 하나님만이 주실 수 있는 것이다. 왜냐하면 샬롬이라는 평안은 다음과 같은 관계에서 생길 수 있기 때문이다. 첫째는 하나님과 올바른 관계를 가져야 한다. 둘째로 이웃과 올바른 관계를 가져야 된다. 셋째로 자연과 올바른 관계를 가져야 된다. 마지막으로 자신과 올바른 관계를 가져야 한다. 이렇게 네 가지와 올바른 관계를 가질 때, 진정한 평안을 경험할 수 있다.

보아스는 두 번씩이나 반복적으로 이런 샬롬을 빌어주었다. 그러면 룻에게 이런 샬롬, 곧 "온전한 상"은 무엇을 의미하는가? 첫째는 시어머니와 자신에게 먹거리가 있어야 된다. 그것은 당분간 보아스가 제공할 것이다. 둘째는 룻의 이방 여인 신분이 유대 여인으로 바뀌어야 한다. 그렇지 않으면 언제라도 유대인들로부터 천대를 받기 때문이다. 셋째로 그녀가 과부라는 신세를 면해야 한다. 그렇지 않으면 일생 내내 완전한 평안은 없을 것이다. 평안은커녕 가난에 시달리면서 살아야 한다.

넷째로 시어머니의 장래를 보장해야 한다. 그런데 그 문제는 룻이 해결할 수 있는 문제가 아니다. 그 문제는 시어머니 나오미의 남편 엘리멜렉이 남겨둔 기업의 문제가 해결되어야 한다. 그렇지 않으면 엘리멜렉의 가문은 영원히 이스라엘의 역사에서 사라질 것이기 때문이다. 그러나 누군가가 나타나서 엘리멜렉의 기업을 무를 수 있다면 그 문제도 깨끗이 해결될 것이며, 룻은 진정으로 샬롬을 누릴 수 있게 될 것이다.

3. 꼬리말

보아스가 룻과 두 번째 나눈 대화에서 그는 룻이 여호와 하나님의 보답과 보상을 받아야 되는지 그 이유를 분명히 언급하고 있었다. 한 마디로 말해서, 그 이유는 룻의 행적이었다. 룻의 행적은 무엇보다도 힘과 충성과 사랑을 가지고 시어머니를 섬긴 것이었다. 그러나 룻의 그런 행적은 사람들에게 보이기 위한 것이 아니었기에 여호와 하나님이 보답하셨고, 또 보상하실 것이다. 물론 사람들을 통하여 보답하셨고 보상하실 것이다.

여기에서 우리가 배우지 않으면 안 될 교훈은 무엇인가? 우리도 룻처럼 올바른 신앙을 근거로 "시어머니"에게 최선을 다해야 한다는 것이다. 우리의 "시어머니"는 누구인가? 우리의 부모도 될 수 있다. 배우자도 될 수 있다. 자녀일 수도 있다. 친척이나 친구일 수도 있다. 우리가 우리의 "시어머니"를 위하여 최선을 다할 때 자연스럽게 좋은 소문이 나게 된다. 결국 그런 소문은 우리에게 *샬롬*을 가져다주는 하나님의 방법이다.

9 "룻의 두 번째 반응(1)"

"이스라엘의 하나님 여호와께서 그의 날개 아래에 보호를 받으러 온 네게 온전한 상 주시기를 원하노라 하는지라 룻이 이르되 내 주여 내가 당신께 은혜 입기를 원하나이다 나는 당신의 하녀 중의 하나와 도 같지 못하오나 당신이 이 하녀를 위로하시고 마음을 기쁘게 하는 말씀을 하셨나이다 하니라" (룻기 2:12b-13)

1. 머리말

보아스가 처음 만난 룻에게 베푼 호의는 그 당시 상황에서는 상상을 초월한 것이었다. 그 호의에 못지않게 룻의 반응도 역시 상상을 초월한 것이었다. 룻은 무릎을 꿇고 이마를 땅에 대고, 감사의 표현을 질문 형식으로 올렸다: "나는 이방 여인이거늘, 당신이 어찌하여 내게 은혜를 베푸시며 나를 돌보시나이까?" 이처럼 감사의 질문에 보아스의 대답 역시 상상을 초월한 것이었다.

이미 살펴본 대로, 그 이유는 룻의 행동거지 때문이었다고 보아스는 힘주어서 말했다. 그런데 보아스에 의하면, 그 이유가 또 하나 있었다. 그것은 룻이 이스라엘의 하나님 여호와의 보호를 받으러 그 날개 아래로 왔기 때문이라는 것이었다. 그분의 날개 밑으로 보호받으러 온 룻을 하나님이 보상하여 주시리라는 기대 때문이라고 보아스는 설명했다. 그러니까 보아스에 의하면, 두 가지 이유 때문에 보아스가 호의를 베풀었다는 것이다.

한 가지 이유는 룻이 시어머니를 지극정성으로 섬겼기 때문이었다. 또 한 가지 이유는 룻이 "이스라엘의 하나님 여호와께 그의 날개 아래에 보호를 받으러 왔기" 때문이었다. 그러나 그분의 날개 아래에서 보호를 받기 위하여 룻이 통과해야 될 아픔과 눈물도 있었다. 그것은 고향과 부모를 등질 수밖에 없다는 것이었다. 어떻게 그런 결별이 가능했는가? 남편도 이 세상을 떠났는데 말이다.

2. 몸말

룻이 고향과 부모를 떠나 유다 베들레헴으로 왔다는 사실은 그녀가 이스라엘의 하나님께로 회심했다는 것을 증거하고도 남는 행위였다. 그 결별이 신앙 행위였다는 사실을 룻도 자신의 입으로 분명하게 증언한 바 있다, "어머니의 하나님이 나의 하나님이 되시리이다"(룻 1:16). 여기에 수수께끼 같은 룻의 비밀을 푸는 열쇠가 있다! 룻의 회심과 하나님의 인도하심 때문에 그녀는 과거의 모든 것과 결별하게 되었다.

그뿐만이 아니라 룻이 왜 시어머니를 힘과 충성과 사랑을 바쳐서 섬겼는지에 대한 설명도 된다. 그 이유는 룻의 회심 때문이었다. 하나님의 인도와 임재에 이끌린 신앙 행위였다. 그리고 시어머니와 함께 유다 베들레헴으로 돌아왔고, 그 행위를 보아스는 "이스라엘의 하나님 여호와의 날개 아래에 보호를 받으러 온" 것으로 받아들였다. 그런 이유 때문에 보아스는 그 하나님이 룻에게 보답하시고 또 보상하실 것을 믿어

의심치 않았다.

1) 여호와의 날개

그렇다! 룻은 단순히 시어머니인 나오미만을 붙좇아 유다 베들레헴으로 온 것이 아니었다. 물론 시어머니와 함께 하면서 봉양하겠다는 굳은 결심도 있었지만, 무엇보다도 이스라엘의 하나님 여호와의 날개 아래로 들어온 것이었다. 이미 룻에 대하여 많은 것을 듣고 그리고 아는 보아스는 룻이 유다 베들레헴으로 온 가장 근본적인 이유가 신앙 때문이었다는 것을 인정했고 또 확인해 주었던 것이다.

그러니까 룻의 모든 행적, 곧 남편이 죽었음에도 시어머니를 선대했고, 고향과 부모를 떠나서 전혀 알지 못하는 유다 백성에게로 돌아온 가장 중요한 이유는 그녀의 신앙 때문이었다. 그 신앙 때문에 룻은 남편이 죽은 후에도 시집에 남아서 시어머니를 섬겼고, 그리고 마침내 시어머니와 함께 유다 베들레헴으로 돌아왔다. 신앙이 아니었다면, 룻의 네 가지 행적 가운데 어떤 것도 가능하지 않았을 것이다.

보아스는 왜 "여호와의 날개 아래에 보호를 받으러 왔다"고 하면서 "여호와의 날개"를 언급했는가? 물론 "날개"가 지닌 깊은 의미 때문이었다. 어떤 의미를 지니고 있는가? 첫째는 구원의 의미이다. 일찍이 이스라엘 백성이 애굽에서 종으로 있을 때, 여호와 하나님이 그들에게 임하셔서 능력의 팔로 그들을 구원해내셨다. 한편 애굽 사람들을 재앙으로 치셨고, 또 한편 이스라엘 백성으로 하여금 홍해를 건너게 하셨다.

그리고 그들을 낮에는 구름 기둥으로, 밤에는 불 기둥으로 인도하셨다. 이처럼 놀라운 구원의 역사와 과정을 하나님은 새의 날개로 묘사하

신 적이 있다: "내가 애굽 사람에게 어떻게 행하였음과 내가 어떻게 독수리 날개로 너희를 업어 내게로 인도하였음을 너희가 보았느니라"(출 19:4). 이 말씀은 룻에게도 적용되었다. 룻이 모압을 떠나 유다 베들레헴으로 온 것은 여호와 하나님의 날개 아래로 보호를 받으러 왔다는 것이다.

이스라엘의 하나님 여호와의 날개의 둘째 의미는 어미와 새끼의 관계를 의미한다. 어미 새가 알을 품어서 깨어난 새끼를 어디에 두는가? 알을 품었던 날개 아래에 둔다. 왜 그런가? 갓 태어난 새끼들은 기후의 변화에도 약하고 그들을 노리는 포식자들에게도 아무런 저항도 할 수 없을 만큼 나약하다. 그처럼 나약한 새끼들을 어미 새는 날개 아래에 두고 보호한다. 그 새끼들이 성체가 되어 독립할 때까지 날개 아래에 둔다.

룻도 마찬가지이다! 그녀는 유다 베들레헴에서 아무 것도 모른다. 너무나 연약하다. 그녀는 바람만 세게 불어도 쓰러질 것이다. 그러나 룻이 의지한 여호와 하나님은 룻을 날개 아래 두고 모든 위험으로부터 지켜주실 것이다. 마치 여호와 하나님은 룻의 아버지시고, 룻은 그 하나님의 딸인 것처럼, 하나님은 룻을 보호해 주실 것이다. 룻이 낯선 땅에서 잘 적응하여 정착할 때까지 여호와 하나님은 보호해 주실 것이다(사 31:5).

여호와의 날개가 지닌 셋째 의미는 훈련이다. 어미 새는 새끼들이 알에서 나온 후, 그들을 보호할 뿐만 아니라, 그들을 적절하게 훈련시킨다. 그런 훈련 과정을 지나지 않은 새들은 독립할 수 없다. 그런 훈련은 출애굽을 한 이스라엘 백성에게도 필요했다. "마치 독수리가 자기의 보금자리를 어지럽게 하며 자기의 새끼 위에 너풀거리며 그의 날개를 펴서 새끼를 받으며 그의 날개 위에 그것을 업는 것 같이, 여호와께서 홀로 그를 인도하셨고…"(신 32:11-12).

어미 새가 새끼들을 호되게 훈련시킨 것만큼 새끼들이 독립하여 생존할 수 있는 확률이 큰 것처럼, 하나님은 이스라엘 백성을 호되게 훈련시키셨다. 마찬가지로 룻도 못지않은 호된 훈련을 받았다. 허구한 날들에 나가서 이삭을 줍는다는 것은 참으로 가혹할 정도의 훈련이었다. 뿐만 아니라, 자신을 보아스 앞에서 낮춘 것처럼, 다른 유대인들 앞에서도 낮추었을 것이다. 그런 호된 훈련을 거치지 않았다면 룻이 그만큼 높아졌겠는가?

여호와의 날개가 지닌 넷째 의미는 주님의 영광이다. 여호와 하나님은 스랍들의 날개 아래에 거하시는데, 시시때때로 사람들에게 영광으로 임하신다. 이사야는 그런 하나님을 만나서 특별한 인도를 경험했다(사 6:2-3). 룻도 마찬가지이다! 룻은 그런 영광스러운 하나님의 임재와 인도를 받게 될 것이다. 그 결과 룻은 영광스러운 결혼도 하고, 영광스러운 아들도 낳을 것이다. 룻은 이런 하나님의 날개 아래 보호를 받으러 왔던 것이다.

2) 룻의 반응

보아스가 이처럼 룻에게 호의를 베푼 이유를 두 가지, 곧 하나는 룻의 행적이고 또 하나는 룻의 신앙 때문이라고 언급했다. 그러면서 "이스라엘의 하나님 여호와가 보답하시고 온전한 상"을 주기 원하신다고 하자, 룻은 여전히 무릎을 꿇고 얼굴을 땅에 댄 채 이렇게 반응했다: "내 주여, 내가 당신께 은혜 입기를 원하나이다. 나는 당신의 하녀 중의 하나와도 같지 못하오나, 당신이 이 하녀를 위로하시고 마음을 기쁘게 하는 말씀을 하셨나이다."

이미 언급했지만, 다른 사람의 말을 어떻게 받느냐는 너무나 중요하다. 룻은 처음에 보아스의 말을 이렇게 받았다, "나는 이방 여인이거늘, 당신이 어찌하여 내게 은혜를 베푸시며, 나를 돌보시나이까?"(룻 2:10). 보아스가 베풀어준 은혜를 깊이 감사할 뿐만 아니라, 그렇게 은혜를 베풀어주는 이유도 물었다. 그런 질문은 보아스로 하여금 계속해서 말을 이어가게 했다.

그런데 룻의 첫 번째 반응과 두 번째 반응에는 몇 가지 차이가 있다. 우선, 첫 번째 반응에서는 보아스가 은혜를 베풀어주는 이유를 물었다. 그런데 두 번째 반응에서는 앞으로도 계속해서 은혜를 베풀어달라는 요청이었다. 이런 요청은 무엇을 의미하는가? 룻은 보아스가 자기에게 은혜를 베푼 이유를 들었다. 그 이유는 룻이 시어머니에 대한 선대와 이스라엘의 하나님 여호와의 날개 아래로 돌아온 것 때문이었다.

이렇게 룻이 보아스가 자기에게 은혜를 베푼 이유를 듣자, 계속 "은혜 입기를 원한다"고 했다. 룻은 그녀의 신앙이 이만큼 인정받은 것에 대하여, 무엇보다도 자신이 여호와 하나님께 돌아온 결정이 그르지 않았다는 사실에 대하여, 보다 깊은 확신을 갖게 되었을 것이다. 이와 같은 확신 때문에 룻은 보아스에게 더욱 "은혜 입기"를 구했다. 왜냐하면 보아스가 자기의 요청을 거부하지 않으리라고 믿었기 때문이다.

그렇다! 보아스가 하나님에 대한 룻의 신앙 때문에 도움의 손길을 뻗쳤다면, 보아스도 하나님의 은혜 가운데서 행했음이 틀림없다. 이처럼 보아스와 룻이 각각 신앙 때문에 도움을 주었고 또 도움을 받았다면, 두 사람은 다 하나님의 은혜 가운데 행한 것이다. 그렇다면 보아스는 계속해서 은혜를 베푸는 자리에 있고, 룻은 계속해서 은혜를 받는 자리에 있기를 원하는 마음의 표현이었다.

그 다음, 첫 번째 반응에서는 룻이 자기를 가리키면서 "이방 여인"이라고 했다. 그러나 두 번째 반응에서는 자기를 "하녀"라고 했다. 이미 언급한 대로, 이방 여인은 소속과 혈통이 다른 사람을 가리킨다. 유다 베들레헴 사람들은 여호와 하나님을 섬기나, 이방인은 다른 신들을 섬기는 사람이다. 룻은 자신을 "이방 여인"이라고 하면서 자신이 우상을 섬기는 모압 여인이기에 유대인들과 다르다는 고백이었다.

"하녀"는 "이방 여인"에서 한 단계 올라온 신분을 가리킨다. 비록 룻이 이방 여인이었으나, 이제 스스로를 "하녀"라고 부른 것은 유대에 귀속되었다는 것이다. 물론 유대인들 중에서 가장 낮은 신분이긴 했어도, 그래도 유대 사회의 일원이 되었다는 고백이었다. 룻은 어떻게 이렇게 "이방 여인"이라고 했다가 "하녀"라고 바꿀 수 있었는가? 그 이유는 간단하다! 보아스가 그녀의 신앙을 받아주었기 때문이다.

보아스와 룻은 혈통은 다를망정 같은 하나님을 섬기는 "같은 족속"이 된 것이다(출 19:5). 그런 이유 때문에 룻은 보아스를 "내 주여!"라고 했다. 어떻게 "내 주여!"라고 부를 수 있었는가? 같은 하나님을 섬기는 같은 백성이기에 그렇다. 신분의 차이는 있지만, 소속과 신앙의 차이는 없어졌다. 룻의 신앙고백, "어머니의 백성이 나의 백성이 되고, 어머니의 하나님이 나의 하나님이 되시리이다"가 인증되는 순간이었다(룻 1:16).

첫 번째 반응에서는 감히 부를 수 없었던 "내 주여!"를 두 번째 반응에서는 부를 수 있었다. 여기에서 룻이 부른 "주"는 *아도나이*의 의미를 갖는 히브리어 *아돈*(אָדוֹן)이다. 이런 칭호는 권위의 위치와 존경의 대상에게만 사용되는 것이다.[70] 룻은 자기에게 은혜를 끼쳐줄 수 있는 위치에 있는 보아스에게, 그리고 미천한 자기의 신앙을 조건 없이 받아준 신앙의 거장 보아스에게 "내 주여!"라고 불렀다.

3. 꼬리말

그렇다! 룻은 보잘 것 없는 모압 여인이었다. 거기다가 남편까지 잃은 참으로 불쌍한 과부였다. 그런 여인이 유대인들 속에 살러 왔다. 모든 멸시천대를 받을 각오를 가지고 왔다. 그렇지만, 그런 하잘 것 없는 여인에게 귀한 것이 하나 있었다. 그것은 이스라엘의 하나님 여호와에 대한 신앙이었다. 그 신앙 하나 움켜잡고 고향과 부모를 떠나 유다 베들레헴으로 왔던 것이다.

룻의 신앙의 대상인 여호와 하나님은 그런 룻을 향하여 못 본 체하지 않으셨다. 그분은 "그 날개 아래에 보호를 받으러" 온 룻을 구원하셨고, 보호하셨고, 훈련시키셨고, 그리고 마침내 영광 가운데로 인도하셨다. 이처럼 룻이 가진 신앙의 원리를 우리도 배우고, 따르고, 훈련받는다면, 여호와 하나님은 우리의 주님이 되실 것이다. 우리를 한 걸음씩 인도하실 것이다. 마침내 우리에게 영광스러운 결말을 주실 것이다.

10 "룻의 두 번째 반응(2)"

"룻이 이르되 내 주여 내가 당신께 은혜 입기를 원하나이다 나는 당신의 하녀 중의 하나와도 같지 못하오나 당신이 이 하녀를 위로하시고 마음을 기쁘게 하는 말씀을 하셨나이다" (룻기 2:13)

1. 머리말

"너는 평안하냐? 네 남편이 평안하냐? 아이가 평안하냐?" 이 인사는 엘리사가 그의 종 게하시를 시켜서 나귀를 몰고 급하게 달려온 수넴 여인에게 건넨 인사였다(왕하 4:26). 물론 이 인사에서 세 번씩이나 반복된 "평안"은 히브리어로 샬롬이다. 엘리사는 수넴 여인은 물론 그녀의 남편과 아들에게도 평안하냐는 인사를 전했다. 이처럼 유대인은 서로 만날 때, 의례히 주고받는 인사는 "평안하냐?"이다.

이것은 우리말에 "안녕하십니까?"에 해당되는 인사이다.[71] 이처럼 유대인이 사용하는 샬롬은 중요하다. 그런 이유 때문에 보아스도 룻에게 샬롬을 두 번씩이나 사용하면서 하나님이 "보답하시고," 또 "온전한 상" 주심을 빌어주었다(룻 2:12). 이미 언급한 대로, "보답하고"와 "온전한" 은 히브리어로 샬롬이다. 그러니까 유대인인 보아스가 룻에게 유대인의 인사법으로 복을 빌어준 것은 그녀의 신앙을 받아들였다는 뜻도 함축하고 있다.

보아스의 샬롬에 대하여 룻은 어떻게 반응했는가? 그녀가 반응한 말을 자세히 보면 세 단어가 두드러진다. 첫째 단어는 *은혜*이고, 둘째 단어는 *위로*이며, 셋째 단어는 *기쁨*이다. 이 세 단어가 본문 말씀의 주제이다. 우리는 함께 이 단어들이 함축하고 있는 의미를 찾아볼 것이다. 왜냐하면 이 단어들을 좀 더 깊이 살펴보면 룻의 반응에 대해서도 그만큼 깊이 알 수 있기 때문이다.

2. 몸말

먼저, 은혜라는 단어의 의미를 보겠다. 그 단어의 의미는 이렇다: "불쌍히 여기다, 호의를 베풀다." "우월한 자가 열등한 자에게 무조건적인 호의를 베풀다." 유대인들도 이 단어를 사용했지만, 그래도 이방인이었다가 유일신인 하나님께로 돌아온 사람들이 주로 사용했다. 유대인들은 하나님의 택하신 선민의식으로 살았지만, 이방인들은 회심 후에 하나님 앞에서 자격이 없는 죄인이라는 사실을 분명하게 깨달았기 때문이다.

룻의 경우도 마찬가지였다. 그녀는 우상을 섬기던 모압 여인이었다. 그녀는 유대교로 회심한 후, 은혜에 대하여 깊이 깨달은 것 같았다. 그렇지 않았다면 은혜라는 말을 반복적으로 사용하지 않았을 것이다. 특히 룻이 유다 베들레헴으로 돌아와서부터 그녀의 입에 달고 살았던 단어는 바로 은혜였다. 그녀는 이삭을 주우러 나가면서도 은혜를 언급했다. 또 이삭을 주우면서도 보아스가 베푼 선대를 은혜로 여겼다.

1) 은혜

룻이 이삭을 주우러 밭으로 나가기 전 시어머니에게 허락해줄 것을 요청하면서 이렇게 말했다. "원하건대 내가 밭으로 가서 내가 누구에게 은혜를 입으면 그를 따라서 이삭을 줍겠나이다"(룻 2:2). 이 요청에서 룻은 은혜를 언급했다. 왜 그런가? 비록 이삭을 줍는 것은 가난한 이방인과 고아와 과부에게 허락된 율법의 가르침이지만, 그래도 룻은 당연시하지 않았다. 은혜가 없다면 이삭줍기도 할 수 없다는 사실을 고백한 것이다.

그러니까 룻은 이삭줍기를 시작하기 전에 은혜를 간구하면서 나갔던 것이다. 그리고 마침내 룻은 보아스를 만났다. 보아스가 룻에게 다른 곳으로 가지 말고 그의 밭에서 계속 이삭을 주우라고 하면서, 물까지 제공하겠다고 제안했다. 그때도 룻은 이렇게 반응했다, "나는 이방 여인이거늘, 당신이 어찌하여 내게 은혜를 베푸시나이까?"(룻 2:10). 룻이 은혜를 바라고 나갔는데, 바랐던 것보다 훨씬 더 많은 은혜를 받았다.

룻이 그런 은혜를 베푼 이유를 보아스에게 묻자, 그는 두 가지로 대답했다. 하나는 그녀의 행적--남편의 죽음, 시어머니에 대한 선대, 부모와 고향을 떠남, 알지 못하던 백성에게로 옴--때문이었고, 또 하나는 그녀의 신앙 때문이었다. 그런데 그 신앙은 룻이 말한 간증이 아니라, 보아스를 통해 나온 증언이었다. 보아스는 "그의 날개 아래에 보호를 받으러 온 네게 온전한 상 주시기를 원하노라"는 말로 룻의 신앙을 증언했다(룻 2:12).

룻은 보아스가 자기를 같은 신앙인으로 받아들인 사실을 듣자, 주저하지 않고 말했다, "내 주여, 내가 당신께 은혜 입기를 원하나이다!" 여기에서 룻이 구한 은혜는 지금까지 받은 은혜에도 감사하지만, 앞으로도 계속해서 은혜를 베풀어달라는 요청이었다. 그렇다! 지금까지도 아무런 자격 없는 그녀에게 은혜를 베풀어준 것처럼, 앞으로도 자격 없지만 계속해서 은혜를 베풀어달라는 신앙적인 요청이었다.

룻기 2장에서 네 번째 사용된 *은혜*는 시어머니 나오미가 한 말이었다. "그가 여호와로부터 복 받기를 원하노라. 그가 살아 있는 자와 죽은 자에게 *은혜* 베풀기를 그치지 아니하도다"(룻 2:20).[72] 나오미는 그녀가 처한 궁핍한 상황을 이해한 보아스가 룻을 통하여 도움의 손길을 펼친 것을 은혜로 받아들였다. 그가 베푼 은혜는 살아 있는 나오미와 룻을 위한 것이지만, 또한 이미 죽은 엘리멜렉을 위한 은혜였다는 것이다.

룻기 2장에서 네 번 사용된 "은혜"는 시간과도 연결시킬 수 있다. 룻이 나오미에게 "뉘게 *은혜*를 입으면…이삭을 줍겠나이다"에서는 미래에 받을 은혜이다. 반면, 룻이 보아스에게 엎드려서 "어찌하여 내게 *은혜*를 베푸시며"와 "내가 당신께 *은혜* 입기를 원하나이다"는 현재에 받는 은혜를 가리킨다. 나오미가 "*은혜* 베풀기를 그치지 아니하도다"는 과거를 가리킨다. 룻기 2장은 룻이 경험한 미래, 현재, 과거를 망라한 "은혜"의 이야기이다.

2) 위로

룻이 보아스의 선대를 첫 번째로 묘사한 단어가 은혜라면, 두 번째로 묘사한 단어는 "위로"이다. 룻이 묘사한 말을 보기 위하여 본문을 다시 읽겠다. "당신이 이 하녀를 위로하시고…" 이 추수의 현장에서 누가 "위로"를 받아야 하는가? 사환인가? 물론 아니다! 보리를 베는 남자들인가? 아니다! 그러면 보리를 단으로 묶는 여인네들인가? 아니다! 누구보다도 "위로"를 필요로 하는 사람은 룻이었다.

왜 그곳에 모여 있던 어떤 사람들보다도 위로를 필요로 하는 사람은 룻인가? 그 이유는 룻만큼 크나큰 비극과 엄청난 충격을 겪은 사람이 없었기 때문이다. 모압 여인인 그녀가 유대 가정으로 시집가서 겪은 문화 차이는 충격 그 자체였다. 그러나 룻은 서서히 문화의 차이도 극복하면서, 유일신인 이스라엘의 여호와 하나님께로 회심했다. 모든 것이 안정되어 시집살이를 잘 하고 있을 때, 남편이 젊은 나이에 덜커덕 죽었다.

룻이 받은 비극과 충격을 밭에서 수확하던 사람들 가운데 이해할 수 있는 사람이 있었는가? 물론 없었다! 룻의 충격은 그것으로 끝났는가? 물론 아니다! 시어머니가 고향인 유다 베들레헴으로 돌아가기로 결정했을 때, 룻은 인생의 중대한 기로에 있었다. 그러나 그녀가 믿은 여호와 하나님만을 바라보면서 시어머니와 함께 돌아가기로 결정했다. 부모와 고향을 떠나는 아픔과 슬픔을 이해할 수 있는 사람이 있었는가? 물론 없었다!

사막을 지나면서 룻이 당한 고통을 누가 이해했는가? 가보지도 못하고 알지도 못하는 다른 나라인 유다 베들레헴으로 가면서 그녀가 겪은 두려움을 진정으로 이해해 줄 수 있는 사람이 있었는가? 모든 것이 생소한 땅, 아무도 아는 사람이 없는 땅, 의식주가 보장되지 않은 땅, 한 치 앞을 내다볼 수 없는 미지의 땅――이런 땅에서 룻이 혼자 곱씹고 있는 두려움을 누가 이해하고 공감했는가? 물론 아무도 없었다!

그런데 놀랍게도 그녀의 슬픔과 아픔을 이해한 사람을 만났다! 그는 다른 사람이 아닌 보아스였다! 보아스는 그녀가 겪은 비극과 충격을 이렇게 말했다, "네 남편이 죽은 후로, 네가 시어머니에게 행한 모든 것과, 네 부모와 고국을 떠나 전에 알지 못하던 백성에게로 온 일이 내게 분명히 알려졌느니라"(룻 2:11). 보아스는 룻의 두려움도 이해했다! 이해할 뿐만 아니라, 룻이 겪은 마음의 상처를 말과 행동으로 위로해 주었다.

룻은 보아스의 이해와 위로를 받아들였다. 받아들이지 않았다면 "당신이 이 하녀를 위로하셨다"고 말하지 못했을 것이다. 그렇다! 룻은 보아스의 위로를 받아들였다! 룻은 지금까지 겪은 모든 모진 아픔과 슬픔을 이해해준 보아스의 말에 위로를 받았다. 그 말을 위로로 받아들였다는 것은 더 이상 과거에 집착할 필요가 없어졌다는 뜻이다. 룻으로 하여금 "위로"를 받아 과거를 뒤로 하고, 미래를 향하여 나아갈 준비를 시켰다.

3) 기쁨

룻이 보아스의 선대에 대하여 세 번째로 묘사한 단어는 "기쁨"이다. 룻의 말을 직접 들어보겠다. "당신이…마음을 기쁘게 하는 말씀을 하셨나이다." 보아스는 룻에게 여러 가지를 말했는데, 그 가운데 어떤 말이 룻의 마음을 기쁘게 했단 말인가? 앞으로도 보아스의 밭에서 이삭을 주우라는 말이 기쁨을 주었는가? 아니면 남자들이 길어온 물을 마시라고 한 말이 기쁨을 주었는가? 물론 그런 말도 기쁨이 됐겠지만 기쁨의 핵심은 아니었다.

그러면 어떤 말이 룻의 마음을 기쁘게 했는가? 그것은 룻이 모든 희생을 각오하면서 어렵게 결정한 신앙 행위에 대한 증언이었다. 실제로 롯은 이런 신앙의 결정 때문에 고향과 부모도 떠나는 아픔을 맛보았다. 그런 아픔을 이해한 보아스의 증언을 다시 직접 들어보겠다. "여호와께서 네가 행한 일에 보답하시기를 원하며, 이스라엘의 하나님 여호와께서 그의 날개 아래에 보호를 받으러 온 네게 온전한 상 주시기를 원하노라"(룻 2:12).

그러니까 보아스가 룻에게 기쁨을 준 말은 그녀의 회심과 신앙 행위를 인정한 것이었다. 그 말은 인정만 한 것이 아니라, 한 발 더 나아가서 이스라엘의 하나님 여호와가 보상해 주신다는 증언이었다. 마치 보아스가 룻을 위한 변호사라도 되는 것처럼, 그녀 편에서 재판관이신 하나님의 마음을 전달해준 것과 같다. 대언자와 같은 변호사의 역할이라도 하듯, 보아스는 룻의 마음을 진정으로 기쁘게 하는 말을 했다.

롯의 회심을 시어머니 외에 누가 알았겠는가? 롯이 회심 이후 그 회심 때문에 행한 행위를 아무도 알지 못한다고 생각했다. 그 신앙 행위는 이미 언급한 대로 두 가지였다. 하나는 모든 어려움에도 불구하고 시어머니를 정성으로 섬긴 것이었다. 또 하나는 고국을 떠나 "하나님의 찬양"과 "양식의 집"인 유다 베들레헴으로 돌아온 것이었다. 시어머니와만 나누었던 그런 신앙 행위가 보아스에게 인증되었을 때, 롯은 참으로 기뻤다.

보아스는 롯을 한편 "위로"했고, 또 한편 "마음에 기쁨"을 안겨주었다. "위로"는 과거에 대한 것이며, "기쁨"은 미래에 대한 것이다. 그 이유는 이렇다. 롯이 그동안 겪은 수많은 아픔과 슬픔을 인지하고 씻어주는 말은 "위로"였다. 그렇다! 롯은 위로가 필요했다! 그러나 동시에 롯은 미래에 대해서도 희망을 가져야 하는데, 그 희망이 바로 "기쁨"이 되는 말, 곧 여호와 하나님이 "온전한 상"을 주시리라는 보장의 말이었다.

롯은 "전에 알지 못하던 백성"이 사는 유다 베들레헴에서 새로운 인생을 시작했다(룻 2:11). 새로운 인생을 시작하는 롯에게 필요한 것은 온전한 마음, 곧 샬롬의 마음이었다. 샬롬을 위하여 보아스는 내적 치유에 해당하는 "위로"의 말을 주었다. 다시 말해서, 모든 과거를 뒤로하고 새로운 삶을 시작하라는 것이었다. 동시에 미래를 개척할 수 있는 외적 확신이 "마음의 기쁨"이었다. 보아스는 이 둘을 롯에게 제공했던 것이다.

3. 꼬리말

롯기 2장은 롯이 타향살이를 하면서 "이삭을 주워" 연명하는 구슬픈 이야기이다. 그러나 동시에 그처럼 슬픈 인생을 마다하지 않는 롯에게 부어진 은혜의 이야기이기도 하다. 롯은 한없이 낮아져서도 체념하지 않았다. 롯은 이스라엘의 하나님 여호와에 대한 신앙 때문에 그분의 은혜를 구하면서, 받으면서, 감사하면서 어려움을 극복해 나갔다. 그녀가 그처럼 낮아지지 않았다면, 은혜를 알지도 못했을 것이며 또 경험하지도 못했을 것이다.

우리도 마찬가지이다! 신앙생활은 역설적이며 동시에 이율배반적인 것 같은 삶을 영위하는 것이다. 우리가 낮아지지 않는다면 하나님의 은혜를 간구할 수 있는가? 우리가 롯처럼 엎드려서 하나님의 은혜를 구한다면, 은혜의 하나님은 반드시 은혜를 부어주신다. 은혜만 부어주시는 것이 아니라, 위로와 기쁨도 부어주신다. 그런 하나님의 은혜 속에서 살아가는 그리스도인은 진정으로 복 받은 사람이다!

11 "보아스의 선대"

"식사할 때에 보아스가 룻에게 이르되 이리로 와서 떡을 먹으며 네 떡 조각을 초에 찍으라 하므로 룻이 곡식 베는 자 곁에 앉으니 그가 볶은 곡식을 주매 룻이 배불리 먹고 남았더라 그들이 룻이 이삭을 주우러 일어날 때에 보아스가 자기 소년들에게 명령하여 이르되 그에게 곡식 단 사이에서 줍게 하고 책망하지 말며 또 그를 위하여 곡식 다발에서 조금씩 뽑아 버려서 그에게 줍게 하고 꾸짖지 말라 하니라" (룻기 2:14-16)

1. 머리말

룻은 아침 일찍부터 밭에서 열심히 이삭을 줍고 있었다. 사환의 말에 의하면 잠시 그늘에서 쉰 것 이외에는 비지땀을 흘리면서 이삭을 줍고 있었다. 그러던 차에 보아스가 등장했고, 그리고 룻에게 말을 걸었다. 낮고 천한 룻은 높고 귀한 보아스의 자상한 제안에 반응하지 않을 수 없었다. 룻은 즉시 무릎을 꿇고 엎드려서 입을 열었다. 그렇게 잠시 두 사람의 말이 오고갔다.

그리고 보아스와 룻은 각자의 일에 전념하기 시작했다. 보아스는 그동안 쌓아놓은 수확도 살펴보고, 또 앞으로 수확해야 될 밭들도 훑어보았을 것이다. 그리고 일꾼들을 살펴보면서 수확의 모든 과정을 점검하고 있었을 것이다. 한편 룻은 다시 이삭을 열심히 줍기 시작했다. 자기를 목메어 기다리는 시어머니를 위하여 그리고 자신을 위하여 열심히 이삭을 줍고 있었다. 룻이 줍는 이삭은 두 여인의 생명줄이었다.

비록 두 손은 이삭을 줍느라고 바빴지만, 룻의 마음은 보아스가 들려준 말을 되새기고 있었을 것이다. 그녀는 남편을 잃은 이후 가장 자상한 말을 들었던 것이다. 그것도 다른 나라에서 처음 만난 아버지뻘 되는 어른으로부터 들었다. 보아스의 은혜, 보아스의 위로, 보아스가 마음을 따뜻하게 해준 기쁨의 말--이런 보아스의 말을 생각하면서 룻은 한없는 용기가 치솟는 것을 느꼈을 것이다. 그녀는 그만큼 더 열심히 이삭을 줍고 있었다.

2. 몸말

얼마나 시간이 흘렀는지 룻은 의식하지 못하고 있었다. 그녀의 손은 이삭을 줍느라고 분주했고, 그녀의 마음은 보아스의 말을 거듭해서 되새기고 있었다. 그런데 갑자기 자기를 부르는 소리가 들렸는데, 그 소리는 보아스에게서 온 것이었다. 마침 보아스의 말을 거듭 되새기고 있을 때였다. 보아스도 룻에게 말을 건넸다고 본문은 언급한다: "식사할 때에 보아스가 룻에게 이르되…"

참으로 시간은 빨리 지나갔다. 벌써 점심 때가 된 것이다. 룻은 고향을 떠난 이후 지금처럼 보람있게 일한 적이 없었다. 그동안 가졌던 먹거리에 대한 두려움이 해결되는 시간이었기에 그랬다. 뿐만 아니라, 그녀의 회심과 신앙 행위를 아무도 인정해주지 않을지도 모른다는 두려움이 사라지는 시간이었기에 그러했다. 두려움만 해소된 것이 아니라, 위로와 기쁨의 소리도 들었기 때문이었다.

1) 보아스의 초청

롯에게 들려진 말은 보아스가 그녀를 점심 초대하는 초청이었다. 물론 롯은 이런 초청을 생각해본 적도 없고, 또 기대해본 적도 없다. 보아스가 특별히 친절한 것은 이미 알았지만, 점심까지 초청할 줄은 정말 몰랐다. 보아스의 초청을 다시 직접 들어보겠다: "이리로 와서 떡을 먹으며, 네 떡 조각을 초에 찍으라!" 롯은 자신의 귀를 의심했지만, 그래도 보아스의 초청은 사실이었다.

그런데 이 초청을 자세히 살펴보면 세 동사가 들어 있는데, 그 동사들을 하나씩 살펴보면 보아스가 롯을 초청한 내용을 보다 구체적으로 알 수 있다. 그 동사들은 다음과 같다: 첫 번째 동사는 "오라"이고, 두 번째 동사는 "먹으라"이며, 그리고 세 번째 동사는 "찍으라"이다. 그리고 그 동사들은 다음과 같은 수식어를 가지고 있었다. "이리로 오라!" "떡을 먹으라!" "네 떡 조각을 초에 찍으라!"

"이리로 오라"는 동사가 함축하는 것은 무엇인가? 이 초청은 롯이 보아스 앞에서 엎드려 있을 때와는 전혀 다르다. 그리고 이삭을 줍는 모든 사람과도 다르게 만든다. 롯만이 보아스에 가까이 다가갈 수 있는 특권을 가졌다. 그뿐만이 아니라, 보아스의 일꾼들과 자리를 같이 할 수 있는 특권도 가졌다. 그렇게 이삭을 줍는 많은 사람들 중 유일하게 점심에 초청을 받는 특권을 갖게 되었다는 뜻이다.[73]

이런 초청은 문자 그대로 특권이었다. 보아스와 같이 점심을 하자는 초청은 이방 여인이요, 하녀만도 못한 롯에게는 있을 수 없는 일이었다. 그런 특별한 배려를 받은 룻에게 주어진 두 번째 동사는 "떡을 먹으라"였다. 물론 룻은 굶주렸다. 그날만이 아니라, 상당히 오랫동안 점심은 생각지도 못했을 것이다. 더군다나 이삭을 줍느라고 허기진 룻에게 하나님이 보아스를 통하여 "보답하신다고" 밖에 해석할 수 없는 초청이었다.

보아스의 초청에 들어있는 세 번째 동사는 "네 떡 조각을 초에 찍으라"였다. "초"는 특별히 더위를 식히게 해주는 특별한 조미료였다.[74] 그러니까 룻은 비록 시어머니와 자신을 위하여 열심히 이삭을 주웠지만, 그래도 그녀는 배고팠고 또 무더웠다. 그런 사실을 보아스가 모를 리 없었다. 그런 이유 때문에 보아스는 "떡"을 먹으라고 초청했을 뿐만 아니라, 그 떡을 "초에 찍으라"는 선대를 베풀었다.

굶주린 사람에게 "떡"과 목마른 사람에게 "초"는 샬롬을 의미한다. 이스라엘의 하나님이신 여호와를 의지하여 유다 베들레헴, 곧 "찬양과 떡의 집"으로 돌아온 룻에게 "떡"과 "초"가 제공되었다. 룻의 마음은 보아스에 대한 깊은 감사로 가득했을 것이다. 그뿐만이 아니라, 그녀를 여기까지 인도하신 이스라엘의 하나님 여호와께도 감사했을 것이다. 그녀의 마음에 넘치는 감사의 마음은 그 하나님에 대한 찬양으로 연결되었을 것이다.

2) 룻의 응답

룻은 아침에 보아스를 처음 만났을 때, 자신이 한 말을 지금도 기억하고 있었다: "내 주여, 내가 당신께 은혜 입기를 원하나이다!"(룻 2:13). 이 말은 보아스가 그녀에게 앞으로도 계속해서 배려와 호의를 베풀어달라는 요청이었다. 그리고 이 요청에는 보아스가 은혜를 베풀기만 하면 룻이 그 은혜를 받겠다는 마음을 전제로 한 요청이었다. 그렇다! 주는 것도 은혜이나, 받는 것도 은혜이다.

그런데 보아스는 룻의 요청대로 은혜의 손길을 뻗쳤다. 룻도 주저하지 않고 그 은혜를 받았다. 룻의 응답을 보겠다: "룻이 곡식 베는 자 곁에 앉으니 그가 볶은 곡식을 주매 룻이 배불리 먹고 남았더라." 보아스의 초청에는 세 동사가 포함된 초대라고 했는데, 룻의 응답에도 역시 세 동사가 들어가 있다. 첫 번째 동사는 "앉으니"이고, 두 번째 동사는 "배불리 먹고"이며, 그리고 세 번째 동사는 "남았더라"이다.

룻은 "곡식 베는 자 곁에 앉았다." 그렇게 많은 사람들이 이삭을 줍고 있었는데, 그중 룻만이 보아스의 점심초대를 받았다. 그 초청에 응하여 룻은 곡식 베는 자들 곁에 앉았다. 그녀는 더 이상 이방 여인이나 하녀처럼 취급되지 않았다. 조금 전까지만 해도 그녀는 보아스의 밭에서만 이삭을 주울 수 있는 특별대우를 받았던 이방 여인이었다. 그러나 갑자기 점심 초청을 받고 일꾼과 같은 자리에 오를 수 있었다.

두 번째 동사는 "배불리 먹다"인데, 그 동사에 포함된 문장을 다 인용하면 이렇다. "그가 볶은 곡식을 주매 룻이 배불리 먹었다." 여기에서 "볶은 곡식"은 이스라엘 백성이 흔히 먹는 양식이었다. 다윗도 볶은 곡식을 자주 먹었다(삼상 17:17, 25:18). 그런데 룻이 배불리 먹었다는 것은 아주 특별하다. 이삭을 줍는 것만으로도 은혜인데, 이것은 얼마나 큰 은혜인가? 룻은 이렇게 큰 은혜를 기대한 적도 없었다.

참으로 가난한 이방 여인 룻에게는 "배불리 먹었다"는 것은 그야말로 만찬에 참여한 것과 다름없다.[75] 그녀가 믿은 이스라엘의 하나님 여호와는 참으로 놀라운 분이시다. 그녀는 "내가 누구에게 은혜를 입으면 그를 따라서 이삭을 줍겠나이다"라고 말하면서 집을 나섰는데(룻 2:1), 룻이 구한 것보다도 훨씬 더 많고 큰 은혜가 부어진 것이었다. 출애굽 후, 광야에서 이스라엘 백성에게 배부를 만큼 만나를 주신 하나님이었다(출 16:12).

세 번째 동사는 "남았더라"이다. "남았다"는 동사에서도 보아스의 마음을 엿볼 수 있다. 그는 일꾼들 틈에 앉은 룻에게 볶은 곡식을 주었는데, 얼마나 후하게 주었던지 룻이 배불리 먹고도 남았다.[76] 물론 남겨진 볶은 곡식을 룻이 집으로 가져가서 시어머니에게 드리게 하기 위함이었다. 이런 보아스의 행위에서 그의 마음을 쉽게 엿볼 수 있는데, 그의 마음은 참으로 넓고도 깊었다.

3) 보아스의 관용

보아스는 룻에게 여호와의 *샬롬*을 두 번씩이나 빌어주었었다. 그렇게 말한 후에 보아스는 자신의 말을 책임지기라도 하듯, 두 번씩이나 은혜를 베풀었다. 이미 배불리 먹을 만큼 떡을 주는 은혜를, 그리고 이제는 이삭을 많이 주울 수 있도록 조처해주는 은혜를 베풀어 주었다. 그 은혜를 다시 보겠다. "그에게 곡식 단 사이에서 줍게 하고 책망하지 말며, 또 그를 위하여 곡식 다발에서 조금씩 뽑아 버려서 그에게 줍게 하고 꾸짖지 말라."

이와 같이 보아스가 내려준 은혜의 조처에도 주된 동사는 셋이다. 첫 번째 동사는 "줍게 하고"이며, 두 번째 동사는 "뽑아 버려서"이고, 그리고 세 번째 동사는 다시 "줍게 하고"이다. "책망하다"와 "꾸짖지 말라"는 보아스의 조처에 주된 동사가 아니라, 주된 동사인 "줍게 하다"를 보조하는 동사에 불과하다. 그러면 이제 주된 동사 셋을 하나씩 살펴보면서 보아스의 관용을 좀 더 알아보겠다.

첫 번째 동사는 "줍게 하고"인데, 이번에는 줍는 장소를 지정해주면서 보아스는 은혜를 베풀었다: "그에게 곡식 단 사이에서 줍게 하고 책망하지 말라." 이것이 왜 은혜인가? 이삭을 줍는 사람들은 여인네들이 단을 묶어서 낟가리에 쌓은 후 밭에 떨어진 이삭을 줍는다. 그러나 룻은 낟가리를 쌓아둔 "단 사이에서" 주우라는 것이었다. 그 곳은 이삭 줍는 사람들에게는 접근이 허락되지 않았으나,[77] 룻에게는 특별히 허락된 것이었다.[78]

보아스가 베푼 두 번째 은혜에서 두 번째 주된 동사는 "뽑아 버려서"인데, 그 동사가 들어간 보아스의 말을 보겠다. "그를 위하여 곡식 다발에서 조금씩 뽑아 버려서…" 지금까지 허락한 것으로도 부지런한 룻은 충분히 이삭을 주울 수 있었는데, 이게 웬 말인가? 일꾼들이 "곡식 다발에서 조금씩 뽑아 버려서" 룻으로 줍게 하라는 것이다. 그들은 한 손으로 곡식 단을 잡고, 다른 손으로는 곡식을 뽑아서 땅에 부지런히 던졌을 것이다.

세 번째 동사는 다시 "줍게 하라"이다. 위에서처럼 주인의 허락을 받았으니 "책망하지 말라"는 것이었다. 물론 이런 명령은 보아스가 일꾼들에게 내렸기에 룻은 듣지도 못했고 알지도 못했다. 그런데 이런 은혜는 앞으로 보아스가 룻에게 베풀 훨씬 더 큰 은혜에 대한 맛보기에 불과했다. 후에 보아스는 나오미의 기업을 무를 자로서 은혜를 베풀었고, 그리고 룻을 아내로 취했다.

그러면 왜 보아스는 룻에게 그냥 보리를 듬뿍 주지 않고 이런 방법들을 사용했는가? 그 이유는 간단하다! 보아스는 룻을 수고하지 않고 얻어

먹는 거지로 취급하지 않았다. 보아스는 룻의 자존감을 세워주었다. 힘들지만 룻 스스로가 이삭을 줍게 했다. 룻으로 하여금 노력한 만큼 이삭을 주웠다는 뿌듯함을 갖게 했다. 그렇게 이삭을 주울 수 있었다는 것도 은혜이나, 그 은혜는 룻이 땀을 흘려야 그녀의 것이 되게 했던 것이다.[79]

3. 꼬리말

여기에서 성경의 중요한 원리를 세 가지 찾을 수 있다. 첫째 원리는 하나님을 의지하고 찾아오는 사람에게 상상도 하지 못할 정도로 많은 은혜를 내려주신다는 사실이다. 하나님은 환경도 조성하신다. 하나님은 올바른 사람도 만나게 하신다. 둘째 원리는 그 은혜를 보아스와 같은 사람을 통하여 부어주신다는 사실이다. 그렇다! 보아스는 하나님이 마음대로 사용하실 수 있는 하나님의 도구가 되었던 것이다.

셋째 원리는 하나님이 환경과 사람을 통하여 은혜를 베푸실 때, 그 은혜를 감사함으로 받아들여야 한다는 사실이다. 만일 룻이 보아스를 통하여 부어진 은혜를 거부했다고 하자. "나는 이방 여인이고 또 하녀와 같은 천한 사람입니다. 나는 그런 은혜를 받을 자격이 없습니다!" 룻이 그렇게 말했는가? 아니다! 룻은 "내 주여, 내가 당신께 은혜 입기를 원하나이다"라고 말했고(룻 2:13), 또 그 은혜가 주어질 때, 그 은혜를 은혜로 받았던 것이다.

12 "전인적 선대"

"그가 볶은 곡식을 주매 룻이 배불리 먹고 남았더라" (룻기 2:14)

1. 머리말

동물과 사람은 다르다. 동물은 먹기 위하여 존재한다고 할 수 있다. 물론 사람도 먹지 않으면 존재할 수 없다. 그러나 사람이 동물과 다른 점은 먹기만 하고 살 수 없다는 것이다. 왜 그런가? 사람은 전인적이기 때문이다. 전인적이라는 말의 뜻은 무엇인가? 육체만으로는 사람다운 사람이 될 수 없다는 말이다. 사람은 생각도 한다! 사람은 감정의 표현도 한다! 사람은 하나님께 기도도 한다!

다른 말로 하면, 사람에게는 육체만 있는 것이 아니라, 그 육체를 주장하는 정신도 있다. 그뿐만이 아니라 하나님과 교제할 수 있는 영^{spirit}도 있다. 그런 모든 것을 지니고 있는 사람을 전인적이라고 한다. 전인적인 사람을 영어로는 어 홀 퍼슨$^{a\ whole\ person}$이라고도 한다. 그러니까 사람은 어느 한 부분으로만 이루어진 존재가 아니라, 적어도 세 가지 부분--육체, 정신 및 영--으로 이루어진 종합적^{whole}인 존재^{person}라는 말이다.

이 세 가지 부분 중 하나라도 잘못된 사람은 전인적이라고 할 수 없다. 그런 사람은 훼손된 사람이지 결코 온전한^{whole} 사람^{person}이 아니다. 그리고 어느 부분이든 훼손된 사람은 결코 샬롬의 의미를 경험적으로 알 수가 없다. 왜냐하면 이 세 가지 구성 요소, 곧 육체, 정신 및 영이 합하여 조화를 이룰 때, 전인적인 사람이 되기 때문이다. 그리고 비로서 그 사람은 샬롬을 경험한다.

2. 몸말

보아스는 룻에게 두 번씩이나 샬롬을 빌어주었다. 그 말을 다르게 표현하면, 보아스는 룻이 영적으로도 온전하며, 정신적으로도 평안하며, 육체적으로도 건강하기를 빌어주었다는 뜻이다. 그런 깊은 뜻이 없었다면 보아스는 샬롬을 사용해서 말하지 않았을 것이다: "여호와께서 네가 행한 일에 보답하시기(샬롬)를 원하며, 이스라엘의 하나님 여호와께서 그의 날개 아래에 보호를 받으러 온 네게 온전한(샬롬) 상 주시기를 원하노라"(룻 2:12).

이 구절에서 "보답하다"와 "온전한"의 의미로 샬롬이 사용되었지만, 그런 의미를 지닌 단어는 샬롬 이외에도 있다. 그러나 보아스는 의도적으로 샬롬이란 단어를 사용하여 "보답하다"와 "온전한"의 뜻을 전달했다. 그러니까 보아스는 가련하고 미천한 이방 여인인 룻에게 전인적인 평안을 빌어준 것이다. 보아스는 실제로 그 말에 책임을 지기라도 하듯, 룻의 전인적인 필요, 곧 육체적 필요와 정신적 필요, 그리고 영적 필요를 채워주었다.

1) 육체적 필요

보아스가 룻의 육체적 필요를 제일 먼저 채워준 것은 목마름의 해결이었다. 보아스의 말을 직접 들어보겠다. "목이 마르거든 그릇에 가서 소년들이 길어 온 것을 마실지니라"(룻 2:9). 뜨거운 불볕 밑에서 이삭을 줍는다는 것은 참으로 천한 자들의 노역이다. 주워봐야 얼마 되지도 않는 별로 가치 없는 고역이다. 그런 천한 자인 룻에게 물을 제공한다는 것은 그 시대에서는 거의 불가능한 일이었다.[80]

남성우월시대인 그 당시 남자들이 길어온 물을 여인이 마시라는 것은 있을 수 없었다. 거기다 룻의 신분을 생각해 보라! 그녀는 이방 여인이다. 너무나 가난해서 이삭을 주워 연명하려고 밭으로 나온 객이었다. 그뿐인가? "하나님의 저주를 받아" 청상과부가 된 여인이었다. 그런 여인에게 남자들이 멀리 가서 길어온 물을 누가 제공한단 말인가? 그러나 보아스는 타는 듯한 룻의 목마름을 이해했고 또 채워주었다.[81]

그 다음으로 보아스가 룻의 육체적 필요를 채워준 것은 배고픈 허기를 달래준 것이었다. 보아스의 말을 다시 보겠다, "이리로 와서 떡을 먹으며 네 떡 조각을 초에 찍으라"(룻 2:14). 이미 언급한 것처럼, 룻의 가정은 거의 파산했다. 남자가 생계를 꾸려가는 시대에 룻의 가정에는 아무 남자도 남지 않았다. 시아버지도 죽었고, 남편도 죽었다. 그녀의 삶은 빈곤 그 자체였을 것이다.

룻은 그날도 이삭줍기라는 노역을 준비하면서 보리떡 하나도 준비하지 못했다. 그녀는 문자 그대로 맨몸으로 그리고 맨주먹으로 나갔다. 그날만 그러했겠는가? 그동안 점심은커녕 식사도 제대로 할 수 없었을 것이다. 그러나 하나님은 하나님을 의지한 룻을 외면하지 않으셨다. 배에서 들려오는 꼬르륵하는 소리를 참으면서 이삭줍기에 열중하던 룻의 필요를 보아스는 채워주었다. 그것도 배불리 먹을 만큼 넘치게 채워주었다.

마지막으로 보아스가 룻의 육체적 필요를 채워준 것은 그녀를 보호해준 것이었다. 룻은 유다 베들레헴의 지리와 습관에 익숙하지 않은 이방 여인이었다. 거기다가 그녀도 과부이고 함께 사는 시어머니도 과부였다. 그런 룻의 상황은 무엇을 의미하는가? 룻에게는 아무도 그녀를 보호해줄 사람이 없었다는 것을 의미한다. 마치 이리 떼에 둘러싸인 어린양과 같은 가냘픈 존재였다. 그녀의 절대적인 필요는 육체적인 보호였다.

그런데 보아스는 그런 어린양과 같은 룻을 보호하기 시작했다. 그의 말을 다시 들어보겠다. "내가 그 소년들에게 명령하여 너를 건드리지 말라 하였느니라"(룻 2:9). 예나 지금이나 논밭에서 일하는 사람들은 언제든지 험악해질 수 있다. 그들은 주저하지 않고 그처럼 나약한 여인을 건드릴 수 있다. 그러나 유다 베들레헴에서 "유력한" 자인 보아스는 남자들에게 명령을 내림으로써 룻을 보호했던 것이다.

2) 정신적 필요

보아스는 룻의 육체적 필요만을 채워준 것이 아니었다. 그는 한 발 더 나아가서 룻의 정신적 필요도 채워주었다. 그렇지 않다면 어떻게 룻이 여호와의 샬롬을 누릴 수 있겠는가? 실제로 육체적인 필요는 채워져도 정신적인 필요가 채워지지 않으면 결코 샬롬을 누리지 못한다. 바로 그런 점 때문에 사람은 동물과 다르다. 동물은 배부르게 먹으면 그것으로 만족한다. 그러나 사람은 정신의 세계가 육체의 세계보다 더 중요할 수도 있다.

보아스가 어떻게 룻의 정신적 필요를 채워주었는지 그의 말을 직접 들어보겠다: "내 딸아 들으라; 이삭을 주우러 다른 밭으로 가지 말며, 여기서 떠나지 말고, 나의 소녀들과 함께 있으라"(룻 2:8-9). 왜 "이삭을 주우러 다른 밭으로 가지 말라"가 정신적 위로인가? 그 당시 이삭을 줍는 사람들은 이 밭 저 밭을 찾아다니면서 이삭을 주웠기 때문이다. 어떤 밭에는 이삭이 더 많을 수도 있었다.

또 어떤 밭의 주인은 더 관대할 수도 있다. 그뿐만이 아니라, 어떤 밭에는 이삭을 줍는 사람들의 수가 훨씬 적을 수도 있었다. 그러나 보아스는 룻에게 다른 밭으로 가지 말고 그의 밭에서 이삭을 주우라고 한 것이다. 이런 말은 유다 베들레헴의 정황을 전혀 알지 못하는 룻에게 안정감을 주는 것이었다. 어떻게 할 바를 몰라서 당황해 하던 룻에게는 더 이상 우왕좌왕할 필요가 없게 해준 배려의 말이었다.

그뿐만이 아니다! 보아스는 룻이 지금까지 한 행적을 칭찬해 주었다. 그의 칭찬을 들어보겠다, "네 남편이 죽은 후로 네가 시어머니에게 행한 모든 것과, 네 부모와 고국을 떠나 전에 알지 못하던 백성에게로 온 일이 내게 분명히 알려졌느니라"(룻 2:11). 이미 언급한 적이 있지만, 룻의 행적은 시어머니를 위한 것이었다. 늙고 연약한 시어머니를 끝까지 봉양하겠다는 일념으로 한 일이었다.

그런데 그런 행적이 보아스에게까지 알려졌다는 것 자체가 룻에게는 놀라운 일이었다. 십중팔구 시어머니 나오미를 통하여 나간 말이 유다 베들레헴에 사는 사람들에게 전해졌고, 그리고 마침내 보아스에게도 전해진 것 같다. 그런데 보아스의 칭찬을 보면 크게 두 가지이다. 하나는 룻이 남편을 잃은 후에도 시어머니를 선대했다는 것이다. 보아스는 그런 룻의 선대를 꼬집어서 드러냈다.

또 하나는 부모와 고향을 떠나 한 번도 가본 적이 없는 시어머니의 고향으로 시어머니를 따라 왔다는 것이다. 실제로 바로 이 행적은 룻으로 하여금 이별의 눈물과 미지의 세계에 대한 두려움을 갖게 한 것이었다. 보아스는 바로 그런 아픔과 두려움에 대하여 룻의 입장에서 말해준 것이었다. 그리고 보아스의 이런 말들은 룻에게 큰 위로와 기쁨을 주었던 것이다(룻 2:13).

3) 영적 필요

보아스는 유일신인 여호와 하나님을 믿는 사람이었다. 그는 사람이 육체적 필요와 정신적 필요가 채워진다손 치더라도 영적 필요가 채워지지 않으면 샬롬을 누릴 수 없다는 사실을 너무나 잘 알고 있었다.[82] 그 이유는 간단하다! 사람은 하나님에 의하여 창조되었기 때문이다. 왜 사람을 창조하셨는가? 하나님이 그 사람과 사랑과 교제를 나누기 위해서였다. 그런 까닭에 사람은 동서고금을 막론하고 신을 추구한다.

여기에 태어나면서부터 신을 추구한 여인이 있다. 그녀는 룻이다! 태어나자 부모와 그 백성이 믿는 그모스 신을 자연스럽게 받아들였다. 그러나 유일신 여호와 하나님을 믿는 가정으로 시집와서 두 신의 차이를 보았다. 그모스는 사람이 만든 신이다. 반면, 여호와 하나님은 세상과 사람을 창조하신 창조주 하나님이시다. 그뿐만이 아니라, 그 창조주는 사람들 가운데서 사람의 희로애락에 관심을 갖는 인격적인 분이시다.

롯은 시어머니의 하나님을 받아들였다. 다시 말해서, 그녀는 우상을 버리고 창조주이신 하나님께로 회심한 것이다. 그녀의 말을 직접 들어 보겠다, "어머니의 하나님이 나의 하나님이 되시리이다"(룻 1:16). 이런 결정은 롯의 인생과 인생관을 완전히 바꾸었다. 어느 정도 바뀌었는가? 롯은 남편이 죽은 후에도 시어머니를 봉양했다. 이런 행위는 모압 사람들에게서는 찾기 어려운 고상한 행위이다.

그뿐만이 아니다! 롯은 시어머니를 "붙좇아" 유다 베들레헴으로 왔다. 이런 결정은 단순한 결정이 아니다. 왜냐하면 고향도 떠나야 했고, 또 부모도 떠나야 했기 때문이다. 만일 롯이 창조주 하나님께로 회심하지 않았다면 이런 아픔과 슬픔을 겪어야 될 필요가 없었다. 그녀는 고향에서 편안하면서 평범한 인생을 마쳤을 것이다. 그러나 롯은 하나님을 믿으면서 그에 따르는 고난도 감수했다.

그렇게 모든 아픔과 슬픔을 감수한 롯에게 보아스는 영적 필요를 채워주는 말을 이렇게 했다. "여호와께서 네가 행한 일에 보답하시기를 원하며, 이스라엘의 하나님 여호와께서 그의 날개 아래에 보호를 받으러 온 네게 온전한 상 주시기를 원하노라"(룻 2:12). 롯이 선택한 여호와 하나님이 그 신앙 때문에 겪은 모든 이별의 눈물과 마음의 아픔을 샬롬으로 채워주실 것을 빌어주었다.

그렇다! 보아스는 롯에게 진정으로 샬롬을 빌어주었을 뿐만 아니라, 롯이 그 샬롬을 일차적으로 경험할 수 있도록 배려해 주었다. 보아스는 롯의 육체적 필요도 넘치도록 채워주었다. 보아스는 롯의 정신적 필요도 채워주웠다. 그러나 무엇보다도 보아스는 롯의 영적 필요도 채워주었다. 이런 보아스의 전인적인 선대는 맛보기에 불과하다. 앞으로 룻이 믿은 여호와 하나님은 룻이 상상도 하지 못한 *샬롬*을 주실 것이다.

3. 꼬리말

여기에서 우리가 배울 수 있는 신앙 원리가 있다. 첫째는 우리 주변에는 룻처럼 신앙 때문에 아픔과 슬픔을 겪는 사람들이 있을 수 있다는 것이다. 우리는 그들에게 관심도 갖고 또 그들의 필요를 채워주어야 한다. 둘째 원리는 우리는 모두 "보아스"가 되어야 한다. 우리는 아무리 빈약해도 우리보다 더 빈약한 사람들을 내려다보아야 한다. 보지만 말고 뭔가 해야 된다. 우리의 사고가 다른 사람 중심의 사고로 바뀌어야 된다는 말이다.

왜 많은 한국 사람들이 행복한 삶을 영위하지 못하는가? 그들의 삶을 자세히 들여다보면 전인적이지 않기 때문이다. 육체적인 필요가 채워지지 않아서 행복하지 않은 사람도 있다. 그보다 많은 사람들은 정신적인 공황 때문에 행복하지 않다. 그러나 그보다 더 많은 사람들이 알지 못하는 것이 또 하나 있다. 그것은 영적 필요이다! 아주 많은 사람들은 영적 공허를 채우지 못하고 쩔쩔매면서 살아간다. 그들을 위하여 무엇을 해야 하는가?

13 "보아스가 룻을 도운 이유"

"또 그를 위하여 곡식 다발에서 조금씩 뽑아 버려서 그에게 줍게 하고 꾸짖지 말라 하니라" (룻기 2:17)

1. 머리말

보아스가 룻을 도울 때, 부분적으로만 돕지 않았다. 그는 룻의 육체적 필요도 채워주었다. 한 발 더 나아가서, 그는 룻의 정신적 필요도 따사하게 채워주었다. 그런 도움도 그 당시 정황에서는 거의 기적에 가까운 것이었다. 그러나 보아스는 거기에 머무르지 않고, 영적 필요도 채워주었다! 이처럼 모든 국면의 필요를 채운 행위를 전인적 선대라고 언급한 바 있다.

그러면 왜 보아스는 처음 만난 룻을 이처럼 전인적으로 도왔는가? 보아스는 이방인들에게 늘 도움을 주던 습관이라도 있었는가? 그 습관대로 자연스럽게 룻도 도왔는가? 아니면, 그렇게 가난한 자들을 돕는 것이 그 가문의 전통이라도 됐는가? 아니면, 노총각이었던 보아스는 첫눈에 룻이란 이방 여인에게 끌렸는가? 아니면, 유다 베들레헴에서 "유력자"인 보아스가 체면을 유지하려고 룻에게 도움을 주었는가?[83]

보아스는 성심성의껏 이삭을 줍는 룻에 대한 이야기를 사환으로부터 들었다. 그 이야기를 듣자마자, 그처럼 성실하게 열심히 이삭을 줍는 룻을 도와주고 싶은 마음이 순간적으로 생겼는지도 모른다. 그는 룻으로 하여금 이삭을 빨리 그리고 많이 줍게 해주고 싶은 강한 충동을 받았는지도 모른다. 그 이야기를 듣는 순간 보아스 속에 잠재하던 친절하고 사려 깊은 마음이 발동했는지도 모른다.[84]

2. 몸말

보아스가 룻을 처음 만나서 이처럼 룻의 필요를 골고루 채워준 것은 매우 특이한 도움이다. 그것이 특이한 도움이었다면 그렇게 도와준 이유도 분명히 있었을 것이다. 그 이유를 자세히 알아보기 위하여 다음과 같이 세 입장에서 알아보겠다. 첫 번째는 룻의 입장이다. 두 번째는 보아스의 입장이다. 세 번째는 하나님의 입장이다. 물론 하나님이 직접 개입하지는 않으셨지만, 그래도 성경의 말씀을 통하여 개입하셨다.

1) 룻의 입장

보아스가 룻을 전인적으로 도운 첫 번째 이유는 바로 룻 때문이었다. 룻은 모압 여인이었지만, 엘리멜렉의 아들 말론에게 시집을 왔다. 그런데 이미 언급한 대로, 보아스는 엘리멜렉과 인척관계였다. 비록 엘리멜렉과 말론은 죽었지만, 엘리멜렉의 아내인 나오미가 며느리인 룻을 데리고 유다 베들레헴으로 왔다. 보아스는 그런 소식을 듣고(룻 2:11), 어떻게 나오미를 도울 수 있을 지 골몰하게 생각하고 있었을 것이다.

그 이유는 분명하다! 낯모르는 사람도 도와야 되는 처지에 인척관계인 나오미를 모르는 체 할 수 없었기 때문이다. 거기다가 이스라엘의 율법에 의하면, 보아스는 엘리멜렉의 가문을 돌보아야 하는 처지였다. 그 율법을 보겠다. "네 형제가 가난하게 되어 빈손으로 네 곁에 있거든 너는 그를 도우라"(레 25:35). 보아스가 이처럼 나오미를 도울 방법을 생각하면서 "우연히" 밭으로 나오게 되었을 것이다.

그런데 보아스가 그의 밭에서 나오미의 며느리인 룻을 만나다니, 참으로 하나님의 인도하심이라고 밖에는 달리 말할 수 없었다. 사실, 룻이 보아스의 밭으로 이삭을 주우러 온 것은 나오미와 룻이 베들레헴으로 돌아온 후, 며칠도 지나지 않았을 때였다. 왜냐하면 그들에게 아무런 먹거리도 없었기 때문이다. 룻이 이삭을 줍는 이외에는 당장 다른 방법을 찾을 수 없었기 때문이다. 그런 룻을 보아스는 즉시 전인적으로 돕기 시작했던 것이다.

보아스가 룻을 전인적으로 도운 것은 친척관계 때문만은 아니었다. 물론 친척관계 때문에 도운 것도 사실이지만, 거기에다 룻이 이스라엘의 하나님 여호와께로 회심했기 때문이다. 그러면 왜 룻의 회심이 보아스로 하여금 룻을 돕게 한 이유가 되는가? 이 사실은 특히 이스라엘 사람들에게는 너무나도 중요하다. 여러분도 알다시피, 이스라엘은 하나님이 시작하셨고, 하나님이 세우셨고, 하나님이 통치하시는 나라이다.

룻이 이스라엘 가정으로 시집을 온 것은 육체와 정신이 온 것이다. 그러나 그녀가 이스라엘의 여호와께로 회심하지 않았다면, 비록 몸은 유대인의 가정에 있지만 진정한 의미에서는 이스라엘 사람이 된 것이 아니다. 그런데 룻은 회심을 통하여 진정한 이스라엘 사람이 된 것이다.

그녀의 고백, "어머니의 하나님이 나의 하나님이 되시리라"는 룻이 진정으로 이스라엘의 일부가 되었다는 사실을 의미한다(룻 1:16).

보아스는 엘리멜렉을 통하여 친척관계가 된 나오미를 도와야 했다. 비록 룻은 모압 여인이었지만, 이스라엘 가정으로 시집왔을 뿐만 아니라 이스라엘의 하나님께로 회심함으로써 진정한 이스라엘 사람이 된 여인이었다. 그렇지 않았다면 룻은 시어머니를 그처럼 돌보지도 않았을 것이고, 또 모압과 부모를 버리지도 않았을 것이다. 그뿐만이 아니라, 하나님의 땅, 유다 베들레헴으로 돌아오지도 않았을 것이다. 룻은 도움을 받을 자격을 갖추었다.

2) 보아스의 입장

보아스는 유다 베들레헴에서 "유력한" 사람이었다(룻 2:1). 그런 칭호는 보아스가 경제적으로도 능력 있는 사람이라는 것을 말해준다. 그러니까 보아스는 룻을 경제적으로 도울 수 있는 능력이 있는 사람이었다. 만일 보아스도 룻처럼 가난해서 이삭을 줍는 처지에 있었다면 돕고 싶어도 도울 수 없었을 것이다. 그러나 보아스는 "유력한 자"이었기에 마음만 먹으면 룻을 얼마든지 도울 수 있는 사람이었다.

그런데 룻이 행한 두 가지 사실––그녀가 보아스의 친척에게로 시집을 온 것과 보아스의 하나님께로 회심한 것––은 보아스의 마음을 움직이고도 남음이 있었다. 보아스는 그의 곡물을 사용하여 룻을 도왔지만, 동시에 그녀의 마음도 위로해주었다. 그런데 가장 중요한 것은 룻의 신앙에 대한 인정이었다. 그녀의 회심과 신앙을 인정했다는 것은 그녀를 이스라엘의 일원으로 받아들였다는 뜻이다.

보아스가 룻의 신앙을 증언하면서 여호와 하나님이 그녀를 보답하시고 또 온전한 상을 베풀어주시기를 바란 것은 다른 면에서 보아스의 신앙을 엿보게 할 수 있는 대목이다. 만일 보아스가 돈독한 신앙을 갖지 않았다면, 룻의 회심과 신앙적인 행동에 대하여 무관심했을 것이다. 그러나 보아스는 룻의 신앙적인 행적, 곧 시어머니를 봉양한 것과 친정을 떠나 유다 베들레헴으로 돌아온 사실을 깊이 인지하고 또 기억했다.

그렇다면 보아스는 얼마나 돈독한 신앙을 가졌는가? 그가 밭으로 와서 그의 일꾼들에게 "여호와께서 너희와 함께 하시기를 원하노라"고 인사한 것을 보면 짐작할 수 있다(룻 2:4). 보아스는 평상시에도, 다시 말해서 바쁘게 돌아가는 수확의 현장에서도 여호와의 이름으로 인사를 했다. 그것도 그가 부리는 일꾼들에게 그런 인사를 했다는 것은 그의 신앙심의 깊이를 짐작할 수 있게 한다.

그뿐만이 아니다! 처음 만난 이방 여인에게 여호와 하나님이 그녀의 행적을 "보답하시고" 또 "온전한 상"을 빌어준 것을 볼 때(룻 2:12), 보아스의 신앙은 머리에만 머무르는 신앙이 아니었다. 그는 머리로 믿은 것을 입으로 고백하는 돈독한 신앙인이었다. 보아스의 신앙은 입술의 고백으로만 끝난 것도 아니었다. 보아스는 입술의 고백을 실증이라도 하듯 즉각적으로 행동에 옮겼다.

보아스는 룻에게 떡과 물은 물론이고, 룻이 이삭을 많이 주울 수 있도록 여러 가지 조처를 취해 주었다. 그의 신앙은 머리와 입술에만 머무르는 형식적인 것이 아니었다. 한 발 더 나아가서, 보아스는 입으로 고백한 것을 행동으로 옮기는 진정한 신앙인이었다. 그러니까 보아스는 옳게 믿은 것을 옳게 고백하고, 또 옳게 고백한 것을 옳게 행동에 옮긴 신앙의 사람이었다.[85] 그런 이유 때문에 보아스는 룻의 필요를 채워주었다.

3) 하나님 편에서

하나님은 이스라엘을 애굽에서 건져내셨다. 그곳에서 이스라엘 백성이 자그마치 430년이란 긴 세월 동안 종의 신분으로 살았다. 그들은 애굽에서 이방인이었고, 가난했고, 나그네였다. 그러나 하나님은 자비와 능력으로 그들을 애굽에서 건져내셨다. 건져내셨을 뿐만 아니라, 가나안 땅을 선물로 주셨다. 그들은 가나안에서 하나님의 날개 아래에 자유와 풍요를 마음껏 누릴 수 있게 되었다.

그러나 그들은 애굽에서 가난하게 또 이방인으로 살던 시절을 잊으면 안 되었다. 어떻게 잊지 말라고 하시는가? 그들 가운데 사는 이방인들과 가난한 자들을 괄시하지 않으면서 잊지 말아야 한다. 괄시하지 않을 뿐만 아니라, 더 나아가서 그런 자들을 도와야 한다. 이스라엘 백성도 그들 가운데 사는 이방인들처럼 가난하고 학대 받던 시절이 있었기 때문이다. 하나님은 이스라엘이 그런 자들을 돕는 방법도 구체적으로 제시하셨다.

> 너는 애굽에서 종 되었던 일과 네 하나님 여호와께서 너를 거기서 속량하신 것을 기억하라. 이러므로 내가 네게 이 일을 행하라 명령하노라: 네가 밭에서 곡식을 벨 때에 그 한 뭇을 밭에 잊어버렸거든 다시 가서 가져오지 말고 나그네와 고아와 과부를 위하여 남겨두라. 그리하면 네 하나님 여호와께서 네 손으로 하는 모든 일에 복을 내리시리라. 네가 네 감람나무를 떤 후에 그 가지를 다시 살피지 말고 그 남은 것은 객과 고아와 과부를 위하여 남겨두며, 네가 네 포도원의 포도를 딴 후에 그 남은 것을 다시 따지 말고 객

과 고아와 과부를 위하여 남겨두라. 너는 애굽 땅에서 종 되었던 것을 기억하라. 이러므로 내가 네게 이 일을 행하라 명령하노라 (신 24:18-22).

위의 말씀은 여호와 하나님의 명령이다. 그런데 위에서 언급한 것처럼, 이 명령 앞뒤로 그 명령의 이유가 분명히 제시되는데, 곧 이스라엘 백성이 애굽의 종으로 산 적이 있었기 때문이다. 그런 그들을 풍요의 땅으로 인도하신 분은 바로 하나님이시며, 그 하나님은 이스라엘의 하나님이실 뿐만 아니라 온 인류의 하나님이시기도 하다. 그러므로 하나님은 이스라엘 백성을 통하여 가능한 한 많은 사람들이 도움을 받게 되기를 원하셨다.

이런 하나님의 명령을 가감하지 않고 있는 그대로 받아들인 사람이 있었는데, 그가 바로 보아스였다. 그러니까 보아스는 하나님의 명령을 너무나 잘 이해했다. 이해했을 뿐만 아니라, 그는 그 명령을 삶에서 실천했던 것이다. 실제로 보아스 자신도 이방 여인이었던 라합을 어머니로 모셨다. 그러니까 보아스는 경험적으로나 실제적으로 하나님의 마음을 잘 받아들인 사람이었다.

보아스 당시의 신앙은 일반적으로 피폐했다. 사람들은 성경의 가르침도 무시하면서 마음대로 살던 시대였다. 성경은 이렇게 말한다, "그 때에 이스라엘에 왕이 없으므로 사람이 각기 자기의 소견에 옳은 대로 행하였더라"(삿 21:25). 그러나 보아스는 그런 불신의 와중에서도 하나님의 명령을 따랐을 뿐만 아니라, 그보다 더 많은 도움을 룻에게 주었다. 과연 보아스는 하나님의 명령 이상을 실천한 하나님의 사람이었다.

3. 꼬리말

그렇다! 보아스가 룻을 도운 이유는 단순하지 않았다. 무엇보다도, 하나님의 역사가 있었다. 하나님은 이방의 객이 되어 오랫동안 고생했던 이스라엘 백성을 구원해내셨다. 그리고 그 하나님은 이스라엘 백성에게 종이나 객을 도와야 한다는 명령을 주셨다(출 21:26-27, 22:21). 그뿐만이 아니라, 이스라엘 백성은 고아나 과부를 도와야 한다는 명령도 주셨다(출 22:22).

이와 같은 하나님의 명령이 없었다면, 이스라엘 백성도 이방인들처럼 가난한 이방인을 천시하고 학대했을 것이다. 그러나 하나님의 사랑의 대상은 모든 사람이다. 그런 이유 때문에 하나님은 그분의 사랑을 듬뿍 받은 이스라엘 백성에게 가난한 나그네와 이방인은 물론이고 남녀 종까지 돌보라고 하셨다. 이런 하나님의 마음은 이스라엘의 기본적인 세계관이 되었다. 룻이 그런 하나님을 모신 유다 베들레헴으로 이주한 것은 큰 축복이었다.

그러나 그런 하나님의 마음을 이해하고 또 실천한 사람인 보아스를 룻이 만난 것도 큰 축복이라고 아니할 수 없다. 룻은 이스라엘의 하나님 여호와께로 회심했고, 또 그 나라로 이주함으로써 보아스의 도움을 받을 수 있는 처지가 되었다. 그러니까 보아스가 룻을 도운 것은 위로 하나님의 역사요, 아래로 룻이 그런 도움을 받을 수 있는 준비가 된 겸손이요, 그리고 하나님과 룻 사이에서 다리 역할을 한 보아스의 신실한 신앙이었다.

14 "하루를 끝내고"

"룻이 밭에서 저녁까지 줍고 그 주운 것을 떠니 보리가 한 에바쯤 되는지라 그것을 가지고 성읍에 들어가서 시어머니에게 그 주운 것을 보이고 그가 배불리 먹고 남긴 것을 내어 시어머니에게 드리매 시어머니가 그에게 이르되 오늘 어디서 주웠느냐 어디서 일을 하였느냐 너를 돌본 자에게 복이 있기를 원하노라 하니 룻이 누구에게서 일했는지를 시어머니에게 알게 하여 이르되 오늘 일하게 한 사람의 이름은 보아스니이다 하는지라" (룻기 2:17-19)

1. 머리말

룻은 가장 천박한 일에 열중했다. 이삭줍기가 가장 천박한 일이란 사실을 누가 모르겠는가? 남이 수확하고 밭에 흩어져있는 이삭을 줍는다는 것 자체가 천박한 일이다. 낟알을 볼 적마다 허리를 거의 땅에까지 수그려야 한다. 그리고 손가락으로 낟알을 한 알씩 주워야 한다. 그 다음 그렇게 주운 낟알을 조심스럽게 담아야 한다. 이처럼 별로 가치도 없는 일을 위하여 온갖 정성을 기울여야 하는 천박한 일이다.

그러나 룻은 이처럼 천박한 일에 열중했다. 그 목적이 너무나 고상하기 때문이다. 도대체 목적이 무엇이기에 그 일이 그렇게 고상한가? 첫째는 낟알은 룻이 헌신한 시어머니를 위한 양식이기 때문이다. 그런 낟알마저 없다면 시어머니의 생명은 연장되지 못할 것이기 때문이다. 둘째는 자신의 양식이기 때문이다. 목구멍이 포도청이다! 다시 말해서, 룻도 먹어야 생명을 유지한다.

셋째는 노동의 결과로 생명을 연장시키는 것이 하나님의 원리이기 때문이다. 아담이 불순종한 직후 하나님은 이런 원리를 다음과 같이 주셨다. "…너는 네 평생에 수고하여야 그 소산을 먹으리라…네가 흙으로 돌아갈 때까지 얼굴에 땀을 흘려야 먹을 것을 먹으리라"(창 3:17, 19). 그렇다! 사람이라면 땀을 흘리며 일을 해야만 먹고 사는 것이 하나님이 주신 생명의 원리이다.

2. 몸말

그러니까 룻은 비록 허리가 아프고, 목이 마르고, 땀을 흘리며 힘들었지만, 이처럼 세 가지 고상한 목적을 위하여 열심히 일했다. 이런 고상한 목적을 이스라엘 백성에게 알려주시기라도 하듯, 하나님은 출애굽 이후 광야를 지나가는 그들에게 매일 아침마다 만나를 주셨다. 물론 하나님이 은혜로 내려주셨지만, 이스라엘 백성이 그 만나를 아침마다 거두어야 했다. 허리를 수그리고, 조심스럽게 거두어 담아야 했다(출 16:16).

룻도 마찬가지였다! 하나님이 자라게 하신 보리, 그리고 보아스를 통하여 허락하신 은혜의 선물인 보리지만, 룻이 거두어들여야 했다. 룻이 거두어들이지 않으면 하나님의 은혜는 결코 그녀의 것이 될 수 없다. 룻은 아무런 불평도 없이 이삭을 주웠다. 불평은커녕 보아스에 대한 감사와 시어머니를 봉양할 수 있다는 기대에 부풀어서 이삭을 주워 모았다.

1) 이삭줍기를 끝내다

본문은 "룻이 밭에서 저녁까지 주웠다"고 묘사한다. 그러니까 룻은 아침부터 저녁까지 쉬지 않고 이삭을 주웠다(룻 2:7). 물론 보아스의 은혜로 점심을 먹는 시간을 제외하고 말이다. 실제로 배고프고 목마르면서도 이삭을 줍던 룻에게 점심은 잔치라고 해도 지나치지 않은 성찬이었다. 그렇게 든든히 배를 채운 룻은 보다 힘차게 그리고 열심히 이삭을 주웠다.

룻에게 이삭 한 알은 너무나 중요하다. 위에서 언급한 대로, 한 알은 시어머니와 자기의 생명을 상징하기 때문이다. 그녀는 한 알 한 알 정성스럽게 주워 담았다. 그녀는 한 알이 모여서 한 오멜이 되고, 오멜이 모여서 한 에바가 되는 인생의 원리를 너무나 잘 아는 듯, 열심히 주웠다. 그리고 저녁이 되어 더 이상 이삭을 주울 수 없게 되자 일을 끝냈다.

본문은 이렇게 계속된다. "그 주운 것을 떠니" 보리를 그대로 먹을 수는 없다. 그 껍질을 벗겨야 보리 낟알로 밥도 짓고 떡도 만들 수 있다. 그 당시 보아스처럼 수확을 많이 거둔 사람은 대대적인 방법으로 작업을 한다. 그러나 룻처럼 보리가 얼마 되지 않은 경우는 직접 손으로 떤다. "곡식을 떨기 위하여 편편한 바닥이나 깔개 위에 이삭을 올려놓고, 적당한 막대기나 도리깨 또는 매끄러운 돌로 두들겨서" 떤다.[86]

룻은 왜 밭에서 보리를 떨었는가? 다음과 같은 몇 가지 이유 때문이다. 첫째, 집으로 가져가는 무게를 덜게 하기 위해서였다.[87] 둘째, 시어머니가 수고를 하지 않게 하기 위함이었다. 집에서 떨면 분위기도 부산하고 시어머니도 그 떠는 일에 동참하게 하는 꼴이 되기 때문이다. 셋째, 룻은 집으로 가자마자 곧장 시어머니와 자신을 위하여 저녁을 준비하기 위해서였다. 그런 이유 때문에 그녀는 밭에서 보리를 떨었다.

그런데 룻이 보리를 떨고 보니 "보리가 한 에바쯤 되었다." 한 에바는 22리터, 곧 12되나 되는 분량이다. 그런데 한 에바는 열 오멜이다(출 16:36). 그리고 한 오멜은 사람의 하루치 양식에 해당된다(출 16:16). 그렇다면 룻이 그날 하루에 거둔 보리는 얼마나 많은 양인가? 장정이 열흘 이상 먹을 만큼 많은 양이었다. 이처럼 많은 보리를 룻이 혼자서 수확할 수 있는가? 아니다! 절대로 불가능하다!

그러면 어떻게 가능했는가? 네 가지 이유를 쉽게 찾을 수 있다. 첫째 이유는 보아스의 넓은 마음 때문이다. 둘째 이유는 하나님의 넘치는 은혜 때문이다. 하나님이 룻의 발길을 보아스의 밭으로, 그리고 그 시간에 보아스를 밭으로 각각 인도하셨다. 셋째 이유는 보아스의 일꾼들이 주인의 명령대로 곡식 다발에서 이삭을 뿌렸기 때문이다. 넷째 이유는 룻이 보아스의 말에 순종하여 그의 밭에서 열심히 주웠기 때문이다.

2) 시어머니에게 드리다

지금까지 이야기의 장면은 보아스의 밭이었고, 그리고 룻은 그 밭에서 이삭을 열심히 줍는 모습이었다. 그렇게 룻이 보아스로부터 선대를 받으면서 열심히 이삭을 줍는 동안, 나오미는 집에 혼자 있었다. 나오미는 두말할 필요도 없이 며느리인 모압 여인을 위해서 기도했을 것이다. 그래도 나오미는 하루 종일 안절부절 못했을 것이다.[88] 이방 여인인 룻이 밭을 찾을까? 제대로 이삭을 주울까? 못된 남자들한테 곤욕을 당하지나 않을까?

나오미가 그렇게 안절부절 하는 동안 룻은 부지런히 발걸음을 재촉했다. 자기를 기다릴 시어머니를 향해서였다. 배고픈 시어머니의 허기를 한시 바삐 채워드리기 위해서였다. 자기를 인하여 걱정할 시어머니를 안심시켜드리고 싶어서였다. 룻은 한 걸음에 성읍으로 달려왔다. 그런 룻의 마음을 묘사하기라도 하듯, 성경 본문은 이렇게 간단히 언급한다. "그것을 가지고 성읍에 들어가서…."

비록 시어머니는 밭에서 이삭을 줍지 않았지만, 그 시어머니가 집에서 기다리지 않았다면, 룻은 그렇게 열심히 일할 수 없었을 것이다. 기다리는 사람이 있는 룻은 비록 가난하지만, 행복한 여인이었다. 그리고 자기를 위하여 이삭이라도 마다하지 않고 줍겠다는 며느리가 있는 나오미도 행복한 여인이었다. 그 며느리가 없었다면 그녀는 독거노인이 될 뻔 했다. 그렇게 길게 느껴지던 하루도 지나고 그녀는 마침내 룻을 맞았다.

룻은 지체하지 않고 그녀가 그토록 열심히 주운 보리를 시어머니에게 보여 드렸다. 나오미는 며느리가 가져온 보리를 보고 많이 놀랐을 것이다. 왜 놀랐는가? 그 이유는 간단하다! 첫째 이유는 보리의 양이 너무나 많기 때문이다. 이삭을 주워본 적이 없던 모압 여인이 다른 나라에서 그것도 처음 나가서 이처럼 많은 양을 주울 수 있다니, 두 눈이 동그래지지 않을 수 없었을 것이다.

나오미가 놀란 둘째 이유는 그 보리가 깨끗이 털어져 있었기 때문이었다. 물론 나오미는 한편 놀랐지만, 또 한편 며느리가 자기를 선대한 모습, 곧 온 힘과 충성과 사랑을 가지고 자기를 봉양하는 모습에 감동을 받았을 것이다. 며느리가 모압 땅에서도 자기를 그처럼 선대했는데 (룻 1:8), 나오미의 땅인 유다 베들레헴에서도 이처럼 선대하다니, 감동을 느끼지 않을 수 없었을 것이다.

며느리의 선대는 그것이 전부가 아니었다. 며느리는 점심 때, 보아스로부터 받은 떡을 시어머니에게 드렸다. 성경 본문은 이렇게 말한다, "그가 배불리 먹고 남긴 것을 내어 시어머니에게 드리매." 물론 룻이 배불러서 남긴 것도 사실이지만, 오후에 이삭을 줍는 동안 먹어치울 수도 있었다. 그러나 룻은 시어머니에 대한 애정과 헌신 때문에 지금까지 먹지 않고 남겨두었다가 드린 것이었다. 룻에게 나오미는 친정 어머니와 같았다.

3) 첫 번째 대화

하루 종일 집에서 기다리던 시어머니에게는 궁금한 것이 많았다. 무엇보다도 더 궁금한 것은 며느리가 어떻게 그렇게 많은 보리를 가져올 수 있었느냐는 것이었다. 상상을 초월하는 많은 양에 놀랐고, 거기다가 떡까지 가져온 사실에 놀랐다. 이런 것은 누군가가 개입하여 도와주지 않았다면 결코 가능한 일이 아니었다. 시어머니는 떡을 받고 즉시 물었다.

시어머니의 물음을 들어보겠다. "오늘 어디서 주웠느냐? 어디서 일을 하였느냐?" 십중팔구 나오미는 말할 수 없이 배고팠지만, 그렇다고 무턱대고 며느리가 준 떡을 받아먹기만 할 수는 없었다. 떡은 물론 보리를 듬뿍 안겨준 사람이 누구인지 알아야 했다. 그 사람이 누구인지 모른다면 어떻게 가난한 과부들인 그들을 그처럼 도와준 사람에게 고마운 마음을 표현할 수 있겠는가?

시어머니는 룻의 대답을 듣기도 전에 그렇게 크게 도와준 사람을 축복해 주는 것이었다: "너를 돌본 자에게 복이 있기를 원하노라!" 그렇다! 나오미가 감지한대로 누군가가 도와주었음에 틀림없다. 다른 사람의 도움 없이 다른 나라에서 온 며느리가 그렇게 많은 보리를 거둘 수 없다는 것을 나오미는 감지했다. 나오미는 감지로 끝나지 않았다! 즉시 나오미는 그 사람을 축복해 주기를 원했다.

이와 같은 나오미의 축복에서 무엇을 엿볼 수 있는가? 첫째는 나오미의 변화된 자세이다. 그녀가 풍족했을 때는 남편과 더불어 모압 땅으로 갔다. 그때 그녀는 누굴 축복해 주었는가? 하나님께 감사했는가? 아니다! 그러나 나오미는 낮아질 대로 낮아져서 여호와 하나님께로 돌아왔다. 그렇게 돌아온 후 그녀는 하나님만을 의지하며 살았다. 그렇지 않았다면 그녀의 입에서 그렇게 자주 여호와의 이름이 나오지 않았을 것이다.

둘째는 나오미가 그 사람--그가 누구이든--에게 축복을 빌어주었다. 그 사람은 축복을 받을 자격을 갖춘 사람이기 때문이다. 셋째는 그 사람의 큰 마음에 대하여 감사의 마음을 표현했다. 그러니까 "너를 돌본 자에게 복이 있기를 원하노라!"는 말에는 축복의 의미도 있지만, 동시에 기쁨이 넘치는 감사의 뜻도 포함되어 있기 때문이다.[89] 이제 굶주림을 면하게 되었으니 얼마나 감사한 일인가?

그런데 지금까지 궁금해 하던 시어머니 나오미가 쉴 새 없이 말을 이어가는 동안, 며느리 룻은 잠자코 기다렸다. 룻은 그녀가 만난 보아스를, 그녀를 넘치도록 도와준 보아스를, 시어머니에게 재빠르게 소개하고 싶었을 것이다. 마침내 그녀에게 기회가 주어지자, 이렇게 말했다, "오늘 일하게 한 사람의 이름은 보아스니이다!" 보아스라는 말에 시어머니 나오미는 소름이 끼칠 정도로 매우 놀랐고, 또 하나님의 놀라우신 섭리에 감격했을 것이다.

3. 꼬리말

나오미와 룻이 유다 베들레헴으로 돌아왔을 때, 그들은 굶주리고 헐벗었다. 그러나 베들레헴, 곧 "떡의 집"으로 오자 "떡의 집"이 사실인양 하나님은 그들을 채워주셨다. 하나님의 공급은 우선 그들이 베들레헴에 도착한 시기에서 드러났다. 나오미와 룻이 유다 베들레헴에 도착했을 때는 보리 추수를 시작할 때였다(룻 1:22). 들녘에는 풍성한 곡식이 바람에 넘실대고 있었는데, 마치 그들을 향해 환영의 손짓이라도 하는 것처럼 말이다.

그러나 그 보리는 저절로 나오미와 룻의 입으로 들어오지 않았다. 그들이 몸소 땀을 흘려야 했다. 룻이 이삭을 주우러 집을 나설 때는 배고팠다. 전전긍긍하면서 어디로 가서 이삭을 주워야할지도 몰랐다. 그러나 그 하루를 끝냈을 때는 모든 것이 달라졌다. 기적적인 만남도 있었다! 풍성한 먹거리도 생겼다! 하나님께로 "돌아온" 행위에 대한 넘치는 보상이라고 밖에는 달리 설명할 수 없는 일이 벌어졌다.

15 "계속된 두 여인의 대화"

"나오미가 자기 며느리에게 이르되 그가 여호와로부터 복 받기를 원하노라 그가 살아 있는 자와 죽은 자에게 은혜 베풀기를 그치지 아니하도다 하고 나오미가 또 그에게 이르되 그 사람은 우리와 가까우니 우리 기업을 무를 자 중의 하나이니라 하니라 모압 여인 룻이 이르되 그가 내게 또 이르기를 내 추수를 다 마치기까지 너는 내 소년들에게 가까이 있으라 하더이다 하니 나오미가 며느리 룻에게 이르되 내 딸아 너는 그의 소녀들과 함께 나가고 다른 밭에서 사람을 만나지 아니하는 것이 좋으니라 하는지라" (룻기 2:20-22)

1. 머리말

룻은 밭에서 하루 종일 이삭을 주워 집으로 돌아와서, 나오미와 정겨운 대화를 오순도순 나누고 있었다. 이런 대화는 일찍이 없었던 것이었다. 왜 없었는가? 그들에게 생과 사를 넘나드는 치열한 상황이 연속적으로 펼쳐졌었기 때문이었다. 그러나 그런 상황은 짙은 안개가 서서히 벗겨나가듯, 서서히 벗겨지기 시작했다. 시어머니와 며느리는 오순도순 이야기를 주고받았다.

물론 먼저 입을 뗀 것은 시어머니였다. "오늘 어디서 주었느냐?" 며느리가 대답한다. "오늘 일하게 한 사람의 이름은 보아스니이다"(룻 2:19). 이런 대화는 계속된다. 그런데 이런 대화에서 두드러지게 나타난 것이 있다. 시어머니는 쓸데없는 질문을 하지 않고 핵심이 되는 것만 물었다. 그런 질문에 며느리는 자기의 의견을 개진하지 않고, 일어났던 상황을 있는 그대로 서술한다. 이런 것을 객관적 보고라고 한다.

며느리인 룻은 그녀의 느낌과 생각을 묘사하지 않고, 사실을 있는 그대로 서술했다. 한 마디로 말해서, 룻은 객관적 보고를 했다. 그렇게 함으로써 시어머니인 나오미로 하여금 상황을 정확히 판단하게 할 수 있었다. 그리고 정확한 판단을 근거로 정확한 결정을 했다. 그런 이유 때문에 룻이 있는 그대로를 나오미에게 서술한 것은 너무나 중요했다. 실제로 그런 객관적 보고는 룻과 나오미의 운명을 가늠하는 결정적인 실마리가 됐다.

2. 몸말

지금까지 언급한 것을 달리 표현하면, 룻은 주관적 보고를 하지 않았다. 주관적 보고란 무엇인가? 사람이 보고, 느끼고, 경험한 바를 스스로 해석하고 결론을 내어서 보고하는 것을 의미한다. 그러니까 룻은 시어머니에게 그런 주관적 보고를 하지 않았다는 말이다. 하루 종일 집에 있었기에 수확의 현장에서 일어난 일에 대하여 나오미는 전혀 알지 못했다. 그런 나오미에게 있는 그대로를 보고하는 것은 중요했다.

물론 룻도 주관적 보고를 할 수 있었다. 그러나 룻은 보고의 순서를 너무나 잘 알았다. 먼저 객관적 보고를 하고, 다음 그녀의 의견을 물을 때에 비로소 주관적 보고, 곧 자기의 생각과 느낌을 개진할 할 수도 있었다. 하여튼, 그들은 대화를 이어갔다. 나오미는 물었고, 그리고 룻은 대답했다. 그런데 그들이 나눈 대화로 인하여 그들의 미래가 결정될 줄 누가 알았겠는가? 그들의 대화는 그만큼 중요했다.

1) 두 번째 대화

이미 본대로, 나오미와 룻의 첫 번째 대화는 먼저 나오미가 입을 열면서 시작되었다. "오늘 어디서 주웠느냐? 어디서 일을 하였느냐? 너를 돌본 자에게 복이 있기를 원하노라." 룻이 대답했다, "오늘 일하게 한 사람의 이름은 보아스니이다"(룻 2:19). 룻의 대답에 들어있는 보아스라는 이름은 나오미로 하여금 흥분하게 했을 뿐만 아니라, 다음과 같은 말을 하도록 유도했다. 그 말이 바로 두 번째 대화이다.

나오미의 두 번째 말을 들어보겠다, "그가 여호와로부터 복 받기를 원하노라! 그가 살아 있는 자와 죽은 자에게 은혜 베풀기를 그치지 아니하도다." 이미 언급한 바 있지만, "복 받기를 원한다"는 표현은 축복의 의미도 포함되어 있지만 동시에 감사의 의미도 포함되어 있다. 나오미는 한편 감사했지만, 또 한편 보아스로 하여금 여호와 하나님으로부터 축복 받기를 위하여 기원했다.

무엇 때문에 보아스는 하나님의 축복을 받을 자격이 있는가? 나오미의 말에 의하면, 다음과 같은 이유 때문이다: "그가 살아 있는 자와 죽은 자에게 은혜 베풀기를 그치지 아니하도다!" 그러니까 보아스는 현재 살아 있는 자, 곧 룻과 나오미에게, 그리고 죽은 자, 곧 엘리멜렉과 두 아들에게 은혜를 베풀었기 때문이다. 나오미가 과거 유다 베들레헴에 살았을 당시에도 보아스는 엘리멜렉의 가정을 여러모로 도왔음에 틀림 없다.[90]

물론 이런 도움은 하나님의 말씀을 근거로 한 행위였기에, 말씀의 주인이신 여호와 하나님으로부터 축복을 받을 자격이 있다는 선언이었다. 그 하나님의 말씀을 보겠다, "네가 밭에서 곡식을 벨 때에 그 한 뭇을 밭에 잊어버렸거든 다시 가서 가져오지 말고 나그네와 고아와 과부를 위하여 남겨두라; 그리하면 네 하나님 여호와께서 네 손으로 하는 모든 일에 복을 내리시리라"(신 24:19).

보아스가 하나님의 축복을 받을 자격이 있는 이유를 강조하기 위하여 나오미가 사용한 중요한 단어가 있는데, 그것은 "은혜"이다. 여기에서 나오미가 사용한 "은혜"는 히브리어로 *헤세드*이다. *헤세드*는 룻기 1장 8절에서 나오미가 사용한 단어이다. 다시 그 말씀을 보겠다. "너희는 각기 너희 어머니의 집으로 돌아가라. 너희가 죽은 자들과 나를 *선대한* 것 같이 여호와께서 너희를 선대하시기를 원하며…."

그러니까 같은 단어 *헤세드*가 룻기 1장에서는 *선대*로, 그리고 이 본문에서는 은혜로 각각 번역되었다. 이미 언급한 대로, *헤세드*에 대한 성경의 원리는 이렇다: 하나님의 형상대로 지음을 입은 사람들을 *선대* 하면 여호와 하나님이 *선대*로 갚아주신다. 이런 원리를 나오미는 다시 사용하였다. 보아스가 룻과 나오미를 선대한 사실을 근거로 여호와 하나님이 축복으로 갚아주실 것을 기원했던 것이다.

2) 세 번째 대화

나오미는 보아스에게 여호와 하나님의 축복을 기원해준 것으로 대화를 끝내지 않았다. 그녀는 대화를 이어간다: "나오미가 또 그에게 이르되, '그 사람은 우리와 가까우니 우리 기업을 무를 자 중의 하나이니라.'" 이 말씀에서 나오미가 의도한 것은 무엇인가? 여러분과 나는 룻기 2장 1절부터 보아스에 대하여 잘 알고 있었다. 그러나 보아스가 누구인지 상세히 모르는 사람은 룻뿐이었다.

물론 룻도 그날 밭에서 보아스를 만났고, 또 후한 대우를 받으면서 그가 유다 베들레헴에서 부유한 지주 가운데 한 사람이라는 사실을 감지했다. 룻은 그저 고마워서 그녀에게 선대를 베풀어준 보아스에게 무릎을 꿇고 이마를 땅에 대면서 절했다. 그리고 이방 여인이요 동시에 하녀와 같은 자기에게 그처럼 "유력한" 자인 보아스가 선대하는 이유를 묻기도 했었다.

그런데 갑자기 시어머니는 그처럼 룻을 의문에 빠뜨리게 한 신비의 사람 보아스의 정체에 대하여 눈을 뜨게 하는 발언을 했다.[91] "그 사람은 우리와 가까우니…"란 표현은 그 사람이 우리의 친족이라는 말이다. 룻기 2장 1절은 이렇게 언급한다. "나오미의 남편 엘리멜렉의 *친족*으로 유력한 자가 있으니 그의 이름은 보아스더라." 그런데 엘리멜렉은 룻의 시아버지였기에 룻도 보아스와 친척이 되었다.

룻의 머릿속에 있던 많은 의문을 풀어주는 시어머니의 말씀이었다. 왜 보아스가 그의 밭에서 이삭을 주우라고 했는지, 왜 물과 떡을 넘치도록 주었는지, 왜 일꾼들로 하여금 보리를 한줌씩 뽑아버리게 했는지, 왜 남자들에게 자기를 건드리지 말라고 했는지, 왜 궁핍할 대로 궁핍한 자기와 시어머니를 도왔는지, 하나씩 이해하기 시작했다. 그렇게 훌륭한 사람이 친척이라니! 바로 그 친척의 밭으로 가서 이삭을 줍다니!

참으로 이스라엘의 여호와 하나님을 찬양할 수밖에 없었다. 룻이 "어머니의 하나님이 나의 하나님이 되시리라"는 결단은 참으로 잘한 결단이었다고 거듭 확인했을 것이다(룻 1:16). 룻은 한편 놀라움을 금치 못하면서, 또 한편 용기백배하여 시어머니에게 이런 보고를 드렸다, "그가 내게 또 이르기를, '내 추수를 다 마치기까지 너는 내 소년들에게 가까이 있으라' 하더이다."

보아스의 이런 말은 그 밭의 정황을 정확히 알지 못하는 사람이 듣는다면 오해를 일으킬 수 있는 소지가 있다. 룻은 밭에서 보아스가 한 "내 소년들에게 가까이 있으라"는 말을 직접 들었다. 룻의 객관적 보고를 통하여 정황을 사실적으로 파악한 나오미는, 보아스가 친족이라고 선언했다. 그 선언은 룻에게 계시와 같으면서도 "내 소년들에게 가까이 있으라"는 보아스의 말을 시어머니에게 전할 수 있는 용기를 주었다.

3) 네 번째 대화

나오미와 룻, 다시 말해서, 시어머니와 며느리의 대화는 계속 되는데, 이 대화는 그들이 나눈 네 번째 대화였다. 시어머니는 "추수를 다 마치기까지…너는 내 소년들에게 가까이 있으라"는 보아스의 말에 대단히 만족했다. 그런 이유 때문에 이렇게 대답했다. "내 딸아, 너는 그의 소녀들과 함께 나가고, 다른 밭에서 사람을 만나지 아니하는 것이 좋으니라." 이 말은 대답이지만, 동시에 며느리에게 주는 분부이기도 했다.

왜 이런 나오미의 말이 분부도 되는가? 그 이유는 간단하다! 보아스가 제안한 것을 나오미가 승낙했을 뿐만 아니라, 그녀의 의견을 덧붙였기 때문이다: 먼저 승낙한 내용을 보겠다. "내 딸아, 너는 그의 소녀들과 함께 나가고…" 그런데 보아스는 이렇게 말했다. "내 소년들에게 가까이 있으라." 비록 두 사람이 사용한 소년들과 소녀들이 다른 것도 사실이나, 내용상으로는 같은 의미이다.

왜냐하면 이미 언급한 대로, 앞에서는 소년들이 보리를 베고, 그 뒤를 따르는 소녀들은 벤 보리를 단으로 묶어서 낟가리로 가져간다. 그러니까 소년들은 앞에서 일하고, 소녀들은 그 뒤를 따르면서 일한다. 그런 장면을 멀리서 보면 소년소녀들이 한데 어울려 부지런히 추수하는 것처럼 보인다. 결국 보아스가 소년들이라고 한 말이나, 나오미가 소녀들이라고 한 말이나 같은 내용이다. 소년들의 뒤를 따르는 소녀들 속에 계속 있으라는 말이다.[92]

나오미는 그녀의 의견을 이렇게 덧붙인다, "다른 밭에서 사람을 만나지 아니하는 것이 좋으니라." 실제로 나오미가 덧붙인 말은 의견이기도 하지만, 동시에 분부이기도 하다. 왜 이 말이 분부인가? 룻은 시어머니를 절대적으로 믿고 따랐다. 고향과 부모를 버리고 시어머니를 따라 유다 베들레헴까지 왔다. 그만큼 신뢰하는 시어머니의 의견을 룻이 거절할 리가 없기 때문이다.

나오미의 분부는 두 가지이다. 하나는 "다른 밭에서…"는 다른 밭으로 가지 말라는 것이다. 그 이유는 간단하다! 다른 밭은 룻에게는 남모르는 사람들의 밭이다. 실제로 룻에게 모든 밭은 남모르는 사람들의 밭이다. 다른 밭을 좇다가 길을 잃을 수도 있다. 야박한 밭주인을 만날 수도 있다. 짓궂은 일꾼들을 만날 수도 있다. 이삭을 줍기는커녕 해만 당할 수도 있다. 그런 이유 때문에 다른 밭으로 가지 말라고 했다.

나오미의 둘째 분부는 "사람을 만나지 아니하는 것이 좋으니라"였다. 룻은 누구보다도 각별히 몸조심을 해야 하는 입장이었다. 그녀는 이방 여인, 그것도 이스라엘 백성이 싫어하는 모압 여인이었기 때문이었다. 그녀에게는 아무런 보호막도 없었다. 이제 하나님의 섭리와 인도로 보아스라는 보호막이 생겼다. 그 보호막을 떠나 룻이 갈 곳은 유다 베들레헴에는 한 군데도 없었다.

3. 꼬리말

시어머니인 나오미와 며느리인 룻의 대화에서 우리는 몇 가지 원리를 배울 수 있다. 룻은 객관적인 보고를 했다. 시어머니로 하여금 상황을 정확히 판단하게 하기 위한 것이었다. 얼마나 슬기롭고 착한 며느리인가? 반면 나오미는 파란만장한 인생을 살면서 얻은 경험과 지혜로 착한 며느리를 선도했다. 시어머니와 며느리의 대화를 통하여 일구어낸 결론을 하나님은 축복하시고 또 축복하셨다.

구약성경에서 지혜의 왕으로 알려진 솔로몬이 죽자, 그의 아들 르호보함이 대를 이어 왕이 되었다. 그는 노인들의 지혜로운 충고를 버리고 젊은이들의 충고를 선택했다(왕상 12:8-9). 그 결과 이스라엘은 둘로 나뉘었다. 그 이후 이스라엘의 역사는 불행 그 자체였다. 그러나 룻을 보라! 그녀는 늙고 힘없지만, 지혜로운 시어머니의 분부를 따랐다. 룻의 앞날에 기다리는 크고도 놀라운 축복은 말로 다 설명하기가 어렵다.[93]

16 "추수를 마치다"

"이에 룻이 보아스의 소녀들에게 가까이 있어서 보리 추수와 밀 추수를 마치기까지 이삭을 주우며 그의 시어머니와 함께 거주하니라" (룻기 2:23)

1. 머리말

룻은 시어머니의 분부에 따라 보아스의 소녀들 사이에서 이삭을 주웠다. 보아스의 제안과 나오미의 분부를 동시에 따르면서 이삭을 열심히 주웠다. 비록 육체적으로는 힘이 들었지만, 양식 문제를 해결할 수 있어서 감사한 마음으로 허리를 수그렸다 폈다하면서 이삭을 주웠다. 무엇보다도 자신의 정성어린 땀의 대가로 시어머니를 봉양할 수 있어서 행복했을 것이다. 남자가 아니면 가정을 부양할 수 없던 때였기에 더욱 그러했다.

나오미와 룻이 유다 베들레헴으로 돌아왔을 때는 비교적 이른 봄으로 보리 추수 때였는데(룻 1:22), 대략 3~4월이다. 그런데 그 추수가 끝날 무렵 굶주린 나오미와 룻을 살리기 위해서인 것처럼 밀이 비집고 올라왔다. 다시 말해서, 밀 추수기가 찾아왔다는 말이다. 밀 추수는 대략 5~6월, 곧 이른 여름이다. 나오미와 룻이 "떡의 집"인 베들레헴으로 돌아왔을 때, "떡의 주인"이신 하나님은 그들에게 보리와 밀을 공급하셨다.

오늘의 본문은 룻이 "보리 추수와 밀 추수를 마치기까지 이삭을 주었다"고 언급한다. 그런데 농사를 생업으로 하던 이스라엘 백성에게 추수는 너무 중요하기에, 추수의 주인이신 하나님은 그들에게 추수 때에 맞추어서 특별한 세 번의 절기를 제정하셨다. 그런 하나님의 말씀을 인용하겠다:

> 너는 매년 세 번 내게 절기를 지킬지니라; 너는 무교병의 절기를 지키라; 내가 네게 명령한 대로 아빕월의 정한 때에 이레 동안 무교병을 먹을지니 이는 그 달에 네가 애굽에서 나왔음이라…맥추절을 지키라; 이는 네가 수고하여 밭에 뿌린 것의 첫 열매를 거둠이니라. 수장절을 지키라; 이는 네가 수고하여 이룬 것을 연말에 밭에서부터 거두어 저장함이니라(출 23:14-16).

이 말씀은 하나님이 이스라엘 백성에게 시내 산에서 주신 율법의 일부이다. 이 율법에 의하면, 그들은 일 년에 절기를 세 번 지켜야 하는데, 곧 무교절과 맥추절과 수장절이다. 그런데 이 절기는 농작물 추수와 연관되어 있다. 무교절엔 보리를, 맥추절엔 밀을, 그리고 수장절엔 한 해의 마지막인 가을 추수를 각각 한다. 수장절에는 가을 곡물과 각종의 과일을 추수하고 저장하여 겨울을 대비한다. 그런 이유 때문에 수장절이라고 불린다.

2. 몸말

나오미와 그의 며느리 룻이 유다 베들레헴으로 돌아오자 그들은 보리와 밀 이삭으로 연명할 수 있었다. 다시 말해서, 그들이 모압의 삶을 청산하고 여호와 하나님께로 돌아오자, 하나님은 그들에게 풍성한 곡물을 마련해 주셨다. 그 이유가 무엇인가? 하나님은 탕자처럼 그 품을 떠난 나오미를 참고 기다리셨다. 마침내 나오미가 룻과 더불어 돌아오자 하나님은 두 팔을 벌리시고 그들을 품에 품으셨는데, 그 품이 바로 보리와 밀이었다.

1) 보리 추수

이미 언급한 대로, 보리는 한 해의 첫 수확물이다. 그 첫 수확물 가운데서 이스라엘 백성은 "첫 단"을 하나님께 바쳐야 했다(레 23:10-11). 왜 첫 수확물인 보리 "첫 단"을 하나님께 바쳐야했는가? 두 가지 이유가 있는데, 한 가지는 수확을 주신 하나님께 감사하기 위해서이다. 다른 이유는 앞으로 일 년 내내 있을 다른 수확도 보리 추수처럼 풍성하게 해 달라는 기원의 표시였다.

그런데 보리 추수와 더불어 지켜야 하는 무교절은 누룩이 들어가지 않은 떡을 먹는 절기이다. 물론 그 절기 기간, 곧 유대력으로 1월 15일부터 21일까지는 누룩 없는 무교병을 먹어야 했다. 왜 그 절기에는 누룩이 들어있는 떡을 먹으면 안 되는가? 그 이유는 바로 그때 이스라엘 백성이 애굽에서 나왔기 때문이다. 그들은 애굽에서 당한 고난을 기억하며 무교병, 곧 "고난의 떡"을 먹어야 했다(신 16:3).

그런데 더욱 놀랍게도 무교절은 "유월절"이라고도 불린다. 왜 그런가? 애굽은 오랫동안 종으로 부리던 이스라엘 백성을 내보내기를 원치 않았다. 그래서 하나님은 애굽의 장자를 쳐서 죽이셨다. 그러나 이스라엘 백성의 장자 대신 어린양으로 죽게 하셨다. 그 어린양을 잡아서 피를 대문의 양쪽 기둥과 인방에 뿌리게 하셨고, 죽음의 천사는 피 바른 집을 넘어갔다(출 12:1-14). 그것이 유월절의 시작이다.

왜 보리와 연관된 절기를 이렇게 자세히 묘사하는가? 그 이유는 이렇다. 나오미는 오랫동안 하나님을 떠난 불순종의 생활을 했다. 이방신을 섬기는 모압 백성 가운데서 살았다. 그 결과 나오미는 남편과 두 아들을 잃었다. 이방신들을 섬기는 애굽 땅에서 오랫동안 종노릇 하던 이스라엘 백성과 너무나 흡사하다. 그러나 하나님은 이스라엘을 유월절 어린양을 통하여 구원하시고 약속의 땅 가나안으로 인도하셨다.

나오미도 역시 남편과 아들을 잃고 슬픔과 가난에 짓눌려서 이방 사람들의 종처럼 살았다. 나오미는 더 이상 견디지 못하고 모압을 떠났다. 나오미가 베들레헴으로 돌아오는 길은 출애굽 후 이스라엘이 가나안을 향하여 가는 길과 같았다. 모압 땅을 떠나서, 요단 강을 건너고, 유대 광야를 통과하여 유다 베들레헴으로 돌아왔다. 나오미가 "돌아온" 것은 그동안의 잘못을 뉘우치고, 여호와 하나님의 은혜를 의지하면서 돌아온 것이다.

이처럼 나오미가 낮아져서 베들레헴으로 돌아왔을 때는 한편 보리 추수 때였지만, 또 한편 유월절의 때였다. 나오미도 이스라엘 백성처럼 모압에서 곱씹었던 모든 고난을 생각하며 룻이 주워온 보리, 곧 "고난의 떡"을 먹었다. 그러나 동시에 이스라엘 백성이 유월절 어린양의 희생으로 구원해 주신 하나님의 은혜에 감사한 것처럼, 나오미도 하나님을 등지고 떠났던 베들레헴으로 돌아오게 하신 하나님의 은혜에 깊이 감사하며 보리를 먹었을 것이다.

2) 밀 추수

나오미와 룻은 보리 추수가 끝나자 곧바로 밀 이삭을 주워서 연명했다. 그런데 밀 추수는 맥추절과 연관이 있다고 했는데, 맥추절은 칠칠절이라고도 불린다. 하나님의 말씀은 이렇게 말한다: "너는 엿새 동안은 무교병을 먹고 일곱째 날에 네 하나님 여호와 앞에 성회로 모이고 일하지 말지니라. 일곱 주를 셀지니 곡식에 낫을 대는 첫 날부터 일곱 주를 세어 네 하나님 여호와 앞에 칠칠절을 지키라"(신 16:8-10a).

그렇다! 보리의 첫 이삭을 베어 하나님께 드린 날부터 7주를 헤아리면 49일이 된다. 그런 이유 때문에 칠칠절이라고도 불린다. 그런데 실제로 맥추절은 49일 다음 날에 지킨다. 그러니까 정확히 말하면 첫 이삭을 드린 날부터 50일째 되는 날에 맥추절을 지켰다. 그런데 50일은 한문으로 기록하면 오순절五旬節인데, 순은 10을 가리키고, 그 10이 다섯 번이면 자연히 50이 된다. 그런 까닭에 오순절이라고도 불린다.

이스라엘 백성은 맥추절이라고 하고, 칠칠절이라고도 하며, 오순절이라고도 하는 때에 룻기를 읽었다. 무슨 이유 때문인가? 우선, 나오미와 룻이 유다 베들레헴으로 왔을 때, 밀이 그들을 기다렸기 때문이다. 다시 말해서, 그들의 생명을 연장시켜준 곡물은 밀이었다. 그러면 보리 추수 때에 룻기를 읽지 않고 밀 추수 때에 읽은 이유라도 있는가? 물론 있다!

하나님의 율법에 의하면, 맥추절에 특히 과부와 고아를 돌보아주라는 명령이 들어있기 때문이다. 그 명령을 보겠다. "너희 땅의 곡물을 벨 때에 밭모퉁이까지 다 베지 말며 떨어진 것을 줍지 말고 그것을 가난한 자와 거류민을 위하여 남겨두라"(레 23:22). 그런데 맥추절에 관한 율법 중 다른 곳에서는 가난한 자가 누구인지 구체적으로 설명한다. "…너희 중에 있는 객과 고아와 과부가 함께…여호와 앞에서 즐거워할지니라"(신 16:11).

나오미와 룻은 하나님의 뜻을 이처럼 따르는 보아스로부터 도움을 받았다. 그러니까 보아스는 맥추절의 정신을 십분 발휘하여 나오미와 룻을 한껏 도왔던 것이다. 실제로 이스라엘에는 한 해 동안에 지켜야 되는 절기가 일곱이나 있다. 그런데 놀라운 것은 그 가운데 나그네와 가난한 고아와 과부를 도와주라는 명령은 한 곳밖에 없는데, 바로 맥추절이다. 얼마나 놀라운 하나님의 섭리인가? 나오미와 룻이 돌아온 때가 그런 때라니 말이다!

그렇다! 이스라엘의 하나님 여호와는 찌끼처럼 된 두 여인을 품에 안으셨다. 그들은 남편도 잃었다! 나오미는 두 아들을 다 잃었다! 룻은 시어머니를 위하여 고향과 친정 부모는 물론 모든 과거를 잃었다. 그러나 인간적으로 모든 것을 잃은 나오미와 룻은 하나를 얻었다. 그 하나가 무엇인가? 여호와 하나님이다! 그리고 그분만 얻으면 충분하다! 그분은 책임지고 찌끼 같은 나오미와 룻을 회복시키시기 때문이다.

3) 보리와 밀 추수 이후

유다 베들레헴으로 돌아온 나오미와 룻은 그렇게 보리 이삭과 밀 이삭으로 연명했다. 그 보리와 밀은 위로 하나님이 허락하신 은혜의 선물이지만, 동시에 하나님은 보아스의 손길을 통하여 공급하셨다. 그런 은혜의 공급을 룻은 땀을 흘리면서 거두어들였다. 룻은 시어머니인 나오미와 그 이삭을 식량으로 삼아 하루하루를 감사하면서 살았다. 오늘의 본문은 그런 삶을 이렇게 묘사한다. "그의 시어머니와 함께 거주하니라."

이 묘사는 룻이 시어머니에게 일찍이 표현한 신앙고백이기도 하다. "어머니께서 가시는 곳에 나도 가고, 어머니께서 머무시는 곳에서 나도 머물겠나이다"(룻 1:16). 이 고백은 늙은 시어머니를 절대로 버리지 않겠다는 결단이다. 버리지 않을 뿐만 아니라, 끝까지 봉양하겠다는 결단이다. 그 고백대로 룻은 하루하루 이삭을 줍는 천하고도 힘든 고역을 하면서도 시어머니를 봉양했고, 또 함께 지냈다.

그런데 하루하루가 흘러가면서 밀 추수가 끝나가고 있다. 비록 룻이 열심히 이삭을 주웠지만, 그렇다고 길고 긴 여름을 지낼 만큼 저장할 정도는 되지 못했다. 다음 추수까지 기다리지 않으면 안 되는 딱한 처지가 되었다. 다음 추수는 가을에나 있는데, 그때는 9~10월이다. 그러니까 적어도 3개월 내지 4개월이란 긴 여름을 지나야 하는데, 그렇게 지나면 수장절이 된다.

룻은 이삭을 줍고 또 그 이삭으로 음식을 만드느라고 정신없이 하루하루를 보내고 있었다. 그러나 집에서 여러 가지 생각에 빠진 나오미는 마음이 편치 못했을 것이다. 얼마 지나지 않으면 추수가 끝나는데, 그 이후에 몰아칠 폭풍우를 생각만 해도 끔찍했을 것이다. 가을 추수, 곧 수장절까지 버틸 수 있는 방법을 이리저리 궁리해 보았을 것이다. 나오미는 십중팔구 여호와 하나님께 기도도 열심히 했을 것이다.

나오미와 룻이 모압에서 집안이 망가졌을 때, 여호와 하나님만을 의지하면서 빈털터리로 베들레헴으로 돌아왔던 과거도 생각했을 것이다.

그녀가 의지한 하나님의 섭리로 보리와 밀 추수 때에 돌아오게 하신 것도 생각했을 것이다. 그런데 그 추수 때가 끝나간다. 그들을 여기까지 인도하신 하나님은 앞으로도 그들을 인도하셔야만 했다. 그렇지 않다면 그들의 미래는 암담하기만 하다. 그들이 의지할 분은 오직 여호와 하나님뿐이었다.

룻은 이삭을 줍는 작은 일에 충성하면서 시어머니를 선대했다. 이미 언급한 대로, 하나님의 사람을 선대하면 반드시 하나님은 선대로 갚아주신다. 이제 그 원리를 하나님이 손수 실행하실 때가 된 것이다. 어쩌면 룻은 더 이상 이삭을 줍지 않고, 하나님의 특별하신 선대로 이 위기를 기회로 바꿀 수 있게 되는지도 모른다. 오늘의 본문, "보리 추수와 밀 추수를 마치다"라는 말씀은 도약을 위한 인간의 사면초가일 수도 있다.

3. 꼬리말

본문의 강해 제목은 "추수를 마치다"인데, 여러 가지를 생각나게 하는 제목이다. 첫째는 추수 기간 중 나오미와 룻은 식량이 조금도 부족하지 않았다는 것이다. 비록 룻이 열심히 이삭을 줍는 수고를 했지만 말이다. 마치 하나님은 보리와 밀을 나오미와 룻을 위하여 키워주신 것 같았다. 둘째, 인간이 할 수 있는 것은 다 했다는 것이다. 룻은 생명의 유지를 위하여 최선을 다했다. 그러나 인간의 한계를 인정할 수밖에 없는 표현이기도 하다.

셋째, 인간이 최선을 다한 후에 하나님께 맡겨야 된다는 사실이다. 인간이 아무리 머리를 굴려도, 아무리 땀을 흘려도, 막다른 골목에 다

다를 수 있다. 그때를 위기라고 한다. 그러나 인간의 위기는 하나님의 기회이다. 인간이 최선을 다한 후에 하나님께 맡길 때, 그때부터 하나님은 역사를 시작하신다. 그러므로 "추수를 마치다"는 이제부터 하나님만이 여실 수 있는 새로운 지평으로 들어간다는 뜻이기도 하다.

The Book of Ruth Chapters 3~4

제3부
룻기 3~4장
청혼하여 결혼하다

유대 출신 캐나다 화가 **데니스 바커스**Dennis Bacchus의 작품
"보아스와 룻의 결혼식"

1 "기업 무를 자"

"당신이 기업을 무를 자가 됨이니이다" (룻기 3:9b)

1. 머리말

때는 칠흑 같은 밤중! 장소는 사방이 훤히 트인 밀밭! 그 시간, 그 때에 한 남자와 한 여자가 한 이불을 덮고 누워있었는데, 그들은 보아스와 룻이었다. 보아스는 이상한 낌새에 잠이 깨었고, 그의 발치에 누워있는 사람을 보고 소스라치게 놀랐다. 그가 잠자리에 들어갈 때는 아무도 없었을 뿐만 아니라, 지금까지 이런 경험을 한 적이 없기 때문이다. 보아스는 놀란 채 물었다, "네가 누구냐?"

룻은 자신을 밝히면서 즉시 자신의 비정상적인 행위에 대한 해명을 이렇게 했다. "이는 당신이 기업을 무를 자가 됨이니이다." 그렇다! 룻이 한밤중에 그것도 사방이 훤히 트인 밀밭에서 자고 있는 보아스의 발치에 들어간 이유는 그가 "기업 무를 자"이기 때문이었다는 것이다. 그러면 "기업 무를 자"는 도대체 누구인가? 어떤 뜻을 가지고 있기에 룻으로 하여금 그런 당돌한 행동을 하게 했는가?

롯은 그 칭호를 시어머니 나오미로부터 들었다. 시어머니의 말을 직접 들어보겠다, "그 사람은 우리와 가까우니 우리 기업을 무를 자 중의 하나이니라"(룻 2:20). 그날 밤 나오미와 룻은 고부 간에 오순도순 대화를 나누는 동안, 룻은 틀림없이 "기업 무를 자"의 뜻을 물었을 것이다. 그리고 나오미는 율법에서 이야기하는 그 칭호의 뜻을 자세히 알려주었을 것이다. 그렇게 그 뜻을 알게 된 결과 룻은 보아스에게 담대하게 행동하고 말할 수 있었다.

2. 몸말

"기업 무를 자"는 영어로 *리디머*redeemer이고, 히브리어로는 고엘(גֹּאֵל)이다. 이 단어의 가장 기본적인 뜻은 대가를 치르고 사는 사람이다. 무엇을 산단 말인가? 기업이라고 불리는 땅도 살 수 있고, 또는 사람도 살 수 있다. 이렇게 기업이나 사람을 살 때, 적절한 대가를 치르지 않으면 안 된다. 예를 들면, 넓고 비옥한 땅과 젊고 건강한 종은 당연히 비싼 가격을 지불해야 살 수 있다.

"기업 무를 자"는 여호와가 될 수도 있고 사람이 될 수도 있다. 먼저, 여호와가 "기업 무를 자"가 되는 경우를 보겠다. 이스라엘이 출애굽 할 때, 하나님은 장자를 죽이는 대신 어린양을 죽이셨다. 장자를 어린양의 피 값으로 사신 것이다. 그러므로 하나님은 장자의 고엘, 곧 장자의 생명을 무르신 분이다. 그분이 무르셨기에 모든 장자는 하나님의 것이다. 그런 까닭에 이스라엘 백성은 장자의 값을 하나님께 지불해야 한다(출 13:13).

1) 기업

　다음, 고엘이 사람을 가리키는 경우를 보겠다. 하나님이 이스라엘을 애굽에서 건져내신 목적이 있는데, 그것은 그 백성을 약속의 땅으로 인도하시기 위해서였다. 그 땅은 일찍이 하나님이 아브라함과 이삭과 야곱에게 약속하신 기업이었다(창 15:18, 26:3, 28:13). 이런 목적에 대하여 모세는 이렇게 분명히 언급했다. "우리 조상들에게 맹세하신 땅을 우리에게 주어 들어가게 하시려고 우리를 거기서 인도하여 내셨느니라"(신 6:23).

　하나님이 그렇게 약속하시고 또 주신 땅이기에 이스라엘 백성이 차지한 기업은 모두 하나님으로부터 받은 것이었다. 이스라엘 백성은 하나님이 주신 땅을 제비 뽑아서 지파에 따라서 그리고 가족에 따라서 받았다(민 34:13). 그런 까닭에 이스라엘 백성이 사는 땅은 하나님의 소유였다. 하나님도 이 사실을 분명히 선언하셨다, "…토지는 다 내 것임이니라"(레 25:23).

　이스라엘 백성은 하나님으로부터 땅의 경작권과 관리권을 받았던 것이다. 그러므로 이스라엘 백성은 땅이 자기들 것처럼 사고팔지 못했다. 그러나 어떤 사람은 너무 가난하여 땅을 팔지 않을 수 없었다. 그래도 그 땅은 하나님의 것이기에, 50년마다 반복되는 희년에 원주인에게 돌려주어야 했다. "…그 판 것이 희년에 이르기까지 산 자의 손에 있다가 희년에 이르러 돌아올지니, 그것이 곧 그의 기업으로 돌아갈 것이니라"(레 25:28).

　그런데 땅을 판 사람에게 주어지는 다른 은혜가 있는데, 바로 "기업 무를 자"이다. 왜 "기업 무를 자"가 또 다른 은혜인가? 희년이 되기 전에 그 땅을 되찾을 수라도 있단 말인가? 그 땅 소유자의 친척이 땅 값을 지불하고 소유자에게 돌려주면 가능하다. 다시 하나님의 말씀을 보겠다, "만일 네 형제가 가난하여 그의 기업 중에서 얼마를 팔았으면, 그에게 가까운 기업 무를 자가 와서 그의 형제가 판 것을 무를 것이요"(레 25:25).

물론 여기에서 "기업 무를 자"는 가까운 친척을 가리킨다. 모든 땅이 하나님의 소유라는 사실을 너무나 잘 아는 친척이 값을 지불하고 그 땅을 원주인에게 돌려주어야 한다는 것이다. 그 결과 하나님이 나누어주신 각자의 기업을 각자가 지킬 수 있게 된 것이다. 바로 그런 목적을 위하여 하나님은 기업을 영영히 팔아 없앨 수 없다고 말씀하셨다, "토지를 영구히 팔지 말라…"(레 25: 23).

하나님은 이런 방법을 통하여 하나님이 나누어주신 땅을 이스라엘 백성이 처음부터 마지막까지 그들의 기업으로 유지할 수 있게 하셨다. 그러니까 땅을 판 가난한 유대인에게 "기업 무를 자"가 있다는 사실은 큰 은혜라고 밖에는 달리 설명할 수 없다. 위에서 언급한 것처럼, 그에게 "기업 무를 자"가 하나도 없으면, 그는 마지막 방법을 의지할 수밖에 없었는데, 그것은 모든 땅이 원주인에게로 돌아오는 희년의 은혜였다.

2) 가족

하나님은 이처럼 기업이 영원히 보존되기를 원하셨다. 그런데 "기업 무를 자," 곧 고엘이 가난한 친척이 판 땅을 사서 되돌려주기로 작정했다고 하자. 그러나 만일 땅의 원주인이 이미 죽었으면 "기업 무를 자"는 그가 값 주고 다시 산 땅을 누구에게 돌려주어야 하는가? 이스라엘은 이런 문제를 해결하기 위한 오랜 관습이 있었다. 물론 이 관습은 하나님이 이스라엘 백성에게 허락하셨고, 그들에게는 중요한 전통이 되었다.

옛적에 유다에게 아들들이 있었는데, 유다는 장자인 엘을 위하여 다말이라는 아내를 얻어주었다. 그런데 가문을 이어가야 할 장자가 아들을 남기지 않고 죽었다. 유다는 둘째 아들 오난으로 하여금 형수에게 들어가라고 했다. 다말이 오난과 합하여 아들을 낳으면, 그 아들을 엘의 아들로 삼기 위해서였다. 다시 말해서, 그 가문이 장자의 혈통을 통해 이어지게 하려했다(창 38:6-8).

하나님은 이런 관습을 법제화하셨는데, 그것이 계대결혼이다. 이미 앞에서 언급했지만,[94] 그 법을 인용하겠다. "형제들이 함께 사는데 그 중 하나가 죽고 아들이 없거든 그 죽은 자의 아내는…남편의 형제가 그에게로 들어가서 그를 맞이하여 아내로 삼아 그의 남편의 형제 된 의무를 그에게 다 행할 것이요; 그 여인이 낳은 첫 아들이 그 죽은 형제의 이름을 잇게 하여 그 이름이 이스라엘 중에서 끊어지지 않게 할 것이니라"(신 25:5-6).

어떤 때는 위의 두 가지 법을 절묘하게 적용해서 문제를 해결하지 않으면 안 될 때도 있었다. 다시 말해서, "기업 무를 자"가 가난한 친척이 팔아버린 땅을 되사서 그 가난한 친척에게 돌려주어야 했다. 그런데 그 가난한 자가 죽었다면 "기업 무를 자"가 땅은 되샀는데, 그 땅을 돌려줄 원주인이 없다. 그러나 만일 "기업 무를 자," 곧 고엘이 기꺼이 이미 죽은 친척의 아내였던 여인을 아내로 맞아들인다면 문제는 깨끗이 해결된다.

실제로 그와 유사한 경우가 있었는데, 바로 위에서 인용한 유다의 사건이었다. 유다는 막내인 셀라를 며느리인 다말에게 주기를 원하지 않았다. 왜냐하면 다말에게 들어간 형들이 죽은 것처럼 막내인 셀라도 죽게 될지도 모른다는 두려움 때문이었다. 유다는 다말에게 친정에 가서 막내가 장성하기를 기다리라고 했다. 그러나 막내인 셀라가 장성하여도 유다는 그를 다말에게 주기를 꺼려했다(창 39:11).

다말은 계대결혼이라는 관습을 이용했다. 자기를 길거리의 여인으로 가장하여 시아버지인 유다를 유혹했다. 다말은 이렇게 유다와 결합하여 두 아들을 낳게 되었는데, 이들은 쌍둥이였다. 그 중 형인 베레스는 엘의 아들로 인정되어 그 가문을 이어가는 장자의 역할을 감당하였다(창 38:26, 29). 그런 이유 때문에 룻기는 장자로 인정된 베레스를 이렇게 서술한다, "베레스의 계보는 이러하니라; 베레스는 헤스론을 낳고…"(룻 4:18, 마 1:3 참고).

3) 보아스

나오미는 룻에게 분명히 말했다, "그 사람은 우리와 가까우니 우리 기업을 무를 자 중의 하나이니라 하니라"(룻 2:20). 위에서 이미 언급한 대로, 룻은 나오미에게 "기업 무를 자," 곧 고엘이 뜻하는 바에 대하여 물었을 것이며, 시어머니는 며느리에게 그 뜻에 대하여 자상하게 설명해 주었을 것이다. 십중팔구 나오미는 룻에게 유다의 사건도 설명해 주었을 것이다. 그렇지 않다면 룻기에서 갑자기 베레스가 등장하지 않았을 것이다.

시아버지인 유다와 며느리인 다말이 결합해서 낳은 아들 베레스가 가문을 이어갔다는 말이다. 그 말씀을 다시 보겠다. "…베레스는 헤스론을 낳고…"(룻 4:18). 이 결합에서 특이한 사실은 유다는 제법 나이가 많은 시아버지였고, 또 다말은 상당히 젊은 며느리였다는 것이다. 그러니까 룻이 깨달은 사실은 하나님의 법을 따르기만 하면, 하나님은 나이의 차이에도 불구하고 가문을 이어갈 수 있는 아들을 주신다는 사실이다.

나오미는 너무나 가난해서 남편의 이름으로 등록된 땅을 팔려하여 "중개인"에게 내놓은 상태였다. 그런 사실은 유다 베들레헴 사람들에게 알려졌는데, 보아스도 그런 소식을 모를 리가 없었다. 그 사실을 처음으로 공개한 것도 다름 아닌 보아스였다. 그의 말을 직접 들어보겠다, "모압 지방에서 돌아온 나오미가 우리 형제 엘리멜렉의 소유지를 팔려 함으로…"(룻 4:3).

보아스는 "기업 무를 자"로서 그 땅을 사서 원주인에게 되돌려줄 수 있다. 그런데 그 소유자는 이미 죽었다. 그 주인은 처음에는 엘리멜렉이었는데, 그가 죽음으로 인하여 그 장자인 말론에게 유산으로 넘겨졌다. 그러나 룻의 남편인 말론도 이미 죽었다. 이제 남은 자는 그 땅을 물려받을 수 없는 나오미와 룻뿐이었다. 왜냐하면 그들은 엘리멜렉의 혈통이 아니었기에 기업의 땅을 물려받을 수 없었기 때문이다.[95]

그런 까닭에 룻은 보아스에게 이렇게 말했다. "당신이 기업을 무를 자가 됨이니이다!" 룻에게 이 사실은 새로운 계시였다. 인간적으로는 소망이 전혀 없던 그녀에게 하나님은 당신의 말씀을 통하여 새로운 소망을 주셨던 것이다. 그러니까 룻이 보아스에게 한 이 말은 달리는 빠져나올 수 없는 절대적인 절망과 위기에 놓인 시어머니와 자기를 구원해달라는 절규였다. 이 말은 하나님께 올리는 기도와 다를 바가 없었다.

그렇다! 보아스는 유다 베들레헴에서 유력한 자이기에 나오미가 팔려고 내놓은 기업의 땅을 살 수 있다. 뿐만 아니라, 보아스는 말론과 친척

벌되는 형제지간이라는 가까운 친족이기에, 말론의 아내 룻을 아내로 맞아들일 수 있다. 비록 그들의 나이 차이는 있을망정 그것은 룻에게 전혀 문제가 되지 않았다. 이스라엘 역사에는 이미 그런 나이 차이를 극복한 유다와 다말의 실례가 있었기 때문이다.

3. 꼬리말

룻이 나오미를 붙좇아 유다 베들레헴으로 올 때의 마음은 참으로 착잡했을 것이다. 왜냐하면 룻은 고향과 부모는 물론 그녀가 지금까지 누려온 모든 것을 포기해야 되었기 때문이다. 룻이 붙잡은 것은 오직 하나였는데, 그것은 이스라엘의 하나님 여호와였다. 그녀가 발견한 여호와 하나님 때문에 모든 것을 뒤로 할 수 있었다. "어머니의 하나님이 나의 하나님이 되시리라"는 신앙고백이 없었다면 결코 가능하지 않은 결단이었다(룻 1:16).

룻이 이처럼 다 버렸을 때, 시어머니에게 땅이 있는지도 알지 못했다. "기업 무를 자"인 보아스가 있다는 것은 더더욱 알지 못했다. 그녀는 위로 하나님을 의지하며, 아래로 늙은 시어머니를 봉양하겠다는 마음만을 가지고 유다 베들레헴으로 돌아왔다. 그런 룻의 신앙적인 결단과 시어머니에 대한 선대 때문에 하나님이 갚아주시는 선대는 그녀의 헌신과 선대보다 수천수만 배나 많았다. 그녀에게 "기업 무를 자"가 나타났기 때문이었다.

2 "시어머니의 묘안"

"롯의 시어머니 나오미가 그에게 이르되 내 딸아 내가 너를 위하여
안식할 곳을 구하여 너를 복되게 하여야 하지 않겠느냐 네가 함께
하던 하녀들을 둔 보아스는 우리의 친족이 아니냐 보라 그가 오늘
밤에 타작 마당에서 보리를 까불리라 그런즉 너는 목욕하고 기름을
바르고 의복을 입고 타작 마당에 내려가서 그 사람이 먹고 마시기를
다 하기까지는 그에게 보이지 말고 그가 누울 때에 너는 그가 눕는
곳을 알았다가 들어가서 그의 발치 이불을 들고 거기 누우라 그가
네 할 일을 네게 알게 하리라" (룻기 3:1-4)

1. 머리말

보리와 밀 추수가 끝났다! 이제 룻이 할 수 있는 일은 아무 것도 없다.
그래도 룻이 비지땀을 흘리면서 열심히 이삭을 주웠기에 나오미와 룻은
그럭저럭 살 수 있었다. 그러나 이방 여인 룻이 할 수 있는 것은 거기까
지였다. 비록 룻이 "어머니께서 죽으시는 곳에서 나도 죽어 거기 묻힐
것이라"고 고백하면서 시어머니를 모시겠다고 했지만(룻 1:17), 그런 고
백과 상관없이 더 이상 옴치고 뛸 수 없는 막다른 골목에 이르렀다.

룻은 결연하게 시어머니에게 간청했었다, "원하건대 내가 밭으로 가
서 내가 누구에게 은혜를 입으면 그를 따라서 이삭을 줍겠나이다"(룻
2:2). 룻은 그 말대로 최선을 다해서 이삭을 주웠다. 그러나 이제 룻이

더 이상 할 수 있는 일은 없다. 시어머니를 바라볼 수밖에 없었다. 시어머니는 그녀의 차례이기라도 한 것처럼 드디어 입을 열었다. 그러니까 룻기 2장은 룻이 입을 열면서 시작됐지만, 3장은 나오미가 입을 열면서 시작된다.

시어머니는 이렇게 입을 열었다. "내 딸아! 내가 너를 위하여 안식할 곳을 구하여 너를 복되게 하여야 하지 않겠느냐?" 이 발언에서 중요한 말은 "안식할 곳"이다. 일찍이 나오미는 두 며느리에게 모압 땅으로 돌아가서 남편을 만나라고 강력하게 제안한 적도 있었다. "여호와께서 너희에게 허락하사 각기 남편의 집에서 위로를 받게 하시기를 원하노라"(룻 1:9). 과부인 시어머니가 과부된 두 며느리에 대한 깊은 배려였다.

2. 몸말

그 시어머니는 그를 "붙좇아" 온 룻에게 다시 "안식할 곳"을 마련해 주기를 원했는데, 그 "안식할 곳"은 두말할 필요도 없이 남편^{husband}과 가정^{home}을 의미한다. 그곳에는 평안과 안식이 깃든 곳이다.[96] 모압 여인이며, 가난하며, 과부인 룻에게 전혀 가당치 않아 보이는 제안임에 틀림없다. 그럼에도 불구하고 추수가 끝난 마당에 그것만이 룻의 굶주림을 해결해 줄 수 있는 방안인 것처럼 보였다.

나오미가 제안한 이 방안은 전혀 불가능한 것도 아니었다. 왜냐하면 유대 베들레헴에 근족인 보아스가 살고 있었기 때문이다. 그는 근족일 뿐만 아니라, 나오미가 "중개인"에게 내놓은 땅도 살 수 있고, 또 룻과 결혼할 수도 있는 "기업 무를 자"이기 때문이다. 여호와 하나님을 의지하면서 돌아온 유대 여인인 나오미에게는 보아스가 룻에게 "안식할 곳"을 제공할 수 있는 구원자, 곧 고엘로 보였던 것이다.

1) 나오미의 마음

나오미는 이렇게 입을 열었다, "내 딸아!" 그런데 실제로는 룻은 딸이 아니라 며느리였다. 그럼에도 룻을 "내 딸아"라고 부른 이유는 무엇인가? 그것은 어머니가 친딸을 시집보내고자 하는 간절한 마음을 표현한 것이다. 사실 룻은 친딸보다 훨씬 더 소중한 며느리였다. 베들레헴의 여인들은 룻을 이렇게 묘사했다, "이는 네 생명의 회복자이며, 네 노년의 봉양자라; 곧 너를 사랑하며 일곱 아들보다 귀한 네 며느리…"(룻 4:15).

그러니까 나오미는 지금까지 룻이 없었다면 생명을 보존하지 못했을 것이다. 그처럼 귀한 며느리를 시집보내면, 본인은 어떻게 하겠다는 것인가? 나오미는 어떻게 자신의 안위에 대하여 조금도 생각하지 않고 룻을 시집보내겠다는 것인가? 다음과 같은 몇 가지 이유 때문일 것이다: 첫째 이유는 자신보다 며느리를 더 아끼는 마음 때문이었을 것이다. 나오미는 며느리가 모든 것을 포기하고 자기만을 섬기는 선대에 감복했기 때문이었을 것이다.

둘째 이유는 며느리인 룻의 행복을 원하는 마음 때문이었을 것이다. 누구보다도 보잘것없는 자기에게 힘과 충성과 사랑을 받쳐준 며느리에게 행복을 찾아주고자 하는 진실한 마음이 생겼을 것이다. 물론 며느리인 룻을 시집보낸다는 것은 나오미에게는 치명적일 수도 있다. 그때부터 누가 나오미를 돌본단 말인가? 그러나 나오미는 자신의 생명 유지보다도 룻의 행복을 찾아주고자 하는 마음을 가졌다.

　나오미가 룻에게 "안식할 곳"을 찾아주고자 한 셋째 이유는 그녀의 신앙 때문이었을 것이다. 나오미는 인생의 밑바닥을 헤매다가 여호와 하나님을 되찾았다. 그렇게 어렵게 되찾은 하나님을 섬기면서 그분의 뜻을 받들기 시작했을 것이다. 인간에 대한 하나님의 뜻 가운데 하나는 행복이다. 하나님의 말씀을 보겠다. "내가 오늘 네 행복을 위하여 네게 명하는 여호와의 명령과 규례를 지킬 것이 아니냐?"(신 10:13).

　그렇다! 하나님은 인간이 행복한 삶을 영위하기를 원하시기에 명령과 규례, 곧 하나님의 말씀을 주셨다. 하나님은 언제나 인간이 행복하게 살기를 바라신다. 그런 하나님의 마음을 나오미도 갖게 된 것 같다. 그렇지 않다면 자기의 생명과 같은 룻을 보낼 수 없었을 것이다. 여기에 비밀이 있다! 다른 사람의 행복을 위하여 나를 비울 수 있다면 그 사람은 하나님의 마음을 지닌 사람이다.

　넷째 이유는 나오미의 인격 때문이었을 것이다. 나오미의 인격은 많은 세월과 더불어 빚어진 것이다. 나오미의 인격은 많은 한숨과 눈물로 빚어진 진주와 같은 것이다. 진주는 어떻게 만들어지는가? 조개에 모래가 들어가면 그 조개는 고통을 씹으면서 그 모래를 진주로 바꾼다. 나오미도 마찬가지이다! 주름살이 하나씩 늘어가고 몸의 여러 곳이 삐꺽거리기 시작하면서 빚어진 인격 때문에 룻을 내보내기로 작정할 수 있었다.[97]

2) 나오미의 설명

　나오미는 룻이 결혼하면 좋겠다는 그녀의 마음만을 표현한 것이 아니었다. 나오미는 그 마음, 곧 룻의 "안식할 곳"이 어떤 사람을 통해서인지 구체적으로 제시했다. 그는 다른 사람이 아닌 바로 보아스였는데, 룻과는 다른 것이 너무나 많았다. 그들의 다름을 보자. 첫째, 보아스는 유대인이나, 룻은 모압 여인이었다. 이런 민족적 장벽을 넘는다는 것은 거의 불가능했다. 특히 유대인과 이방인 사이에는 두말할 필요도 없다.

둘째, 보아스는 부유한 지주이나, 룻은 땡전 한 푼 없는 거의 거렁뱅이와 같이 가난한 자였다. 나오미는 보아스를 이렇게 소개한다, "네가 함께 하던 하녀들을 둔 보아스…" 왜 그렇게 소개하는가? 그 이유는 간단하다! 보아스는 하녀들을 많이 거느린 상당한 부자라는 말이다. 사실, 룻도 이삭을 줍는 동안 그 하녀들과 함께 있었기에, 그리고 보아스의 밭에서 오랫동안 이삭을 주웠기에 그가 부자라는 것을 잘 알고 있었다.

셋째, 두 사람의 나이 차이도 대단한 것 같다. 그렇지 않다면 보아스가 룻에게 "내 딸아, 들으라!"고 부르지 않았을 것이다(룻 2:8). 반면에 룻은 상당히 젊은 여인이었던 것 같다. 그렇지 않다면 보아스가 룻에게 이렇게 말할 이유가 없었을 것이다. "내 딸아, 여호와께서 네게 복 주시기를 원하노라. 네가 가난하건 부하건 젊은 자를 따르지 아니하였으니 네가 베푼 인애가 처음보다 나중이 더하도다"(룻 3:10).

보아스의 이 말은 두 사람의 큰 나이 차이를 잘 보여준다. 다시 "내 딸아"라고 불렀을 뿐만 아니라, "젊은 자를 따르지 아니했다"고 했다. 자기와 같은 나이든 사람에게 관심을 갖는 것은 그야말로 큰 인애라고까지 말한 것을 보아서도 그들의 나이 차이가 상당했다는 사실을 읽을 수 있다. 넷째, 보아스는 노총각이고, 룻은 아직도 엘리멜렉의 가문에 속한 과부였다. 이런 많은 다름에도 불구하고 나오미는 왜 며느리에게 보아스를 소개했는가?

그 이유는 간단하다! 보아스가 나오미의 친족이었기 때문이다. 가까운 친척이기에 보아스는 그들을 구원해줄 수 있는 "기업 무를 자," 곧 고엘이기 때문이다. 나오미가 그처럼 담대하게 보아스를 룻에게 소개한 것은 "기업 무를 자"의 권리와 의무 때문이었다. "기업 무를 자"는 성경의 가르침이자 동시에 이스라엘 백성이 전통적으로 실행하는 관습이기 때문이다. 그러니까 나오미는 말씀과 관습에 의지하여 보아스를 룻에게 제안했다.

3) 나오미의 묘안

나오미의 묘안에 의하면, 그날 밤 보아스는 보리를 타작하고 또 까불 것이다. 그런데 왜 밤에 하는가? 보리를 까불기 위해서는 바람이 살랑살랑 불어야 한다. 바람이 너무 세도 안 되고, 또 너무 약해도 안 된다. 보리를 추수하는 계절 오후에 제법 강한 서풍이 지중해로부터 불어오다가, 저녁이 되어 베들레헴 지역에 이른 바람은 타작된 보리를 까불기에 가장 좋은 온화한 바람으로 바뀐다.[98] 보아스는 그 때를 기다렸다가 보리를 까분다.

곡물도 많고 바람의 상태가 계속적으로 좋을 땐 아침까지 까불 때도 있다.[99] 보아스는 밤늦게까지 보리를 까불었음에 틀림없다. 한편 풍성한 수확 때문에, 또 한편 좋은 바람 덕분에 보리도 잘 까분 보아스는 기분이 좋았을 것이다. 그는 즐거운 마음으로 저녁을 마치고, 곡식더미 끝자락에 자리를 만들고 누웠다. 나오미의 분부에 의하면, 룻은 보아스가 그렇게 하는 동안 그 앞에 나타나지 말아야 했다.

그날 밤 보아스가 밭에서 잘 것도 나오미는 알았다. 나오미가 보지도 않고 알았다는 것은 수확하는 사람들이 의례히 그렇게 했기 때문이었을 것이다. 보아스가 왜 그렇게 했는지 정확하게는 알 수 없으나, 틀림없이 수확과 연관된 절기를 규례에 따라 준비하기 위해서였을 것이다. 두말할 필요도 없이, 그동안 땀 흘려 가꾼 수확물을 보호하려는 목적도 있었을 것이다.[100]

나오미는 또 이렇게 분부한다. 보아스가 누워 잠들었을 때, "그의 발치 이불을 들고 들어가서 거기 누우라." 이런 행동은 무엇을 의미하는가? 첫째, "그의 발치"에 눕는다는 것은 룻의 낮은 신분을 의미한다. 룻이 비록 신분은 낮지만 그래도 소원을 올리는 모습이다. 그 소원이 무엇인가? 그 해답이 바로 둘째의 의미로서, 청혼이었다. 그것이 청혼이라는 사실은 다음의 말에서 잘 드러난다: "당신이 기업을 무를 자가 됨이니이다"(룻 3:9b).

셋째, 보아스와 룻이 둘만의 시간을 갖는다는 의미이다. 한 밤에 룻이 보아스의 발치에 누워있지만, 보아스를 깨워서도 안 된다. 가만히 있으면 보아스는 발에서 추위를 느끼며 깨게 될 것이다. 룻은 조용히 보아스가 깰 때를 기다려야 했다. 그때 아무도 모르게 그 둘은 말을 섞을 수 있기 때문이다. 넷째, 보아스가 마지막 말을 하도록 했다. 그렇게 하기 위하여 나오미는 룻에게 부탁한다. "그가 네 할 일을 네게 알게 하리라."[101]

룻이 이런 행동을 하기 전에 준비할 것이 있었다. 그것은 "목욕하고 기름을 바르고 의복을 입는" 것이었다. 목욕하여 몸을 깨끗이 한 후에 향수를 바르고 좋은 옷을 입는다는 것은 두말할 필요도 없이 아름답게 치장하는 모습이다. 지금까지 보아스에게 비춰진 룻은 이삭을 열심히 줍는 착한 노동자였다. 시어머니를 봉양하는 착한 여인이었다. 그러나 이제부터는 보아스라는 남자에게 접근하는 한 아름다운 여인으로 변신한다는 뜻이다.

구약성경에는 그와 똑같은 행동을 한 사람이 또 있는데, 다름 아닌 다윗이었다. 밧세바와의 사이에 낳은 아들이 죽은 것을 알자 "다윗은 땅에서 일어나 몸을 씻고 기름을 바르고 의복을 갈아입고…"(삼하 12:20). 다윗의 이런 행위는 사별에 대한 슬픔을 끝내는 행위를 말한다.[102] 나오미가 룻에게 그렇게 치장하라고 한 말에는 죽음과 같은 그런 저주스러운 삶을 끝내고 새로운 삶으로 들어가라는 뜻이 함축되어 있다. 물론 결혼을 통해서이다.[103]

3. 꼬리말

룻은 그동안 열심히 이삭을 주우면서 시어머니와 자신의 먹거리를 해결했다. 낮에는 뜨거운 햇볕 아래에서 수없이 허리를 수그렸다 펴면서 이삭을 주웠다. 밤에는 저녁은 물론 다음날 시어머니의 식사를 준비했을 것이다. 한편으로는 시어머니를 섬길 수 있어서 뿌듯했지만, 또 한편으로는 말할 수 없을 정도로 피곤했을 것이다. 룻은 다른 것은 생각할 겨를도 없이 곤한 잠에 빠졌을 것이다.

그러나 이제 추수의 계절이 지나갔다. 갑자기 아무 것도 할 수 없다는 무기력감에 짓눌렸을 것이다. 앞을 보아도 실낱같은 희망도 보이지 않았다. 그녀를 엄습해오는 무기력감은 그녀로 하여금 누구에게도 표현할 수 없는 외로움에 휩싸이게 했을 것이다. 그녀는 위로는 하나님을 바라보며, 아래로는 "무기력한" 시어머니를 바라보고 있었을 것이다. 그런데 하나님의 응답이 시어머니를 통하여 이렇게 빨리 이루어질지 누가 알았겠는가?

3 "룻의 순종"

"룻이 시어머니에게 이르되 어머니의 말씀대로 내가 다 행하리이다 하니라 그가 타작마당으로 내려가서 시어머니의 명령대로 다 하니라…룻이 가만히 가서 그의 발치 이불을 들고 거기 누웠더라" (룻기 3:5-7b)

1. 머리말

시어머니인 나오미는 며느리인 룻에게 기상천외한 제안을 했다. 우리는 그 제안이 너무나 신묘해서 묘안이라고까지 했다. 그 묘안에 의하면, 룻은 목욕하고, 기름을 바르고, 정장을 한 후, 보아스의 발치 이불을 가만히 들어서 그곳에 누우라는 것이다. 물론 보아스가 잠이 든 후에 그렇게 하라는 것이다. 보아스만 잠든 것이 아니라, 만물이 잠든 오밤중에 그렇게 하라는 것이다.

이 시점에서 우리는 룻의 이야기가 전개되는 장소와 시간을 알아보는 것도 재미있을 것이다. 룻기 1장의 사건이 일어난 때는 환한 대낮이다. 나오미와 룻이 모압 지방을 떠나 유다 베들레헴으로 오던 때는 불볕이 내리 쏟아지는 대낮의 행군이다. 물론 해가 지면 밤이 되지만, 밤중에는 두 연약한 여인네가 서로를 의지하여 어디선가 잠을 청했을 것이다. 그러니까 1장의 배경은 낮이다.

룻기 2장은 룻이 보아스의 밭에서 이삭을 줍는 이야기이다. 보리 추수와 밀 추수라는 제법 오랜 기간 동안 룻은 열심히 이삭을 주웠다. 룻이 이삭을 줍는 기간은 거의 두 달이나 되었지만, 그래도 룻은 낮에만 이삭을 주웠다. 그 이유는 너무나 분명하다! 밤중에 어떻게 그렇게 작은 이삭을 주울 수 있겠는가? 룻이 아무리 많은 이삭을 주우려 해도 밤에는 전혀 불가능하다. 그러니 2장의 배경도 역시 낮이다.

2. 몸말

그러나 3장은 다르다. 룻이 보아스의 발치 이불을 들고 들어가 누울 시간은 깜깜한 오밤중이다. 그러니까 나오미가 묘안을 제안한 시간은 십중팔구 초저녁이다. 룻은 즉시 목욕을 하고, 기름을 바르고, 의복을 단정히 입고 보아스가 있는 타작마당으로 갔다. 그리고 모든 사람이 잠든 오밤중이 되기를 기다렸다. 그리고 그곳에서 새벽까지 보아스와 단 둘이만 있었다. 결국 룻기 3장의 사건은 초저녁부터 새벽까지 일어났다.

비록 나오미는 묘안을 내놓았지만, 며느리 룻은 그런 제안을 무조건 받아들일 이유가 없었다. 그런데도 룻은 시어머니의 제안을 위에서 내려오는 절대적인 명령처럼 즉시 받아들였다. 룻은 어떤 질문도 하지 않았다. 어떤 반대도 하지 않았다. 그뿐만이 아니라, 어떤 논쟁도 하지 않았다. 룻은 시어머니에게 조건 없이 순종했다. "내가 다 행하리이다"라는 말을 하고는 즉시 행동에 옮겼다. 룻은 "시어머니의 명령대로 다 행했다."

1) 시어머니

릇은 어떻게 시어머니의 말을 그대로 받아들이고, 또 그대로 행할 수 있었는가? 다음과 같은 세 가지 이유 때문이었을 것이다. 첫째 이유는 시어머니에 대한 신뢰 때문이었을 것이다. 도대체 릇은 어떻게 시어머니를 신뢰하게 되었는가? 물론 릇이 나오미의 가문에 시집와서 함께 살면서도 신뢰를 갖게 되었겠지만, 무엇보다도 시어머니를 신뢰할 수 있게 된 것은 함께 고난을 겪으면서였을 것이다.

나오미도 남편을 잃었고, 릇도 남편을 잃었다. 그처럼 어려운 때, 늙은 시어머니가 몸을 의탁할 수 있는 사람은 그녀를 붙좇아오겠다는 릇뿐이었다. 젊은 며느리를 꼭 붙잡아야 그래도 노년을 견디어낼 수 있을 것이다. 다시 말해서, 며느리는 나오미에게 노년의 유일한 "안식처"였다. 그러나 나오미의 인격은 바로 그런 때에 드러났다. 고난 중에 빚어진 고귀한 인격이라고 할 수 있다.

그렇게 빚어진 인격이 어떻게 드러났는가? 룻기 1장에서 나오미가 두 며느리에게 말한 것을 지금도 기억하는가? 나오미는 두 며느리에게 세 가지를 명령했다: 하나는 그녀를 따라오지 말고 고향으로 돌아가라는 것이고; 또 하나는 그들의 생애를 여호와가 축복하시기를 빌어주었고; 그리고 마지막으로 그들이 각각 남편을 만나 남은 인생에서 위로를 받으며 살라는 것이었다(룻 1:8-9).

대부분의 사람들은 어려움을 만나면 다른 사람들보다 자신을 먼저 생각한다. 믿음의 조상인 아브라함을 보라. 그가 기근을 피하여 애굽으로 내려갔을 때, 아내인 사라를 먼저 생각했는가? 아니다! 그는 자신의 안위를 먼저 생각했다. 그렇지 않았다면 아내를 자기의 누이라고 부르게

하지 않았을 것이다: "…그대는 나의 누이라 하라…그러면 내가 그대로 말미암아 안전하고 내 목숨이 그대로 말미암아 보존되리라 하니라"(창 12:13).

나오미는 모든 것을 다 잃었다. 남편과 두 아들을 잃었다. 재산도 잃었다. 체면도 잃었다. 그녀에게 남은 것은 깊이 파일대로 파인 고난의 주름살뿐이었다. 그런 극단적인 상황에서도 나오미는 앞길이 창창한 며느리들을 먼저 생각했다. 자신은 길을 가다가 기진해서 죽을지 모르는 데도, 그리고 먹을 것이 없어서 굶어 죽을지 모르는 데도, 그녀는 며느리들의 안위를 먼저 생각했다.

그뿐만이 아니다! 나오미는 룻도 동서를 따라 모압 백성에게로 돌아가라고 간청한다. 나오미의 말은 진심에서 우러나온 것이다. 룻의 장래를 위한 말이다. 자신의 안위는 조금도 생각하지 않고 룻을 위하여 희생적이며, 이타적인 말을 했다. 룻을 며느리로만 보지 않고, 룻에게도 인생과 미래가 있는 인격자로 대우한 나오미의 고상한 인격 때문에, 룻은 시어머니의 말을 그녀의 미래를 위하여 한 제안으로 받아들일 수 있었다.

2) 보아스

시어머니의 묘안을 무조건 받아들인 둘째 이유는 보아스에 대한 신뢰 때문이었을 것이다. 실제로 남의 집 과부가 다른 남자에게 접근한다는 것은 부도덕한 행위로 간주될 여지가 농후하다. 아니 실제로 부도덕한 행위이다. 그것도 오밤중에 발치 이불 속으로 들어간다는 것은 참으로 부도덕한 행위로 간주될 수 있는 행위이다. 보아스는 다음과 같이 룻의 행위를 비난할 수 있다.

우선, 룻은 아직도 엘리멜렉의 큰 아들인 말론의 아내이다. 비록 말론이 죽긴 했어도, 그 가문을 떠난 것도 아니다. 그런 이유 때문에 보아스는 룻에게 그녀의 가문에 충실하지 못한 여인이라고 비난할 수도 있다. 큰 며느리로서 정절을 지키면서 가문에 대한 책임은 지지 않는다고 비난하면서 말이다. 그녀가 한밤중에 외간 남자와 한 이불을 덮고 있다는 행위 자체가 간부姦婦의 행위라고 비난할 수도 있다.

그 다음, 보아스는 아무도 없는 그 들녘에서, 그것도 아무도 볼 수 없는 깜깜한 밤을 이용하여 룻을 성적으로 범할 수도 있다. 그는 노총각이기에 순간적인 충동을 억제하지 못할 수도 있다. 그리고 모든 책임을 여자에게 돌릴 수 있다. 그는 사람들에게 룻이 매춘부처럼 밤중에 그에게 접근하여 그를 유혹했다고 비난할 수도 있다. 그렇게 되면 모압 여인인 룻은 더 이상 유다 베들레헴에 거주할 수 없게 될 것이다.

마지막으로, 보아스는 가난에 찌든 모압 여인이 자기를 돈 때문에 유혹했다는 소문을 퍼뜨릴 수도 있다. 예나 지금이나 젊은 여성들이 경제력과 권력을 두루 갖춘 나이 든 남자들을 유혹하는 경우가 종종 있다. 보아스는 넓은 밭도 소유하고 많은 하인들도 거느리는 베들레헴의 지주이다. 보아스는 가난한 젊은 여인들이 그들의 가난을 극복하기 위한 방편이 될 수 있는 요소를 골고루 갖춘 사람이었다. 그는 룻을 그렇게 비난할 수도 있다.[104]

이처럼 룻은 그녀의 인격과 신망을 하루아침에 잃을 수도 있는 제안을 조금도 주저하지 않고 받아들인 중요한 이유는 보아스에 대한 신뢰 때문이다. 룻은 유다 베들레헴으로 돌아온 이래 보아스의 밭에서 몇 달 동안 이삭을 주우면서, 보아스를 지켜보았다. 보아스는 참된 신앙을 갖춘 인격자이다. 보아스가 그의 하인들도 신앙적으로 대하는 것을 보았다(룻 2:4). 뿐만 아니라, 자기에게도 신앙적으로 말해주는 것을 들었다(룻 2:12).

보아스는 말만 늘어놓는 허울 좋은 신앙인이 아니다. 보아스는 신앙적인 말을 증명이라도 하듯, 행동으로 옮겼다. 룻과 같은 미천하고 가난한 이방 여인에게도 따뜻하게 대하는 고상한 인격자이다. 이삭을 줍는 천하디 천한 자기에게 먹을 것과 마실 것을 넘치도록 주는 모습도 기억한다. 그런 남자라면 믿고 자신을 맡길 수 있다고 생각했을 것이다. 비록 장소와 시간은 이상적이 아니지만 그래도 신뢰할 수 있다고 생각했을 것이다.

3) 룻

룻이 시어머니의 제안을 조금도 주저하지 않고 받아들인 셋째 이유는 룻의 결단력 때문이다. 룻도 시어머니 못지않게 많은 시련을 겪은 여인이다. 그녀는 모압 여인인데도 그들 가운데 와서 사는 유다 가문에 시집을 왔다. 룻이 전혀 다른 민족에 속한 남자를 남편으로 맞이했다는 자체가 그녀의 결단력을 말해주는 대목이다. 그녀는 처음부터 다른 여인들과는 달랐다. 다른 여인들이 쉽게 결정하지 못할 그런 결혼을 마다하지 않았다.

그녀는 남편을 잃은 청상과부가 되었다. 그럼에도 불구하고 친정으로 돌아가지 않고 시집에 계속 남았다. 그리고 시어머니를 붙좇아 다른 나라로 이민을 간다는 것도 역시 그녀의 결단력을 말해주는 두 번째 대목이다. 그녀는 부모와 고향, 형제들과 친구들을 다 잃었지만, 그런 잃음을 조금도 주저하지 않았다. 용감하기까지 한 그녀의 결단력은 남다른 것이라고 말해도 좋을 듯하다.

그런 결단력의 극치는 무엇보다도 이스라엘의 하나님인 여호와를 그녀의 하나님으로 받아들였다는 사실이다. 그녀는 이런 고백을 한 바 있다. "어머니의 하나님이 나의 하나님이 되시리라"(룻 1:16). 그 신앙 때문에 그녀는 고향과 부모도 떠날 수 있었다. 그 신앙 때문에 그녀는 낯선 땅인 유다 베들레헴으로 올 수 있었다. 그 신앙 때문에 그녀는 시어머니를 끝까지 모실 수가 있었다. 그녀의 신앙적인 결단도 과연 남다른 것이었다.

많은 시련 가운데서 그녀의 신앙은 깊어만 갔다. 그리고 그녀에게 그런 신앙의 길잡이가 되어준 시어머니에 대한 사랑도 남다른 것이었다. 그녀는 자신의 행복을 진정으로 원하는 시어머니의 마음을 조금도 의심치 않았다. 그녀가 시어머니에게 "어머니의 말씀대로 내가 다 행하리이다"라고 한 절대적인 순종은 그녀의 신앙적인 결단이라고 해도 지나친 말은 아니다. 시련 가운데서 깊어진 결단력이라고 말할 수 있다.

용감할 정도의 결단력은 신앙 위에서 다시 한 번 빛을 발했다. 그녀는 조금도 주저하거나 염려하지 않고 그녀의 운명을 시어머니에게 맡겼다. 참으로 대단한 결단력이라고 말하지 않을 수 없다. 그녀는 말로만 순종하지 않았다. 그녀는 즉각적으로 일어나서 시어머니가 제안한 것을 다 행했다. 오늘의 말씀은 이렇게 선언한다. "그가 타작마당으로 내려가서 시어머니의 명령대로 다 하니라."

그렇다! 룻은 결혼과 이민이라는 결단에서 남달랐다. 다른 모압 여인들과는 달랐다. 동서와도 달랐다. 룻은 신앙적인 결단에서도 남달랐다. 룻은 여호와 하나님을 그녀의 하나님으로 받아들였다. 룻은 시어머니에 대한 순종도 남달랐다. 그녀는 조금도 가감하지 않고 순종했다. 신앙과 시련이 만들어낸 작품이라고 할 수 있다. 그녀를 빚으시고, 인도하신 여호와 하나님의 걸작품이라고 할 수가 있다.

3. 꼬리말

오늘 룻의 순종을 통하여 적어도 두 가지 교훈을 얻을 수 있다. 첫째는 신뢰를 쌓아가는 인간관계의 중요성이다. 나오미와 보아스는 룻으로부터 신뢰를 얻는 관계를 만들어갔다. 특히 시어머니가 며느리로부터 신뢰를 얻었다고 하는 것은 엄청난 것이다. 그렇다고 보아스가 룻으로부터 신뢰를 얻은 것이 보잘 것 없다는 말은 아니다. 어쨌든 나오미와 보아스는 룻으로부터 신뢰를 얻었다. 우리도 신뢰를 얻는 인간관계를 만들어야 한다.

둘째 교훈은 순종의 중요성이다. 성경은 "순종이 제사보다 낫다"고 선포한다(삼상 15:22). 현재의 한국 사회에서는 신뢰와 순종을 찾아보기 어렵다. 대부분의 사람들은 이기주의와 개인주의에 몰입하여, 순종과는 거리가 먼 삶을 유지한다. 이런 때일수록 우리 그리스도인들은 위로 하나님께 순종하며, 아래로 서로에게 순종하여 하나님의 영광을 드러내는 삶을 살아야만 할 것이다.

4 "옷자락으로 덮으소서!"

"보아스가 먹고 마시고 마음이 즐거워 가서 곡식 단 더미의 끝에 눕는지라 룻이 가만히 가서 그의 발치 이불을 들고 거기 누웠더라 밤 중에 그가 놀라 몸을 돌이켜 본즉 한 여인이 자기 발치에 누워 있는지라 이르되 네가 누구냐 하니 대답하되 나는 당신의 여종 룻이오니 당신의 옷자락을 펴 당신의 여종을 덮으소서" (룻기 3:7-9a)

1. 머리말

그날 밤은 룻의 인생을 바꾼 날이다! 룻의 인생은 과부의 신세를 면함으로써 구차한 신분도 면했지만, 동시에 가난에서 벗어난 밤이었다. 그날 밤 룻의 인생만 바뀌었는가? 아니다! 보아스의 인생도 바뀌었다. 보아스는 비록 많은 재산과 하인을 거느린 거부였으나, 아내가 없어서 심적으로 가난한 사람이었다. 그의 가난이 룻이라는 여인을 통하여 심적으로 부요해진 밤이다.

그러면 그날 밤 룻과 보아스의 특별한 만남으로 그 두 사람의 인생만 바뀌었는가? 아니다! 나오미의 인생도 바뀌었다. 나오미는 며느리인 룻을 통하여 쓰러져가던 그녀의 가문을 다시 세울 수 있었다. 그녀의 가문을 이어줄 기업 무를 자를 찾아냈기 때문이다. 나오미가 찾아냈는가? 아니다! 룻이 찾아냈다. 룻이 찾아낸 보아스가 나오미의 가문을 이어줄 기업 무를 자였던 것이다.

그날 밤 보아스가 넉넉한 추수와 충분한 저녁을 마치고, 마침내 곡식 단 끝에 자리하고 누웠다. 보아스의 모든 행동과 잠자리를 숨어서 엿보던 룻은 보아스에게 다가가기 시작했다. 보아스는 이미 깊은 잠에 빠져 있었다. 룻은 보아스의 발치 이불 밑으로 살며시 들어가서 누웠다. 북소리보다 더 크게 들리는 심장 뛰는 소리를 가까스로 억누르면서 손가락 하나도 움직이지 못한 채 누워있었다.

2. 몸말

달빛과 별빛이 보아스와 룻을 살포시 덮고 있었다. 숨도 제대로 쉬지 못하면서 누워있는 룻에게 시간은 너무나 느리게 흘러가고 있었다. 룻은 눈만 떴다 감았다하면서 깜깜한 하늘을 쳐다보며 여러 가지 생각을 했을 것이다. 시어머니의 말도 되새기고 있었을 것이다. 보아스가 어떻게 그녀의 행동을 받아들일까도 염려하고 있었을 것이다. 그녀의 다가올 앞날의 운명을 이스라엘의 하나님 여호와께 맡기면서 간절히 기도도 했을 것이다.

그때, 갑자기 보아스는 잠에서 깨어 소스라치게 놀랐다. 몸을 돌이켜 보니 누군가가 그의 발치에 누워있었다. 자세히 보니, 한 여인이었다. 이때 히브리어 성경은 "보라!"는 표현이 있기에 이렇게 번역될 수 있다, "보라! 한 여인이 누워있노라!"[105] 히브리어 성경에 "보라!"가 들어간 것은 한편 보아스의 놀람을 강렬하게 표현하면서, 동시에 새로운 장면을 소개하기 위함이었다.[106]

1) "네가 누구냐?"

보아스가 놀란 것은 너무나 당연했다. 그가 잠을 청할 때에는 주변에 아무도 없었다. 그런데 그 밤중에 그의 발치 이불을 덮고 있는 사람이 있다니 얼마나 놀랐겠는가? 그것도 남자가 아니라 젊은 여인이라니! 십중팔구 보아스는 지금까지 어떤 여인과도 그렇게 가까이 있은 적이 없었을 것이다. 더군다나 여인과 한 이불을 덮고 자고 있었다니, 이 얼마나 해괴망측한 일인가? 그는 놀라서 펄쩍 뛰어 일어났다.

보아스가 놀란 두 번째 이유가 있었는데, 그것은 "시간" 때문이었다. 그때는 "밤중"이었다. "밤중"은 종종 죽음을 상징한다. 예를 들면, 하나님의 천사가 애굽의 장자와 동물의 첫 새끼를 죽일 때도 "밤중"이었다(출 12:29). 흔히 죽음이 찾아오는 시간도 "밤중"이다(욥 34:20). 그렇게 죽음과 같이 여겨지는 그런 칠흑 같은 "밤중"에 여인이 발치에 같이 누워있다니, 얼마나 소스라치게 놀랄 일인가?[107]

보아스는 만물이 잠든 그 밤중의 적막과 놀람을 마침내 깨뜨렸다. "네가 누구냐?" 너무나 간단하지만, 그렇게 밖에 물을 수 없었다. 두려움과 놀람이 한데 어울려서 튀어나온 질문이었다. 그처럼 당혹스러운 상황에서도 보아스는 정신을 집중시켜서 던진 질문이었다. "너는 누구냐?"라는 말에는 그의 발치에 누워있는 여인의 정체를 밝히라는 질문이다. 뿐만 아니라, 여인으로서 그렇게 행동한 연유를 밝히라는 질문이기도 했다.

보아스는 룻에게 이런 질문을 두 번씩이나 던졌다. 한 번은 환한 대낮에 이삭을 열심히 줍고 있던 여인에 대하여 사환에게 다음과 같이 물은 적이 있다, "이는 누구의 소녀냐?"(룻 2:5). 그런데 이 깜깜한 오밤중에 룻을 알아보지 못하고 던진 두 번째 질문도 아주 비슷했다, "네가 누구냐?" 이 두 질문은 얼른 듣기에 비슷한 것 같지만, 실제로는 너무나 다르다.

첫째 다름은 소속과 정체이다. "이는 누구의 소녀냐?"는 누구의 소유냐는 질문이고, "네가 누구냐?"는 정체를 밝히라는 질문이다. 둘째, 앞의 질문은 나오미와 함께 온 모압 여인에 관한 것이나, "네가 누구냐?"는 어떤 베들레헴 사람이냐는 질문이다. 셋째, 앞의 질문은 하녀의 신분에 관한 것이나(룻 2:13), "네가 누구냐?"는 보아스와 동등한 위치에 있는 사람이라는 뜻이다. 그런 이유 때문에 대화는 "나"와 "당신"으로 진행되었다.

룻은 말을 이어갔다, "나는 당신의 여종이오니…당신의 여종을 덮으소서!" 왜 보아스와 동등하게 대화하다가 갑자기 "여종"이라고 자신을 비하하는 발언을 두 번씩이나 했는가? 그 이유는 간단하다! 룻은 보아스에게 아내나 첩으로 팔려갈 수 있는 신분을 강조하기 위해서이다. 그러니까 단순한 "시녀"가 아니라, 보아스와 결합할 수 있다는 사실을 강조한 겸손한 자세이자 동시에 신분을 나타내었던 것이다.[108]

2) "옷자락"

룻은 보아스의 두 가지 뜻을 담은 질문에 대하여 두 가지로 답한다. 첫째는 자신의 정체를 밝힌다, "나는 당신의 여종 룻이오니…" 둘째는 자신이 밤중에 그의 이불을 덮고 누워있는 이유를 밝힌다. "당신의 옷자락을 펴 당신의 여종을 덮으소서!" 룻의 이 대답은 나오미가 제시한 묘안에는 포함되지 않았다. 다시 말해서, 이것은 룻이 스스로 대답한 것이다. 모든 정황을 파악한 룻의 대답이었다.

결국, 룻은 그녀의 운명을 스스로 개척했다고 해도 지나친 말은 아니다. 물론 룻이 그런 창조적인 말을 하기 위하여는 나오미의 역할이 있었다. 그냥 단순한 역할이 아니라 절대적인 역할이었다. 시어머니인 나오미로부터 보아스가 그녀의 가문과 어떤 관계에 있는지도 들었다. 한발 더 나아가서, 보아스가 나오미의 가문을 다시 일으킬 기업 무를 자라는 이야기도 들었다.

그뿐만이 아니다! 모압 여인에게는 너무나 생소한 기업 무를 자가 무엇인지 나오미는 자상하게 설명해 주었을 것이다. 그와 관련된 하나님의 말씀을 인용해가면서 자세히 알려주었을 것이다. 시어머니의 설명으로 룻은 당시의 정황을 이해하게 되었다. 그리고 바로 자신이 그녀의 가문을 일으킬 수 있는 방법이라는 것도 알게 되었다. 그러나 그녀의 운명을 결정짓는 말은 결국 룻 자신이 한 것이었다.

룻의 운명을 결정한 말을 다시 인용하겠다, "당신의 옷자락을 펴 당신의 여종을 덮으소서!" 룻이 사용한 "옷자락"은 그녀가 이삭을 주울 때에 보아스의 말 가운데 들어있던 단어였다. 그의 말을 다시 인용하겠다. "이스라엘의 하나님 여호와께서 그의 날개 아래에 보호를 받으러 온 네게 온전한 상 주시기를 원하노라"(룻 2:12). 보아스가 사용한 "날개"와 룻이 사용한 "옷자락"은 히브리어에서는 같은 단어이다.[109]

왜 룻은 보아스가 사용한 단어를 그대로 빌려서 썼는가? 그 이유는 간단하다! 보아스의 기원이 진정이었다면, 그 기원에 대하여 책임을 지라는 뜻이기도 하다. 다시 말해서, 보아스는 룻에게 여호와의 날개 아래로 왔기에 그 하나님이 온전한 상을 베풀어주시기를 기원했다. 그런데 그 기원을 보아스가 몸소 이루어달라는 말이다. 보아스가 룻을 아내

로 취한다면, 그의 날개 아래에서 룻은 완전한 보호를 받게 되기 때문이다.[110)]

따라서 룻은 보아스의 기원에 의하면, 이스라엘의 하나님 여호와로부터 보호를 받게 되는 셈이다. 그러니까 보아스의 기원은 여호와 하나님이 직접 룻을 보호하시기를 원했지만, 하나님은 보아스를 통하여 그 기원을 이루시겠다는 것이다. 그렇다! 보아스가 하나님께 룻을 위하여 빌어주었던 기원은 사람을 통하여 이루어지지 않으면 안 되었다. 그런데 그 사람이 바로 그 기원을 언급한 보아스일 줄 누가 꿈이나 꿨겠는가?

3) "덮으소서!"

룻은 보아스에게 그의 옷자락을 펴서 자기를 덮어달라고 요청했다. 그것이 함축하는 몇 가지 의미가 있다. 첫 번째 의미는 한기에서 보호해달라는 뜻이다. 실제로 보아스도 룻 때문에 들쳐진 이불 사이로 스며든 한기 때문에 깼는지도 모른다. 하물며 보아스의 발치의 이불을 대강 걸치고 있던 룻도 한기를 느끼고 있었을 것이다. 그런 자신을 보호해 달라는 요청의 뜻일 수도 있다.

두 번째 의미는 벌거벗은 것과 같은 자신을 가려달라는 뜻일 수도 있다. 한 여인으로서 룻은 정신적으로 벌거벗은 것이나 다름없었다. 마치 벌거벗은 하와가 남자인 아담 앞에서 부끄러움을 느낀 것처럼 말이다(창 3:7). 그런 수치심을 가리기 위하여 하나님이 직접 동물의 가죽으로 옷을 지어 입히신 것처럼(창 3:21), 룻의 수치심을 가려달라는 뜻이다. 다시 말해서, 보아스가 그녀의 하나님처럼 되어 수치심을 덮어달라는 뜻일 수도 있다.

세 번째 의미는 한 이불을 덮고 자는 부부의 인연을 맺어달라는 뜻이다. 실제로 이스라엘에서 많은 사람들에게는 겉옷이 특히 밤중에 추위를 덮어주는 이불이 되기도 했다.[111] 그러나 룻이 아무리 추워도 외간 남자와 한 이불을, 그것도 별로 크지도 않은 겉옷을 같이 덮고 잘 수는 없었다. 그런 행동이 가능한 것은 오로지 부부에게만 있을 수 있다. 그런 이유 때문에 룻은 보아스에게 남편이 되어달라는 요청을 한 것이다.

"옷자락"으로 덮는 행위가 이처럼 결혼을 뜻하는 말씀이 있는데, 그 말씀을 직접 인용하겠다. "…네가 크게 자라고…네가 여전히 벌거벗은 알몸이더라. 내가 네 곁으로 지나며 보니 네 때가 사랑을 할 만한 때라. 내 옷으로 너를 덮어 벌거벗은 것을 가리고 네게 맹세하고 언약하여 너를 내게 속하게 하였느니라"(겔 16:7-8). 이 말씀은 하나님이 이스라엘에게 하신 것으로, 특히 "내 옷으로 너를 덮어"는 결혼의 언약을 맺은 사실을 뜻한다.[112]

룻은 시어머니인 나오미의 제안대로 결혼 준비를 끝낸 셈이었다. 어떻게 준비를 했는가? 나오미의 제안을 더듬어보겠다, "그런즉 너는 목욕하고 기름을 바르고 의복을 입으라"(룻 3:3). 왜 이 제안이 결혼 준비였는가? 다시 하나님이 이스라엘과 결혼 언약을 맺으신 후에 하신 일을 보겠다. "내가 물로 네 피를 씻어 없애고 네게 기름을 바르고…옷을 입히고…"(겔 16:9-10).

이처럼 시어머니의 제안에 따라 룻은 육체적으로 결혼 준비--목욕, 기름, 의복--를 끝냈다. 그것은 동시에 마음의 준비도 끝냈다는 뜻이다. 그리고 그렇게 굳게 결정한 마음을 보아스에게 주저하지 않고 표출했다: "당신의 옷자락을 펴 당신의 여종을 덮으소서!" 그러니까 룻의 말은 "나를 당신의 아내로 받아주소서!"라는 뜻이었다. 한 여인이 한 남자에게 표출하기 가장 어려운 말을 룻은 마침내 했던 것이다.

3. 꼬리말

오늘 룻이 보아스에게 한 말은 그녀가 얼마나 지혜롭다는 사실을 알려준다. 보아스가 사용한 "하나님의 날개"라는 단어를 다시 사용하여 "옷자락"으로 덮어달라고 했다. 이런 대목은 룻이 얼마나 다른 사람의 말을 세심하게 듣고 또 마음에 새겼다가, 다시 꺼내 사용한 지혜로운 여인이라는 것을 알 수 있다. 우리도 마찬가지다! 다른 사람의 말을 경청하고 또 필요하면 지혜롭게 재인용할 수 있어야 하겠다.

룻은 지혜롭게 대답만 한 것이 아니다. 그녀는 위기의 순간을 놓치지 않았다. 룻은 다시는 찾아오지도 않을 수 있는 그 순간에 결단력을 보여주었다. 비록 정황이 그렇다 하더라도, 여인이 남자에게 청혼하는 것은 쉽지 않다. 그러나 룻은 그 결정적인 순간에 지혜롭게, 그러나 동시에 결단력 있게 대답했다. 우리도 마찬가지다! 결단력 있는 말 한 마디로 우리의 운명을 긍정적으로 열어가야 하겠다.

5 "보아스의 반응"

"그가 이르되 내 딸아 여호와께서 네게 복 주시기를 원하노라 네가 가난하건 부하건 젊은 자를 따르지 아니하였으니 네가 베푼 인애가 처음보다 나중이 더하도다 그리고 이제 내 딸아 두려워하지 말라 내가 네 말대로 네게 다 행하리라 네가 현숙한 여자인 줄을 나의 성읍 백성이 다 아느니라 참으로 나는 기업을 무를 자이나 기업 무를 자로서 나보다 더 가까운 사람이 있으니 이 밤에 여기서 머무르라 아침에 그가 기업 무를 자의 책임을 네게 이행하려 하면 좋으니 그가 그 기업 무를 자의 책임을 행할 것이니라 만일 그가 기업 무를 자의 책임을 네게 이행하기를 기뻐하지 아니하면 여호와께서 살아 계심을 두고 맹세하노니 내가 기업 무를 자의 책임을 네게 이행하리라 아침까지 누워 있을지니라 하는지라" (룻기 3:10-13)

1. 머리말

그날 밤, 그 운명의 밤에 룻은 보아스와 둘만의 시간을 보내고 있었다. 그냥 시간만 보내는 낭만의 시간이 아니었다. 스킨십을 나누는 열정의 시간도 아니었다. 그들은 그들의 장래를 걸고 대화를 이어갔다. 그 대화는 보아스와 룻의 장래만을 건 것이 아니었다. 나오미의 장래도 걸렸다. 뿐만 아니라, 나오미의 남편 엘리멜렉과 큰아들 말론의 가문의 장래도 걸렸다.

룻은 담대하게 행동하여 보아스의 발치 이불을 들고 들어가서 누웠을 뿐만 아니라, 담대하게 청혼도 했다. 그러나 룻의 청혼을 들어보면, 그 표현은 너무나 아름다웠다. 그 표현이 아름다웠을 뿐만 아니라, 이스라엘의 계대결혼이라는 관습을 너무나 잘 알고 있는 사람의 표현이었다. 룻의 청혼을 다시 들어보겠다, "당신의 옷자락을 펴 당신의 여종을 덮으소서!"(룻 3:9a).

이런 표현이 아름다운 것도 사실이지만, 그것이 어떻게 계대결혼과 연관되어 있는가에 대한 질문도 던질 수도 있다. 그런 이유 때문에 룻은 위의 청혼의 말에 이어서 다음과 같이 덧붙인다. "이는 당신이 기업을 무를 자가 됨이니이다"(룻 3:9b). 이미 살펴본 대로, 이 말은 보아스가 엘리멜렉과 말론의 가문도 이어줄 사람이며, 동시에 나오미가 팔려고 내놓은 밭도 살 수 있는 사람이라는 뜻이었다.

2. 몸말

그런데 보아스는 룻의 청혼을 받아들였는가? 보아스는 그의 옷자락을 펴서 룻을 덮어주었는가? 보아스는 그렇게 하지 않았다! 그렇다면 룻의 청혼을 거절했다는 말인가? 그것도 아니다! 그러면 룻의 청혼을 받아들이지 않고 그렇다고 거절하지도 않았다는 건가? 지금 당장 보아스는 룻의 청혼을 받아들이고 싶은 마음이 굴뚝같았지만, 그는 수용도 거절도 아닌 대답을 했다.

보아스는 진심으로 룻의 청혼을 받아들여서 아내로 맞이하고 싶었다. 그뿐만이 아니라, 나오미가 팔려고 내놓은 밭도 사서 도로 나오미에게 돌려줄 용의도 있었다. 그러나 그에게는 한 가지 제한이 있었다. 그 제한이 무엇인가? 그것은 비록 그가 유다 베들레헴의 지주이며 또 언제나 결혼할 수 있는 총각이었지만, 그래도 그에게는 인간으로서는 어떻게 해

볼 수가 없는 관문이 있었다. 그의 반응을 보면서 그 관문도 알아보겠다.

1) 축복

보아스의 반응은 크게 세 가지였다. 첫 번째 반응은 10절의 말씀이다, "내 딸아, 여호와께서 네게 복 주시기를 원하노라! 네가 가난하건 부하건 젊은 자를 따르지 아니하였으니, 네가 베푼 인애가 처음보다 나중이 더하도다." 보아스가 그의 긴 반응을 이렇게 시작한 것을 보면, 룻의 당돌한 행동에 대하여 조금도 불쾌해 하거나, 아니면 이해할 수 없다는 기색을 전혀 찾아볼 수 없다.

오히려 보아스는 룻에게 "여호와께서 네게 복 주시기를 원하노라!"라고 축복을 빌어주었다. 왜 보아스는 룻을 축복했는가? 무엇보다도 보아스의 깊은 신앙 때문이다. 그렇게 깜깜한 밤중에, 그것도 그렇게 소스라치게 놀란 후에도 그런 축복을 빌어줄 수 있다는 것은 그의 신앙이 예배나 기도 중에서만 나오는 형식적인 것이 아니라는 것을 보여준다. 그는 낮과 밤을 가리지 않고, 또 상대방을 가리지 않고 축복의 언어를 사용한 것이다(룻 2:4, 12).

그런 축복 속에 담겨진 의미도 있다. 그것은 비록 룻이 당돌한 말과 당돌한 행동을 했지만, 그런 모든 언행이 인간의 잔꾀에서만 나온 것이 아니라는 의미이다. 비록 나오미가 제안했고, 룻이 순종하여 행동에 옮겼지만, 그 배후에는 나오미와 룻의 하나님이 함께 하셨다는 것이다. 그런데 그 하나님은 보아스의 하나님도 되시기에, 보아스는 즉각적으로 그들 모두와 함께 하시는 하나님의 손길을 인정한 셈이다.[113]

그뿐만이 아니라, 하나님의 인도하심에 순종하여 이런 행동을 감행한 룻이 보아스에게 크나큰 *인애*를 베풀었다는 것이다. 그런데 보아스가 사용한 인애라는 단어는 나오미가 사용한 *선대*와 히브리어에서는 같은 단어, 곧 *헤세드*이다.[114] 왜 룻이 그처럼 당돌하게 행동한 것이 보아스에게는 그처럼 큰 인애였는가? 두 가지 이유가 있다: 하나는 룻이 "가난하건 부하건 젊은 자를 따르지 아니하였기" 때문이다.

룻은 젊은이들에게도 매력적인 여인이었음에 틀림없다. 그런 까닭에 룻이 마음만 먹으면 얼마든지 젊은이에게 시집갈 수 있었다. "가난한" 젊은이에게는 "사랑" 때문에 결혼하는 것이고, "부한" 젊은이에게는 돈 때문에 결혼하는 것이다. 그러나 룻은 그런 물질이나 욕정을 택하기보다는 엘리멜렉과 말론의 가문을 위하여 보아스를 선택했다. 룻은 모든 과거를 청산하고 시어머니를 붙좇아왔지만, 이런 결혼은 그보다 더 큰 희생이요 인애이다.[115]

룻이 보아스를 남편으로 선택한 것이 큰 인애인 둘째 이유는 나이가 제법 많은 보아스를 선택했기 때문이다. 룻의 청혼을 받고도 보아스는 이렇게 입을 열었다. "내 딸아!" 얼마나 나이 차이가 컸기에 그렇게 불렀는가? 그렇게 부른 것이 이번이 처음인가? 아니다! 보아스가 룻을 처음 대면했을 때도 "내 딸아!"라고 불렀다(룻 2:8). 그는 그렇게 나이 들도록 결혼을 못한 노총각이었다.[116] 그런 사람을 선택한 것은 *인애*였다.

2) 약속

보아스의 두 번째 반응은 11절의 말씀이다. "그리고 이제 내 딸아, 두려워하지 말라! 내가 네 말대로 네게 다 행하리라. 네가 현숙한 여자인 줄을 나의 성읍 백성이 다 아느니라." 이 말은 보아스가 룻의 행동과 청혼에 대한 두 번째 반응이다. 두 번째 반응의 핵심은 가운데 있는 말이다. "내가 네 말대로 네게 다 행하리라!" 얼마나 듣던 중 반가운 소식인가! 그렇게 어렵사리 올린 청혼을 그렇게 쉽사리 허락하다니…!

그런데 보아스는 이처럼 쉽게 허락하면서 왜 "두려워하지 말라"고 룻을 다독거리는가? 왜 그렇게 다독거리는가? 그 이유는 두 가지인데, 하나는 룻의 걱정을 풀어주려는 것이다. 그 순간까지 룻은 얼마나 마음을 졸였는가? 만일 보아스가 그처럼 어렵사리 제시한 청혼을 거절이라도 하면 어떻게 해야 하는가? 보아스는 룻의 인생에 커다란 상처를 줄 수 있는 위치에 있었다. 십중팔구 룻은 기대 반, 걱정 반으로 떨고 있었을 것이다.

다른 걱정은 베들레헴 사람들에 대한 것이었다. 룻이 모압 여인이라는 사실을 모르는 사람은 없다. 비록 보아스가 자기를 아내로 받아들인다손 치더라고 마을 사람들은 받아들이지 않을지도 모른다는 걱정도 있었다.[117] 보아스는 룻의 이런 두 가지 걱정을 알기라도 하듯, 한꺼번에 풀어주었다. 그도 룻을 받아들이겠다고 말했지만, 동시에 "네가 현숙한 여자인 줄을 나의 성읍 백성이 다 아느니라"고 하면서 성읍 백성도 그녀를 받아주리라고 했다.

그런데 성읍 백성도 룻이 "현숙한 여자인 줄" 안다고 한 표현을 눈여겨보라. 룻은 베들레헴 백성에게 현숙한 여자로 알려졌다. 나오미와 룻이 유다 베들레헴으로 돌아온 지 몇 개월 되지도 않았는데 벌써 그렇게 소문이 났다. 그만큼 룻의 삶이 그 백성들에게 깊은 인상을 남겼던 것이다. 특히 룻이 시어머니를 봉양하기 위하여 몇 달씩 이삭을 주우면서 불평하지 않고, 정성껏 섬겼기 때문이었다.

그런데 "현숙한 여자"에 대하여 상세히 묘사가 된 곳이 있는데, 바로 잠언 31장이다(10-31절). 그 말씀에 의하면, "현숙한 여자"는 적어도 세 분야에서 뛰어나야 한다. 하나는 가정생활에도 신실하기 때문에, 남편은 물론 자녀들로부터 칭송을 받았다. 그뿐만이 아니다! "현숙한 여자"는 사회적인 책임과 신앙적인 책임에서도 신실해야 한다. 다른 사람들과의 좋은 관계를 유지할 뿐만 아니라, 하나님과의 관계에서도 신실해야 한다는 말이다.

"현숙한"에는 놀라운 진리가 포함되어 있다. 우선, 보아스는 어떻게 알려졌는가? 그는 "유력한 자"로 알려졌다. 그런데 이 두 단어, 곧 "현숙한"과 "유력한"은 히브리어에서 같은 단어이다.[118] 룻은 그렇게 짧은 기간에 "현숙한" 여자라고 사람들로부터 칭송을 받음으로써 보아스와 도덕적으로 같은 위치에 있다는 표현이다. 그들은 대등한 입장에서 결혼을 하여 가정을 꾸릴 수 있게 되었다는 뜻이다.[119]

3) 관문

세 번째 반응은 12-13절이다, "참으로 나는 기업을 무를 자이나 기업 무를 자로서 나보다 더 가까운 사람이 있으니, 이 밤에 여기서 머무르라; 아침에 그가 기업 무를 자의 책임을 네게 이행하려 하면 좋으니, 그가 그 기업 무를 자의 책임을 행할 것이니라. 만일 그가 기업 무를 자의 책임을 네게 이행하기를 기뻐하지 아니하면, 여호와께서 살아 계심을 두고 맹세하노니, 내가 기업 무를 자의 책임을 네게 이행하리라. 아침까지 누워 있을지니라."

이 말씀에 의하면, 보아스도 엘리멜렉과 말론의 가문을 이어줄 기업 무를 자, 곧 고엘이라는 사실을 시인했다. 뿐만 아니라 보아스도 룻의 청혼을 받아들일 용의가 있다고 말했다. 그런데 그들이 결혼까지 하려면 또 하나의 관문을 넘지 않으면 안 되었다. 그 관문은 엘리멜렉에게 보아스보다 더 가까운 친족이 있다는 사실이었다. 이스라엘의 관습은 보다 가까운 친족이 기업 무를 우선권을 갖기 때문이다.

보아스는 이스라엘의 관습이 된 계대결혼에 관한 법을 어기면서까지 자신의 욕심을 채우려하지 않았다. 그가 지금까지 룻에게 접근하지 못한 이유도 바로 그보다 더 가까운 친족 때문이었을 것이다. 그렇지 않았다면 그는 진작 룻에게 적극적으로 접근했을 것이다. 그런 장애만 없었다면 얼마나 좋았겠는가? 보아스의 마음속에 맴돌던 그 친족에 대한 사실을 그처럼 좋은 기회에도 불구하고 말하지 않을 수 없었던 안타까움도 있었다.

그러나 보아스는 신앙 인격자였다. 만일 그가 사회적 · 종교적 관습을 어기면서 결혼했다면, 그는 사람들로부터 축복은커녕 비난과 저주의 대상으로 몰락했을 것이다. 보아스는 그처럼 중대한 사건을 하나님의 손에 맡겼다. 하나님의 뜻이라면 그 기업 무를 자가 룻을 포기할 터이나, 그렇지 않다면 우선권을 갖고 있는 그 사람의 차지가 될 것이다. 이제 주사위는 그 기업 무를 자와 하나님의 손으로 넘어갔다.[120]

보아스는 이처럼 중대사를 하나님께 맡기는 깊은 신앙의 인격을 소유했을 뿐만 아니라, 다른 사람에 대한 깊은 배려도 했다. 보아스는 기업 무름의 원칙을 설명한 후에 룻에게 말했다. "아침까지 누워 있을지니라!" 이 말은 "내 딸아, 두려워하지 말라!"와 같은 마음의 표시이다. 다시 말해서, 친딸을 위한 아버지의 따사한 배려의 말이었다. 그러니까 보아스는 룻을 대할 때, 딸과 같이 부드럽게 그리고 애인과 같이 기다리면서 대했다.

"아침까지 누워있으라"는 말이 왜 부드러운 배려인가? 오밤중에 룻이 홀로 집으로 가는 길이 위험에 처할 수 있기 때문이다. 절기를 지키면서 술에 취한 사람들도 만날 수 있고, 또 수확물을 훔치려는 사람들과도 부딪칠 수가 있다. 혹 온전한 사람들을 만나도 보아스와 룻의 이름에 치명적인 풍문의 원인이 될 수도 있다.[121] 뿐만 아니라 성문은 굳게 닫혀 있었기에 갈래야 갈 수도 없었다.[122] 아침이 될 때까지 쉬면서 기다리라는 배려였다.

3. 꼬리말

본문의 보아스의 반응에서 두 가지를 찾아서 우리의 삶에 적용할 수 있을 것이다. 첫째는 보아스와 베들레헴 백성이 모두 룻을 현숙한 여인으로 인정했다. 룻이 그곳으로 온지 불과 몇 개월도 되지 않았는데 그렇게 알려졌다. 그녀가 시어머니를 섬기는 자세에서, 그녀가 이삭을 줍는 모습에서, 그녀의 충성심과 부지런함이 모두 합쳐져서 만들어낸 평가이다. 우리도 그런 삶을 살아서 현숙한 여자라는 평가를 받아야 되겠다.

보아스는 어떤가? 밤중에 그것도 들녘에서 룻과의 만남에서 보여준 자세는 가히 본받을 만하지 않은가? 위기에서도 두 번씩이나 여호와의 이름으로 축복하고 약속한 모습, 인생의 갈림길 같은 결혼 문제에서도 하나님의 시기와 방법을 기다릴 수 있는 자세, 율법에 근거한 관습을 따르려는 태도, 여인에 대한 배려가 합쳐서 만들어낸 신앙 인격이다. 우리도 그런 삶을 살아서 우리가 속한 가정, 교회 및 사회에 이바지할 수 있어야 하겠다.

6 "보아스의 부탁"

"룻이 새벽까지 그의 발치에 누웠다가 사람이 서로 알아보기 어려울 때에 일어났으니 보아스가 말하기를 여인이 타작 마당에 들어온 것을 사람이 알지 못하여야 할 것이라 하였음이라 보아스가 이르되 네 겉옷을 가져다가 그것을 펴서 잡으라 하매 그것을 펴서 잡으니 보리를 여섯 번 되어 룻에게 지워 주고 성읍으로 들어가니라" (룻기 3:14-15)

1. 머리말

룻은 처음부터 끝까지 순종의 여인이었다. 룻기 3장은 룻의 순종으로부터 이야기가 시작된다. 누구에게 순종했는가? 물론 시어머니인 나오미에게 그렇게 했다. 나오미의 창조적인 제안, 곧 목욕하고, 기름을 바르고, 정장한 후, 보아스의 발치 이불을 들고 그 속에 들어가 누우라는 제안에 순종했다(룻 3:3-4). 아무런 역제안이나, 이성적인 논쟁이나, 반대도 하지 않고 신실하게 순종했다.

마침내 룻은 시어머니의 말대로 그 밤중에 보아스와 한 이불을 덮고 누워있었다. 보아스는 불현듯 잠이 깨었다. 그의 발치에 누워있는 룻을 알아보고 처음에는 무척 놀랐지만, 결국 룻을 위하여 아침까지 그대로 누워있으라고 부탁했다(룻 3:13). 그런 보아스의 부탁에도 룻은 한마디의 반대나 저항도 없이 순종했다. 그렇다고 보아스를 육체적으로 유혹하지도 않았다. 그의 부탁대로 순종하면서 가만히 누워있었다.

그리고 새벽이 되자 보아스가 룻에게 겉옷을 펴라고 하자, 그대로 했다. 룻은 보아스의 말에 조금도 가감하지 않고 그대로 순종했다. 그리고 많은 보리를 받아가지고 집으로 돌아갔다. 룻이 집으로 돌아왔을 때, 시어머니인 나오미는 또 다른 요청을 했다. 그 요청은 이러했다. "내 딸아 이 사건이 어떻게 될지 알기까지 앉아 있으라"(룻 3:18). 이 말에도 룻은 순종하고 따랐다. 과연 처음부터 끝까지 순종의 여인이었다.

2. 몸말

그렇다면 룻은 자기의 생각이나 분별력이 전혀 없었기에 무조건 따르고 순종했는가? 물론 아니다! 지금까지 살펴본 대로, 룻도 자기의 분명한 생각과 의지가 있는 결단력의 여인이었다. 시어머니가 룻에게 모압 땅으로 돌아가라고 강력하게 명령했을 때, 순종했는가? 물론 순종하지 않았다. 룻은 오히려 시어머니를 붙좇았다. 그리고 그녀가 그렇게 붙좇은 이유를 나오미가 반박할 수 없도록 질서정연하게 나열했다 (룻 1:16-17).

그뿐인가? 시어머니와 자신이 먹을 것이 없는 절체 절명의 순간에 룻은 그녀의 기지와 의지를 표출했다. 이런 표출은 결코 나오미의 힌트에 근거한 것이 아니었다. 순수하게 자신의 사고와 결단력의 표현이었다. 룻은 시어머니에게 거의 명령과 같은 강한 어조로 밭에 나가서 이삭을 줍겠다고 선언했다(룻 2:2). 이런 사실에 비추어볼 때, 룻의 순종은 결코 무조건적이 아니라, 타당한 명령에 대한 순종이었다.

1) "누었다가"

보아스는 본문에서 세 가지를 부탁했다. 첫 번째 부탁은 누워있으라는 것이었고, 그 부탁에 따라 룻은 아침까지 누워있었다. 물론 보아스의 이런 부탁은 13절 후반부에 나오지만, 이곳에선 룻의 순종을 통하여 보아스의 부탁을 추적해 올라간 것이다. 위에서 이미 언급한 것처럼, 룻은 보아스의 말에 조건 없이 순종했다. 룻은 콩닥거리는 심장소리를 느끼면서 누워있었을 것이다.

왜 심장이 콩닥거렸을까? 오랜만에 남자와 한 이불을 덮고 누웠기 때문이다. 그 시간의 한기로부터 보호하기 위하여 틀림없이 보아스는 룻을 잘 덮어주었을 것이다. 그런 따사한 보아스의 손길 때문에 룻의 가슴은 더욱 콩닥거렸을 것이다. 뿐만 아니라, 보아스는 룻이 제안한 것을 다 행하겠다고 약속도 했다(룻 3:11). 그런 보아스의 약속을 되씹으면서 그녀의 가슴은 오랜만에 다시 살아난 듯 심하게 콩닥거렸다.

십중팔구 보아스도 쿵쾅거리는 가슴을 짓누르면서 누워있었을 것이다. 왜 그의 가슴이 그렇게 쿵쾅거렸다고 생각하는가? 보아스도 룻에 대한 마음이 지극했기 때문이다. 그렇게 느끼고 있는 룻이 그가 덮고 있는 같은 이불 속으로 들어왔다. 그녀가 룻임을 아는 순간 그 노총각은 룻에 대해 강한 유혹을 받았을 것이다. 그러나 지금까지 갈고 닦은 신앙 인격으로 그의 가슴을 짓누르면서 시간이 흘러가기를 기다리고 있었다.

보아스는 물론 룻에게 누워있으라고 부탁하고 육체적으로 접근할 수 있었다. 그러나 그가 이미 룻에게 말했듯이, 엘리멜렉의 가문과 더 가까운 친족이 있다. 만일 그 친족이 룻을 아내나 첩으로 받아들이기로 결정한다면, 상황은 너무나 복잡해질 것이다. 보아스의 실수로 "현숙한 여인"으로 알려졌던 룻은 부정한 여인으로, 그리고 돈 많은 노총각을 유혹한 탐심으로 가득한 못된 여인으로 여겨질 수 있다.

어쩌면 룻은 영원히 유다 베들레헴에서 추방될지 모른다. 왜냐하면 룻은 하나님이 이스라엘 백성에게 주신 법을 범한 셈이 되기 때문이다. 그 율법에 의하면, 이스라엘의 남자는 그의 결혼 대상에 대한 정절에 지극히 신경을 많이 썼다(민 5:12 이하). 그런데 보아스가 육체적으로 접근하였다면, 룻이 처녀는 아니지만 그래도 과부가 된 이후 정절을 지키지 못한 여인으로 낙인이 찍힐 것이기 때문이다.

룻은 새벽이 될 때까지 조금도 움직이지 않고 누워있었다. 그녀의 운명을 그 앞에 있는 보아스에게 맡기면서 말이다. 그러나 룻은 그녀가 의지하기로 작정한 이스라엘의 하나님 여호와께도 운명을 맡겼다. 왜냐하면 여호와 하나님은 약자의 호소와 눈물을 들어주시는 분이라는 것을 알기 때문이었다. 그런 하나님이 아니었다면, 어떻게 지금까지 나오미와 룻이 생존할 수 있었겠는가?

2) "알지 못하여야"

보아스가 그를 찾아온 룻에게 두 번째 부탁한 것은 "아침까지" 누워 있으라고 하면서, 그 이유를 설명한 데서 찾을 수 있다. 그 이유가 무엇인가? 보아스의 말을 직접 들어보겠다. "여인이 타작마당에 들어온 것을 사람이 알지 못하여야 할 것이라." 앞에서 언급한 것처럼, 그 깜깜한 밤에 룻을 집으로 돌려보낸다는 것은 거의 불가능했다. 어차피 그날 밤은 룻이 보아스와 단 둘이서 지내지 않으면 안 되었다.

왜 여인이 그 밤에 타작마당에 온 것을 아무도 몰라야 하는가? 그 이유는 간단하다! 보아스는 누구보다도 룻을 보호하기 위해서 그렇게 부탁했던 것이다. 룻이 시어머니인 나오미를 따라 유다 베들레헴에 온지 벌써 몇 개월의 세월이 흘렀다. 그 어간에 의심과 호기심으로 모압 여인인 룻을 바라보던 베들레헴 사람들은 이제는 칭찬하면서 현숙한 여인이라고 이구동성으로 말하기 시작했다. 그는 룻이 그런 칭찬을 계속 받기 원했다.

보아스는 이처럼 룻의 명성만 보호하려 한 것이 아니었다. 룻의 장래를 위한 조치이기도 하다. 만일 다른 기업 무를 자가 룻을 아내나 첩으로 받아들이기로 했다고 가상해 보자. 그런데 룻이 어느 날 밤에 타작마당에서 노총각인 보아스와 함께 밤을 보냈다면, 그 사람은 룻을 아내로 취할 리가 없을 것이다. 비록 보아스가 룻을 육체적으로 접근하지 않았다손 치더라도, 누가 그 말을 믿겠는가? 더군다나 그 다른 기업 무를 자가 믿겠는가?

보아스는 그의 친족인 나오미도 보호하기를 원했기 때문이다. 만일 룻이 보아스와 하룻밤을 타작마당에서 같이 보냈다는 소식이 퍼지면, 얼마나 많은 사람들이 나오미를 손가락질하겠는가? 그처럼 지조와 정절도 없는 이방 여인을 유다 베들레헴으로 데리고 온 나오미 역시 그야말로 비난의 대상이 될 것이다. 보아스도 그날 밤 많은 것을 생각했을 것이다. 그리고 결론적으로 모든 사람을 위하여 그 사실을 사람들이 "알지 못해야"된다고 부탁했다.

보아스는 자신의 명성도 생각하지 않을 수 없다. 그는 유다 베들레헴의 지주일 뿐만 아니라, "유력한 자"로 소문이 자자한 사람이었다. 그러니까 그는 적절한 재산도 있고, 겸손한 마음도 지니고, 남을 깊이 배려할 줄도 알고, 신앙심도 깊은 사람이다. 그는 다른 장로들로부터도 신뢰를 받는 사람이다(룻 4:2 이하). 지금까지 차곡차곡 쌓아온 모든 명성이 한 순간에 물거품처럼 사라질 것을 막기 위해서였다.

마지막으로, 보아스는 하나님의 이름을 위해서 이렇게 말했다. "여인이 타작마당에 들어온 것을 사람이 알지 못하여야 할 것이라." 보아스도 하나님을 신실하게 믿는 사람이다. 나오미와 룻도 같은 하나님을 믿고 생애를 맡긴 사람들이다. 보아스는 룻이 그날 밤 타작마당에 들어온 것도 하나님의 섭리 가운데 이루어졌다고 시사했다. 그러나 보아스와 룻이 같이 밤을 지냈다는 것이 알려지면, 자신들의 하나님의 이름에 누를 끼치게 될 것이다.

3) "펴서 잡으라"

그렇게 느리게 가던 시간도 마침내 다 흘렀다. "사람이 서로 알아보기 어려울 때에," 다시 말해서 새벽에 룻이 일어났다.[123] 보아스는 룻에게 세 번째 부탁을 했다. 그 부탁은 간단한 것이었다. "네 겉옷을 가져다가 그것을 펴서 잡으라!" 룻은 다시 아무런 이유도 묻지 않았다. 룻은 다소곳이 순종하면서, "그것을 펴서 잡았다." 그녀의 운명과 장래를 맡긴 보아스에게 그 정도의 부탁을 못 들어줄 이유가 없었기 때문이다.

룻에게 겉옷을 펴서 잡으라는 부탁의 목적도 알고 보니 간단했다. 보아스는 "보리를 여섯 번 되어 룻에게 지워 주었다." 보리를 여섯 번 되어 주었다는 것은 상당히 많은 양의 보리를 주었다는 것이 분명하다. 왜냐하면 겉옷에 담은 그 보리를 룻이 혼자 들어 올릴 수 없을 만큼 많은 양이었기 때문이다. 그렇게 양이 많지 않았다면 보아스가 룻을 도와서 지어주기까지 하지 않아도 되었을 것이다.

그러면 보리를 여섯 번 되어주었다는 것은 얼마나 많은 양인가? 그 양을 정확히 알 수는 없다. 왜냐하면 보아스가 되어준 그릇이 얼마나 큰 그릇인지 알 수 없기 때문이다. 여하튼 상당히 많은 양의 보리를 준 것은 틀림없다. 이런 행동에서도 보아스의 관대한 마음을 엿볼 수 있다. 그는 하나님의 말씀에 따라 가난한 룻을 도왔지만, 그 말씀에 지나도록 도왔기 때문이다.

그러면 왜 보아스는 보리를 여섯 번이나 되어주었는가? 첫째 이유는 나오미에게 자신의 결심을 알리기 위해서였다(룻 3:17). 둘째 이유는 이삭도 주울 수 없는 어려운 시기에 룻이 결혼할 때까지 연명하라고 듬뿍 준 것이다. 룻은 결국 시집을 갈 것이 분명하다. 가까운 친족인 기업 무를 자에게 가든지, 아니면 그 사람이 거절하여 보아스에게 가든지 둘 중 하나에게는 시집을 갈 것이다. 그때까지 연명할 양식을 준 것이다.

셋째 이유는 한 번 더 룻을 보호하기 위해서였다. 그 새벽에 집으로 돌아가다가 누구라도 만나면, 굶주림을 면하기 위하여 룻이 밤새도록 일한 결과임을 알리기 위해서였다. 수확의 마지막 때에 사람들은 "현숙한" 룻이 시어머니인 나오미를 위하여 낟알 한 톨이라도 더 모으려고 수확의 현장에서 밤새도록 일했다는 것을 보여주기 위한 것이었다. 만일 룻이 그 새벽에 아무 것도 없이 홀로 돌아간다면 정말 수상히 여김을 받을 수 있다.[124]

넷째는 적용의 의미를 담고 있는 이유이다. 보아스가 룻에게 준 보리가 얼마나 많으냐보다는 그 의미를 여섯에서 찾고자 한다. 여섯은 이스라엘 백성에게는 중요하다. 왜냐하면 엿새 동안은 수고의 노동을 의미하는, 그 다음 날은 안식을 의미하기 때문이다. 그러니까 보아스는 룻에게 간접적인 메시지를 주었다고 할 수 있다. 여섯 번 되어준 보리를

힘들게 가지고 가서 다 먹으면, 그때 진정한 안식, 곧 결혼이 기다린다는 메시지이다.[125]

3. 꼬리말

그날 밤, 타작마당에서 룻과 보아스는 둘이서만 만났다. 처음에는 룻이 청혼하면서 결혼을 부탁했고, 그 부탁을 보아스는 "내가 네 말대로 네게 다 행하리라"고 하면서 받아들였다(룻 3:11). 그 다음, 보아스는 룻에게 세 가지를 부탁했고, 룻은 군소리 없이 그 부탁을 다 이행하였다. 얼마나 아름다운 두 사람의 관계인가? 일방적인 명령도 아니고, 그렇다고 일방적인 순종도 아니다.

보아스는 참으로 훌륭한 신앙 인격자였다. 그처럼 깜깜한 밤에 유혹을 받을 수 있었건만, 그 유혹을 이겨냈다. 그뿐인가? 아니다! 그는 다른 사람들을 배려하고 보호했다. 룻도 보호하고, 나오미도 보호하고, 하나님의 이름도 보호했다. 이런 언행은 깊은 신앙 인격이 아니라면 가능하지 않은 것이었다. 그렇게 다른 사람들을 배려하고 보호하다보니 자신도 보호하는 놀라운 결과도 가져왔던 것이다.

7 "나오미와 룻의 역할"

"룻이 시어머니에게 가니 그가 이르되 내 딸아 어떻게 되었느냐 하니 룻이 그 사람이 자기에게 행한 것을 다 알리고 이르되 그가 내게 이 보리를 여섯 번 되어 주며 이르기를 빈 손으로 네 시어머니에게 가지 말라 하더이다 하니라 이에 시어머니가 이르되 내 딸아 이 사건이 어떻게 될지 알기까지 앉아 있으라 그 사람이 오늘 이 일을 성취하기 전에는 쉬지 아니하리라" (룻기 3:16-18)

1. 머리말

룻이 들녘에서 하룻밤을 지샜다면, 그녀의 시어머니 나오미는 집에서 뜬눈으로 밤을 지샜을 것이다. 비록 나오미가 묘안을 내었고, 며느리인 룻이 그 제안을 받아들여 목욕도 하고 기름도 바르고 정장을 하고 밭으로 나갔지만, 자신의 제안대로 모든 일이 제대로 진행되었는지 얼마나 궁금했겠는가? 나오미는 밤새도록 기도도 했을 터이고, 이리저리 뒤척이면서 며느리에 대한 생각으로 가득했을 것이다.

마침내 동이 트면서 며느리가 나타났다. 얼마나 반가웠겠는가? 그러나 동시에 얼마나 궁금했겠는가? 그날 밤, 며느리에게 무슨 일이 일어났을까? 며느리는 제대로 임무를 수행했을까? 며느리는 보아스를 만난 건가? 만일 만났다면 보아스는 그렇게 당돌하기까지 한 룻을 어떻게 대했을까? 모욕적인 언사를 퍼부었을까? 아니면 따뜻하게 대해주었을까?

아니면 보아스와 룻은 어떻게 밤을 지새웠을까?

기다릴 겨를도 없이 나오미는 입부터 열었다. "내 딸아, 어떻게 되었느냐?" 이 말은 보아스로부터 청혼 허락을 받았는지에 대한 질문이었다. 룻은 보아스가 지난밤에 자기에게 행한 것을 하나도 빠짐없이 조목조목 말씀드렸다. 룻이 시어머니에게 철저하게 순종했다고 했는데, 이와 같은 보고가 포함되지 않았다면, 그 순종은 결코 철저한 순종이라고 할 수 없을 것이다. 그러나 룻은 처음에는 행동으로, 나중에는 보고로 순종했다.

2. 몸말

룻의 보고는 계속된다, "보리를 여섯 번 되어주면서 '빈손으로 네 시어머니에게 가지 말라 하더이다.'" 이 말은 보아스가 나오미의 제안을 받아들이겠다는 뜻도 포함되어 있다. 그런데 이 보고에는 나오미가 모압 땅을 떠나 유다 베들레헴으로 돌아왔을 때, 동네 사람들에게 한 말——"내가 풍족하게 나갔더니 여호와께서 내게 비어 돌아오게 하셨느니라"——에 들어있는 "비어"라는 단어가 있다(룻 1:21). "빈손"과 "비어"는 같은 단어이다.[126]

그렇다! 나오미가 베들레헴으로 돌아왔을 때는 완전히 "빈손"이었다. 나오미가 말한 "빈손"은 두 가지 뜻을 포함하고 있었는데, 첫째는 남자들을 모압 땅에 묻고 홀로 돌아왔다는 뜻이고, 둘째는 굶주리며 돌아왔다는 뜻이다. 그런데 룻이 나오미가 사용한 단어를 사용함으로써 나오미가 다시 "풍족해질" 수 있다는 것을 함축했다. 보리는 굶주림을 해결

해줄 것이며, 결혼을 통하여 스러져가던 나오미의 가문이 다시 일어날 수 있다는 뜻이다.[127)]

1) 시어머니의 제안

그처럼 밝은 보고를 받은 시어머니는 다음의 말로 대화를 마친다. "내 딸아, 이 사건이 어떻게 될지 알기까지 앉아 있으라. 그 사람이 오늘 이 일을 성취하기 전에는 쉬지 아니하리라." 이 말은 농부가 씨를 신실하 게 심고 결실을 기다리는 것처럼, 룻도 할 일을 신실하게 다 했으니 그 결실을 기다리라는 것이다. 농부가 위를 바라보고 기다리듯, 평안한 마음으로 위로 여호와 하나님을 바라보며 그리고 아래로 보아스의 행동을 지켜보라는 것이다.

룻은 분명히 두 기업 무를 자 중 하나에게 시집을 갈 것이다. 문제는 그 결혼 대상자가 누가 될 것이냐 하는 것이다. 그런 이유 때문에 룻은 여호와 하나님을 바라보면서 기다려야 된다는 것이다. 이제 룻이 할 수 있는 일은 아무 것도 없다. 왜냐하면 그녀가 할 수 있는 일을 다 했기 때 문이다. 그리고 여호와 하나님을 진정으로 신뢰한다면, 조금도 두려워 하거나 걱정할 필요 없이 평안하게 결과를 기다려야 된다는 말이다.

룻이 그렇게 평안히 기다릴 수 있는 이유가 또 있는데, 그것은 바로 보아스 때문이다. 보아스는 이처럼 중대한 결혼 문제를 미적미적 미룰 수 있는 사람이 아니었다. 그는 이 문제를 성취할 때까지는 쉬지 않을 것이다. 보아스가 그처럼 쉬지 않고 열심히 일하기 때문에 룻은 평안히 쉬면서 결실을 기다릴 수 있게 되었다. 실제로 보아스는 기회가 주어지 자 곧바로 그 문제의 해결을 위하여 현장으로 뛰어들었다(룻 4:1).

그런데 룻기 1-3장에는 공통점이 있다. 그것은 그 3장이 모두 나오미의 말로 끝을 맺는다는 것이다. 1장에서는 나오미가 이런 말로 끝을 맺는다, "내가 풍족하게 나갔더니 여호와께서 내게 비어 돌아오게 하셨느니라; 여호와께서 나를 징벌하셨고 전능자가 나를 괴롭게 하셨거늘 너희가 어찌 나를 나오미라 부르느냐?"(21절). 2장에서는 "내 딸아, 너는 그의 소녀들과 함께 나가고 다른 밭에서 사람을 만나지 아니하는 것이 좋으니라" 하고 끝낸다(22절).

오늘의 3장에서도 나오미의 말로 끝을 맺는다. 그 말을 끝으로 룻기에서 나오미와 룻의 말은 더 이상 나오지 않는다. 이제부터 룻기의 주인공은 보아스이다. 다시 말해서, 나오미와 룻이 할 수 있는 일은 다 했다는 뜻이다. 그들의 역할이 이처럼 끝나자 이제 공은 보아스에게로 넘어갔다. 그의 행동과 언사에 따라 룻과 나오미의 운명이 결정될 것이다. 그런 이유 때문에 룻기 4장은 보아스의 역할을 그린다.

그렇다면 나오미와 룻의 역할은 도대체 무엇이었는가? 물론 앞으로 룻기의 이야기는 보아스가 주도해 나가겠지만, 그런 것이 가능했던 것은 지금까지 나오미와 룻의 역할 때문이었다. 그렇다면 도대체 나오미와 룻은 어떤 역할을 했는가? 그들의 역할이 어떤 것이었기에 보아스가 그처럼 열심히 나머지 역할을 마다하지 않았는가? 나오미와 룻의 역할은 크다면 크다 할 수 있으나, 동시에 작다면 작다고도 할 수 있다.

2) 나오미의 역할

그런데 룻기 전체를 검토하면 실제로 나오미가 한 역할은 전혀 보잘 것 없어 보이는 작은 것들이었다. 그 중에서 가장 두드러진 것은 무엇보다도 룻과 보아스를 묶어준 것이었다. 물론 나오미가 그런 역할을 자처한 것은 자신과 룻이 처한 막다른 골목길에서 빠져나가기 위해서였다. 다른 어떤 방법으로도 그 길에서 벗어날 수 없었기 때문에 만들어낸 궁여지책이었다.

나오미는 그날 밤 룻에게 보아스를 남편감으로 소개했다. 비록 궁여지책으로 나오미가 룻에게 보아스를 소개했지만, 실제로 나오미의 중심에는 룻을 한 인간으로 그리고 한 여인으로 생각했다. 룻이 남편을 잃은 후, 나오미의 마음에는 항상 룻의 장래를 염두에 두고 있었다. 그런 까닭에 모압 땅에 있을 때부터 룻의 재혼을 촉구했던 것이다. 그녀의 말을 직접 들어보겠다. "…남편의 집에서 위로를 받게 하시기를 원하노라"(룻 1:9).

그날 밤 나오미의 작은 제안은 룻에게 인생의 방향을 바꾸는 결정적인 계기가 되었다. 룻은 나오미의 그 제안을 받아들였다. 그 제안은 다른 사람들이 들으면 조소와 조롱을 일으킬 수 있는 어처구니없는 것이었다. 그러나 룻은 나오미의 제안을 마치 하나님이 위에서 내리신 명령처럼 받들었다. 그러니까 룻기는 나오미의 작은 아이디어를 룻이 조건 없이 받아들임으로써 이루어진 이야기이다.

나오미의 두 번째 작은 역할은 무엇인가? 이번에는 너무나 작아서 자세히 보지 않으면 아무도 인식하지 못할 수도 있을 정도이다. 그것은 나오미가 룻에게 이스라엘의 하나님 여호와를 소개했다는 사실이다. 그 소개가 직접적이든 간접적이든 상관없다. 비록 그 소개가 너무나 조용히 그리고 작게 일어났지만, 그것이 룻의 일생을 그처럼 바꾸어놓을 줄 누가 알았겠는가? 나오미는 이처럼 눈에 보이지 않는 작은 역할에 신실했다.

나오미가 어떤 사람의 눈길도 끌지 못한 세 번째 역할을 한 적이 있었다. 그것이 무엇인가? 그것은 남편과 두 아들을 잃은 후, 그동안 정들게 살던 모압을 떠나 유다 베들레헴으로 돌아가기로 한 결정이다(룻 1:6). 이 결정은 물론 개인적으로 한 것이었다. 며느리들과 몇 사람 이외에는 어떤 사람의 이목도 끌지 못한 작은 결정이었다. 그러나 그 결정이 없었다면 룻기는 탄생하지 않았을 것이다.

물론 나오미가 룻에게 영향을 끼친 역할은 이런 세 가지만 있었던 것은 아니다. 룻이 밭에 나가서 이삭을 줍겠다고 했을 때, 나오미가 허락한 것도 있다(룻 2:2). 보아스의 밭 이외에는 다른 밭으로 가지 말라는 충고도 했다(룻 2:22). 룻이 보아스와 타작마당에서 밤을 보낸 후 조용히 집에서 기다리라고도 했다(룻 3:18). 그러나 룻의 생애에 가장 큰 영향을 끼친 것은 역시 위에서 언급한 세 가지 역할이었다.

3) 룻의 역할

그렇다면 룻의 역할은 무엇이었는가? 룻은 시어머니인 나오미가 시키는 대로 순종만 했는가? 물론 아니다! 어떤 때는 순종했다. 그러나 어떤 때는 순종하지 않았다. 바로 이런 룻의 분별력에 따른 순종과 불순종의 역할이 룻으로 하여금 그처럼 뭇사람에게 사랑 받는 여인이 되게한 것이다. 그러니까 룻기는 나오미의 시기적절한 역할과 거기에 걸맞는 룻의 역할이 합쳐서 만들어낸 아름다운 이야기이다.

룻의 생애에서 가장 중요한 역할은 무엇인가? 그것은 룻의 결정이었다. 무엇을 결정했는가? 그것은 시어머니의 하나님을 그녀의 하나님으로 받아들인 결정이었다. 이런 결정은 개인적인 것이기에 자세히 들여

다보지 않으면 찾기도 어렵다. 룻의 그 결정은 말과 행동으로 표출되었다. 어떤 말로 표출되었는가? 그녀의 고백을 직접 들어보겠다. "어머니의 하나님이 나의 하나님이 되시리라"(룻 1:16).

이런 신앙고백은 룻이 시어머니를 붙좇겠다는 여러 가지 이유를 언급하는 나열 중에 들어있어서, 별로 중요해 보이지 않는 말 같기도 하다(룻 1:16-17). 그러나 그 신앙고백이 핵심이다. 왜냐하면 룻에게 모압으로 돌아가라는 시어머니의 강청을 거부한 원인이기 때문이다. 그뿐만이 아니라, 늙은 시어머니의 일생을 책임지겠다는 결심도 바로 여호와 하나님에 대한 신앙 때문이었다. 신앙이 없었다면 절대로 불가능한 결정을 룻이 했다.

룻의 인생을 바꾼 두 번째 역할은 들녘에 나가서 이삭을 줍겠다고 시어머니에게 요청한 것이었다(룻 2:2). 어쩌면 나오미와 룻이 유다 베들레헴으로 처음 들어올 때, 룻의 눈에 띈 넘실거리는 보리가 머리에 각인된 것 같다. 나오미와 룻에게 먹거리의 문제에 당면하자 룻은 보리밭에 나가서 이삭을 줍겠다고 자청했다. 룻의 이런 자청은 그녀와 나오미의 인생을 바꾸는 엄청난 역할이 되었다. 왜냐하면 보아스를 만났기 때문이다.

룻이 보아스를 처음 만났을 때, 룻이 한 언행은 보아스의 마음속 깊이 박혔을 것이다. 왜냐하면 룻은 자신을 낮출 대로 낮추었기 때문이다. 그녀는 이마를 땅에 대고 엎드렸다. 그뿐만이 아니라, 룻은 보아스의 자상한 말을 당연시하거나 가볍게 여기지 않았다. 그녀는 자신을 낮추면서 보아스가 베푼 은혜에 대하여 감사하고 또 감사했다(룻 2:10, 13). 그런 룻의 언행은 보아스의 마음을 기쁘게 하고도 남았을 것이다.

롯의 인생을 바꾼 세 번째 역할은 나오미의 제안에 조건 없이 순종한 것이었다. 그녀는 시어머니의 말대로 치장을 하고 보아스에게 이렇게 고백했다, "나는 당신의 여종 룻이오니 당신의 옷자락을 펴 당신의 여종을 덮으소서!"(룻 3:9). 여러 가지 이유로 주저하는 보아스로 하여금 행동할 수 있도록 방향을 제시했다.[128] 물론 그 밖의 역할도 있었지만, 이상의 세 가지가 롯의 인생을 바꾸는 결정적인 역할이었다.

3. 꼬리말

롯기에 나타난 세 주인공은 나오미와 룻과 보아스이다. 그들은 각자에게 주어진 역할에 충실한 사람들이었다. 그리고 그들의 역할로 인하여 롯기가 탄생되었고, 그리고 룻과 보아스의 결혼도 이루어졌다. 그러나 롯기 3장을 마치면서 나오미와 룻의 역할은 끝났다. 그들의 대화와 역할은 더 이상 나오지 않는다. 단지 지금까지 역할을 떠맡은 보아스의 결정에 수동적으로 그리고 아무런 말도 없이 따르는 것뿐이었다.

그렇다! 한 인생을 살면서 각자의 역할에 신실해야 한다. 그리할 때, 하나님의 선하신 인도와 복스러운 결실을 맺게 된다. 때와 장소에 따라 달라지는 "나"의 역할에 충실하지 않으면 안 될 이유가 바로 여기에 있다. 그리고 나오미와 룻은 그들의 역할을 다 했다고 믿을 때, 더 이상 입을 열지 않았다. 그렇다! 한 평생을 살면서 입을 열어 지혜롭게 말할 때가 있는가 하면, 입을 다물고 수동적으로 따라야 할 때도 있다.

8 "보아스의 역할"

"보아스가 성문으로 올라가서 거기 앉아 있더니 마침 보아스가 말하던 기업 무를 자가 지나가는지라 보아스가 그에게 이르되 아무개여 이리로 와서 앉으라 하니 그가 와서 앉으매 보아스가 그 성읍 장로 열 명을 청하여 이르되 당신들은 여기 앉으라 하니 그들이 앉으매 보아스가 그 기업 무를 자에게 이르되 모압 지방에서 돌아온 나오미가 우리 형제 엘리멜렉의 소유지를 팔려 하므로 내가 여기 앉은 이들과 내 백성의 장로들 앞에서 그것을 사라고 네게 말하여 알게 하려 하였노라 만일 네가 무르려면 무르려니와 만일 네가 무르지 아니하려거든 내게 고하여 알게 하라 네 다음은 나요 그 외에는 무를 자가 없느니라" (룻기 4:1-4a)

1. 머리말

보아스와 룻이 타작마당에서 함께 하룻밤을 보내고 나서 그들은 각자의 집으로 갔다. 룻은 보리를 지고 그를 기다리는 시어머니에게 돌아갔고, 그리고 보아스의 행동과 결정을 기다리고 있었다. 한편 보아스는 집으로 돌아갔지만, 쉬러 돌아간 것이 아니었다. 그는 즉각적으로 그의 말을 행동에 옮기기 시작했다. 비록 지난 밤 제대로 잠을 자지 못했지만, 그렇다고 다시 눈을 붙일 여지가 없었다.

보아스가 즉각적으로 행동에 옮긴 이유가 분명히 있었다. 첫째는 그가 룻에게 한 약속 때문이었다. 그의 말을 다시 보겠다: "이 밤에 여기서 머무르라; *아침에* 그가 기업 무를 자의 책임을 네게 이행하려 하면 좋으니···만일 그가 기업 무를 자의 책임을 네게 이행하기를 기뻐하지 아니하면 여호와께서 살아 계심을 두고 맹세하노니, 내가 기업 무를 자의 책임을 네게 이행하리라. 아침까지 누워 있을지니라 하는지라"(룻 3:13).

보아스가 즉각적으로 행동에 옮긴 둘째 이유는 그의 마음 때문이다. 그는 비록 신앙적으로나, 인격적으로나, 경제적으로나 훌륭한 사람이었지만, 결혼을 하지 못한 그야말로 노총각이다. 그런데 그가 계획하지도 않은 사건이 생겼는데, 그것은 룻의 출현이었다. 처음에는 그녀가 시어머니를 돌보는 정성에 감동하여 도움의 손길을 뻗쳤지만, 시간이 지날수록 그녀의 성품과 인격에 끌렸다. 그는 룻을 아내로 맞아드릴 용의를 갖게 되었다.

보아스가 즉각적으로 행동에 옮긴 셋째 이유는 계대결혼 때문이었다. 그는 룻을 아내로 맞아드릴 율법적 권리가 가진 사람이었다. 불행하게도 그보다 우선권을 가진 기업 무를 자가 있었지만 말이다. 보아스는 하나님의 뜻을 찾기 원했다. 그 기업 무를 자가 룻을 거절한다면, 그 다음은 그의 차례이다. 결국 하나님의 뜻과 그의 결혼은 그 기업 무를 자에게 달린 것이다. 그는 빨리 이처럼 중대한 문제를 매듭 짓기 원했다.

2. 몸말

물론 보아스는 그의 신분과 경제력을 이용하여 그의 결혼 문제를 해결하려고 노력할 수도 있었다. 그러나 보아스는 그렇게 하지 않았다. 그런 인위적인 방법은 무엇보다도 하나님을 기쁘시게 하지 못한다는 것을 너무나 잘 알고 있었기 때문이다. 그뿐만이 아니라, 그런 방법은 지금까지 다져진 그의 신앙 인격과도 배치되기 때문이다. 비록 그는 서둘 렀지만 조금도 인위적으로 해결하려 하지 않았다.

1) 보아스의 조처

보아스는 어떻게 최선을 다했는가? 먼저 그는 문제 해결의 장소로 성 문을 택했다. 여기에서 성문은 저녁에 문을 닫았다가 새벽에 문을 여는 베들레헴의 주된 출입구이다. 그 성문에는 제법 넓은 공간이 있는데, 그곳에는 그 성읍에 사는 사람들이 회집하는 장소이기도 했다. 그 장소 에서 백성들이나 아니면 장로들이 모여서 소송 문제도 해결할 수 있고, 또 일상생활의 어려운 문제를 처리하는 장소이기도 했다.[129]

그뿐만이 아니다! 그 성문은 일반 대중이 모여서 물건을 팔고 사는 시 장터이기도 했고, 또 사람들이 삼삼오오 모여서 대화도 하며 정보를 나 누는 장소이기도 했다. 그렇게 좋은 장소를 종교 지도자들이 그대로 놓 아둘 리가 없다. 그 장소에서 제사장이나 선지자들은 백성을 가르치며, 예언도 했다. 그러니까 성문은 종교적 행사의 중심지요, 경제 활동의 중심지며, 일상생활의 중심지였다.[130] 두말할 필요도 없이 보아스는 그 장소를 선택했다.

그 다음, 보아스는 그 성의 장로 10명을 초청했다. 틀림없이 그의 종 들을 시켜서 그들을 초청했을 것이다.[131] 사전에 통보할 겨를도 없이 그 날 아침에 초청했는데도 장로 10명이 모두 모였다는 것은 한편 보아스 가 유다 베들레헴에서 "유력한" 사람임을 증명하고도 남는다. 그러나 또 한편 보아스가 용의주도하게 장로를 10명이나 선정했다는 사실이 다. 보아스는 그 성읍을 대표하는 장로들을 선정했을 것이다.

장로들은 성읍을 다스리면서 성읍의 중대사를 결정하는 중요한 역할을 한다. 그들에게 부여된 특별한 권한은 막강한데, 특히 다음과 같은 네 가지 문제를 다룬다. 첫째, 결혼 문제를 다루고, 둘째, 종교의식의 문제를 다룬다. 셋째로 전쟁 문제를 다루며, 마지막으로 율법의 시행 문제를 다룬다.[132] 물론 그 가운데는 가문의 대를 잇는 계대결혼도 포함된다. 개인의 문제인 계대결혼을 다루는 이유는 각 가문의 기업이 걸려있기 때문이다.

마지막으로, 보아스는 엘리멜렉과 더 가까운 친척을 초청했다. 다시 말해서, 나오미가 팔려고 내놓은 소유지와 룻을 아내로 데려가는 일에 우선권을 가진 기업 무를 자, 곧 고엘을 초청했다. *마침 그 기업 무를 자가 성문을 지나가고 있었다.* 보아스는 그를 한 눈에 알아보았는데, 그 이유는 분명하다. 베들레헴 성읍은 작은 고을이었기에 보아스는 십중팔구 그 성읍 백성을 거의 다 알고 있었을 것이다.

보아스가 그를 한 눈에 알아본 이유가 또 있는데, 그 사람과 인척관계이기 때문이다. 실제로 엘리멜렉의 근족이라고는 그 사람과 보아스뿐이었다. 보아스는 그를 보자 즉시 초청했는데, 물론 나오미의 기업을 무르는 문제를 논의하기 위해서였다. 그런데 그 사람이 *마침* 그곳을 지나가다니 참으로 신기할 따름이다. 룻이 *우연히* 보아스의 밭에 이르러 이삭을 줍던 것과 아주 비슷하다. 이것도 하나님이 인도하시는 좋은 징조임에 틀림없다.

2) "아무개"

보아스는 자기보다 기업 무르는 일에 우선권을 가진 사람을 초청하면서 "아무개여!"라고 불렀다." 보아스는 그의 이름을 불렀을 것이다. 왜 냐하면 가문의 문제에 연루된 사람의 이름이 중요하기 때문이다. 룻기에서 그의 이름 대신 "아무개"로 바꾸어놓은 것은 저자의 의도 때문이다. 물론 저자도 이름에 매우 밝은 사람이다. 그가 룻기 마지막에 기록한 보아스의 계보를 보아도 쉽게 짐작할 수 있다(룻 4:18-22).

그러면 룻기의 저자가 그 고엘의 이름을 삭제한 의도는 무엇인가? 첫째는 그의 이름이 부각될 이유가 없기 때문이다. 룻기는 짧은 책이며, 따라서 주인공은 몇 사람 되지도 않는다. 여러분도 알다시피, 주인공은 보아스, 나오미 그리고 룻이다. 그 세 사람이 만들어낸 이야기가 바로 룻기이다. 그러니까 그 사람들이 부각되면 충분하지, 그 이외의 사람은 부각될 필요가 전혀 없다.[133]

그 고엘의 실제 이름 대신에 "아무개"로 바꾼 둘째 의도는 룻기에 그 사람의 이름을 밝힐 가치가 없기 때문이다. 그 사람은 이스라엘의 전통을 지키면서 엘리멜렉의 기업을 유지시켜줄 수 있는 명예로운 기회를 차버렸다. 보아스와 대조해 보라! 보아스는 비록 경제적으로는 손해를 보았는지 모르지만, 엘리멜렉의 가문을 지켜주었다. 뿐만 아니라, 현숙한 여인 룻을 아내로 맞았다. 얼마나 대조적인 인물인가!

결국, "아무개"에게는 어떤 미래가 전개되었는가? 물론 잘 먹고 잘 살았을 것이다. 그러나 그는 계대결혼이라는 율법도 거부했다. 그뿐만이 아니라, 굶주림에 허덕이는 나오미와 룻을 도와주지도 못했다. 그 사람은 누구에게도 인정받지 못했을 뿐만 아니라, 어떤 사람에게도 존경받지 못하는 사람이 되었다. 그 사람은 모압으로 돌아간 오르바처럼, 역사의 뒤안길로 사라졌다. 마치 새벽안개가 해가 뜨면서 사라지듯 말이다.

"아무개"로 불린 셋째 의도는 심판 받은 사람이기 때문이다. 그 사람은 아주 가까운 친척의 소유지 물러주기를 거부했다. 뿐만 아니라, 스러져가는 엘리멜렉의 가문을 다시 일으켜주기를 거부했다. 그 사람은 그의 결정과 더불어 그의 신발을 벗어서 이웃에게 주었다(룻 4:7-8). 자신의 이익만을 생각한, 그래서 다른 사람의 필요에 눈을 감아버린 사람에 대한 심판의 뜻이다. 그러므로 그의 이름이 삭제되었다.[134]

그 고엘을 "아무개"로 불린 넷째 의도도 있다. 그것은 그 자손들의 입장을 감안한 것 때문이다. 보아스와 룻의 결합으로 다윗의 가문이 불길처럼 치솟은 사실을 생각해 보라! 만일 그의 이름이 밝혀졌다면, "아무개"의 자손들은 체통을 유지하기 어려웠을 것이다. 그뿐인가? "아무개"의 선택이 그 가문의 장래를 그처럼 크게 가름했다는 사실 때문에 그들은 얼마나 억울해 했겠는가? 그의 자손들을 위하여 이름을 기록하지 않았다.[135]

3) 보아스의 제안

유다 베들레헴 성문에는 12명의 사람들이 둘러앉았다.[136] 좌장은 물론 보아스이고, 그와 더불어 나오미의 소유지를 무를 일을 논의할 상대방은 "아무개"이며, 그리고 증인으로 참석한 10명의 장로들이다. 물론 그곳은 위에서 묘사한 것처럼 각종의 사람들이 모이는 곳이므로, 다른 사람들도 방청하고 있었을 것이다. 그런 이유 때문에 "성문에 있는 모든 백성과 장로들"이 증인이 되었다(룻 4:11).

그 모임을 주도한 보아스가 이렇게 말하면서 논의를 시작한다: "모압 지방에서 돌아온 나오미가 우리 형제 엘리멜렉의 소유지를 팔려 하므로, 내가 여기 앉은 이들과 내 백성의 장로들 앞에서 그것을 사라고 네게 말하여 알게 하려 하였노라. 만일 네가 무르려면 무르려니와, 만일 네가 무르지 아니하려거든 내게 고하여 알게 하라; 네 다음은 나요, 그 외에는 무를 자가 없느니라."

이스라엘의 기업은 원칙적으로 아들만 유산을 물려받을 수 있다(민 26 참고). 그러나 아들이 없는 경우에는 그 기업을 딸에게도 물려줄 수 있다(민 27:8). 그런데 엘리멜렉의 가정은 우리가 지금까지 본 것처럼, 엘리멜렉 본인도 죽고 또 두 아들도 죽었다. 더욱 불행한 것은 그들은 아무런 자녀도 남기지 않고 죽었다. 따라서 율법대로라면 나오미는 소유지를 기업으로 물려받을 수 없다.

그런데 본문에서 나오미가 엘리멜렉의 소유지를 팔려고 내놓았다는 것이다. 이것은 소유지 자체를 팔려고 내놓았다는 뜻으로 받아들이면 안 된다. 왜냐하면 나오미는 소유주가 될 수 없기 때문이다. 그러면 엘리멜렉의 소유지를 팔려고 내놓았다는 말은 무슨 뜻인가? 그것은 그 소유지에서 산출되는 농작물을 뜻한다. 비록 나오미는 땅의 소유주가 될 수 없으나, 관리자로서 그 농작물을 팔겠다고 내놓은 것이다.[137]

물론 엘리멜렉의 아내인 나오미가 관리자가 되는 것도 사실이다.[138] 그러나 엄격하게 따지면 그의 첫 아들 말론의 아내인 룻도 관리자가 된다. 그러나 룻은 시어머니에게 모든 관리권을 맡겼던 것 같다. 그런데 그렇게 팔려진 소유지는 세 가지 방법으로 원매자에게 돌아온다; 첫째는 본인의 경제적 사정이 호전되어 되돌아오는 경우이고, 둘째는 근족 중에서 그 기업을 다시 사서 판매자에게 돌려주는 것이다.

셋째는 희년의 제도이다. 50년마다 돌아오는 희년에 모든 판 땅과 사람은 다시 판매자에게 돌려진다. 보아스가 "아무개"에게 원한다면 엘리멜렉의 소유지를 무를 수 있다는 초청이었다. 그러니까 보아스는 둘째 방법인 근족의 역할을 "아무개"에게 맡겨서 소유지의 가격을 지불해주라는 것이다. 만일 그가 그렇게 하기를 원하지 않으면, 보아스 자신이 그 기업을 무르는 고엘의 역할을 감당하겠다는 것이다.

3. 꼬리말

보아스는 그의 말에 책임을 지는 사람이었다. 그는 룻의 청혼을 받고 약속했다. "내가 네 말대로 네게 다 행하리라"(룻 3:11). 그리고 그 약속을 아침이 되면 바로 하겠다고 했다. 그는 그의 말대로 즉시 행동에 옮겨 두 기업 무를 자 사이의 문제를 해결하기 시작했다. 그렇다! 말에 대하여 책임을 지기란 결코 쉽지 않다. 쉽지 않음에도 불구하고 우리 신앙인들은 최선을 다하여 말에 책임을 지도록 해야 한다.

보아스는 일을 신속하게 처리했을 뿐만 아니라, 아주 효과적으로 했다. 장소와 시간의 선택도 탁월했다. 모든 사람이 모이는 성문도 좋은 장소이고, 하루를 시작하기 전은 모든 사람에게 가장 좋은 시간이다. 그리고 10명의 장로들을 증인으로 오게 한 추진력과 "아무개"를 놓치지 않고 그 모임에 참여시킨 것은 그의 탁월한 조직력이라 아니할 수가 없다. 물론 하나님이 함께 하시며, 도우신 것도 사실이지만 말이다.

9 "고엘의 결정"

"그가 이르되 내가 무르리라 하는지라 보아스가 이르되 네가 나오미의 손에서 그 밭을 사는 날에 곧 죽은 자의 아내 모압 여인 룻에게서 사서 그 죽은 자의 기업을 그의 이름으로 세워야 할지니라 하니 그 기업 무를 자가 이르되 나는 내 기업에 손해가 있을까 하여 나를 위하여 무르지 못하노니 내가 무를 것을 네가 무르라 나는 무르지 못하겠노라 하는지라 옛적 이스라엘 중에는 모든 것을 무르거나 교환하는 일을 확정하기 위하여 사람이 그의 신을 벗어 그의 이웃에게 주더니 이것이 이스라엘 중에 증명하는 전례가 된지라 이에 그 기업 무를 자가 보아스에게 이르되 네가 너를 위하여 사라 하고 그의 신을 벗는지라" (룻기 4:4b-8)

1. 머리말

보아스는 엘리멜렉의 기업 무를 우선권을 가지고 있는 "아무개"에게 세 가지를 제시했는데, 그 세 가지는 그가 한 말에 들어있다. "…나오미가 우리 형제 엘리멜렉의 소유지를 팔려 하므로, 내가 여기 앉은 이들과 내 백성의 장로들 앞에서 그것을 사라고 네게 말하여 알게 하려 하였노라; 만일 네가 무르려면 무르려니와, 만일 네가 무르지 아니하려거든 내게 고하여 알게 하라. 네 다음은 나요, 그 외에는 무를 자가 없느니라"(룻 4:3-4).

보아스가 첫 번째로 제시한 말은 나오미의 의중을 알려주는 것이었다. "아무개"는 십중팔구 나오미가 엘리멜렉의 소유지를 팔려고 내놓은 사실을 아직 알지 못하는 것 같다. 그러니까 보아스는 그에게 그 정보를 제공했다. 실제로 엘리멜렉의 소유지에 대하여 "아무개"는 지금까지 아무런 관심도 없었던 것 같다. 그러나 보아스에게는 가장 중요한 이슈였다. 두말할 필요도 없이 룻이 연루되었기 때문이다.

보아스가 "아무개"에게 두 번째로 제시한 말은 엘리멜렉의 소유지를 무를 수 있는 우선권이 바로 그 사람에게 있다는 사실이었다. 비록 그에게 우선권이 있지만, 그렇다고 그가 반드시 그 기업을 무를 의무까지는 없다는 사실도 알려준다. 그에게는 엘리멜렉의 기업을 무를 수도 있지만, 그 의무를 포기할 수도 있다는 것이다. "아무개"는 갑자기 둘 중 하나를 선택해야 하는 입장에 놓이게 되었다.

보아스가 "아무개"에게 세 번째로 제시한 말은 엘리멜렉의 기업을 무를 용의를 갖고 있는 한 사람이 있다는 것이다. 그 사람은 다른 사람이 아닌 바로 자신이라는 것이다. 그런 자신의 용의에도 불구하고, 그가 선뜻 나서지 못하는 이유는 "아무개"가 엘리멜렉에게 더 가까운 근족이 되기 때문이라는 것이다. 만일 "아무개"가 기업을 무를 수 있는 우선권을 포기한다면, 자연스럽게 그 다음 차례인 보아스가 기업을 무르겠다는 것이다.

2. 몸말

엘리멜렉의 근족인 "아무개"는 너무나 반가운 소식을 듣게 되었다. 왜 이 소식이 그처럼 반가웠는가? 이미 언급한 대로, 엘리멜렉의 가정은 문자 그대로 씨가 말랐다. 아들들도 자녀를 남기지 못하고 죽었기에 그 기업을 물려받을 자손이 없다. 나오미와 룻은 엘리멜렉 가문의 혈통을 받지 못했기에 기업을 물려받을 수 없다. "아무개"가 엘리멜렉의 소유지를 무르면 영원히 그의 것이 될 수 있기 때문이다.

1) "아무개"의 적극적 결정

오늘의 본문은 "아무개"의 말로 시작되고, 또 그의 말로 끝난다. 그가 시작한 말은 "내가 무르리라"이고, 끝내는 말은 "네가 너를 위하여 사라"이다. 이 두 가지 결정은 서로를 보완하는 결정이 아니라, 완전히 상반되는 결정이다. 첫 번째의 결정은 엘리멜렉의 기업을 그가 무르겠다는 것이나, 두 번째의 결정은 그가 무를 수 있는 기회를 포기하겠다는 것이다. 자기 대신 원한다면 그 기업을 보아스가 물러도 좋다는 말이다.

여기에서 "아무개"는 왜 이처럼 상반되는 결정을 하는가? "무르겠다"는 결정과 "무르지 못하겠다"는 결정 사이에는 어떤 말이 오갔으며, 또 어떻게 마음이 그렇게 변하게 되었는지 알아보는 것이 순서일 것이다. 여러분도 알듯이, 보아스는 처음부터 엘리멜렉의 기업을 무르기를 원했다. 그런 마음의 표현을 반복적으로 했다(룻 3:11, 13). 그 이유는 룻을 아내로 삼고자 하는 뜨거운 마음 때문이었다.

"아무개"가 그 기업을 무를 용의가 있다고 공언하자, 보아스의 마음은 어떠했을까? 절망했을까? 아니면 그를 여기까지 인도하신 여호와 하나님을 의지하고 있기에 절망하지 않았을까? 그의 마음의 요동을 우리가 다 알 수는 없지만, 한 가지 확실한 건 있다. 그것은 그런 위기의 상황에서도 조금도 흔들리지 않고 "아무개"에게 "모압 여인 룻에게서 사서 그 가문을 일으켜야 된다"는 사실을 알려주었다.

"아무개"는 소유지를 샀다가 희년이 되면 그 기업이 원소유자에게 돌아가는 것을 알았다. 동시에 그 기업의 원소유자가 없을 경우 그 기업은 자연스럽게 기업을 무른 자의 소유가 된다는 사실도 알았다. 왜냐하면 그 원소유자인 엘리멜렉과 그 아들들은 아무런 자녀도 남기지 않고 죽었기 때문이다. 그가 생각지도 않았는데, 그의 토지를 늘릴 수 있는 절호의 찬스를 그가 놓칠 이유가 없다. 그러므로 "내가 무르리라"고 말한다.

그러나 보아스가 "아무개"의 말이 떨어지기가 무섭게 하나님의 법이자 동시에 이스라엘의 관습을 말하기 시작한다. "아무개"는 엘리멜렉의 밭을 사는 날에 룻도 사야한다는 것이다. 만일 그가 미혼이라면 룻을 정실로 받아들여야 되고, 만일 기혼이라면 룻을 첩으로 삼아야 한다는 말이다. 그 이유는 간단하다! 엘리멜렉의 기업을 무르는 이유는 그 기업이 엘리멜렉의 이름으로 보존되기 위함이다.

그러나 기업만 무른다면 그 밭은 영원히 "아무개"의 소유가 된다. 엘리멜렉의 가문을 세우는 방법은 한 가지 방법 밖에 없다. 그것은 룻을 아내로 맞아야 하는 것이다. 그리고 그들의 결합으로 아들을 낳을 경우, 그 아들은 엘리멜렉의 손자로, 그리고 룻의 전남편인 말론의 아들로 호적되어야 한다. 이것이 바로 계대결혼의 핵심이다(신 25:6). 그리고 그렇게 할 때, "아무개"는 진정으로 엘리멜렉의 기업을 무르는 셈이 된다.[139]

2) "아무개"의 소극적 결정

그런 이스라엘의 관습에 대한 설명을 듣자, "아무개"는 그의 결정을 번복했다. 그는 이렇게 말한다. "나는 내 기업에 손해가 있을까 하여 나를 위하여 무르지 못하노니, 내가 무를 것을 네가 무르라; 나는 무르지 못하겠노라." "아무개"는 영리한 사람임에 틀림없다. 그의 머리는 무척 빠른 속도로 회전했다. 그리고 빠른 결론을 내렸다. "내 기업에 손해가 있을까 하여 나를 위하여 무르지 못하노라."

만일 그가 나오미가 내놓은 기업을 사고 또 룻을 아내로 맞이한다면 어떤 손해가 있을까? 첫째 손해는 엘리멜렉의 밭이 그의 영원한 기업이 되지 못하기 때문이다. 본래 근족 엘리멜렉의 불행을 이용해서 그의 토지를 늘리려는 야심이 이루어지지 않기 때문이다. 공연히 기업을 무르기 위하여 아까운 금전만 투자하는 꼴이 된다. 희년이 되면 엘리멜렉의 가문으로 돌아갈 밭에다 돈을 쏟아 부을 필요가 없다는 생각이다.

"아무개"의 둘째 손해는 룻의 아들 때문이다. 만일 그와 룻이 결혼하여 아들을 낳는다면, 그 아들은 당연히 엘리멜렉의 장자요 룻의 남편인 말론의 아들로 입양되어야 한다. "아무개"는 생부이지만, 그의 아들로 호적하지 못한다는 말이다. 그리고 그 아들이 자라면 그의 기업을 요구할 것이며, "아무개"는 아무런 권리도 주장하지 못하고 기업을 물려주어야 한다. 그가 많은 돈을 들여 무른 것을 그 아들이 공짜로 가져가는 꼴이 된다.

셋째 손해는 엄청난 양육비 때문이었을 것이다. 룻이 자녀를 몇이나 낳아서 키우게 될지 모르지만, 그 양육비를 생각하지 않을 수 없다. 예나 지금이나 자녀를 양육하는 데는 많은 비용이 들어간다. 그것도 모압 여인에게서 태어날 자녀들을 양육해야 한다는 것은 부담이 된다. 거기다가 "아무개"는 룻에게 아무런 관심도 없었다. 그런 여인과 연을 맺고 자녀를 키운다는 것은 큰 "손해"로밖에 여겨지지 않았다.

넷째 손해는 자녀들에 관한 것이다. 만일 그에게 이미 자녀들이 있다면 문제는 더욱 복잡해진다. 룻에게서 태어날 자녀들과의 갈등도 생각하지 않을 수 없다. 끝없이 펼쳐지는 갈등을 어떻게 해결해야 할지 누가 알겠는가? 그뿐만이 아니라, 그가 후에 자녀들에게 유산을 물려주어야 할 때, 룻에게서 태어날 자녀들도 그들의 몫을 주장할 터이니, 얼마나 손해가 큰 것처럼 느껴졌을까?

다섯째 손해는 나오미이다. 룻을 아내로 맞이하는 것도 이처럼 골치아프게 만드는데, 거기다가 엘리멜렉의 아내인 나오미도 책임져야 한다.[140] 밭만 물러서 마침내 그의 토지로 삼으려는 얄팍한 생각으로 "내가 기업을 무르겠다"고 했지만, 이처럼 많은 "손해"를 감수하면서 룻을 아내로 맞아들일 용의는 없었다. 그에게는 자신의 유익을 먼저 생각하고, 어려운 근족을 돕는다는 성경적이며 관습적인 명예로운 결정은 안중에도 없었다.

3) "신을 벗다"

"아무개"는 그의 결정을 뒤집으면서 말한다. "나는 무르지 못하겠노라." 그렇게 그의 우선권을 포기하면서 그는 그의 신을 벗어서 이웃에게 주었다. 왜 신을 벗어서 이웃에게 주었는가? 룻기의 저자는 이렇게 그 이유를 설명한다. "이것이 이스라엘 중에 증명하는 전례가 된지라." 그러니까 이스라엘의 관습에 의하면, 그의 권리를 포기하는 약정으로 신을 벗어서 그의 이웃, 곧 보아스에게 주었던 것이다.

여기에서 신을 준다는 것은 그의 권리를 넘겨준다는 뜻이다. 그러니까 "아무개"는 엘리멜렉의 밭과 룻을 살 수 있는 권리를 보아스에게 넘겨주었다. 그러면 이런 관습은 어디에서 유래되었는가? 물론 하나님의 법에서 시작되었다. 그 법을 보겠다. "그의 발에서 신을 벗기고 그의 얼굴에 침을 뱉으며, 이르기를, '그의 형제의 집을 세우기를 즐겨 아니하는 자에게는 이같이 할 것이라'"(신 25:9).

구약성경에서 "발과 신"은 "능력"을 상징하기도 한다. 그런 상징을 뜻하는 말씀을 보겠다. "주의 손으로 만드신 것을 다스리게 하시고 만물을 그의 발아래 두셨노라"(시 8:6; 수 10:24, 시 60:8 참고). 왜 하나님은 모세에게 신을 벗으라고 명령하셨는가?(출 3:5). 그 이유는 간단하다! 모세가 앞으로 큰일을 할 지도자임에는 틀림없지만, 그가 하나님 앞에 자신의 인간적인 능력을 내려놓아야 하기 때문이다.

다윗은 이스라엘의 역사에서 가장 막강한 왕이었다. 그러나 하나님 앞에서는 힘없고 천한 죄인에 불과했다. 그런 사실을 깊이 깨달은 계기가 또 한 번 있었는데, 그것은 자기의 친아들 압살롬의 반란으로 수도인 예루살렘을 떠날 때였다. 다윗은 하나님 앞에서 무기력하고 미천한 사람이라는 사실을 인정하였다. 그 인정이 바로 신을 벗고 맨발로 간 행위였다(삼하 15:30).

구약성경에서 "발과 신"은 땅을 사고 팔 때, 사용되기도 했다. 땅을 파는 사람은 그 땅에서 발을 들면, 사는 사람은 그의 발을 먼저 주인이든 발밑으로 자기의 발을 넣어 땅을 밟는다. 그런 행위는 땅의 소유주가 바뀌었다는 것을 확정하는 행위였다.[141] 그런 행위에 연유해서 하나님은 모세와 여호수아에게 반복적으로 말씀하셨다. "…네 발로 밟는 땅은 영원히 너와 네 자손의 기업이 되리라"(신 1:36, 11:24, 수 1:3, 14:9).

엘리멜렉의 기업을 물러서 보존시켜줄 수 있는 기회가 그 기업 무를 고엘에게 주어졌다. 그러나 그는 그 특권을 보아스에게 넘겨주었다. 그 고엘은 그처럼 현숙한 여인인 룻을 아내로 맞이할 수 있는 특권 중의 특권도 주어졌다. 그러나 그는 그런 특권을 보아스에게 물려주었다.[142] 물려준 자신의 결정을 확정짓기 위하여 그는 그의 신을 벗어서 보아스에게 넘겨주었다. 그리로 그는 영원히 역사의 뒤안길로 사라졌다.

3. 꼬리말

우리는 오늘 "아무개"의 두 가지 결정, 곧 적극적인 결정과 소극적인 결정을 보았다. 그 두 가지를 각각 결정하게 된 동기는 너무나 중요하다. 그 동기는 무엇인가? 자신의 유익이다. 그가 첫 번째 "내가 기업을 무르겠다"는 결정도 자신에게 가져다 줄 유익 때문이었다. 그 결정을 번복하고 "나는 무르지 못하겠노라"고 결정한 것도 자신의 유익을 먼저 생각하였기 때문이다.

우리는 짧은 인생을 살아간다. 그 짧은 인생에서 자신의 유익이 결정의 동기가 된다면, 그는 "아무개"와 같은 사람이다. 사람들의 뇌리 속에서 슬며시 사라져갈 것이다. 그러나 보아스처럼 진정으로 다른 사람들의 유익을 위하여 결정한다면, 물론 다른 사람들은 도움을 받는다. 그러나 궁극적으로는 자신에게 유익이 된다. 부메랑처럼 멀리 날아갔던 것이 다시 자신에게로 돌아와서 인생을 풍요롭게 할 것이다.

10 "보아스의 결혼 선언"

"보아스가 장로들과 모든 백성에게 이르되 내가 엘리멜렉과 기룐과 말론에게 있던 모든 것을 나오미의 손에서 산 일에 너희가 오늘 증인이 되었고 또 말론의 아내 모압 여인 룻을 사서 나의 아내로 맞이하고 그 죽은 자의 기업을 그의 이름으로 세워 그의 이름이 그의 형제 중과 그 곳 성문에서 끊어지지 아니하게 함에 너희가 오늘 증인이 되었느니라" (룻기 4:9-10)

1. 머리말

첫 번째 고엘인 "아무개"가 10명의 장로들과 여러 증인들 앞에서 그의 권리를 보아스에게 넘겨주었다. 이미 본대로, 권리의 양도를 보아스는 물론 모든 증인들에게 알리기 위하여 그는 신을 벗어서 보아스에게 주었다. 그런 행위는 이스라엘의 전통적인 관례로서 거래를 마무리하는 행위이다. 오늘날 거래를 마무리하기 위하여 도장을 찍거나 서명을 하는 것과 같은 마지막 행위이다.

"아무개"가 그의 기업 무를 권리를 포기하자마자, 그 다음 차례의 고엘인 보아스는 즉각적으로 그 마음의 결정을 선언한다. 그러니까 오늘 성경 본문은 보아스의 말로 시작해서, 보아스의 말로 끝을 맺는다. 마치 이 앞의 본문에서 "아무개"의 말로 시작하여 그의 말로 끝내는 것과 같다. 물론 "아무개"는 그 두 말 사이에 마음의 결정을 바꾸었지만 말이다. 그러나 보아스는 그의 말을 조금도 바꾸지 않았다.

보아스는 이렇게 첫 마디를 시작한다. "너희가 오늘 증인이 되었고…" 그리고 마지막 마무리도 그렇게 한다. "너희가 오늘 증인이 되었느니라." 왜 보아스는 같은 말을 되풀이 하는가? 그 이유는 간단하다! 보아스의 결정은 결코 인위적인 방법으로 이루어지지 않았다는 뜻이다. 그뿐만이 아니라, 그의 결정은 이스라엘의 관례와 법도를 따른 정당한 것이라는 뜻이다. 한발 더 나아가, 모든 증인들 앞에서 이루어졌다는 사실을 강조한다.

2. 몸말

롯기 3장 말미에서 롯과 나오미의 말이 끝났다. 롯기에서는 더 이상 그 여인들의 말이 나오지 않는다. 4장부터는 보아스가 주도권을 잡고 인도하는 대로 롯과 나오미가 따르기만 하면 된다. 그렇다! 그들이 비록 가난하고 불쌍한 여인들이지만 그들의 역할이 있었다. 그들은 지혜롭기도 했다! 그들이 할 수 있는 일을 다 한 후, 그들은 모든 것을 하나님과 보아스에게 맡겼던 것이다.

본문에서는 보아스의 말만 나온다. 그런데 이 보아스의 말도 마지막 말이다. 보아스의 말은 롯기에서 더 이상 나오지 않는다. 그것은 무엇을 의미하는가? 그의 마지막 말은 그의 마음을 확정짓는 것이었다. 한편 그의 마음이 원하는 것을 이루었다는 표시이다. 또 한편 하나님의 섭리가 이루어졌다는 표시이기도 하다. 그가 결혼을 선언하자, 그 결혼을 축복하는 발언들이 나온다. 그러나 그의 말은 더 이상 나오지 않는다.

1) 모든 것을 사다

장로들과 여러 사람들은 무엇에 증인이 되었는가? 우선, 보아스가 나오미에게서 소유지를 산 일에 증인이 되었다. 왜냐하면 보아스는 그 증인들 앞에서 "아무개"에게 말한 것이 있기 때문이다. "모압 지방에서 돌아온 나오미가 우리 형제 엘리멜렉의 소유지를 팔려 하므로…"(룻 4:3). 그러니까 보아스가 우선적으로 산 것은 엘리멜렉의 소유지였다. 그 소유지를 사지 않았다면 그는 거짓말쟁이가 된다.

그러면 보아스는 그가 말한 대로 그 소유지만 샀는가? 아니다! 그는 율법과 관습을 넘어서 나오미에게 속한 "모든 것"을 샀다. 이런 행위를 통하여 보아스의 넓은 마음을 읽을 수 있다. 그뿐만이 아니라, 그의 사랑이 가득한 마음을 읽을 수 있다. 그는 10명의 장로들과 대중 앞에서 이렇게 선언한다. "내가 엘리멜렉과 기룬과 말론에게 있던 *모든 것*을 나오미의 손에서 산 일에 너희가 오늘 증인이 되었도다."

물론 보아스는 나오미로부터 "모든 것"을 살 의무는 없었다. 그는 나오미의 소유지를 사면 그것으로 족하다. 엘리멜렉의 가문도 살리는 것이고, 또 나오미와 룻의 궁핍도 해결해 주는 것이다. 그러나 보아스는 "모든 것"을 샀다. 엘리멜렉의 밭도 사고, 집도 사고, 별로 쓸데없는 자질구레한 것들도 다 샀다. 왜 그랬는가? 이유는 하나뿐이다. 나오미와 룻을 경제적으로 돕기 위해서였다.

실제로 그 모든 것은 원래 엘리멜렉의 소유였다. 그가 죽자 그의 아들들, 곧 말론과 기룬에게 유산으로 넘겨졌다. 그러나 불행하게도 법적으로 상속자가 된 그 아들들도 죽었다. 이제는 엘리멜렉의 아내 나오미와 큰 아들 말론의 아내 룻이 그 모든 것을 관할하게 되었다. 그러나 유대인이 아닌 룻은 그 관할권을 나오미에게 맡긴 것이 틀림없다. 그런 이유로 보아스가 "나오미의 소유지를" "나오미의 손에서 샀다"고 표현한다(룻 4:5).

그런데 보아스의 말을 유심히 살펴보면 흥미로운 사실이 들어있다. 룻기에 의하면, 엘리멜렉과 두 아들, 말론과 기룐의 이름이 한꺼번에 나온 것은 두 번밖에 없다. 한 번은 룻기 1장 2절에서이고, 또 한 번은 본문, 곧 보아스가 한 말에서이다. 왜 보아스는 세 사람의 이름을 다 거론하는가? 무엇보다도 법적으로 정확하고도 완전한 내용이 되게 하기 위해서였다.[143]

그러나 룻기 전체의 흐름을 보면 그런 이유만은 아닌 것 같다. 처음에 세 남자의 이름이 나오는 것은 이방 신의 땅 모압에서 죽음과 파산을 당할 사람들이기 때문이다. 반대로, 보아스가 세 남자의 이름을 일일이 거론하는 것은 그 가문의 멸망과 파산이 끝났다는 놀라운 소식을 선포하기 위해서였을 것이다. 스러져가던 가문이 보아스 때문에 다시 소생할 수 있다는 놀라운 선언이다. 죽은 자들이 다시 살아날 수 있게 된 것이다.[144]

2) 룻을 사다

10명의 장로들과 베들레헴 성문에 모인 사람들이 두 번째로 무엇에 증인이 됐는가? 그들이 두 번째 증인이 된 일은 보아스가 룻을 산 사실이다. 왜 룻을 샀는가? 두말할 필요도 없이 아내로 맞이하기 위해서이다. 그런데 한 가지 재미있는 사실이 있다. 그것은 그들이 증인이 된 이두 번째 일에 대하여는 보아스가 짧게 언급하고 넘어갔다는 사실이다.

왜 이처럼 중요한 일에는 그처럼 짧게 언급하는가?

장로들과 많은 사람들이 첫 번째 증인이 된 일에 대한 내용은 제법 길다. 더군다나 다음에 다룰 세 번째는 훨씬 더 길다. 그러나 두 번째는 너무나 짧다. 보아스의 두 번째 말을 다시 들어보겠다. "또 말론의 아내 모압 여인 룻을 사서 나의 아내로 맞이했다." 이 말이 길지 않다고 그 중요성도 그만큼 줄어드는가? 물론 아니다! 보아스가 나오미에게 속한 모든 것을 산 가장 중요한 이유는 바로 룻 때문이었다.

그런데 보아스는 룻에 대하여 언급할 때, 비하하는 의미의 수식어를 사용했는데, 곧 "말론의 아내"와 "모압 여인"이다. 왜 이런 수식어를 사용했는가? 증인들에게 룻의 비참한 상태를 강조하기 위해서인가? 아니면 전혀 자격이 없는 여인이라는 사실을 드러내기 위해서인가? 아니면 거꾸로 자신의 넓은 아량을 암시하기 위해서인가? 아니면 증인들에게서 룻에 대한 동정심을 자아내기 위해서인가?

그런 수식어를 사용한 동기가 무엇이든, 그 의미는 깊다. 먼저 "말론의 아내"라는 수식어는 룻이 젊은 과부라는 의미이다. 그런데 둘째 아들의 과부가 아니라, 첫째 아들 말론의 과부이기에 나오미를 대신하여 그 가문을 일으킬 수 있는 자격을 갖추었다는 것이다. 그러니까 "말론의 아내"는 인간적으로는 불행하고 비참한 여인이었지만, 그래도 보아스와 결혼하여 엘리멜렉의 가문을 일으킬 수 있는 여인이라는 뜻이다.

그 다음에 보아스는 "모압 여인"이라는 수식어를 왜 사용했는가? 물론 그런 수식어는 *법적*으로 정확한 표현이다. 보아스는 나오미에게 속한 모든 것을 거래하면서 법적으로도 정확하게 표현을 하고 싶었을 것이다.[145] 그런데 룻이 이스라엘 백성이 아닌 모압 여인이라는 것이다. 하나님의 큰 은혜와 보아스와 같은 사람의 넓은 마음이 아니라면, 맺어

질 수 없는 여인이라는 것이다. 그럼에도 불구하고 보아스는 기쁨으로
그런 룻을 아내로 맞았다.

비록 룻은 불행한 과부요 모압 여인이었지만, 보아스의 아내가 될 수
있는 자격을 몇 가지 가지고 있었다. 첫째는 보아스의 하나님을 룻도
믿었다. 둘째는 보아스가 "유력한" 자인 것처럼 룻은 "현숙한" 여인이
었다. 셋째는 룻이 시어머니에게 베푼 선대를 하나님이 수천수만 배로
갚아주셨다. 넷째로 하나님은 사람을 외모로 취하지 않으신다. 유대인
이든 모압 사람이든 상관없이 그분을 의지하는 사람들을 모두 받아주신
다는 놀라운 사실 때문이다.

3) 기업을 무르다

보아스는 마지막으로 이렇게 말한다. "그 죽은 자의 기업을 그의 이
름으로 세워, 그의 이름이 그의 형제 중과 그 곳 성문에서 끊어지지 아
니하게 함에 너희가 오늘 증인이 되었느니라." 이 마지막 말을 보면 보
아스의 깊은 마음을 읽을 수 있다. 그는 경제적으로 많은 것을 투자하
였는데, 그 목적은 자신을 위한 것이 아니라 엘리멜렉의 가문을 위한 것
이었다. 보아스의 말을 직접 들어보겠다.

"죽은 자의 기업을 그의 이름으로 세워"는 보아스가 룻을 아내로 맞
이한 목적이다. 그들 사이에 아들을 낳아서 죽은 자, 곧 엘리멜렉과 말
론의 가문에 입양시키겠다는 것이다. 그리고 그 아들을 통하여 그 가문
을 회복시키겠다는 것이다. 보아스는 처음 결혼하는데다가 나이도 많
아서 많은 자녀를 두기란 그리 쉬어보이지 않는다. 그럼에도 불구하고
아들을 낳으면, 그 아들을 통하여 무조건 엘리멜렉과 말론의 가문을 일

으키겠다는 것이다.

그리하여야 엘리멜렉과 말론의 이름이 형제 중에서는 물론 유다 베들레헴에서 끊어지지 않을 것이라는 말이다. 지금까지 보아스는 베들레헴에서 제법 큰 명성을 쌓았다. 그런 이유 때문에 그는 베들레헴에서 "유력한 자"라고 소개되었다. 자칫하면 그 명성이 물거품처럼 날아갈 수도 있는 결정이었다. 그는 경제적으로도 많은 것을 희생했고, 또 그의 이름도 걸면서 나오미에게 속한 모든 것——룻을 포함하여——을 샀다.

보아스는 그의 결정이 궁극적이며 최종적인 것이라는 사실을 강조하기 위하여 이렇게 말을 끝맺는다. "너희가 오늘 증인이 되었느니라." 이제 이처럼 많은 증인들 때문에 보아스는 그의 결정을 뒤집을 수 없다. 뒤집는 순간 그의 명성은 신기루처럼 날아가 버릴 것이다. 그러나 보아스는 그의 마음이 변할 수 있는 극히 적은 가능성마저 차단했다. 그 이유는 간단하다! 그의 결정은 순간적이나 충동적이 아니기 때문이다.

실제로 이와 같은 아름다운 결말을 위해서 보아스는 기도한 적이 있다. 그의 기도를 들어보겠다. "여호와께서 네가 행한 일에 보답하시기를 원하며, 이스라엘의 하나님 여호와께서 그의 날개 아래에 보호를 받으러 온 네게 온전한 상 주시기를 원하노라"(룻 2:12). 결국 보아스가 룻을 아내로 맞이한 것은 그 자신의 기도를 하나님이 들어주신 것이다. 실제로 룻을 아내로 맞이하는 것은 보아스의 소원이기도 했다(룻 3:11).

보아스만 기도했는가? 아니다! 나오미도 같은 기도를 했다. "여호와께서 너희에게 허락하사 각기 남편의 집에서 위로를 받게 하시기를 원하노라"(룻 1:9). 뿐만 아니라, 보아스와 룻의 결합은 룻도 간절히 원하던 바였다. "당신의 옷자락을 펴 당신의 여종을 덮으소서!"(룻 3:9). 그렇다! 보아스와 나오미의 하나님은 그들의 기도를 들어주셨다. 그 하나님을 자신의 하나님으로 삼은 룻의 소원도 들어주셨던 것이다.

3. 꼬리말

보아스는 룻을 아내로 맞이했다. 룻을 종이나 하인으로 산 것이 아니다. 그런 결합으로 룻의 운명은 완전히 바뀌었다. 한때는 룻도 보아스 앞에서 자기를 종이요 하녀라고 했다(룻 2:13). 그러나 이제는 더 이상 종이나 하녀가 아니다. 룻은 끼니를 걱정하던 가난에서 해방되었다. 시어머니의 안위를 걱정하던 것도 해결되었다. 뿐만 아니라, 룻은 더 이상 모압에 속한 여인이 아니었다.

룻은 보아스를 남편으로 맞이함으로써 법적으로도 유대인이 되었다. 다시 말해서, 유대인이 누리는 모든 특권을 누리게 되었다는 뜻이다. 이것은 룻기가 주는 교훈 중 하나이다. 비록 가난한 과부요 이방 여인이라 할지라도, 하나님을 믿고 그분에게 일생을 걸었기에 하나님이 룻을 축복해 주셨다. 한꺼번에 축복을 쏟아 부으신 것이 아니라, 점진적으로 부어주셨다. 이런 하나님을 우리는 신뢰한다!

11 "증인들의 축복"

"성문에 있는 모든 백성과 장로들이 이르되 우리가 증인이 되나니 여호와께서 네 집에 들어가는 여인으로 이스라엘의 집을 세운 라헬과 레아 두 사람과 같게 하시고 네가 에브랏에서 유력하고 베들레헴에서 유명하게 하시기를 원하며 여호와께서 이 젊은 여자로 말미암아 네게 상속자를 주사 네 집이 다말이 유다에게 낳아준 베레스의 집과 같게 하시기를 원하노라 하니라" (룻기 4:11-12)

1. 머리말

베들레헴 성문에 많은 사람들과 보아스가 초청한 10명의 장로들이 모여 있었다. 보아스가 룻과 결혼하겠다는 선언을 하자, 그 곳에 모여 있던 모든 사람이 한 목소리로 말했다. "우리가 증인입니다!" 무엇에 대한 증인인가? 지난 장에서 본대로, 세 가지에 대한 증인이었다. 보아스가 "모든 것을 나오미에게서 산 일," "룻을 아내로 산 일," 그리고 "엘리멜렉의 가문이 끊어지지 않게 하겠다"는 결의에 대한 증인이었다.

그런데 4장 9절에는 보아스가 "장로들과 모든 백성"에게 세 가지 사실을 말했다. 오늘 성경 본문에 의하면, "모든 백성과 장로들"이라고 묘사된다. 왜 장로와 백성의 순서가 바뀌었는가? 처음에는 보아스가 장로들하고 대화를 했다. 왜냐하면 그 장로들이 그 도성의 중요한 문제와 결혼 문제를 결정할 수 있는 권한이 있기 때문이다. 실제로, 보아스는 백성을 초청하지 않았다. 그들은 자연스럽게 그곳에 모인 사람들이다.

왜 증인이 되었다는 말에 "모든 백성"을 "장로들"보다 앞세우는가? 그 이유는 간단하다! 보아스와 룻의 결혼은 더 이상 율법적인 사건이 아니란 말이다. 물론 계대결혼이라는 율법의 사건이기에 장로들이 개입해야만 했다. 그렇지 않으면 무엇 때문에 장로들이 초청되었겠는가? 그러나 이제는 더 이상 율법의 문제만이 아니라, 베들레헴의 경사가 되었다. 물론 법적으로도 허락되지만, 무엇보다도 백성이 축복해준 결혼이 되었다는 뜻이다. [146]

2. 몸말

성문에 모인 모든 백성과 10명의 장로들은 증인이 되었을 뿐만 아니라, 보아스의 결혼을 마음껏 축복해 주었다. 물론 그곳에는 룻도 나오미도 없었다. 그들은 사건의 추이를 모두 보아스에게 맡기고 십중팔구 집에서 기도하고 있었을 것이다. 물론 얼마 지나지 않아서 보아스와 룻의 결혼식이 있었을 터인데, 그 성문에 모였던 모든 사람과 다른 많은 사람들도 참석했을 것이다. 왜냐하면 이런 결혼은 베들레헴의 경사였기 때문이다.

성문에 모인 "모든 백성과 장로들"은 무엇을 축복해 주었는가? 그들의 축복은 세 가지였는데, 그 중 두 가지는 창세기에 나오는 인물들을 본보기로 해준 축복이었다. 첫 번째 축복은 룻이 라헬과 레아와 같이 되기를 바라는 것이었다. 두 번째 축복은 보아스가 베들레헴에서 유명해지기를 바라는 것이었다. 그리고 세 번째 축복은 룻이 다말과 같이 베레스와 같은 아들을 낳아달라는 것이었다. 이 세 가지 축복을 차례로 보겠다.

1) "라헬과 레아처럼"

베들레헴 성문에 모인 사람들의 첫 번째 축복을 인용하겠다. "여호와께서 네 집에 들어가는 여인으로 이스라엘의 집을 세운 라헬과 레아 두 사람과 같게 하시고…" 위에서 언급한 것처럼, 이 축복은 보아스에게 준 것이다. 그러나 그 내용은 보아스의 아내가 될 룻을 축복한 말이란 것을 쉽게 알 수 있다. 이 축복에 엄청난 표현이 하나 들어있는데, 그것은 "이스라엘의 집을 세운"이란 말이다.

이스라엘의 집을 누가 세웠는가? 야곱과 그 아내들이 세웠다. 야곱은 두 아내와 그들의 두 몸종을 통하여 12아들을 낳았고, 그 아들들이 이스라엘의 12지파가 되었다. 그런데 룻이 야곱의 라헬과 레아처럼 이스라엘의 집을 세우라는 축복이다. 그럼 룻이 혼자서 아들을 12이나 낳으라는 말인가? 아니다! 이스라엘이라는 나라를 세우라는 것이다. 실제로 룻은 다윗을 통하여 이스라엘의 집을 굳게 세움으로써 이 축복이 실현되었다.

그뿐인가? 아니다! 룻의 후손에는 예수 그리스도도 있다. 그분이 이 세상에 사시던 이스라엘의 모습은 어떠했는가? 오랫동안 다른 강국들에 의하여 식민지화되어 말할 수 없이 피폐하게 살았다. 룻의 후손인 예수 그리스도는 이스라엘의 병든 자들과 귀신들린 자들을 고쳐주시고, 또 배고픈 자들에게 먹을 것을 주심으로써 이스라엘의 집을 든든하게 하셨다. 그리고 마침내 이 세상을 평정하시고 이스라엘 집을 영원히 굳게 하실 것이다.

이 축복을 보면 야곱의 첫 아내 레아의 아들들이 중요한 역할을 했는데, 라헬의 이름이 먼저 나온다. 야곱이 레아보다 라헬을 더 사랑한 것처럼, 보아스에 의하여 사랑받는 룻을 강조하기 위해서인가? 아니면, 라헬이 둘째 아들을 낳다 죽어서 베들레헴 길에 묻혔기 때문인가?(창 35:19). 베들레헴 사람들에게는 라헬이 그만큼 더 가깝게 느껴졌기 때문일까? 아니면 에서와 야곱에서처럼 두 번째 나오는 사람이 더 중요해서인가?[147]

어째든, 룻의 역할은 적어도 두 여인, 곧 라헬과 레아의 역할을 감당하게 해 달라는 축복이었다. 다시 말해서, 이스라엘의 역사에서 말할 수 없이 중요한 역할을 하게 된 요셉을 누가 낳았는가? 라헬이 낳았다! 룻도 라헬처럼 그토록 중요한 역할을 감당할 아들을 낳아달라는 뜻이다. 이처럼 많은 사람들이 이렇게 큰 축복을 선물하면서, 하나님이 허락하시면 분명히 가능하다고 덧붙인다.

뿐만 아니라, 레아처럼 동생 라헬과 더불어 이스라엘의 집을 세우라고 축복했다. 이스라엘의 역사를 보면, 결국 이스라엘의 집을 세운 여인은 레아였다. 왜냐하면 그녀에게서 유다와 레위가 태어났기 때문이다. 유다 지파에서 이스라엘을 다스리는 왕들이 나왔고, 레위 지파를 통하여 제사장과 성막에서 섬기는 자들이 나왔기 때문이다. 진정으로 레아는 이스라엘의 집을 세운 여인이었는데, 룻도 그런 역할을 해달라는 축복이다.

2) "베들레헴에서의 명성"

베들레헴 성문에 모인 많은 사람들과 10명의 장로들이 보아스를 위하여 빌어준 두 번째 축복을 다시 인용하겠다. "네가 에브랏에서 유력하고, 베들레헴에서 유명하게 하시기를 원하며…" 이 축복의 내용은 알아보기 위하여, 먼저 에브랏이란 곳을 보겠다. 에브랏은 베들레헴과 같은 지방을 뜻한다. 라헬이 베냐민을 낳다 죽어서 묻힌 곳도 "에브랏 곧 베들레헴"이었다(창 35:19, 창 48:7).

엘리멜렉의 식구들도 "유다 베들레헴 에브랏 사람들"이었다(룻 1:2). 엘리멜렉의 가문은 유다의 후손으로 일찍이 그곳에 정착했다. 유다 족보에 의하면, 베들레헴에 사는 사람들이 유다의 후손이라고 기록되어 있기 때문이다, "유다의 아들들은…다 베들레헴의 아버지 에브라다의…소생이며…"(대상 4:1, 4). 이 말씀에 의하면 유다 지파에 속한 에브라다가 베들레헴에 최초로 정착했다. 그 후 그의 이름을 따라 에브랏이라고 했다.[148]

그런데 엘리멜렉이 그처럼 뿌리 깊은 "유다 베들레헴"을 떠난 것은 큰 잘못이었다. 에브랏은 "비옥하다"의 뜻을 가지며, 베들레헴은 "떡의 집"을 뜻한다. 그리고 그곳은 유다에 속한 땅이다. 그런 이유 때문에 "유다 베들레헴"이라고 했다(룻 1:1, 2). 그곳의 사람들이 빌어준 두 번째 축복은 먼저 "네가 에브랏에서 유력하고"이다. 에브랏에서 뿌리를 내린 에브라다가 개간한 비옥한 곳에서 유력한 자가 되기를 축복했다.

"유력한"은 이미 두 번씩이나 나온 단어이다. 보아스는 베들레헴에서 "유력한" 자였다(룻 2:1). 그 단어가 함축하고 있는 뜻은 다양하다. "재산," "용기," "능력," "인품" 등을 뜻한다. 그뿐만이 아니라, 그 단어를 여자에게 붙이면 "현숙한" 여인이 된다(룻 3:11). 이처럼 두 걸출한 남녀가 결합하면 남자는 더욱 "유력해"지고, 여자는 더욱 "현숙해"지는 것이 당연한 것 아닌가?[149]

보아스는 위의 열거한 "유력하다"는 단어가 함축하고 있는 모든 특성을 갖지 못했을 것이다. 그러나 그의 탁월한 신앙 인격과 룻의 생명을 건 거의 불가사의한 선택이 결합했을 때, 그 후손은 사람들이 상상하기 어려울 정도의 인물이 될 수 있다. 그들의 후손 다윗은 참으로 탁월한 신앙 인격자요, 그리고 뛰어난 지도자였다. 그는 진정으로 "유력하다"의 단어가 함축한 모든 자질을 갖추었기 때문이다.

성문에 모여 있는 사람들의 두 번째 축복이 계속된다. "여호와께서… 베들레헴에서 유명하게 하시기를 원하며…" 유다의 마을 베들레헴에서 유다의 후손 보아스와 룻이 결합함으로써 보아스도 유명해졌고, 또 룻도 유명해졌다. 더군다나 그들의 결합된 장소, 베들레헴도 말할 수 없이 유명해졌다. 다윗의 탄생 때문이었다(삼상 17:12). 그뿐만이 아니다. 바로 예수 그리스도의 탄생 때문이었다(미 5:2, 마 2:5-8).

3) "다말의 베레스처럼"

베들레헴 성문에 모인 많은 사람들과 10명의 장로들이 보아스를 위하여 빌어준 세 번째 축복을 다시 인용하겠다. "여호와께서 이 젊은 여자로 말미암아 네게 상속자를 주사, 네 집이 다말이 유다에게 낳아준 베레스의 집과 같게 하시기를 원하노라." 이 세 번째 축복은 보아스에게 상속자가 탄생되기를 원하는 것이었다. 이미 본대로, 보아스는 베들레헴에서 유력한 자였다. 그는 하인들로부터는 물론 백성들로부터 칭송받는 사람이었다.

그런데 그런 보아스에게도 한 가지 아쉬운 점이 있었는데, 그에게는 상속자가 없다는 사실이었다. 그가 세상을 떠나면 모든 재산과 명성은 어떻게 될 것인가? 상속자를 위하여 보아스는 하나님의 시기와 방법을 기다리고 있었지만, 베들레헴 사람들에게는 궁금했을 뿐만 아니라, 안타까워했다. 그들이 평상시에 마음에 두었던 것을 이처럼 경사스러운 날에 축복으로 빌어주는 것은 너무나 당연하다.

그곳에 있던 사람들과 장로들은 그 당위성도 빌어주었다. 다말처럼 아들을 낳아달라는 것이다. 왜 하필이면 다말인가? 다말은 유다의 며느리였다. 그러나 시아버지인 유다가 며느리인 다말에게 가문의 존속을 위하여 셋째 아들을 주어야 했는데, 그렇게 하지 않았다. 다말은 길거리의 여인으로 가장하여 유다를 유혹했고, 그 결과 쌍둥이를 낳았다. 그 쌍둥이의 이름은 베레스와 세라였다(창 38:29-30).

왜 베들레헴 성문에 운집해 있던 사람들은 유다와 다말처럼 보아스와 룻이 상속자를 낳아달라고 했는가? 비록 유다와 다말의 결합은 비도덕적이지만, 그래도 그들의 결합 때문에 유다 지파가 존속되었다. 그리고 그 후손들 중 일부가 베들레헴에 정착하여 제법 큰 마을을 이루었다. 그런 이유로 룻기에서 베들레헴을 가리킬 때 유다를 덧붙여서, 유다 베들레헴이라고 불렀다(룻 1:1, 2).

이스라엘의 민족에서 중요한 역할을 감당한 유다 지파가 아들이 없어서 스러지지 않고 계속 될 수 있었던 것은 다말의 지혜와 용기 때문이다. 얼른 보기에 다말의 행위는 말할 수 없이 추잡했지만, 하나님이 허락하셨기에 이루어진 놀라운 역사였다. 그야말로 "하나님을 사랑하는 자 곧 그의 뜻대로 부르심을 입은 자들에게는 모든 것이 합력하여 선을 이룬" 큰 역사였다(롬 8:28). 그러므로, 유다의 후손들은 다말을 유다의 어머니로 기억했다.[150]

위에서 언급한 것처럼, 다말은 쌍둥이를 낳았다. 그런데 먼저 세상을 본 세라의 집이라고 하지 않고, 나중에 세상을 본 베레스의 집과 같게 되기를 기원했다. 그 이유는 무엇인가? 베레스의 가문이 융성했을 뿐만 아니라, 그 가문을 통하여 유다 지파의 대가 이어졌기 때문이다(대상 2:5-12). 그러니까 베들레헴 백성에게는 너무나 잘 아는 대로, 유다 가문을 존속시키고, 융성시킨 베레스처럼 보아스와 룻이 상속자를 낳아달라는 축복이었다.

3. 꼬리말

보아스는 진정으로 복받은 사람이다. 어떻게 그렇게 많은 사람들로부터 그런 세 가지 축복을 받으면서 결혼할 수 있는가? 물론 보아스가 평상시에 쌓은 신앙 인격도 중요한 요인이 되었다. 그러나 동시에 룻과 얽혀진 문제를 뒤범벅이 된 실타래를 하나씩 풀어가듯 풀어갔기 때문이다. 보아스의 역할이 이처럼 중요했지만, 그 성문에 있지 않았던 룻의 역할도 컸다. 그녀는 현숙한 여인으로 알려졌기 때문이다.

성문에 있던 모든 사람과 유다 베들레헴을 대표하는 10명의 장로들은 진정으로 보아스와 룻의 결합을 축복해 주었다. 그들은 축복해 주면서 여호와가 그들의 축복을 이루어주시기를 빌었다. 하나님은 그들의 진심에서 나온 기원을 받아주셨다. 그렇지 않다면, 하나님은 도대체 어떤 사람들의 기도를 들어주시는가? 보아스와 룻을 통하여 모든 사람이 그처럼 원했던 아들이 마침내 태어났다. 큰일을 이루기 위하여 태어났다!

12 "아들!"

"이에 보아스가 룻을 맞이하여 아내로 삼고 그에게 들어갔더니 여호와께서 그에게 임신하게 하심으로 그가 아들을 낳은지라" (룻기 4:13)

1. 머리말

구약성경에서 "아들"은 너무나 중요하다. 왜 아들이 그렇게 중요한가? 몇 가지 이유를 찾아볼 수 있다. 첫째, 가정과 연관된 이유를 보겠다. 아들은 무엇보다도 가문을 이어갈 후계자이기 때문이다. 이미 언급한 대로, 이스라엘의 가정은 하나님이 배정해 주신 땅, 곧 기업을 소유하고 있다. 그 땅은 하나님이 주신 영원한 기업이기에 그 가문이 대대로 이어가야 한다. 두말할 필요도 없이, 아들이 후계자가 되어 기업을 이어간다.

둘째, 사회와 연관된 이유를 보겠다. 아들은 각종의 조직체를 이끌어가는 지도자가 될 수 있다. 예를 들면, 패장, 십부장, 오십부장, 백부장, 천부장은 모두 아들에게 주어지는 특권이었다. 뿐만 아니라, 그 당시에는 아들만이 장로가 될 수 있었다. 보아스가 초청한 10명의 장로들은 모두 남자였다. 그들은 보아스의 개인적인 결혼 문제에 증인의 역할도 하고, 또 그 결혼에 대한 적법성도 따져주었다.

셋째, 종교와 연관된 이유를 보겠다. 아들로 태어난 남자들만이 성전에서 섬기는 특권을 가졌다. 그들만이 성전 예식을 돕는 여러 가지 일에 참여할 수 있었는데, 예를 들면, 성전 기물을 다루는 일, 성전의 문을 지키는 일, 성전에서 찬송하는 일 등에 참여할 수 있었다. 특히 이스라엘의 영적생활을 책임지고 지도하는 제사장들도 모두 남자였다. 그런 이유 때문에 "아들"을 낳는다는 것은 큰 경사가 아닐 수 없었다.

2. 몸말

성문에 모여 있던 10명의 장로들과 백성은 보아스와 룻의 결혼에 대한 증인이 되면서 축복을 빌어주었다. 그런데 그 축복의 내용은 모두 한결같았다. 보아스에게 시집오는 룻이 "이스라엘의 집을 세운 라헬과 레아"와 같기를 원한다고 했는데, 그 뜻은 아들의 출산이었다(룻 4:11). 그들은 그 뜻을 보다 구체적으로 설명을 하면서 축복해 주었다. "…네게 상속자를 주사…"(룻 4:12). 물론 상속자는 가문을 이어갈 "아들"을 뜻한다.

보아스와 룻의 결합으로 아들이 태어나지 않는다면, 그들의 사랑은 이루어질지 모르지만 그들의 소원은 이루어지지 않는 꼴이 된다. 보아스와 룻은 공통적으로 엘리멜렉의 가문을 일으키기를 원했다. 그뿐만이 아니라, 나오미에게도 기쁨의 선물이 되기를 원했다. 모압 여인이었던 룻의 신분도 그만큼 확실해질 것이다. 더군다나, 노총각이었던 보아스에게도 마침내 모든 재산과 명성을 이어받을 후계자가 생기는 것이다.

1) "아들을 낳다"

그런데 보아스와 룻이 소박한 결혼식을 마치고, 첫날밤을 보냈다. 처음부터 당신의 섭리로 보아스와 룻을 인도하신 하나님은 그들에게 바로 아들을 임신하게 하셨다. 이것은 기적 중의 기적이요, 경사 중의 경사였다. 본문은 그 과정을 이렇게 묘사한다. "이에 보아스가 룻을 맞이하여 아내로 삼고 그에게 들어갔더니, 여호와께서 그에게 임신하게 하심으로 그가 아들을 낳은지라."

이 묘사에서 다섯 가지 과정을 찾아낼 수 있을 것이다. 첫째 과정은 "보아스가 룻을 맞이하여"이다. 보아스는 나오미가 살고 있는 미천한 집으로 갔을 것이다. 그리고 다소곳이 기다리고 있는 룻을 데리고 자신의 집으로 갔을 것이다. 물론 룻은 신부였지만, 신부다운 차림새나 화장이나, 치장도 못했을 것이다. 보아스는 그런 외적인 것에는 관심도 없었다. 그는 룻이라는 여자를 데려오는 것만으로도 기쁨이 넘쳤다.

둘째 과정은 "아내로 삼고"이다. 이것은 룻이 새로운 신분으로 격상되었다는 것을 뜻하기도 한다. 룻이 보아스에게 자신을 처음 소개한 신분은 "이방 여인"이었다(룻 2:10). 그 다음의 신분은 "하녀"였다(룻 2:13). 그리고 그 다음으로 자신을 소개한 신분은 "여종"이었다(룻 3:9). 그러나 이제는 보아스의 아내가 되었다. 룻도 당당한 이스라엘 민족의 일원이 되었고, 또 유력한 자의 부인이 되었던 것이다.

셋째 과정은 "그에게로 들어갔더니"이다. 이런 묘사는 두 가지 뜻을 가지고 있다. 먼저는 신부가 있는 방으로 들어갔다는 뜻이다. 그 다음으로 보아스는 부부가 된 표현으로 동침했다는 뜻이다.[151] 그들은 하나님의 말씀에 따라 부모를 떠나 연합하여 한 몸을 이룬 것이다(창 2:24).

그렇다! 그때까지 룻은 시어머니인 나오미와 밀착되어 있었지만, 이제는 보아스와 밀착되었다. 꿈도 꾸어보지 못했던 동침의 황홀함을 누리면서 말이다.

넷째 과정은 "여호와께서 그에게 임신하게 하심으로"이다. 물론 보아스와 룻이 동침했고, 자연스럽게 정자와 난자의 결합이 있었다. 그러나 그 결합만으로 자녀가 만들어지는 것은 아니다! 생명의 근원이신 여호와 하나님이 축복하고 역사하지 않으신다면, 인간의 노력은 허사일 뿐이다. 보아스와 룻의 경우, 하나님을 그처럼 의지한 두 사람을 그 하나님은 마음껏 축복하셔서 룻으로 하여금 임신하게 하셨다.

다섯째 과정은 "그가 아들을 낳은지라"이다. 이 묘사는 룻기 전체에서 클라이맥스이다. 어두움과 죽음의 그림자로 룻기는 시작된다. 그러나 그런 어두움과 죽음의 그림자가 새로 태어난 "아들" 때문에 빛과 생명으로 바뀌었다. 스러져갈 뻔했던 엘리멜렉과 말론의 가문이 소생하게 되었다. 비탄과 절망을 오락가락하던 나오미는 기쁨과 찬양으로 가득하게 되었다.[152)

2) 아들이 허락된 이유

엘리멜렉이 아내와 두 아들을 이끌고 모압으로 간 것은 큰 실수였다. 인간의 꾀가 만들어낸 실패작이었으며, 자신과 두 아들의 죽음을 재촉한 잘못된 결정이었다. 그러나 하나님은 엄중한 하나님이시지만, 동시에 긍휼의 하나님이시다. 그분은 "상한 갈대를 꺾지 않으시는 분"이시다(마 12:20). 하나님께서는 꺾기는커녕 오히려 돕고, 강하게 하고, 그래서 다시 일으켜 세우시는 분이시다. 나오미와 룻도 다시 일으켜 세움을 받은 상한 갈대였다.

그렇다면 왜 하나님은 엘리멜렉처럼 잘못한 가문을 다시 일으켜 세우시는가? 세우실 뿐만 아니라, 귀한 가문으로 만드시는가? 그 이유는 다음과 같다: 첫째 이유는 하나님은 낮아져서 겸손해진 사람을 귀하게 여기시기 때문이다. 나오미와 룻처럼 낮아지고 천해진 사람들을 통하여 큰일이 이루어진다면, 그것은 하나님이 개입하셨기 때문이다. "하나님의 능하신 손아래에서 겸손하라; 때가 되면 너희를 높이시리라"는 말씀대로 성취되는 것이다(벧전 5:6).

둘째 이유는 하나님이 나누어주신 기업의 보존 때문이다. 일찍이 이스라엘 백성에게 가나안 땅을 유업으로 주셨다. 그들은 각 지파의 숫자대로, 그리고 제비를 뽑아서 기업을 물려받았다(민 26:56). 그들은 그렇게 하나님이 주신 기업을 영원히 보존하지 않으면 안 되었다. 엘리멜렉도 그렇게 기업을 물려받았고, 또 영원히 보존해야 했다. 비록 그는 기업을 거의 잃었지만, 하나님의 원래 뜻대로 다시 회복시켜주셨다.

셋째 이유는 나오미의 결단을 하나님이 축복하셨기 때문이다. 나오미는 모든 것을 잃고 그동안 정들었던 모압을 떠나 유다 베들레헴으로 돌아오기로 결정했다(룻 1:6). 물론 이런 결정은 체면은 물론 생명을 건 것이었다. 나오미는 여행길에서 기진하여 죽을 수도 있었다. 베들레헴에 돌아와서 굶어죽을 수도 있었다. 그러나 그녀는 바위틈을 비집고 올라오는 씀바귀처럼 모든 체면을 무릅쓰고 다시 베들레헴으로 살아서 돌아왔다.

넷째 이유는 룻의 선대 때문이다. 룻은 죽은 자들에게도 선대를 베풀었다. 다시 말해서, 시아버지를 극진히 공대했고, 남편을 받들었다. 그들이 세상을 떠난 후에도 룻은 시어머니를 선대했다. 하나님은 이런 룻의 모든 행동을 아시고, 다시 선대로 갚아주셨다. 그렇지 않다면 보다 젊었을 때, 젊은 말론과 10년을 살면서 자녀를 낳지 못했던 룻이 어떻게 그렇게 보아스와는 쉽게 아들을 낳을 수 있었는가? 하나님의 선대임에 틀림없다.

다섯째 이유는 룻의 결단 때문이다. 룻이 고향인 모압을 떠나서 늙은 시어머니를 붙좇은 것은 쉽게 이해되지 않는 신비로운 결단이다. 고향보다는 타향을, 자기 백성보다는 다른 백성을, 부모형제보다는 나오미와 그 가문을 선택한 룻의 결단은 굉장하다. 그런데 그런 어려운 결단에는 모압의 신 그모스를 거부하고, 이스라엘의 신 여호와 하나님을 선택한 배경이 있었다. 하나님은 당신을 선택한 룻을 마음껏 축복하셨다.

3) 극명한 대조

하나님이 보아스와 룻에게 아들을 주신 사실은 굉장한 경사이다. 그런데 이처럼 엄청난 경사를 극대화하기 위하여 대조법이 사용되었다. 룻기는 이런 대조를 몇 가지로 보여주면서 하나님의 큰 손길을 느낄 수 있게 하여준다. 그뿐만이 아니라, 그런 하나님께 운명을 맡기는 사람들에게 주시는 축복과 결말도 엄청나다는 사실도 느끼게 하여준다. 룻기에서 다음과 같은 대조를 찾을 수 있다.

첫째 대조는 죽음과 생명이다. 룻기 1장은 6명의 이야기이다. 엘리멜렉, 나오미, 말론, 기룐, 룻, 오르바가 주인공이다. 그런데 이 6명 가운데 남자 3명은 모두 차례차례 죽었다. 남자가 가정을 책임지는 사회에서 남편을 잃은 3명의 여인들은 목숨이 붙어있었으나, 실제로는 죽은 자와 다를 바가 없었다. 그렇다! 룻기의 시작은 죽음이지만, 4장 13

절에서는 반전의 역사가 일어나는데, 곧 아들의 탄생이다.

둘째 대조는 떠남과 돌아옴이다. 룻기 1장에서 엘리멜렉은 유다(찬송) 베들레헴(떡의 집) 에브랏(비옥한 땅)을 떠났다. 얼마나 잘못된 떠남이었는가? 조상들이 정착한 유다 땅, 풍성한 삶을 누리던 비옥한 땅을 그는 떠났다. 그러나 극명하게 대조되는 것은 나오미가 돌아왔다는 사실이다. 비록 나오미는 모든 것을 잃었지만, 하나님을 의지하면서 돌아왔다. 그때부터 하나님은 나오미를 은혜로 인도하기 시작하셨다.

셋째 대조는 가문의 소멸과 회복이다. 엘리멜렉은 하나님이 유산으로 주신 땅을 떠났을 때, 그 가문은 거의 소멸될 뻔했다. 가문이 소멸되면 물론 그의 땅도 다른 사람의 차지가 될 것이다. 그러나 하나님의 은혜로, 그리고 룻의 결단으로, 그 가문은 서서히 회복되기 시작했다. 그런데 그 가문이 회복될 수 있는 방법은 단 하나뿐인데, 그것은 룻이 기업 무를 자에게 시집가서 아들을 낳아야 한다. 그런데 바로 그런 일이 일어났다!

넷째 대조는 시간이다. 엘리멜렉의 가문이 스러져가는 데는 10여 년이 걸렸다. 엘리멜렉이 모압으로 갔다가 죽었고, 두 아들은 결혼생활 10년 만에 죽었다. 그러니까 그 가문이 소멸 직전까지 이르는 데는 적어도 10여 년이 걸렸다. 그러나 보아스와 룻이 결혼하고 아들을 낳기까지는 단 10개월밖에 걸리지 않았다. 이런 것이 바로 하나님의 방법이다. 죄의 대가는 엄격하지만, 돌아온 나오미와 룻을 하나님은 즉각적으로 축복하셨다.

다섯째 대조는 룻기의 구절 수이다. 나오미와 룻이 온갖 고생을 다 한 이야기를 기록한 구절은 자그마치 75구절이다: 1장-22구절, 2장-23구절, 3장-18구절, 4장-12구절. 그러나 보아스와 룻이 결혼하여 아들을 낳는 내용은 단 한 구절이다(룻 4:13). 그 한 구절을 이루는 단어의 수는 겨우 15개이다. 엘리멜렉 가정의 타락과 회복의 과정은 길지만, 하나님의 축복과 역사는 단숨에 이루어진다. 마침내 룻은 아들을 낳았다!

3. 꼬리말

마침내 보아스와 룻은 결혼했고, 그리고 하나님은 그들에게 아들을 주셨다. 이런 축복을 통하여 나오미의 소원--룻이 재혼하여 안식을 이루는 소원--도 이루어졌다(룻 1:9). 룻의 간절한 소망, 곧 보아스와의 결합이라는 소망도 이루어졌다(룻 3:9). 그뿐만이 아니라, 보아스는 인내하며 기다리다가 마침내 룻을 아내로 맞아들였는데, 그것은 바로 보아스의 꿈이었다(룻 3:11). 그리고 이 세 사람 모두가 바랐던 아들도 낳았다.

왜 아들이 이 세 사람의 소원이었는가? 그 아들을 통하여 엘리멜렉의 가문이 대를 이을 수가 있기 때문이다. 룻에게는 얼마나 자랑스럽고 고마운 아들인가? 보아스는 얼마나 듬직한 아들을 두게 되었는가? 나오미에게는 얼마나 기쁨이 되는 아들인가? 룻 한 사람의 결단과 신앙이 시어머니인 나오미는 물론 노총각이었던 보아스에게 큰 선물이 되었고, 유다 베들레헴 사람들에게는 큰 경사가 되었다.

13 "여인들의 축복"

"여인들이 나오미에게 이르되 찬송할지로다 여호와께서 오늘 네게 기업 무를 자가 없게 하지 아니하셨도다 이 아이의 이름이 이스라엘 중에 유명하게 되기를 원하노라 이는 네 생명의 회복자이며 네 노년의 봉양자라 곧 너를 사랑하며 일곱 아들보다 귀한 네 며느리가 낳은 자로다 하니라" (룻기 4:14-15)

1. 머리말

베들레헴의 여인들이 다시 나타났다. 이 여인들이 처음 나타났을 때는 나오미가 룻을 데리고 베들레헴으로 막 돌아왔을 때였다. 그들은 나오미에게 이렇게 떠들썩하면서 맞아주었다. "이 이가 나오미냐?"(룻 1:19).[153] 나오미가 유다 베들레헴을 떠나 모압에서 모든 것을 잃고 돌아온 것은 십 수 년이 지나서였다. 그렇게 오랜 세월이 흘렀는데도 나오미를 알아보고 이렇게 말한 사람들은 나오미와 같은 시대의 사람들임에 틀림없다.

거기다가 나오미의 모습은 말할 수가 없이 찌그러져 있었다. 남편을 잃은 슬픔, 두 아들을 차례로 떠나보낸 아픔, 그래도 자리를 잡게 된 모압 땅을 떠나는 서글픔, 며느리 하나와 이별해야 되는 쓰라림, 거기다가 모압에서 유다 베들레헴까지 돌아오는 험난한 고생길--이런 모든 것은 나오미를 찌그러트려 놓았다. 그럼에도 불구하고 베들레헴 여인들은 나오미를 즉시 알아보고 맞아주었다. 틀림없이 나오미와 가까운 사람들이었을 것이다.

비록 베들레헴 여인들이 찌그러져서 빈손으로 돌아온 나오미를 맞았지만, 일 년밖에 지나지 않았는데도 그들은 나오미를 축복해 주고 있었다. 그들은 그처럼 짧은 기간에 하나님의 손길이 나오미에게 임한 사실을 두 눈으로 똑똑히 보았다. 먹거리의 문제조차 해결할 수 없었던 나오미가 그의 며느리 룻을 통하여 아들까지도 얻게 된 기적을 보았다. 이런 기적은 여호와 하나님의 손길이 없었다면 결코 가능하지 않은 것이었다.

2. 몸말

베들레헴 여인들은 나오미가 어려울 때, 그녀와 함께 했다. 뿐만 아니라, 그들은 나오미가 하나님의 축복을 받는 것을 보면서 함께 기뻐했다. 그들은 "즐거워하는 자들과 함께 즐거워하고, 우는 자들과 함께 우는" 훌륭한 마음을 소유한 여인들이었다(롬 12:15). 그들의 관심의 대상은 그들과 같은 시대에 사는 나오미였지, 룻이 아니었다. 그런 이유 때문에 그들은 집중적으로 나오미에 대하여 언급하면서 축복했다.

베들레헴 여인들은 나오미에게 무엇을 축복해 주었는가? 나오미의 며느리 룻을 통하여 안겨준 아이가 "이스라엘 중에 유명하게 되기를" 축원했다. 그 아이의 아버지 보아스는 *베들레헴에서* 유명한 자이나, 그 아이는 *이스라엘*에서 유명해지기를 빌어주었다. 그들의 축원이 문자 그대로 이루어진 것은 두말할 필요도 없다. 그러면서 이 여인들은 이 아이가 나오미에게 다음의 세 가지 역할을 감당하게 된 사실을 축복해 주었다.

1) "기업 무를 자"

여인들이 제일 먼저 축복해 준 것은 여호와가 나오미에게 "기업 무를 자"를 허락하셨다는 것이다. "기업 무를 자," 곧 고엘은 룻기의 바탕이 된다. 그런 이유 때문에 룻기 3장~4장에는 "기업 무를 자"가 12번 나온다(룻 3:9, 3:12-2회, 3:13-4회, 4:1, 4:3, 4:6, 4:8, 4:14). 그런데 보아스와 룻의 결혼으로 태어난 아들이 "기업 무를 자"라는 사실을 인정한 것도 베들레헴의 여인들이었다.

이스라엘 백성에게 기업은 말할 수 없이 중요한데, 그 이유는 하나님이 주셨기 때문이다. 그런데 엘리멜렉이 그의 기업을 두고 모압으로 간 것은 크게 잘못된 결정이었다. 그는 그곳에서 유다 베들레헴에 있는 기업을 아들들에게 물려주고 죽었다. 그러나 불행하게도 아들들도 죽었다. 엘리멜렉의 기업은 공중에 떠있는 구름처럼, 누구의 소유지가 될는지 아무도 예측할 수 없었다.

그런데, 갑자기 "기업 무를 자"가 둘씩이나 나타났다. "아무개"라고 불리는 사람은 "땅"에 관심이 있었으나, 보아스는 "사람," 곧 룻에게 관심이 있었다. 그뿐만이 아니라, 보아스는 친족인 엘리멜렉의 기업이 엘리멜렉의 이름으로 보존되기를 원했다. 이처럼 두 가지 소원--룻과 엘리멜렉의 가문의 존속--때문에 기업의 원소유자이신 여호와 하나님은 보아스의 손을 들어주셨다. 마침내 보아스는 룻과 땅을 다 차지하게 되었다.

본래 엘리멜렉의 기업의 소유자였던 세 남자 엘리멜렉과 말론과 기론은 죽었다. 그런데 하나님은 "기업 무를 자"를 셋이나 숨겨두고 있었다. 물론 두 사람은 "아무개"와 보아스이다. 또 한 사람은 도대체 누구인가? 그는 보아스와 룻의 결합으로 태어난 아들, 곧 오벳이었다. 불현듯 나타난 오벳은 엘리멜렉의 가문을 잇는 새로운 "기업 무를 자"가 되었다. 엘리멜렉의 대를 이어갈 말론 대신에 오벳이 그 역할을 감당하게 되었다.

물론 엘리멜렉이 죽자 그의 큰 아들 말론, 곧 룻의 남편이 "기업을 무를 자"가 되었다. 그러나 말론도 죽자 여호와 하나님이 주신 새로운 "기업 무를 자"는 룻의 아들이었다. 얼마나 신비한 방법인가? 룻의 남편인 말론이 아니라, 룻의 아들인 오벳이 "기업 무를 자"가 되다니! 그것도 말론을 아버지로 태어난 것이 아니라, 보아스를 아버지로 태어난 아들이 엘리멜렉의 가문을 이어갈 "기업 무를 자"가 되었다.

이렇게 신비로운 방법으로 "기업 무를 자"가 된 나오미의 "손자"는 나오미가 팔려고 내놓은 소유지를 되돌리게 하는 역할을 감당했다. 그런 역할을 통하여 오벳은 나오미의 남편 엘리멜렉의 기업을 엘리멜렉의 이름으로 존속하게 했다. 그뿐인가? 그 손자는 나오미의 빈곤의 문제도 해결해주는 열쇠가 되었다. 그는 나오미에게 잃었던 "기쁨"도 되찾게 해주었다. 오벳은 진정으로 나오미의 "기업 무를 자"였다.

2) "회복자"

베들레헴의 여인들이 그 다음으로 나오미를 축복해준 것은 "이는 네 생명의 회복자이며"이다. 여기에서 "이는" 두말할 필요도 없이 룻의 아들 오벳을 말한다. 다시 말해서, "기업 무를 자"인 오벳은 동시에 나오미에게 "생명의 회복자"라는 것이다. 이런 표현을 뒤집어보면 나오미는 생명도 없는 죽은 자와 같았다는 말이다. 물론 나오미는 죽지 않았다. 그러나 비록 목숨은 유지했으나, 모든 면에서 죽은 자와 다를 바 없었다.

나오미에게 양식의 공급이 있었는가? 룻이 주워온 이삭을 제외하고는 말이다. 나오미에게 땅이 남았는가? 이미 팔려고 내놓았으니 말이다. 나오미에게 가문을 이어줄 남편이나 아들이 있는가? 그들은 이미 이 세상 사람들이 아니니 말이다. 나오미에게 기력이라도 남았는가? 이제는 이삭조차도 주울 수 없는 늙은이에 지나지 않으니 말이다. 나오미는 젊은 며느리를 의지해서 생명을 부지하는, 문자 그대로 죽은 자와 다를 바가 없었다.

그런데 며느리인 룻이 아들을 낳음으로써 나오미는 생명을 회복하게 되었다. 다시 말해서, 나오미는 이제부터 굶주릴 필요가 없게 되었다. 굶주림을 피할 수 있게 해주는 양식은 문자 그대로 생명의 회복자이다. "회복"이라는 단어를 같은 뜻으로 사용한 말씀을 보겠다. "내가 내 사랑하는 자들을 불렀으나 그들은 나를 속였으며, 나의 제사장들과 장로들은 그들의 목숨을 *회복시킬* 그들의 양식을 구하다가 성 가운데에서 기절하였도다"(애 1:19).[154]

나오미는 오벳을 통하여 굶주림에서 해방되었을 뿐만 아니라, 한발 더 나아가서 운명도 완전히 바뀌었다. 나오미는 일찍이 그를 맞아주는 성읍 사람들에게 이렇게 고백을 한 적이 있었다, "내가 풍족하게 나갔더니 여호와께서 내게 비어 돌아오게 하셨느니라. 여호와께서 나를 징벌하셨고 전능자가 나를 괴롭게 하셨거늘, 너희가 어찌 나를 나오미라 부르느냐?"(룻 1:21).

그렇다! 나오미의 운명은 날개 없는 추락이었다. 그러나 오벳의 탄생은 나오미의 인생을 180도 바꾸었다. 그녀는 다시 풍족한 삶을 영위하게 되었다. 그녀는 그녀의 이름이 뜻하는 대로, 다시 "여호와의 기쁨"을 누리게 되었다. 얼마 만에 맛보는 기쁨인가? 유다 베들레헴을 떠나면서부터 잃었던 기쁨, 낯선 외지에서 맛보지 못한 기쁨, 남편과 아들들을 잃으면서 동시에 그녀를 떠났던 기쁨을 이제 되찾았다.

그뿐만이 아니다! 나오미는 목자 되신 여호와가 그녀의 영혼을 소생시켜주시는 은총을 룻의 아들인 오벳을 통하여 맛보게 된 것이다(시 23:3). 그러니까 여호와 하나님은 오벳을 통하여 그녀의 육신적인 필요도 채워주시고, 정신적인 기쁨도 회복시켜주시고, 한발 더 나아가서 영혼을 소생시켜 주셨다. 그녀는 참으로 오랜만에 회복을 경험했다. 과연 여인들이 오벳을 나오미의 "회복자"라고 부른 것은 너무나 당연하다.

3) "봉양자"

베들레헴 여인들이 나오미를 축복해준 세 번째의 내용은 이렇다, "네 노년의 봉양자라!" 룻기는 나오미가 늙었다는 사실을 "네 노년"이라고 하면서 분명히 묘사한다. "노년"의 장점도 많은데, 그 중에는 지혜와 경험이다. 그런 이유 때문에 젊은이는 노인을 공경하며 또 그 앞에서 일어나서 예를 표해야 한다는 성경말씀이다. "너는 센 머리 앞에서 일어서고, 노인의 얼굴을 공경하며, 네 하나님을 경외하라; 나는 여호와이니라"(레 19:32).

그러나, 동시에 "노년"은 기운도 빠지고, 눈도 침침해지며, 각종 질병이 찾아오는 시기이다. 그리고 죽음을 가까이 두고 있는 절망의 시기이기도 하다. 거기에다가 나오미 같은 과부는 그 처지가 말할 수 없이 곤란하다. 특히 남자가 주관하는 시대와 지역에서 나오미가 설 곳은 거의 없다. 그런 늙은 나오미에게 잠시는 룻이 봉양했지만, 너무나 한계가 많은 "봉양자"였다.

그런데 룻의 아들인 오벳이 늙은 나오미의 "봉양자"가 되었다. 오벳은 "봉양자"가 되어서 무엇을 늙은 나오미에게 공급한단 말인가? 나오미에게 가장 필요한 것들, 곧 다음과 같은 세 가지이다: 양식과 용기와 처소. 위에서 이미 언급했지만, 오벳은 나오미에게 양식을 채워드리는 "봉양자"가 되었다. 이것은 특히 룻기에서는 중요하다. 왜냐하면 1장에서 기근을 피하여 모압으로 갔기 때문이다.

모압에서의 삶은 문자 그대로 기근의 연속이었다. 양식의 기근은 물론 정신적 기근에 시달렸다. 2장에서는 기근을 모면하기 위하여 룻이 밭에 나가서 이삭을 주웠다. 그렇게 주워온 이삭으로 끼니를 때우는 나오미의 마음은 얼마나 애절했겠는가? 그야말로 양식의 기근과 마음의 기근을 안고 살았다. 그나마도 추수가 끝나자 주울 이삭도 없어졌다. 3장에서 끝없이 밀려오는 기근을 피하고자 나오미는 룻에게 보아스를 만나게 했다.

그런데, 마침내 오벳의 탄생으로 기근의 문제가 완전히 물러갔다. 왜냐하면 오벳이 늙은 나오미의 "봉양자"가 되었기 때문이다. 오벳은 이렇게 육신을 위한 양식만을 제공한 것이 아니었다. 그의 탄생과 존재 자체가 나오미에게는 든든한 마음의 지주가 되었다. 그렇다! 오벳은 정신적으로도 나오미에게 큰 "봉양자"가 되어, 나오미의 여생을 평안하게 해주었다. 오벳은 나오미에게 용기도 준 셈이다.

마지막으로, 늙은 나오미의 처소 문제도 적잖은 것이었다. 나오미와 룻이 유다 베들레헴으로 돌아와서 어디에 기거했는지 알 수는 없지만, 쉽게 추측할 수 있다. 버려진 집이나, 아니면 거적으로 얼기설기 엮은 것이었을 지도 모른다. 그러나 그 주거 문제도 해결되었다. 나오미는 며느리인 룻을 따라 보아스의 집으로 옮겨갔다. 전에 비하면 대궐 같은 집이다. 그곳에서 나오미는 여생을 평안히 지냈다.

3. 꼬리말

베들레헴 여인들의 결론은 다시 룻이다. "너를 사랑하며 일곱 아들보다 귀한 네 며느리가 낳은 자로다!" 룻만큼 시어머니를 사랑한 며느리가 또 있을까? 시어머니를 위하여 부모와 친정을 다 버린 룻, 시어머니를 위하여 허구한 날 이삭을 주운 룻, 시어머니를 위하여 목욕하고 치장하고 보아스에게 접근한 룻, 시어머니 가문의 대를 잇기 위하여 다 바친 룻! 이처럼 시어머니를 사랑한 며느리는 없을 것이다.

그렇다! 룻은 "일곱 아들보다 귀한 며느리"이다. 나오미의 아들들은 무엇을 했는가? 눈물과 슬픔만을 안겨주고 갔다. 그럼 왜 두 아들이라고 하지 않고 일곱 아들이라고 했는가? "일곱"은 이상적인 숫자이자, 하나님의 숫자이다. 그러니까 룻은 나오미에게 이상적인 아들들보다 훌륭하다. 또한 하나님이 허락하신 며느리라는 뜻이며, 하나님이 룻의 숭고한 마음을 받으셔서 사용하신 하나님의 도구라는 뜻이다.

14 "오벳"

"나오미가 아기를 받아 품에 품고 그의 양육자가 되니 그의 이웃 여인들이 그에게 이름을 지어 주되 나오미에게 아들이 태어났다 하여 그의 이름을 오벳이라 하였는데 그는 다윗의 아버지인 이새의 아버지였더라" (룻기 4:16-17)

1. 머리말

마침내 나오미는 룻을 통하여 태어난 아들을 품에 품게 되었다. 왜 룻이 낳은 아들을 시어머니인 나오미가 품에 품었는가? 그 이유는 지금까지 몇 번 소개한 바와 같이 계대결혼 때문이다. 나오미는 엘리멜렉 가문의 혈통을 물려받지 않았기 때문에 남편의 기업을 물려받을 수 없다. 룻도 마찬가지이다! 비록 현재는 두 여인이 소유지를 관할하지만, 결국 그 기업은 다른 사람의 소유가 될 것이다.

그런 절박한 상태에서 보아스는 근족으로서 엘리멜렉의 가문을 이어 주기 위하여 룻을 아내로 맞았다. 그리고 하나님의 축복으로 보아스와 룻은 아들을 낳았다. 이제 그 아들은 약속대로 엘리멜렉의 기업을 이어가게 되었다. 그 아들은 모압에서 죽은 두 아들을 대신하여 엘리멜렉의 가문을 이어간다. 그러니까 비록 룻이 아들을 낳았지만, 그 아들은 나오미의 친아들처럼 엘리멜렉의 가계를 이어갈 것이다.

그런 이유 때문에 나오미는 아기를 품에 품었다고 했다. 원래는 룻이 나오미의 친아들인 말론과 결합하여 아들이 태어나면, 그가 기업을 물려받게 되어 있었다. 그러나 그들은 십여 년을 같이 살면서 자식을 낳지 못했다. 설상가상으로 기업을 물려받을 말론이 일찍 죽었다. 그것도 타향살이를 하던 모압 땅에서 죽었다. 그런데 말론의 아내였던 룻이 보아스와 결합하여 아들을 낳은 것이다.

2. 몸말

이미 언급한 대로, 이것은 하나님의 역사라고 밖에 말할 수 없다. 어떻게 젊은 말론은 아들을 생산하지 못했는데, 늙은 보아스는 아들을 생산했는가? 두말할 필요도 없이 하나님의 개입이었다. 그러면 왜 이번에는 하나님이 개입하셨는가? 한 가지 이유를 든다면, 보아스와 룻의 결혼을 위하여 많은 사람들이 축복기도를 해주었기 때문이다. 룻이 말론과 모압에서 결혼할 때와는 사뭇 다른 결혼이었다.

베들레헴의 성문에 있는 모든 백성과 10명의 장로들이 기도해준 내용을 다시 보겠다. "여호와께서 네 집에 들어가는 여인으로 이스라엘의 집을 세운 라헬과 레아 두 사람과 같게 하시고…여호와께서 이 젊은 여자로 말미암아 네게 상속자를 주사 네 집이 다말이 유다에게 낳아준 베레스의 집과 같게 하시기를 원하노라"(룻 4:11-12). 문자 그대로, 베들레헴에 사는 모든 사람의 축복과 기도의 응답으로 보아스와 룻은 그렇게 빨리 아들을 낳았던 것이다.

1) 하나님의 역사

그렇다! 보아스와 룻이 아들을 낳은 것은 하나님의 역사와 개입 때문이었다. 그런 사실을 강조하는 묘사를 다시 인용하겠다. "여호와께서 그에게 임신하게 하시므로 그가 아들을 낳은지라"(룻 4:13). 이 묘사에서 "여호와"라는 칭호에 주목하기 바란다. "여호와"는 유다 베들레헴 사람들이 즐겨 부른 하나님의 칭호이다. 그렇지 않다면 룻기 전체에서 하나님이란 칭호 대신에 줄곧 "여호와"라는 하나님의 이름이 사용되지 않았을 것이다.

룻기라는 드라마는 몇 사람의 주인공과 많은 사람들이 조연 배우로 이루어졌다. 처음 등장하는 엘리멜렉과 나오미, 그들의 두 아들, 다음으로 등장하는 그 아들들의 아내들, 그리고 마지막으로 등장하는 보아스가 주인공이다. 그런데 좀 더 자세히 룻기를 들여다보면, 보이지 않는 또 하나의 주인공이 있다. 그분은 바로 "여호와"이시다. 유다 베들레헴 사람들의 희로애락에도 함께 하시고, 그 가운데서 그들을 인도하시는 "여호와"이시다.

엘리멜렉이 가정을 이끌고 모압으로 간 것은 여호와의 허용적인 뜻 가운데 이루어졌다. 여호와께는 절대적인 뜻도 있다. 그분의 절대적인 뜻은 아무도 꺾을 수가 없다. 예를 들면, 사사들이 치리하던 때에 유다 베들레헴에 흉년이 든 것은 하나님의 절대적인 뜻이다. 아무도 그 흉년을 막거나 저항할 수 없다. 그러나 엘리멜렉이 가족들을 모압으로 데리고 간 것은 그가 결정하고 또 책임을 져야하는 허용적인 뜻 안에서 이루어졌다.[155]

나오미가 모압을 떠나 베들레헴으로 돌아오기로 작정한 것도 여호와의 허용적인 뜻 가운데서 이루어졌다. 그러나 나오미는 그 여호와를 붙잡고 돌아왔다. 그런 이유 때문에 나오미가 돌아오는 장면을 묘사한 1장에서 "여호와"라는 칭호가 7번 나온다(룻 1:6, 8, 9, 13, 17, 21-2번). 그리고 그 여호와는 "전능자"라고도 고백되었다(룻 1:20). 반면, 룻은 "여호와"라고 부르지 못하고, "하나님"이라고 불렀다(룻 1:16).

그 이유는 무엇인가? 비록 룻은 시어머니의 하나님을 받아들였지만, 아직은 그 하나님이 그녀의 일거수일투족, 곧 그녀의 손길과 발길을 구체적으로 인도하시는 "여호와"를 경험하지 못했기 때문이다. 그러므로 "어머니의 하나님이 나의 하나님이 되시리니"라고 하면서, "하나님"이라고 불렀다(룻 1:16). 그러나 나오미는 달랐다! 비록 그녀가 인생의 구렁텅이에 빠졌지만, 그녀를 버리지 않으신 "여호와"를 의지했다.

나오미만 "여호와"를 붙잡지 않았다. 2장에서 보아스도 "여호와"의 이름으로 인사를 나누는데, "여호와"는 4번 나온다(룻 2:4, 12). 3장에서 보아스는 "여호와"의 이름으로 룻을 칭찬하면서 약속한다(룻 3:10, 13). 4장에서 베들레헴의 백성과 장로들 및 여인들도 "여호와"의 이름으로 보아스를 축복했고(룻 4:11, 12, 14), 그 "여호와"가 보아스와 룻에게 아들을 주셨다(룻 4:13). 결국, 룻기에서 보이지 않는 진정한 주인공은 "여호와"이시다![156)

2) 나오미의 아들

룻이 낳은 아들 때문에 여러 사람의 운명이 바뀌었다. 우선 보아스를 보라. 그는 베들레헴에서 유력한 자로, 재산과 신앙을 동시에 갖춘 사람이었다. 그러나 그에게는 그의 재산과 가문의 전통을 물려줄 아들이 없었다. 그런데 오벳의 탄생으로 보아스는 더 이상 모든 재산을 다른 사람에게 넘겨줄 필요도 없어졌고, 가문의 신앙 전통도 스러질 이유도 없어졌다. 얼마나 뿌듯한 여생을 살았겠는가?

그 다음, 룻의 운명은 어떻게 변화되었는가? 룻은 유대인들로부터 천대와 멸시를 받던 모압 여인이었다. 그러나 보아스의 아들을 낳아줌으로써 더 이상 천대를 받지 않게 되었다. 그뿐만이 아니라, 그녀는 라헬과 레아가 이스라엘의 집을 세운 것처럼, 보아스의 집을 세웠다. 한발 더 나아가서, 다말이 쓰러질 뻔했던 유다의 가문을 이어준 것처럼, 유다의 가계가 쓰러지지 않고 다윗에게까지 이어준 도구가 되었다.

마지막으로, 나오미의 운명은 어떻게 변화되었는가? 그녀의 운명은 보아스나 룻보다도 훨씬 더 크게 변화되었다. 나오미는 엘리멜렉에게 시집을 와서 그 가문을 세상에서 사라지게 한 장본인이 되었다는 서러운 별명으로 불릴 필요가 없게 되었다. 가문을 이어갈 자식 없는 늙은 과부에서 가문을 이어갈 자식을 가진 당당한 여자가 되었다. 그녀가 지고 살던 모든 수치가 단번에 물러가버렸다.

그뿐만이 아니다! 룻이 낳은 이 아들, 오벳을 통하여 그 가문은 너무나 위대해졌다. 엘리멜렉과는 정반대로, 끊임없이 위로 치솟는 엄청난 가문이 되었다. 그런데 그 시발점은 바로 나오미였다. 만일 나오미가 모압에서 돌아오지 않았다면, 만일 나오미가 룻의 동행을 끝까지 거절했다면, 절대로 일어나지 않았을 것이다. 그 아들로 인하여 나오미는 그처럼 존귀한 가문을 일으킨 영광스러운 자리에 들어가게 되었다.[157]

나오미는 그 아들을 가슴에 품었다. 이런 행위는 생모가 아들을 가슴에 품고 젖을 먹이는 모습을 상기시킨다. 물론 나오미가 젖을 준 것은 아니었지만, 그래도 생모 이상의 사랑과 온유함으로 그 아이를 가슴에 품었다. 그 순간 나오미의 눈에서는 감사와 기쁨의 눈물이 흘렀을 것이다. 그처럼 오랫동안 감수했던 모든 고난이 끝나는 순간이요, 환한 미래에 대한 기대감에 가득찬 눈물이었을 것이다.

나오미는 "그의 양육자가 되었다." "양육자"라는 표현은 인간관계에서 양면적인 뜻을 함축한다. 물론 나오미는 어린아이를 양육했다. 그러나 동시에 그 아이는 어떤 의미에서는 나오미를 "양육했던" 것이다. 어떻게 어린아이가 할머니를 양육할 수 있는가? 어린아이가 나오미에게 매일 공급하는 기쁨, 평안, 사랑 등은 어쩌면 할머니가 주는 육신적·정신적 공급보다 훨씬 컸을 것이다. 나오미와 오벳은 서로 양육하고 또 양육받았다.

3) 오벳

룻이 낳은 아들의 이름은 오벳이다. 그런데 이상한 일이 벌어졌다. 오벳의 이름을 아버지인 보아스나 어머니인 룻이 지어주지 않고, 이웃 여인들이 지어주었다. 이웃의 여인들이 이름을 지어준 것은 지금까지 이스라엘의 역사에서 단 한 번도 없었다. 뿐만 아니라, 오벳의 부모는 물론 할머니이자 어머니인 나오미도 그 이름을 받아들였다. 그렇지 않다면 그 아이가 그 이름으로 불렀을 리가 없지 않는가?

그렇다면 이웃 여인들이 이름을 지어준 이유는 무엇인가? 두 가지 이유를 찾아볼 수 있을 터인데, 하나는 오벳의 탄생이 더 이상 보아스와 룻의 경사만이 아니었기 때문이다. 오벳의 탄생은 유다 베들레헴 전체의 경사였다. 많은 사람들이 룻에게서 이스라엘의 집을 세울 아들을 기원했고, 나오미의 아들을 기원했다. 그들의 기원대로 아들이 태어났

다. 그러므로, 이웃 여인들이 그들의 아들처럼 기쁨으로 이름을 지어주었다. [158]

또 다른 이유는 오벳이라는 이름이 지닌 뜻에서 찾을 수 있다. 오벳은 "섬기는 자," 또는 "종"의 뜻이 있다. [159] 그런데 일찍이 이 여인들이 나오미를 축복해줄 때, 그 아들에 대하여 이런 말도 들어있었다. "이는 네 생명의 회복자이며 네 노년의 봉양자라"(룻 4:15). 그들은 왜 그렇게 축복해 주었는가? 나오미는 늙은 과부로서 젊은 아들의 봉양이 절대로 필요했다. 그녀의 여생에 그녀를 봉양해줄 아들이 되어달라고 축복했다.

이웃 여인들은 오벳이 나오미를 섬기며 봉양하기를 바랐다. 그렇지 않으면 나오미의 장래는 너무나 암울하기 때문이다. 그들은 오벳이 종처럼 나오미의 여생을 책임지고 받들면서 봉양하기를 원했다. 그들은 그런 뜻을 가장 잘 함축하는 이름을 짓기 원했다. 그런 까닭에 이웃 여인들은 그 아들을 "종" 또는 "섬기는 자"란 뜻을 가진 이름인 오벳이라고 지었다. 그리고 그런 뜻을 보아스와 룻도 받아들였다. [160]

이웃 여인들이 지은 그 이름을 나오미가 받아들인 이유도 없잖아 있었다. 나오미는 엘리멜렉에게 시집을 왔다. 그런데 엘리멜렉의 뜻은 "나의 하나님이 왕이시다"이다. 그의 이름대로 엘리멜렉은 하나님을 왕으로 모시면서 살았는가? 아니다! 그의 이름과 달리 그의 왕은 자신이었다. 그는 자신의 방법으로 기근을 피하려고 모압으로 갔다. 그 결과 그 가문은 거의 쓰러질 뻔했다.

나오미는 남편과 아들들을 잃고 많은 역경에 처하게 되었다. 그런 역경 때문에 나오미는 낮아졌다. 그녀는 여호와 하나님만을 바라고 고향으로 돌아왔다. 하나님은 역경을 바꾸어 오벳을 선물로 주셨다. 나오미는 "종"의 뜻인 오벳을 그녀의 품에 안았다. 육체적으로 오벳을 안았을 뿐만 아니라, 마음으로도 안았다. 오벳을 위로 하나님의 종으로, 그리고 아래로 사람의 종이 되기를 바라는 마음으로 안았다.[161]

3. 꼬리말

오벳은 이새를 통하여 다윗을 손자로 두었다. 마침내 다윗을 통하여 그 가문은 유명해졌다. 성문에 모여 있던 사람들과 장로들의 기원――"네가 에브랏에서 유력하고 베들레헴에서 유명하게 하시기를 원하며"――라는 말씀이 문자 그대로 이루어졌다(룻 4:11). 그들의 기원은 단순한 기원을 넘어 예언이 되었다. 보아스와 룻과 오벳은 이스라엘에서 가장 저명한 가문을 이룬 다윗의 조상이 되었다.[162]

그뿐만이 아니다! 여인들의 찬송도 역시 예언이 되었다. 그들의 찬송 중에 이런 내용이 포함되어 있었다.――"이 아이의 이름이 이스라엘 중에 유명하게 되기를 원하노라"(룻 4:14). 그렇다! 하나님은 그들의 찬송조차도 들어주셨다. 비록 무기력한 두 과부였지만, 그들을 통하여서 큰 일을 이루시는 하나님은 참으로 위대하시다. 인간이 허물었던 가문을 하나님이 다시 일으키셨을 뿐만 아니라, 위대한 가문으로 세우셨다.

15 "미천한 사람들"

"베레스의 계보는 이러하니라 베레스는 헤스론을 낳고 헤스론은 람을 낳았고 람은 암미나답을 낳았고 암미나답은 나손을 낳았고 나손은 살몬을 낳았고 살몬은 보아스를 낳았고 보아스는 오벳을 낳았고 오벳은 이새를 낳고 이새는 다윗을 낳았더라" (룻기 4:18-22)

1. 머리말

룻기는 사사시대에 일어났던 이야기이다. 사사들이 통치하던 그 시대의 특징은 한 마디로 말해서 혼돈 그 자체였다. 그런 이유 때문에 사사기는 이런 말씀으로 끝을 맺는다: "그 때에 이스라엘에 왕이 없음으로 사람이 각기 자기의 소견에 옳은 대로 행하였더라"(삿21:25). 그 시대의 이스라엘은 평안과 안정이 필요했다. 그 평안과 안정을 이스라엘에게 가져온 사람은 오벳의 손자 다윗이었는데, 그는 베레스의 10대손이다.

그런데 10대손으로 평안과 위로를 가져온 또 다른 사람이 있는데, 그는 노아였다(창5:4-32). 노아는 아담의 10대손이었는데, 그의 시대는 죄악으로 가득했다. 죄악이 너무나 심각하여 하나님은 세상을 물로 심판하실 수밖에 없었다. 그러나 노아는 당대의 의인으로 하나님의 심판을 면했을 뿐만 아니라(창6:9), 그를 통하여 새롭게 인류가 시작되었다.

노아가 새로운 시대를 연 것처럼, 다윗도 새로운 시대를 열었다.

새로운 시대를 연 사람이 또 있는데, 그는 아브라함이다. 그는 노아의 아들인 셈의 10대 손이었는데(창 11:10-27), 그 당시의 사람들은 그들의 이름을 높이고 세상에 흩어짐을 방지하기 위하여 바벨탑을 쌓았다. 하나님은 그들의 언어를 혼잡하게 하셨을 뿐만 아니라, 그들을 온 지면으로 흩으셨다(창 11:9). 그런 심판 가운데서도 하나님은 아브라함을 부르시고 그를 통하여 새로운 시대를 여셨다.

2. 몸말

롯기의 저자는 이처럼 10대손이 새로운 시대를 열어가는 사람이라는 사실을 넌지시 알리기 위하여, 10대의 족보로 롯기를 마친다.[163] 그러니까 베레스의 10대손 다윗은 혼돈의 이스라엘을 평강의 나라로 바꾸었을 뿐만 아니라, 그 나라를 강대국으로 만들었다. 이런 사실은 인간적으로 볼 때, 기적이라고밖에 볼 수 없다. 왜 기적인가? 롯기 마지막에 제시된 족보를 자세히 살펴보면 그 이유를 쉽게 발견할 수 있다.

롯기에 기록된 10대의 족보는 마태에 의하여 그대로 옮겨진다. 한 가지 다른 것이 있다면 그 사이사이에 생모들을 추가한 것이다. 그 족보를 보겠다: "유다는 *다말*에게서 베레스와 세라를 낳고, 베레스는 헤스론을 낳고, 헤스론은 람을 낳고, 람은 아미나답을 낳고, 아미나답은 나손을 낳고, 나손은 살몬을 낳고, 살몬은 *라합*에게서 보아스를 낳고, 보아스는 *룻*에게서 오벳을 낳고, 오벳은 이새를 낳고, 이새는 다윗 왕을 낳으니라"(마 1:3-6).

1) 베레스

베레스로부터 시작된 이 족보에서 특히 눈에 띄는 미천한 사람 셋이 있는데, 그 중 첫 번째 사람이 바로 베레스이다. 왜 베레스는 미천한 사람인가? 그 이유는 그의 부모 때문이다. 베레스의 생부와 생모의 관계를 베레스는 결코 공개하기를 원하지 않았을 것이다. 그러나 베레스는 어떤 방법으로도 자신의 탄생 과정을 바꿀 수 없었다. 베레스가 어떻게 태어났는지는 창세기 38장에 자세히 기록되어 있기 때문이다.

그런데 신약성경의 첫 번째 책을 기록한 마태는 창세기 38장의 기록을 이렇게 요약했다. "유다는 다말에게서 베레스와 세라를 낳고…" 이런 기록은 창세기의 뒷받침이 없으면 상세히 알 수 없는 것이다. 베레스의 생부인 유다에 대하여 좀 더 알아보는 것도 이해에 도움이 될 것이다. 유다의 아버지인 야곱의 예언적인 축복을 조금만 들여다보아도 유다가 어떤 인물이 될지 쉽게 알 수 있다.

창세기의 기록에 의하면, 유다는 굉장한 인물이 될 것이다. 유다는 이스라엘의 찬송도 되고, 모든 형제들이 그 앞에서 절할 것이다. 그는 수사자같이 모든 백성을 다스리며 통치할 것이다. 그에게서 규scepter가 떠나지 않으며, 모든 백성은 그 앞에서 복종할 것이다. 유다는 거부가 되어 포도나무도 많이 소유하게 될 것이다. 뿐만 아니라, 그의 풍채와 모습도 아주 당당할 것이다(창 49:8-12).

비록 이런 예언이 유다 자신에게는 이루어지지 않았을지라도, 그의 후손의 세대에서는 이루어졌다. 그런데 안타깝게도 유다에게는 대를 이을 아들이 마땅치 않았다. 그에 대한 예언의 성취는 고사하고, 가문이 존속되느냐 마느냐의 기로에 놓여있게 되었다. 그때 그의 며느리인 다말이 창녀로 가장하고 시아버지와 동침했다. 그렇게 미천한 방법으로 태어난 사람이 바로 베레스와 세라였다.

그러니까 생부인 유다는 할아버지도 된다. 생모인 다말은 큰엄마도 되고, 할머니도 되고, 그리고 어머니도 된다. 이런 출생이 해괴하지 않다면 도대체 어떤 출생이 그렇게 해괴하단 말인가? 그의 출생 과정은 순탄했는가? 천만에! 베레스와 세라는 쌍둥이었는데, 원래는 세라가 형이었다. 그러나 형을 제치고 베레스가 먼저 터뜨리고 나왔다. 그래서 그의 이름인 베레스는 "터뜨림"의 뜻이다(창 38:28-29).

베레스는 일생을 부끄럽게 살았을 것이다. 형 앞에서도 부끄럽고, 부모님 앞에서도 부끄러웠을 것이고, 그를 아는 사람들 앞에서도 부끄러웠을 것이다. 그의 탄생이 이처럼 미천했지만, 그래도 그는 한 가지 중요한 역할을 감당했다. 하마터면 없어져버릴 수도 있었던 유다 가문이 그를 통하여 이어졌다. 베레스는 유다의 아들로서 그 족보의 우두머리 역할을 했다. 그리고 그렇게 미천한 가문에서 다윗과 같은 인물이 태어났다!

2) 오벳

베레스에서 다윗까지 10대는 5대씩 두 그룹으로 분류된다. 베레스부터 나손까지 5대손과 살몬으로부터 다윗까지 5대손이 그것이다. 첫번째 5대를 이루는 그룹은 출애굽 이전, 곧 모세시대의 사람들이다. 다른 그룹은 가나안에 들어와서, 다시 말해서 모세의 시대가 끝난 후에 태어난 사람들이다. 첫 번째 그룹의 시작이자 10대의 시작인 베레스는 참으로 미천하게 태어났다.

두 번째 5대를 이루는 그룹의 사람들은 미천하지 않았는가? 그들의 조상 유다와 베레스처럼 해괴한 출생은 없었는가? 베레스처럼 그처럼 추하게 태어나진 않았지만, 그래도 구설수에 충분히 오를 수 있을만한 태생이 있었다. 두 번째 그룹의 시발점인 살몬부터 이상했다. 살몬은 가나안 여인이며 동시에 기생이었던 라합과 결합을 한다. 모세의 엄격한 가르침에 위배되는 결합이었다.

이 시점에서 모세의 엄격한 가르침을 보는 것도 베레스의 족보를 이해하는데 도움이 될 것이다. 모세는 가나안으로 들어가기 직전에 이런 엄격한 명령을 주었다. "또 그들[가나안 사람들]과 혼인하지도 말지니 네 딸을 그들의 아들에게 주지 말 것이요, 그들의 딸도 네 며느리로 삼지 말라"(신 7:3). 이처럼 모세의 법을 어기면서 결합하여 태어난 보아스가 이스라엘 사람들로부터 환영받지 못했을 것이다.

첫 번째 5대의 시발점인 베레스의 출생이 미천한 것처럼, 두 번째 5대의 시발점인 살몬도 미천한 여인을 아내로 맞았다. 그리고 그들의 결합으로 태어난 사람이 룻기의 주인공인 보아스이다. 그러니까 보아스는 베레스의 7대손이기도 하다. 보아스의 일생도 그렇게 순탄하지만은 않았을 것이다. 기생을 아내로 맞은 아버지를 이해하기 어려웠을지도 모른다. 어머니의 신분이 이방 여인일 뿐만 아니라, 기생이라니!

그런 부모 밑에서 태어난 보아스는 나이가 많도록 결혼하기가 쉽지 않을 것이다. 비록 그의 신앙 인격은 남다른 것이었지만, 그의 가정 때문에 희생당하는 아픔을 겪으며 살았을 것이다. 그런데 보아스에게 홀연히 나타난 "현숙한" 여인이 있었다. 물론 그녀는 모압 여인인데다가 청상과부였지만 말이다. 그 모압 여인은 두말할 필요도 없이 룻이었다. 보아스의 인내심에 대한 하나님의 보상이었음에 틀림없다.

그렇게 보아스와 룻의 결합으로 태어난 아들이 바로 오벳이다. 젊은 어머니를 모신 오벳, 그러나 동시에 늙은 아버지를 모신 오벳! 부모의 그처럼 많은 나이 차이도 오벳에게는 부끄러울 수 있었는데, 거기다가 어머니가 모압 여인이라니! 진정으로 오벳은 미천하게 태어났다. 거기다가 오벳은 라합을 할머니로 모셨다. 비록 오벳이 이처럼 미천하게 태어났어도, 그래도 그는 중요한 역할을 감당했는데, 그것은 쓰러질 뻔한 가문을 되살렸다는 것이다.

3) 다윗

베레스의 족보에서 미천한 사람이 또 있는데, 그는 바로 다윗이다. 다윗의 생애를 자세히 살펴보면, 그야말로 미천한 존재였다. 이스라엘의 역사에서 다윗만큼 이름도 없고 아무도 알아주지 않는 무명의 아동으로 시작하였다가, 그만큼 위대한 인물이 된 사람은 없다. 다윗이 이스라엘의 역사에서 가장 위대한 왕이었다는 사실을 많은 사람들이 알고 있지만, 그가 얼마나 미천한 상태에서 시작했는지는 알지 못한다.

다윗은 이새의 막내아들로 태어났다. 물론 이새는 보아스와 룻의 결합으로 태어난 오벳의 아들이다. 이새는 막내아들 다윗으로 하여금 들에서 양을 지키게 했다(삼상 16:11). 이런 이새의 행위는 흔히 볼 수 있는 것이 아니다. 왜냐하면 부모는 대개 막내를 특별히 귀하게 여기기 때문이다. 야곱을 보라! 그가 늙어서 낳은 요셉을 너무나 아낀 나머지, 그의 형들에게는 들에서 가축을 돌보게 했으나, 요셉은 형들과 함께 내보내지 않았다(창 37:12-13).

그러나 이새의 경우는 달랐다. 일곱째 아들이자 막내인 다윗을 들로 내보내어 양들을 지키게 하면서, 형들만 옆에 두고 있었다. 어쩌면 아들들이 너무 많아서 다윗을 귀하게 여기지 않았는지도 모른다. 심지어 선지자 사무엘이 이새의 가족을 제사에 초청했을 때도, 이새는 모든 아들들을 데리고 갔으나 막내아들인 다윗은 빼놓았다. 이것은 다윗이 아버지 이새의 눈 밖에 났다는 사실을 가리키고 있다.

다윗이 할 수 있는 일이라곤 참전 중인 세 형들에게 아버지의 명에 따라 음식을 가져다주는 것뿐이었다. 이런 사실은 무엇을 말해 주는가? 이새가 다윗의 형들에게는 사울 왕과 함께 참전할 수 있을 만큼 특별한 교육과 훈련을 시켰다는 것을 말해준다(삼상 17:13). 왕과 더불어 참전한다는 것은 큰 영광이었다. 반면, 다윗은 먹거리를 형들에게 전달해 주는 미천한 아들이었다. 그것도 형들에게 꾸짖음을 들으면서 말이다(삼상 17:28).

그러니까 다윗은 아버지는 물론 형들로부터도 천대를 받으면서 성장했다. 그러나 그는 불평하지 않았다. 다윗은 그에게 맡겨진 양들을 지키는 일에 최선을 다했다. 심지어는 곰이나 사자가 그의 양들을 물어 가면, 그는 생명을 걸고 다시 찾아오곤 했다(삼상 17:37). 비록 다윗은 부모와 형들로부터 천대를 받았지만, 그리고 미천한 일이 주어졌지만, 불평하지 않고 그 일에 최선을 다했다.

그뿐인가? 다윗은 평상시 물매로 돌을 던지는 연습을 부지런히 했다. 이스라엘에는 돌들이 사방에 깔려 있기에 돌 던지는 연습은 그리 어려운 일이 아니었다. 그런 일은 미천한 사람이 하는 미천한 짓거리에 지나지 않았다. 그는 물매로 돌을 던지고 또 던졌다. 그렇게 끊임없이 연습한 결과는 무엇인가? 기회가 주어졌을 때, 다윗은 그처럼 미천한 방법으로 블레셋의 거대한 장군 골리앗을 넘어뜨릴 수 있었다(삼상 17:49).

3. 꼬리말

마태복음 1장에 열거된 베레스의 족보는 예수 그리스도의 소개로 끝난다. 그분은 남자를 알지 못하는 마리아를 통하여 태어나셨다. 이것은 전적으로 성령의 역사였다(마 1:20). 그렇게 임신한 마리아가 엘리사벳을 만나서 한 말을 보겠다. "그의 여종의 비천함을 돌보셨음이라. 보라 이제 후로는 만세에 나를 복이 있다 일컬으리로다"(눅 1:48). 여기에서 "비천함"을 눈여겨보라.

베레스와 보아스의 후손인 예수 그리스도는 미천한 마리아에게서 태어나셨다. 그것도 어느 추운 날 저녁, 짐승의 여물통인 구유에 누워서 세상을 맞이하셨다. 룻기에서 베레스로 시작된 족보에는 미천한 사람들이 사이사이에 끼어 있다. 이처럼 미천한 사람들의 탄생을 위하여 또 다른 미천한 여인네들도 있었다. 그들은 다말, 라합, 룻이다! 미천한 사람들로 이루어진 족보에서 인류의 구세주이신 예수 그리스도도 미천하게 태어나셨다.

16 "걸출한 인물들"

"베레스의 계보는 이러하니라 베레스는 헤스론을 낳고 헤스론은 람을 낳았고 람은 암미나답을 낳았고 암미나답은 나손을 낳았고 나손은 살몬을 낳았고 살몬은 보아스를 낳았고 보아스는 오벳을 낳았고 오벳은 이새를 낳고 이새는 다윗을 낳았더라" (룻기 4:18-22)

1. 머리말

베레스에서 다윗에 이르는 10대의 계보에는 걸출한 인물들도 있다. 10대에 이르는 가문에서 걸출한 인물들을 뽑으라면, 나손과 보아스와 다윗이다. 나손은 첫 번째 5대 그룹의 마지막 사람이다. 마찬가지로, 다윗도 두 번째 5대 그룹의 마지막 사람이다. 그러니까 위의 10대에서 걸출한 인물은 5대와 10대손인 나손과 다윗이다. 그런데 또 한 사람은 베레스의 7대손인 보아스이다.

이 7대손인 보아스에게 시집온 룻은 시어머니인 나오미에게 일곱 아들보다 귀한 며느리였다(룻 4:15).[164] 그런데 성문에 모여 있던 모든 백성과 10명의 장로들은 보아스를 축복하면서 이렇게 말했다, "여호와께서 이 젊은 여자로 말미암아 네게 상속자를 주사…베레스의 집과 같게 하시기를 원하노라"(룻 4:12). 그런 축복이 베레스의 7대손인 보아스와 10대손인 다윗을 통하여 성취되었던 것이다.[165]

이 두 사람, 곧 보아스와 다윗은 베레스의 집안을 확실히 세운 사람들이다. 보아스가 늙은 나이에 룻을 만난 것은 인간적으로는 행운이었고, 신앙적으로는 하나님의 은총이었다. 그가 아들을 낳지 않았더라면, 10대의 계보는 있을 수 없기 때문이다. 다윗은 어떤 조상 못지않게 베레스의 집을 든든히 세웠다. 실제로는 세웠을 뿐만 아니라, 확대하고 또 유명하게 만든 장본인이 바로 다윗이었다.

2. 몸말

이처럼 베레스에서 다윗에 이르는 십대를 연결해 주고 있는 것은 무엇인가? 그것은 "낳다"라는 동사이다. 왜 "낳다"가 연결고리인가? 그 이유는 간단하다! 만일 위의 10대 중 어떤 사람이라도 아들을 낳지 못하면 10대의 계보가 제시될 수 없을 뿐만 아니라, 계보가 끊어지기 때문이다. 보아스도 룻을 통하여 오벳을 낳았다. 오벳은 이새를 낳았다. 그리고 이새는 그 당시의 세상에서는 물론 후대에서도 유명한 다윗을 낳았다.

룻이 아들을 낳았다는 사실을 기록한 룻기 4장 13절부터 4장 마지막 절인 22절까지 "낳다"는 동사가 12번 나온다. 왜 하필이면 12번인가? 그 이유는 간단하다! 원래 12는 하나님의 백성을 가리키는 숫자이다. 12지파와 12사도가 그런 사실을 증언한다. 비록 베레스가 비도덕적인 방법으로 태어났지만, 그래도 베레스는 자녀를 많이 낳음으로써 그 가문을 풍성하게 그리고 든든하게 만들었다(대상 2:5 이하).

1) 나손

베레스의 10대 계보에 나오는 나손은 이스라엘 백성이 출애굽을 한 후 광야를 지나는 동안 탁월한 역할을 감당했다. 다른 말로 하면, 나손은 출애굽 시대, 곧 첫 번째 5대 그룹의 마지막 인물이다. 보아스와 다윗이 두 번째 5대 그룹에 속한 걸출한 인물들이었는데 반해, 나손은 첫 번째 그룹에서 가장 걸출한 인물이었다. 나손의 두각은 하나님의 선택 때문에 드러나기 시작했다.

출애굽 이후 둘째 해에 하나님이 각 지파에서 싸움할 수 있는 사람들을 계수하라고 명령하시면서, 동시에 그 전사들을 지휘할 지도자들을 하나님이 직접 임명하셨다. 그런데 유다 지파의 지도자는 암미나답의 아들 나손이 임명되었다. 하나님이 모세를 통하여 하신 말씀을 직접 들어보자. "유다 지파에서는 암미나답의 아들 나손이요"(민 1:7).

이렇게 나손이 유다 군대의 지휘관이 되면서 지도자의 역할을 감당하게 되었다. 이스라엘 백성이 진군하지 않고 하나님의 명령을 기다릴 때, 그들은 진을 치고 기다렸다. 그 진은 성막을 중심으로 동서남북에 진을 쳤는데, 그 중에서 동쪽이 가장 중요했다. 왜냐하면 동쪽에 성막 문이 있기 때문이다. 그쪽에 진을 친 지파는 유다를 비롯한 다른 두 지파였다. 그때도 나손은 유다는 물론 다른 두 지파를 지휘했다(민 2:3).

그런데 가나안을 향하여 진군하라는 하나님의 명령이 떨어지면, 모든 지파는 차례로 구름 기둥과 불 기둥의 인도에 따라 전진해야 한다. 그 때 12지파는 물론 성막 앞에서 인솔하는 역할도 나손이 맡았다(민 10:4). 이런 나손의 역할이 얼마나 중요한지 쉽게 생각할 수 있다. 그가 방향을 잘못 잡으면 온 이스라엘이 길을 잃게 된다. 그는 그들을 인도

하는 구름 기둥과 불 기둥을 주시하면서 한걸음씩 이스라엘의 12지파를 인솔했다.

이스라엘 백성은 진을 치고 머무를 때나 진군을 할 때나 성막을 세웠다가 뜯었다가를 반복했다. 물론 그런 일을 하는 사람들은 레위 자손들이지만, 그들에게는 성막의 기물을 운반할 때 필요한 수레와 소 등이 주어졌다. 그런데 이처럼 중요한 헌물을 드릴 때도 제일 먼저 본을 보인 사람은 바로 유다 지파의 나손이었다(민 7:12-17). 그는 꼼꼼히 기물을 챙겨서 그것들을 하나님께 드렸다.

나손은 이렇게 군사적으로나 종교적으로나 다른 사람들을 지휘한 걸출한 인물이었다. 종종 그런 지도자들은 가정적으로 약점을 갖기도 하지만, 나손의 경우는 달랐다. 그의 아들 살몬은 당시 이스라엘의 총사령관인 여호수아의 마음에 들만큼 영리하고 민첩한 청년이었다. 그는 두 정탐꾼 중 한 사람으로 선택되기도 했다. 그렇다! 나손은 가정은 물론, 그가 속한 유다 지파의 지도자로서 큰 역할을 감당한 걸출한 지도자였다(대상 2:10).

2) 보아스

베레스의 7대손인 보아스는 이 10대의 계보에서 또 하나의 걸출한 인물이다. 마치 아담의 7대손 에녹이 걸출한 인물인 것처럼 말이다(창 5:19). 에녹은 오랫동안 하나님과 동행하다가, 마침내 죽음을 보지 않고 들림을 받은 사람이다(창 5:24). 에녹은 한편 하나님과 동행하며, 또 한편 경건치 않은 자들에게 하나님의 거룩한 정죄를 선포했다(유 1:14-15). 그만큼 중요한 인물이기에 유다서에서 그의 이름을 그렇게 강조한다.

보아스도 마찬가지이다! 그는 하나님과 동행하는 삶을 살았다. 그런 동행 때문에 보아스도 걸출한 인물이 되었다. 그가 걸출한 인물이 아니었다면, 룻기의 주인공으로 등장하지도 않았을 것이다. 거기다가 그렇게 짧은 룻기에서 그의 이름이 그렇게 많이 나오는 것을 보아도 알 수 있다. 룻기 2장에서 4장까지의 구절 수는 63절에 불과한데도, 보아스의 이름이 25번이나 나오는 것을 보아도 그의 무게를 알 수 있다.[166]

보아스가 걸출한 인물이 된 것은 크게 두 가지 요인 때문이다. 첫째 요인은 그가 늘 하나님과 동행하였기 때문이다. 마치 에녹이 하나님과 항상 동행하여 존귀한 인물이 된 것처럼 말이다. 룻기 전체에서 보아스가 제일 먼저 한 말은 그가 평상시에 얼마나 하나님과 동행하고 있는지를 단적으로 알려주는 대목이다. 그의 말을 다시 한 번 보겠다. "여호와께서 너희와 함께 하시기를 원하노라"(룻 2:4).

이런 축복의 말이 그의 일꾼들에게 주어졌다는 사실에 주목하라. 그는 사람의 귀천에 상관없이 그들을 존귀하게 여겼다. 보아스가 한밤중에 룻과 함께 누워있을 때를 생각해보라. 그것도 자기가 마음에 두고 있는 여인과 누워있다는 사실을 발견하고 한 말도 같다. "내 딸아 여호와께서 네게 복 주시기를 원하노라"(룻 3:10). 진정으로 하나님과 동행하지 않는 사람에게서는 그런 위기의 순간에 그런 축복의 말이 나올 리가 없다.

보아스가 걸출한 인물이 된 둘째 요인은 그의 신앙을 행동으로 나타내었기 때문이다. 보아스는 하나님과 동행하면서 하나님의 형상을 따라 지음을 받은 사람들을 귀하게 여겼다. 특히 그의 손길을 필요로 하는 사람들에게는 주저하지 않고 손을 내밀었다. 그가 처음 룻을 만났을 때, 룻의 필요를 채워주는 그의 모습은 신앙과 행동의 일치를 보여주는 한 실례에 지나지 않는다(룻 2:8-9).

특히 보아스가 자신의 이익보다는 엘리멜렉의 가문의 존속에 신경을 쓰면서 도움의 손길을 뻗쳤다는 사실은 그가 왜 베들레헴에서 존귀한 인물로 받아들여졌는지, 그리고 후대에까지 명성을 떨쳤는지를 알려주고도 남는다. 그는 모세의 율법의 명령보다 훨씬 더 깊은 도움을 사람들에게 주었다. 이 보아스는 과연 베레스의 10대 가계에서 7번째의 중요한 위치에 자리할 수 있는 걸출한 인물이었다.

3) 다윗

이스라엘의 역사에서 다윗만큼 혁혁한 공을 세운 사람은 없다. 그는 사울에 의하여 도덕적으로나 경제적으로나 군사적으로 피폐해진 이스라엘을 강국으로 만들었다. 다윗은 하나님이 창세기에서 유다에게 약속하신 모든 예언을 실현시킨 최초의 왕이었다. 그뿐만이 아니라, 다윗때문에 유다 지파는 왕들을 배출하는 시발점이 되기도 했다. 그는 베레스로부터 시작된 10대의 계보에서 가장 걸출한 인물이었다.

그러나 다윗이 그렇게 걸출한 인물이 되기까지는 많은 눈물과 고난을 통과하지 않으면 안 되었다. 그는 그렇게 한 단계씩 올라가서 마침내 왕이 된 것이다. 그의 생애는 마치 룻의 생애를 다시 그려놓은 듯하다. 룻도 많은 눈물과 고난을 통하여 한 단계씩 올라갔기 때문이다. 룻은 모압 여인에서 시작했다가, 말론과 결혼함으로써 하나님께 조금 다가갔다. 모든 고난의 단계를 지났을 때, 룻은 보아스와 결혼하여 오벳을 낳았다.

다윗은 왕이 되기까지 점차적으로 신분 상승이 있었다. 처음에는 골리앗을 죽임으로써 사울 왕에게까지 알려지게 되었다(삼상 17:58). 계속되는 그의 지혜로운 행위로 인하여 군대의 우두머리가 되었다(삼상 18:5). 다윗의 명성이 자자해지자 사울은 시기하여 그를 죽이려했고, 그때부터 다시 다윗은 쫓기는 신세가 되어 죽음의 문턱을 수없이 넘나들었다. 그러나 모든 고난을 인내로 이겨낸 후, 다윗은 마침내 유다의 왕이 되었다(삼하 2:4).

그때까지 다윗은 유다의 왕에 불과하였으나, 결국 모든 지파가 그를 왕으로 받아들임으로써 그는 통일왕국의 왕이 되었다(삼하 5:3). 다윗이 이처럼 승승장구할 수 있었던 이유는 하나님이 그와 함께 하셨기 때문이다(삼하 5:10). 다윗은 예루살렘도 정복하여 그곳을 수도를 삼았다(삼하 5:6-8). 그는 인근 지역에서 세력을 떨치던 블레셋 군대를 격파하여 자신의 나라가 오랫동안 번영을 누릴 수 있는 기초를 놓았다(삼하 5:25).

그런데 그렇게 견고한 다윗의 나라도 부패하여 우상을 섬김으로써 망하게 되었다. 다윗의 왕국이 완전히 멸망당한 후, 어느 선지자는 이런 예언을 했다, "내 종 다윗이 그들의 왕이 되리니, 그들 모두에게 한 목자가 있을 것이라…내 종 다윗이 영원히 그들의 왕이 되리라"(겔 37:24-25). 이 예언은 이상하다. 어떻게 죽은지 오래된 다윗이 영원한 왕이 될 수 있단 말인가? 물론 영원한 왕은 예수 그리스도를 가리킨다.

베레스의 족보가 의의를 지닌 이유는 다윗의 후손으로 예수 그리스도가 태어나셨기 때문이다. 이와 같은 중요한 연결점을 강조하기 위하여 마태복음 1장은 베레스의 계보를 그대로 옮겨오면서, 그 끝자락에 예수 그리스도의 탄생을 소개한다. 그 이유는 간단하다! 보아스와 룻의 이야기가 중요한 것도 사실은 그 후손인 예수 그리스도의 탄생 때문이다. 그런 이유 때문에 예루살렘 사람들도 이렇게 찬송했다. "호산나,

다윗의 자손이여!"(마 21:9).

3. 꼬리말

미천한 사람들을 통해서라도 하나님은 당신의 나라를 이루신다. 그리고 하나님만을 의지하면 아무리 미천한 사람이라도 하나님은 그 사람을 변화시키고, 인도하면서, 걸출한 인물로 만드신다. 그러나 그런 인물이 되기까지 때로는 눈물과 고통이라는 용광로를 통과하지 않으면 안될 때도 허다하다. 룻의 이야기가 바로 그렇다! 그러나 눈물의 아픔에도 불구하고 하나님만을 믿는 룻을 하나님은 보이지 않는 손으로 한걸음씩 인도하셨다.

룻이 "죽은 자와 산 자"를 선대했더니, 하나님은 한량없는 선대로 갚아주셨다. 첫 번째는 먹거리를 주셨고, 두 번째는 남편을 주셨다. 세 번째로 아들을 주셨다. 네 번째로 그 아들을 통하여 "이스라엘의 집"을 세우는 엄청난 역사가 있었다. 다섯 번째로 이스라엘 뿐만 아니라, 인류의 구속자이신 예수 그리스도를 룻의 후손으로 주셨다. 하나님의 선대가 아니면, 결코 불가능한 역사였다.

문을 닫으면서

이제 룻기 여정을 마치면서 몇 가지 덧붙이지 않으면 안 될 것이 있다. 룻기 강해에서 본문의 의미와 배경에 집중했다. 따라서 그 내용이 함축하는 복음을 제대로 나누지 못한 아쉬움을 여기에서 보충하고자 한다. 우리 주님이 말씀하신대로 모든 구약성경도 복음, 곧 예수 그리스도를 함축하고 있기 때문이다. "너희가 성경에서 영생을 얻는 줄 생각하고 성경을 연구하거니와, 이 성경이 곧 내게 대하여 증언하는 것이니라"(요 5:39).

1. 숫자 풀이

먼저, 룻기는 구약성경 가운데 8번째 책이다. 그런데 놀랍게도 8은 새로운 출발을 상징하는 숫자이다. [167] 엘리멜렉이 어두운 사사시대 사는 동안, 그 가정은 물론 이스라엘 민족도 쓰러져가는 위기에 봉착해 있었다. 그러나 "진흙 속에서 피어난 백합화"처럼 룻이 나타남으로써 엘리멜렉의 가정도 새롭게 시작되고, 이스라엘도 새롭게 도약하는 계기가 되었다. 룻기는 추락에서 반전하여 새로운 출발을 보여주는 성경책이다.

그 숫자는 노아의 식구에서도 역시 새로운 출발을 상징한다. 온 세상이 당한 멸망의 심판에서 노아의 8식구가 인류의 새로운 출발점이 되었다. 그뿐만이 아니다! 하나님과 사회로부터 심판을 받고 방황하며 죽음을 기다리던 문둥병자도 마찬가지이다. 만일 하나님이 그의 병을 고쳐주시면, 그날부터 8일째 되는 날 예식을 거쳐서 사회로 돌아간다. 그는 그때부터 새로운 인생을 살기 시작하는 것이다(레 14:10-20).

두 번째 숫자는 6이다. 6은 완전수인 7에 미치지 못하는 인간의 수이다. 룻기 1장은 추락과 회개의 장이다. 모압 땅으로 내려간 엘리멜렉은 아내인 나오미, 두 아들 말론과 기룐, 그리고 두 며느리인 룻과 오르바의 이야기이다. 그들 모두를 합치면 6이다. 그러나 6은 언제나 부족의 수이다. 엘리멜렉과 두 아들은 죽었다. 그뿐만이 아니라, 오르바는 모압 땅과 모압의 신으로 영원히 돌아갔다. 비극의 수이다!

그 숫자를 함축하는 내용이 또 나오는데, 나오미가 모압을 떠나 유다 베들레헴으로 돌아가기로 결정했을 때였다. 과부들 셋이서 험난한 길을 떠났다. 나오미는 며느리들에게 모압으로 돌아가라고 간곡히 부탁하는데, 꼭 6번 반복한다. 그리고 보아스가 룻에게 보리를 6번 되어준 적이 있다(룻 3:15). 왜 부족한 수인 6번인가? 그 이유는 보리로는 모든 문제를 해결할 수 없다는 뜻이다. 결국, 다른 방법으로 해결된다는 뜻이다.

세 번째 숫자는 7이다. 룻기에서 나오미와 룻에게 구세주와 같은 사람이 나타나는데, 그는 바로 보아스이다. 그런데 놀랍게도 보아스는 룻기에 등장하는 7번째 인물이다. 그렇다! 7은 완전을 의미하는 수이다. 보아스가 나타나자 어두움의 이야기는 밝게 바뀌기 시작했다. 그뿐만이 아니다! 보아스는 룻기 마지막에 나오는 베레스의 족보에서 7번째 사람이다. 그만큼 보아스는 룻기에서 중요한 인물이라는 뜻이다.

마침내 보아스와 룻이 결혼하여 아들을 낳게 되었다. 그 아들 오벳은 엘리멜렉의 가문을 이어가는 인물이었다. 그뿐 아니라, 그는 베레스의 족보를 연결시키는 연결고리가 되었다. 그 아이를 가리키면서 베들레헴 여인들은 "이는…너를 사랑하며 일곱 아들보다 귀한 네 며느리가 낳은 자로다"라고 찬양했다(룻 4:15). 왜 룻이 일곱 아들보다 귀한가? 룻은 완전한 아들처럼 가문을 잇게 해준 존귀한 자이기 때문이다.

네 번째 숫자는 10이다. 룻기는 처음부터 마지막까지 10이라는 숫자에 관심을 가지고 기록된 것 같다. 1장에서 10이 나오는가 하면 마지막 장인 4장에서도 나온다. 1장에선 불행한 10년이다. 왜냐하면 유다 베들레헴에 흉년이 들자 엘리멜렉은 그 흉년을 잠시 피하려고 모압으로 내려갔는데, 그 잠시가 10년도 넘게 지났다. 그리고 그 10년의 기간에 자신과 두 아들인 말론과 기룐이 죽었다. 나오미는 그처럼 어려웠던 10년을 잊지 못했을 것이다.

마지막 장에선 다르다. 보아스와 룻의 결혼은 곡예와 같이 아슬아슬한 과정을 통해서 이루어졌다. 왜냐하면 룻을 데려갈 수 있는 권리를 가진 사람이 있었기 때문이다. 이런 복잡한 절차에 참여하고 증인이 되어준 10명의 장로들이 있었다. 그리고 룻기 마지막에 중요한 계보가 나오는데, 그 계보는 베레스로부터 다윗에 이르는 10대만을 제시한다. 실제로는 베레스의 아버지인 유다를 포함시킬 수도 있었는데 말이다.

다섯 번째 숫자는 12이다. 룻기에서 12는 너무나 중요한 수임에 틀림없다. 왜냐하면 모든 장에 나오는 숨겨진 숫자이기 때문이다. 1장의 주제는 "돌아오다"이다. 실제로 "돌아오다"라는 동사로 도배를 했다고 할 정도로 많이 나오는데, 곧 12번이다. 2장의 주제는 "이삭을 줍다"이다. 룻은 밭에서 허구한 날 허리를 수그렸다 폈다 하면서 이삭을 주웠다. 그런 모습을 묘사하기 위하여 "이삭을 줍다"가 12번 나온다.

룻기에서 "기업 무를 자"는 너무나 중요하다. 그 의미를 알지 못하면 룻기를 깊이 이해할 수 없을 정도인데, "기업 무를 자"도 3-4장에 걸쳐서 꼭 12번 나온다. 그뿐만이 아니다! 마침내 보아스가 "기업 무를 자"가 되어 룻과 결합했고, 그리고 아들을 낳았다. 룻기 4장 13절부터 22절 사이에 "낳다"는 동사가 12번 나온다. 왜 그런가? "낳다"라는 고리를 통하여 대가 이어지며, 마침내 다윗이 태어났기 때문이다.

2. 추수 이야기

나오미가 룻을 데리고 유다 베들레헴으로 돌아왔을 때는 보리 추수 때였다(룻 1:22). 추수 때가 아니었다면 그들은 끼니를 해결하지 못했을 것이다. 그런데 보리 추수가 끝나자 이어서 밀 추수가 시작되었다. 룻은 보리와 밀 추수의 시기에 이삭을 주우면서 몇 달 동안을 버텼다. 그 추수의 기간은 나오미와 룻을 연명해 주는 은총의 수단이었지만, 동시에 룻이 "현숙한" 여인이라는 사실이 베들레헴 사람들에게 전해지는 기간이기도 했다.

그런데, 이스라엘 사람들에게 추수는 너무나 중요하다. 물론 그 추수가 먹거리의 문제를 해결해 주지만, 동시에 그들의 신앙생활과도 깊이 연루되었기 때문이다. 이스라엘 백성은 절기마다 성전에 모여서 신앙적인 예식을 치렀다. 그 절기들은 일 년에 세 번 있는데, 한 번은 봄에, 또 한 번은 늦봄 또는 초여름에, 그리고 마지막으로 가을에 있다. 그 절기들의 이름은 유월절과 오순절 및 초막절이다(출 23:14-17, 신 16:1-15).[168]

이스라엘의 절기는 추수와 밀접한 관계를 가지고 있는데, 그 이유는 당대의 이스라엘은 농경사회였기 때문이다. 이스라엘 백성은 봄에 보리를 추수하고 성전에 모여 감사의 축제를 올렸다. 초여름에는 밀을 추수하고 다시 성전에 모였다. 그리고 가을에는 기타 곡물과 과일을 추수하고 역시 성전에 모여서 신앙적인 잔치를 치렀다. 그런데 룻기는 보리와 밀 추수의 때 베들레헴에서 일어난 이야기이다(룻 2:23).

보리 추수 때에 나오미와 룻이 유다 베들레헴으로 돌아왔다는 것은 너무나 의미심장하다. 이스라엘 사람들이 유월절을 지키는 절기이기 때문이다. 유월절은 이스라엘 백성에게 너무나 중요한데, 그 이유는 그들로 출애굽을 가능하게 한 하나님의 역사였기 때문이다. 그들은 그들의 장자 대신에 양을 잡아서, 그 피를 문 좌우 기둥과 인방에 뿌렸다. 그 피 때문에 그들은 한편 죽음을 면하고, 또 한편 애굽에서 건져냄을 받았다.

나오미와 룻이 이처럼 이스라엘 백성이 기념하는 유월절, 곧 보리 추수 때에 베들레헴으로 돌아온 것이다. 이스라엘 백성이 애굽을 떠나 가나안 땅으로 들어온 것처럼, 나오미와 룻도 모압을 떠나 가나안 땅, 곧 약속의 땅으로 돌아왔다. 이스라엘 백성이 가나안 땅으로 들어왔을 때, 넓은 땅과 풍부한 곡물이 그들을 맞아주었다(신 7:13). 마찬가지로, 나오미와 룻이 유다 베들레헴으로 돌아왔을 때, 넓은 땅과 곡물이 그들을 맞아주었다.

그런데 구약성경의 유월절은 신약성경에서도 말할 수 없이 중요하다. 유월절은 이스라엘 백성을 구원했지만, 신약의 유월절은 세상 사람들을 구원하는 하나님의 큰 역사이기 때문이다. 어떻게 그것이 가능한가? 그 이유는 간단하다! 인류의 구세주이신 예수 그리스도가 바로 신약성경의 "유월절" 양이시기 때문이다. 바울 사도를 인용해 보겠다. "…우리의 유월절 양 곧 그리스도께서 희생되셨느니라"(고전 5:7).

그렇다! 구약성경의 유월절은 이스라엘 백성을 애굽에서 구원하는 역사이지만, 신약성경의 "유월절"은 이 세상에 있는 모든 죄인을 세상에서 구원하는 대역사이다. 그런데, 놀랍게도 나오미와 룻이 돌아온 때가 바로 그런 유월절의 때였다. 이런 사실은 무엇을 알려주는가? 나오미와 룻은 반드시 구원을 받는다는 메시지가 포함되어 있다. 그뿐만이 아니라, 그들을 구원하신 하나님은 모든 죄인도 구원하실 수 있다는 메시지도 포함된다.

나오미와 룻이 우상을 섬기는 모압에서 깨어지고, 찢어지고, 인간적인 한계를 깊이 경험하자, 그들은 여호와 하나님께로 돌아왔다. 왜냐하면 하나님 이외에는 그들을 육체적으로나 정신적으로나 영적으로 구원해줄 분이 이 세상에 없기 때문이다. 마찬가지이다! 이 세상 사람들도 인간적인 한계를 경험하거나 느끼면서 상한 마음으로 예수 그리스도를 통하여 하나님께로 돌아오면, 그들은 구원을 받는 것이다.

나오미와 룻은 보리 추수가 끝나자, 이어서 밀 추수 시기로 들어갔다. 밀 추수는 오순절의 시기라고 이미 말했다. 이스라엘 백성에게 있어서 오순절도 아주 중요하다. 왜냐하면 오순절은 밀 추수 이외에 토라, 곧 율법을 받은 시기이기 때문이다.[169] 이스라엘 백성이 오순절을 중요하게 여기는 또 다른 이유가 있다. 그것은 바로 그들이 토라를 받은 같은 날에 그들이 그처럼 존경하는 다윗이 태어났고, 또 죽었기 때문이다.[170]

이런 사실은 나오미와 룻에게도 의미가 컸다. 왜냐하면 그들이 하나님을 의지하고 돌아왔을 때, 그분은 먹거리를 해결해 주셨을 뿐만 아니라, 하나님의 말씀을 받아들인 사람들에게로 돌아왔기 때문이다. 그런 이유 때문에 나오미와 룻은 모압과 같은 우상숭배의 사회에서는 결코 경험할 수 없는 선대를 베들레헴 백성으로부터 받았기 때문이다. 그 가운데 대표적인 인물이 바로 보아스였다.

오순절의 때에 나오미와 룻이 유다 베들레헴에 있었다는 사실은 교회에게도 말할 수 없이 중요하다. 왜냐하면 죄인들을 구원하시고 교회를 세우시기 위하여 예수 그리스도는 120명의 남은 자들에게 오순절 날 성령을 부어주셨기 때문이다. 그 성령의 역사로 교회가 탄생되었을 뿐만 아니라, 교회는 세상을 향하여 복음을 전하고, 가르치고, 훈련시키고, 그래서 세상을 변화시키기 시작했기 때문이다.

이제 왜 나오미와 룻이 보리와 밀 추수 때에 유다 베들레헴에 돌아왔는지 그 숨은 뜻을 깊이 이해할 수 있다. 그들의 귀환은 결코 우연이 아니었다. 그것은 하나님의 손길, 곧 하나님의 섭리 가운데 이루어진 일이었다. 그들의 귀환은 하나님에 의하여 환영받은 사건이었지만, 동시에 모든 인간에게 주어지는 깊은 메시지가 포함되어 있다. 예수 그리스도를 통하여 하나님께로 돌아오면, 구원은 물론 성령의 능력을 경험할 수 있다!

3. 기업 무를 자의 소개

나오미의 가문은 쓰러지기 직전이었다. 바람 앞에 팔락거리는 촛불과 같고, 떨어질 듯 말 듯 앙상한 나뭇가지에 매달려 있는 가랑잎과도 같았다. 그 가문은 물론 그 가문에 속한 기업도 다른 사람에게 넘어가기 직전이었다. 그때 보아스가 나타나서 나오미도 구원하고, 그 가문도 구했다. 왜 구했는가? 보아스는 나오미의 남편 엘리멜렉의 기업 무를 자이기 때문이다.

"기업 무를 자"는 히브리어로 고엘이다. 그런데 고엘은 "무르다," "되찾다," "구속하다," "속량하다"의 뜻을 가진 동사 *가알*의 명사형이다.[171] 그런데 그 동사가 "속량하다"의 뜻으로 처음 사용된 경우는 이스라엘 백성이 애굽에 있을 때였다. "내가 애굽 사람의 무거운 짐 밑에서 너희를 빼내며 그들의 노역에서 너희를 건지며 편 팔과 여러 큰 심판들로써 너희를 *속량하여* 너희를 내 백성으로 삼고 나는 너희의 하나님이 되리라"(출 6:6).

이스라엘 백성이 애굽에 있을 때, 그들을 구속하신 분, 곧 고엘은 그들의 하나님이었다. 이처럼 이스라엘의 고엘은 하나님이었다. 그런데 나오미와 룻의 고엘은 누구인가? 이미 언급한 대로, 그들의 고엘은 보아스였다. 보아스는 나오미의 기업을 물려주었다. 그뿐만이 아니라, 보아스는 나오미의 장래도 책임져 주었다. 보아스의 기업 무름은 거기에 머물지 않았다. 그는 룻을 사서 아내로 맞아들였다.

하나님이 이스라엘을 구속하신 것처럼, 보아스는 나오미의 가문을 건져주었다. 하나님이 이스라엘의 고엘이시라면, 보아스는 나오미의 남편 엘리멜렉 가문의 고엘이었다. 다시 말해서, 나오미와 룻에게는 보아스가 그들의 궁지에서 건져준 고엘, 곧 하나님과 다를 바 없는 구원자였다. 하나님이 이스라엘 백성에게 큰 은총을 베푸셔서 그들을 구원하신 것처럼, 보아스도 나오미와 룻에게 큰 은혜를 베풀어서 구원해주었다.

그런데 이와 같은 구원의 역사는 예수 그리스도를 통하여 구체적으로 실현되었다. 인간은 불행하게도 죄인이 되어 세상과 죄에 팔린 죄의 종이 되었다. 이스라엘 백성이 애굽의 종이 된 것과 매우 흡사하다. 인간은 종 된 신분에서 벗어날 수 없다. 이스라엘 백성을 위하여 하나님이 고엘로 개입하신 것처럼, 죄인들을 위하여 하나님이 직접 개입하지 않으시면 안 되었다.

하나님의 개입은 그분의 아들 예수 그리스도를 통하여 이루어졌다. 그분은 몸소 죄인들의 죄 값을 십자가에서 치루시면서 그들을 해방시키셨다. 그와 같은 구속의 개입을 직접 읽어보겠다. "너희가 알거니와 너희 조상이 물려 준 헛된 행실에서 대속함을 받은 것은 은이나 금 같이 없어질 것으로 된 것이 아니요, 오직 흠 없고 점 없는 어린양 같은 그리스도의 보배로운 피로 된 것이니라"(벧전 1:18-19).

예수 그리스도는 죄인들의 고엘이 되셔서 죄의 종인 그들을 해방시키셨다. 그뿐만이 아니다! 그분은 해방된 그들을 신부로 받아주셨다(고후 11:2, 계 19:7). 마치 고엘인 보아스가 룻을 아내로 맞은 것과 똑같다. 한발 더 나아가서 보아스가 엘리멜렉의 기업을 값을 치루고 물러준 것처럼, 예수 그리스도는 그분을 구세주로 받아들인 성도들을 기업으로 삼으셨다(엡 1:11). 그리고 그 기업의 보증으로 성령도 주셨다(엡 1:14).

4. 계보의 의의

룻기 마지막에 제시된 10대의 계보는 구속사에서도 중요한 의미를 갖는다. 그 이유는 크게 두 가지이다. 하나는 그 계보를 그대로 옮긴 마태복음에 제시된 예수 그리스도의 계보에 이방 여인들이 들어있기 때문이다. 다말, 라합 및 룻이 바로 그들이다. 그들은 도덕적으로도 흠이 많은 죄인들이었지만, 인류의 구세주를 낳게 한 가문에서 중요한 역할을 했다. 그들이 아니었다면 그 계보는 존재하지 않았을 것이다.

예수 그리스도는 거룩하신 인류의 구세주이시기에 그분의 계보에 이처럼 미천한 죄인들이 들어가지 않는 것이 상식이다. 그러나 그런 사람들을, 그것도 여인들을 포함시켰다. 그 이유는 너무나 분명하다! 비록 이방인들은 선민인 이스라엘 사람들로부터 개나 돼지 취급을 받았지만(마 7:6, 빌 3:2-3), 하나님은 그들을 받아주셨을 뿐만 아니라, 고귀한 족보에 들어가게 하셨다. 이방인들에게는 얼마나 기쁜 소식인가?

룻기의 계보가 구속사에서 중요한 또 다른 이유가 있다. 그것은 그 계보에 들어있는 사람들의 이름 때문이다. 히브리 이름은 모두 뜻을 가지고 있다. 이 계보에 있는 이름도 역시 뜻을 가지고 있는데, 그 뜻을 살펴보겠다. 베레스는 *터짐*, 헤스론은 *울타리*, 람은 *들림*, 아비나답은 *왕자의 자손*, 나손은 *매혹자*, 살몬은 *겉옷*, 보아스는 *힘이 있음*, 오벳은 *종*, 이새는 *유복한*, 다윗은 *사랑 받는 자*이다.

이상의 10명 중 특히 5명의 이름은 예수 그리스도를 상징하는 뜻을 가지고 있다.[172] 먼저, *터짐*의 뜻을 지닌 베레스는 어떻게 메시야를 상징하는가? 인간이 하나님 앞에서 죄를 범한 이후 하나님과 인간 사이에는 큰 장벽이 생겼다. "오직 너희 죄악이 너희와 너희 하나님 사이를 갈라 놓았고…"(사 59:2). 그 장벽이 얼마나 큰지 어떤 인간도, 그리고 어떤 방법으로도 그것을 넘나들 수 없었다(눅 16:26).

그런데 하나님은 그 장벽을 터뜨리시고 인간에게로 내려오셨다. 그렇게 인간의 몸으로 인간 속으로 내려오신 분은 바로 예수 그리스도이시다. 그분은 십자가에서 죽으심으로 죄인이 하나님께로 갈 수 있도록 중간에 막힌 장벽을 터뜨리셨다. 그뿐만이 아니라, 그분의 죽음으로 인간과 인간 사이의 장벽도 터뜨리셨다. "그는 우리의 화평이신지라; 둘로 하나를 만드사 원수 된 것 곧 중간에 막힌 담을 자기 육체로 허셨다"(엡 2:14).

그 다음, 들림의 뜻을 지닌 람은 어떻게 예수 그리스도를 상징하는가? 모든 죄인은 마땅히 죽어야 한다. 그런데 예수 그리스도가 대신 죽으셨다. 그런 죽음을 사도 요한은 예수님이 십자가에 *들리셨다*고 묘사했다. 그분은 광야에서 모세가 뱀을 든 것처럼, 십자가에서 들리셨다. "모세가 광야에서 뱀을 든 것 같이 인자도 *들려야* 하리니, 이는 그를 믿는 자마다 영생을 얻게 하려 하심이라"(요 3:14-15; 요 12:32 참고).

그 다음, *힘이 있다*는 뜻을 지닌 보아스는 어떻게 예수 그리스도를 상징하는가? 유대인들은 죄의 문제를 해결하기 위하여 각종 짐승의 피를 제물로 바쳤다. 그러나 짐승의 피는 잠시 동안만 죄의식의 문제를 해결해 주었다. 그런 이유 때문에 그들은 반복적으로 제물을 드려야 했다. 그러나 예수 그리스도는 *힘이 있다*. 그분은 십자가에서 한 번 피를 흘리고 죽으심으로 인간의 죄를 단번에 해결하셨다(히 9:12).

그 다음, 종의 뜻을 지닌 오벳은 어떻게 예수 그리스도를 상징하는가? 예수님은 인간을 섬기는 종으로 이 세상에 오셨다. 그분의 말씀을 직접 들어보겠다: "…너희 중에 누구든지 크고자 하는 자는 너희를 섬기는 자가 되고, 너희 중에 누구든지 으뜸이 되고자 하는 자는 모든 사람의 종이 되어야 하리라. 인자가 온 것은 섬김을 받으려 함이 아니라 도리어 섬기려 하고 자기 목숨을 많은 사람의 대속물로 주려 함이니라"(막 10:43-45).

마지막으로, *사랑 받는 자*의 뜻을 지닌 다윗은 어떻게 예수 그리스도를 상징하는가? 그분이 이 세상에서 공생애를 시작하실 때, 하나님은 친히 "이는 내 사랑하는 아들이요"라고 말씀하셨다(마 3:17). 그렇다! 그렇게 하나님으로부터 많은 *사랑을 받으시던* 예수님이 십자가에서 처참하게 죽으셨다. 그 이유는 무엇인가? 하나님은 당신의 *사랑하는* 아들을 희생시킬 만큼 죄인들을 사랑하시기 때문이다(롬 5:8).

5. "아무개"와 오르바

"아무개"는 엘리멜렉의 기업을 무를 수 있는 우선권을 가졌던 사람이다(룻 4:1). 그런 특권을 그는 보아스에게 넘겨주었다. 얼마나 잘못된 포기였는가? 만일 "아무개"가 엘리멜렉의 가문을 이어주기 위하여 기업도 물러주고, 룻도 사서 결합했다면, 그도 보아스처럼 존귀한 인물이 되었을지 누가 아는가? 당장 눈에 보이는 자신의 이익을 위하여 그처럼 엄청난 권리를 날려 보냈다.

"아무개"는 가룟 유다를 연상시키고도 남는 인물이다. 이유가 무엇인가? 그 이유는 간단하다! 가룟 유다도 눈앞에 보이는 이익을 위하여 예수 그리스도를 팔았기 때문이다. 은 삼십에 그의 목숨과 명예와 의리와 장래를 걸었다. 그는 결국 돈도 잃고 목숨도 잃었다. 그리고 구세주이신 예수 그리스도를 팔았다는 낙인을 영원히 찍힌 사람이 되었다. 하나님의 나라를 위하여 귀하게 쓰임 받을 수 있었는데 말이다.

"아무개"는 우선권을 가졌던 야곱의 큰 아들 에서도 연상시킨다. 그는 그처럼 귀한 장자의 권한을 붉은 죽 한 그릇에 팔아넘겼다. 그는 "내가 죽게 되었으니 이 장자의 명분이 내게 무엇이 유익하리요"라고 말하면서 동생 야곱에게 장자권을 넘겼다(창 25:32). 그 후 그는 통곡하면서 그 장자권을 되찾으려 했지만, 영원히 그의 손을 떠났다(창 27:34). 어쩌면 "아무개"는 이런 에서를 그렇게 빼닮았는가?

"아무개"는 하나님의 나라 건설에 권리와 특권을 받았으나, 한순간에 날려버린 이스라엘 백성을 연상시킨다. 이스라엘은 하나님의 장자였다(출 4:22). 하나님은 그 장자에게 하나님 나라의 건축을 맡기셨다. 그래서 그들에게서 메시야이신 예수 그리스도가 탄생하게 하셨다. 그러나 그들은 그 메시야를 십자가에 처형시킴으로써 하나님 나라의 건축자라는 신분을 잃어버렸다. 그들이 버린 돌이 바로 메시야였는데 말이다(시 118:22).

한편, 나오미의 둘째 며느리인 오르바는 어떤가? "아무개"와는 달리 오르바는 이방인이었다. 그녀는 우상을 섬기는 모압에서 태어났다. 그러나 하나님의 섭리 가운데서 오르바는 유대 가정으로 시집을 왔다. 이것은 하나님의 크나큰 은혜였다. 왜 유대 가정에 시집온 것이 큰 은혜인가? 그녀에게 살아 계신 유일한 신인 여호와 하나님을 만날 수 있는 기회가 주어졌기 때문이다.

실제로 오르바는 유대교의 하나님을 믿는 듯했다. 그렇지 않았다면 시아버지와 남편이 죽은 후에도 그 가정에 남아서 늙은 시어머니를 봉양했을 이유가 없잖은가? 그것만으로 오르바가 하나님을 믿는 충분한 증거가 되지 못한다고 주장하면, 또 다른 이유가 있다. 그것은 시어머니인 나오미가 모압을 떠나 유다 베들레헴으로 돌아가려고 나서자, 그녀도 따라나섰기 때문이다.

그러나 오르바는 베들레헴으로 가는 길이 그렇게 험난할 줄 생각하지 못했던 것 같다. 왜냐하면 시어머니가 친정으로 돌아가서 기회가 되면 재혼하여 가정을 꾸리라고 간청하자, 비록 통곡했지만 그래도 모압으로 돌아갔다. 오르바의 결정은 인간적이며, 그녀의 안위를 먼저 생각한 결과였다. 오르바는 "아무개"처럼 그녀의 이익을 위하여 결정했고, 또 살았다. "아무개"와 오르바는 역사의 뒤안길로 영원히 사라졌다.

오르바는 오늘날 많은 한국 교회의 교인들을 연상시킨다. 처음에는 교회도 열심히 다니고, 심지어는 직분도 받고 봉사도 열심히 한다. 그들은 오르바처럼 하나님에 대한 믿음을 가진 듯하다. 그러나 여러 가지 이유로 믿음이 시들해진다. 어떤 사람들은 대학생활의 매력에 빠져서, 어떤 사람들은 직장생활에 너무 바빠서, 어떤 사람들은 배우자가 반대하기 때문에, 어떤 사람들은 친구들과 어울리기 위해서 교회생활이 시들해진다.

이유가 무엇이든지 결국 자신의 이익을 먼저 선택한 것이다. 현재 한국 교회에서 도중하차하는 교인들이 얼마나 많은가? 어떤 사람들은 처음에는 불꽃처럼 시작했다가, 나중에는 잿더미처럼 시들해진다. 만일 그들이 조금만 더 멀리 내다보았다면 그렇게 결정하지 않았을 것이다. 그들은 결국 자신만을 위하여 살다가 영원히 역사의 뒤안길로 사라질 것이다. 유대인인 "아무개"와 이방인인 오르바처럼 말이다!

참고문헌

Arnold, Bill T. *Ruth. Asbury Bible Commentary*. Eugene Carpenter & Wayne McCown 편집. Grand Rapids, MI: Zondervan Publishing House, 1992.

Barclay, William. *The Gospel of Matthew*. 제1권. 수정판. Philadelphia, PA: The Westminster Press, 1975.

Bewer, Julius A. "The Goel in Ruth 4:14-15." *The American Journal of Semitic Languages and Literatures*. 제20권 4호 (1904, 4): 202-206.

Boone, Edward. *Ruth's Romance of Redemption*. 3쇄. Des Moines, IA: The Boone Publishing Co., 1936.

Brown, Colin 편집. T*he New International Dictionary of New Testament Theology*. 제1권. 제3쇄. Grand Rapids, MI: Zondervan Publishing House, 1971. 제목, "Blessing" by H. G. Link.

Caspi, Mishael Maswari & Rachel S. Havrelock. *Women on the Biblical Road*. Lanham, NY: University Press of America, Inc., 1996.

Carmody, Denise Lardner. *Corn & Ivy: Spiritual Reading in Ruth & Jonah*. Valley Forge, PA: Trinity Press International, 1995.

Epstein, Morris. *All about Jewish Holidays and Custom*. 개정판. Jersey City, NJ: KTAV Publishing House, 1970.

Excell, Joseph S. *The Biblical Illustrator. Ruth*. 제2쇄. Grand Rapids, MI: Baker Book House, 1975.

Fuller, Thomas. *Ruth of The Pulpit Commentary*. H. E. M. Spence & Joseph S. EXcell 편집. Peabody, MA: Hendrickson Publishrs, 1985.

Hamlin, E. John. *Ruth: Surely There Is a Future*. Grand Rapids, MI: Wm. B. Eerdmans Publishing Co., 1996.

Hartley, John E. & Lane Scott. *Leviticus, Asbury Bible Commentary*.

Hastings, James. 편집, *Deutronomy-Esther, The Great Texts of the Bible*. Edinburgh: T. & T. Clark, 1944.

Heslop, W. G. *Rubies from Ruth*. Butler, IN: The Higley Press, 1964.

Hubbard, Robert L. Jr. *The Book of Ruth: The New International Commentary on the Old Testament*. 재판. R. K. Harrison 편집. Grand Rapids, MI: Wm. B. Eerdmans Publishing Co., 1991.

Keil, C. F. & E. Delitzsch. *Joshua, Judges, Ruth, I & II Samuel of Commentary on the Old Testament*. 제2권. Grand Rapids, MI: W. B. Eerdmans Publishing Co., 1985.

Köhler, L. "Justice in the Gate." *Hebrew Man*: 149-175. London: SCM Press, 1956.

Mundhenk, N. & J. de Waard "Mission the Whole Point and What to Do about It--with Special Reference to the Book of Ruth." *Bible Translator* 26 (1975): 423-428.

Porten, B. "The Scroll of Ruth: A Rhetorical Study." *Gratz College Annual of Jerish Studies* (1978): 23-49.

Rosenberg, Israel. *The World of Words: The Truth about the Scroll of Ruth*. New York: Philosophical Library, 1973.

Ryrie, Charles Caldwell. *Ryrie Study Bible*. Chicago: Moody Press, 1978.

Scroggie, W. Graham. *The Unfolding Drama of Redemption: The Bible as a Whole*. Grand Rapids, MI: Zondervan Publishing House, 1972.

Strong, James. *Strong's Exhaustive Concordance of the Bible*. 제36쇄. Nashville, TN: Abingdon Press, 1977.

Trible, Phyllis. *God and the Rhetorics of Sexuality*. Philadelphia, PA: Fortress Press, 1978.

Vine, W. E., Merrill F. Unger & William White, Jr. 편집. *Vine's Expository Dictionary of Biblical Words*. Nashville, TN: Thomas Nelson Publishers, 1985.

Wikipedia Encyclopedia. Subject "Eprath."

제자원, 『그랜드 종합주석』. 제4권. 『여호수아, 사사기, 룻기』. 서울: 성서교재

간행사, 1991.

홍성철. 『눈물로 빚어낸 기쁨: 룻기 강해』. 서울: 도서출판 세복, 2001.

.... 『불타는 전도자 존 웨슬리』. 제8쇄. 서울: 도서출판 세복, 2013.

.... 『우리에게 일용할 양식을 주소서』. 서울: 도서출판 세복, 1998.

.... 『유대인의 절기와 예수 그리스도』. 서울: 도서출판 세복, 2012.

1) 홍성철, 『유대인의 절기와 예수 그리스도』 (서울: 도서출판 세복, 2012), 136.

2) 사사기에는 12명의 사사가 나오는데, 그 중 6명은 죄와 배역이 큰 만큼 구출의 역할도 컸는데, 그들은 옷니엘, 에훗, 드보라, 기드온, 입다 및 삼손이다. 다른 6명은 삼갈, 돌라, 야일, 입산, 엘론 및 압돈이다.

3) 메소포타미아 밑에서 8년, 모압 밑에서 18년, 가나안 밑에서 20년, 미디안 밑에서 7년, 블레셋 밑에서 18년과 40년, 도합 111년의 오랜 기간이었다.

4) 성경의 일곱 번째 책인 사사기의 내용이 일곱 번의 요철을 포함하고 있다는 사실은 자못 흥미롭다.

5) 이스라엘 백성이 하나님에게 악을 행함으로 하나님이 미디안에게 넘겨준 결과 일어난 흉년(삿 6:1-4)이라고 보는 학자도 있다. 이를 위하여 다음을 보라, C. F. Keil & E. Delitzsch, *Joshua, Judges, Ruth, I & II Samuel of Commentary on the Old Testament*, 제2권 (Grand Rapids, MI: W. B. Eerdmans Publishing Co., 1985), 470. 이후로는 *The Book of Ruth*로 명기함.

6) Charles Caldwell Ryrie, *Ryrie Study Bible* (Chicago: Moody Press, 1978), 402.

7) 베들레헴의 다른 이름인 에브랏은 "비옥한 땅"의 의미이다.

8) 히브리어는 다음과 같다: אֱלִימֶלֶךְ

9) Bill T. Arnold, *Ruth, Asbury Bible Commentary*, 편집. Eugene Carpenter & Wayne McCown (Grand Rapids, MI: Zondervan Publishing House, 1992), 350.

10) Mishael Maswari Caspi & Rachel S. Havrelock, *Women on the Biblical Road* (Lanham, NY: University Press of America,

Inc., 1996), 84.

11) Israel Rosenberg, *The World of Words: The Truth about the Scroll of Ruth* (New York: Philosophical Library, 1973), 63.

12) 오르바에 대해 좀 더 생각해 보는 것도 흥미로울 것이다. 과연 오르바는 친정까지 돌아갔을까? 도중에서 무슨 사고라도 나지 않았을까? 만일 무사히 돌아갔다면, 다시 결혼했을까? 나오미가 축복해 준 것처럼 축복받는 삶을 살았을까? 결혼했다면 좋은 남편을 만났을까? 자녀를 낳았을까? 오래 살았을까? 누가 오르바에 대하여 이런 질문을 던지며 관심을 보이겠는가?

13) 일곱은 완전을 의미하며, 보아스의 출현은 어두움과 죽음을 희망과 생명으로 바꾸어 놓았다. Edward Boone, *Ruth's Romance of Redemption*, 3쇄 (Des Moines, IA: The Boone Publishing Co., 1936), 16-18.

14) Thomas Fuller, *Ruth of The Pulpit Commentary*, H. E. M. Spence & Joseph S. Excell 편집 (Peabody, MA: Hendrickson Publishrs, 1985)에서 재인용.

15) 특히 두 아들이 자녀를 남기지 못하고 죽은 것은 하나님의 심판 때문이라고 주장한 학자도 있다. 이를 위하여 다음을 보라: Julius A. Bewer, "The Goel in Ruth 4:14-15." *The American Journal of Semitic Languages and Literatures*, 제20권 4호 (1904, 4): 206.

16) E. John Hamlin, *Ruth: Surely There Is a Future* (Grand Rapids, MI: Wm. B. Eerdmans Publishing Co., 1996), 10.

17) 한글성경에는 11번 나오는데, 히브리 성경 22절에서 두 번 나온다. 그러나 의역을 하면서 하나는 번역되지 않았다.

18) 며느리들이 감수해야 될 여러 가지 고통을 위하여 다음을 보라: 홍성철, 『눈물로 빚어낸 기쁨: 룻기 강해』 (서울: 도서출판 세복, 2001), 37.

19) 그런 이유 때문에 "너희의 아버지의 집"이라고 말하지 않고 "너희의 어머니의 집"이라고 말한다.

20) W. E. Vine, Merrill F. Unger & William White, Jr. 편집, *Vine's Expository Dictionary of Biblical Words* (Nashville, TN: Thomas Nelson Publishers, 1985), 142-143.

21) 학자에 따라서는 이때 세 여인이 울었다고도 한다. 이를 위하여 다음을 보라, 위의 책, 77.

22) Robert L. Hubbard, Jr., *The Book of Ruth: The New International Commentary on the Old Testament*, 재판, R. K. Harrison, 편집 (Grand Rapids, MI: Wm. B. Eerdmans Publishing Co., 1991), 96-97.

23) 히브리어로는 *메누하*(מנוחה)이다.

24) 이런 안식은 이스라엘이 광야를 지나 방황한 후 약속의 땅에서 누리는 안식이며, 여호와의 언약궤가 이곳저곳으로 옮겨 다니다가 예루살렘에 안착하는 안식을 의미하기도 한다. 이를 위하여 다음을 보라: Hubbard, *The Book of Ruth*, 105.

25) 위의 책, 104를 보라.

26) 위의 책, 108.

27) 이것을 다른 말로는 계대결혼繼代結婚이라고도 하며, 영어로는 *levirate marriage*라고 한다.

28) Keil & Delitzxch, *The Book of Ruth*, 473.

29) 사랑의 징계, 고통, 회복, 성결이라는 성경적 순환을 히브리서 12:6-11에서 찾을 수 있다.

30) 히브리어로는 *다버크*(דבקה)로서 "꽉 붙잡다"의 의미와, "바싹 좇는다"의 의미를 가지는데, 본문에서는 두 가지 의미를 합쳐서 "붙좇았다"라고 번역되었다. James Strong, *Strong's Exhaustive Concordance of the Bible*, 제36쇄 (Nashville, TN: Abingdon Press, 1977) 참고.

31) 이 단어가 창 34:3에서는 "연연하며"로, 그리고 수 23;12에서는 "가까이 하여"로 번역되었다.

32) 히브리어 본문에서는 "신들"이라고 하면서 유대인의 신인 엘로힘(אלהים) 을 사용함으로, 룻이 돌아가서 모압의 신들을 선택해도 좋다는 의미를 함 축하고 있다. 이를 위하여 다음을 보라, Bush, *Ruth/Esther*, 82.

33) 여기에서 사용된 하나님도 역시 *엘로힘*으로, 룻은 시어머니의 하나님을 가리켰다.

34) 반면에, 어머니를 붙좇으면 여호와께서 축복하시겠다는 사실을 함축하고 있다.

35) *엘로힘*은 객관적인 하나님이나, 여호와는 주관적인 하나님이다. 이를 위 하여 객관적인 창조주 하나님(창 1:1-2:3)고, 아담과 하와와 구체적인 관계를 맺은 여호와를 비교하라(창 2:4이하).

36) James Hastings, 편집, *Deuteronomy-Esther, The Great Texts of the Bible* (Edinburgh: T. & T. Clark, 1944), 226.

37) 하나님이 이스라엘 백성을 독수리 날개로 없어 인도하신 것처럼 이 두 여 인을 인도하셨다(출 19:4).

38) Hubbard, *The Book of Ruth*, 124.

39) *샤다이*에 하나님의 뜻을 가진 엘을 덧붙이면 "전능한 하나님"이 된다.

40) Bush, *Ruth/Esther*, 94.

41) 위의 책

42) Hubbard, *The Book of Ruth*,129.

43) 홍성철, 『유대인의 절기와 예수 그리스도』, 107. 참고로 유대인들은 칠칠 절에는 *룻기*를 읽었는데, 유월절에는 *아가서*를, 예루살렘의 성전이 파괴 된 날인 압월 9일에는 *예레미야 애가*를, 초막절에는 *전도서*를, 그리고 부 림절에는 *에스더*를 읽었다.

44) John E. Hartley & Lane Scott, *Leviticus, Asbury Bible Commentary*, 250.

45) 홍성철, 『유대인의 절기와 예수 그리스도』, 115.

46) 위의 책, 147이하.

47) 6은 불완전의 수이자 인간의 수인 반면, 7은 완전의 수이자 해결의 수이다. 이를 위하여 다음을 보라; W. Graham Scroggie, *The Unfolding Drama of Redemption: The Bible as a Whole* (Grand Rapids, MI: Zondervan Publishing House, 1972), 374-375.

48) "유력한"은 히브리어로 *하일*(חיל)로서 "부유한," "영향력 있는," "능력의" 등의 의미이다(왕하 15:20; 느 11:14; 삿 6:12).

49) 이를 위하여 다음을 보라, 홍성철, 『눈물로 빚어낸 기쁨』, 73-74,

50) 이 말이 청원의 의미로 쓰인 것을 위하여 다음을 보라, Bush, *Ruth/Esther*, 104.

51) Hubbard, *The Book of Ruth*, 139.

52) 위의 책, 141.

53) 랍비의 전설에 의하면, 보아스는 엘리멜렉의 조카였다. Keil & Delitzsch, *The Book of Ruth*, 477.

54) 히브리어에서는 *히네*(הנה)로서 "볼지어다, 보라"의 의미를 갖는다. 이를 위하여 다음을 보라, Hubbard, *The Book of Ruth*, 143.

55) 위의 책.

56) 위의 책.

57) 추수 때에 이런 인사는 여호와가 넘치는 수확을 허락해주시기를 바라는 기원을 암시적으로 내포한다. 이를 위하여 다음을 보라, 위의 책, 144.

58) Colin Brown, 편집, *The New International Dictionary of New Testament Theology*, 제1권, 제3쇄 (Grand Rapids, MI: Zondervan Publishing House, 1971), 제목, "Blessing" by H. G. Link.

59) 보아스는 많은 하녀와 일꾼들을 거느린 유력한 자였다. 이를 위하여 다음을 보라, 제자원, 『여호수아, 사사기, 룻기』, 807.

60) Keil & Delitzsch, *The Book of Ruth*, 478.

61) Joseph S. Excell, *The Biblical Illustrator, Ruth*, 제2쇄 (Grand Rapids, MI: Baker Book House, 1975), 45.

62) 사환은 히브리어로 *나아르*(נַעַר)이나, 종은 *에베드*(עֶבֶד)이다. 룻 2:5에서 사용된 사환은 전자이다. 이를 위하여 다음을 보라, 제자원, 『여호수아, 사사기, 룻기』, 792.

63) 룻을 "내 딸아!"라고 부른 사람은 보아스(룻 2:8, 3:10, 11) 외에 시어머니인 나오미였다(룻 2:2, 22, 3:1, 16, 18). 그러니까 나오미와 보아스는 같은 시대와 같은 연령대에 속해 있다는 할 수 있다. 이를 위하여 다음을 보라, Hubbard, *The Book of Ruth*, 154.

64) "들으라"는 히브리어로 *쉐마*(שְׁמַע)이다.

65) 여기에서 룻은 "이스라엘 '밖에서' 이스라엘 '안의' 끝자락으로 들어왔다." 이를 위하여 다음을 보라, Hubbard, *The Book of Ruth*, 156.

66) 보아스는 룻에게 보호(protection)와 공급(provision)을 제공함으로 룻이 이삭을 가장 효율적으로 주울 수 있게 하였다. 보통 물은 여자나 이방인이 길어야 되는데(삼상 9:11, 수 9:27), 이방 여인인 룻이 이스라엘 남자가 길어온 물을 마실 수 있다는 사실은 룻의 신분 도약에서 중요한 단계이다. 이를 위하여 위의 책, 160을 보라.

67) Bush, *Ruth/Esther*, 129.

68) "상"에 해당하는 *무슈코러스*(מַשְׂכֹּרֶת)이다.

69) Strong, *Strong's Exhaustive Concordance of the Bible*: 제목, "שֵׂמֶל.."

70) 그런 이유 때문에 이 단어는 종종 여호와와 같이 사용되어 "주 여호와"라고 불린다(출 23:17). 이를 위하여 다음을 보라: Vine, Unger & White, *Vine's Expository Dictionary of Biblical Words*, 140.

71) 구약성경에서 샬롬은 211회나 나올 만큼 중요한 단어이다.

72) 룻기 2장의 "은혜"는 히브리어로 *헨*(הֵן)이다(2:2, 10, 13). 그러나 20절의 "은혜"는 *헤세드*인데, 1장에서는 "선대"로 번역되었다. *헤세드*는 종종 "은혜"로도 번역되기도 하는데, 2장에선 처음부터 끝까지 스며든 "은혜"를 강조하기 위하여 그렇게 번역되었을 것이다.

73) 어떤 밭에는 수확하는 사람들과 이삭 줍는 사람들이 합하여 200여 명이나 되었다고 한다. 이를 위하여 다음을 보라, Keil & Delitzsch, *The Book of Ruth*, 479.

74) Bush, *Ruth/Esther*, 125.

75) Hubbard, *The Book of Ruth*, 175.

76) 배불리 먹고 "남았다"는 사실은 후에 아이들과 여자 외에 5,000명의 남자가 떡을 배불리 먹고 12 광주리나 남은 것을 예시한다(마 14:20).

77) 이삭을 줍는 사람들이 그곳에 접근할 수 없는 이유가 두 가지인데, 하나는 그곳에 많이 떨어진 낟알을 주인의 일꾼들이 거두어들이기 위해서였고, 또 하나는 그들이 단에서 훔쳐가지 못하게 하기 위해서였다. 이를 위하여 위의 책, 176을 보라.

78) 허락을 소극적으로 강조하기 위하여 "책망하지 말라고" 했다.

79) Excell, *Ruth*, 57.

80) 후에 예수님은 이렇게 냉수를 주는 자에게 상이 있다고 하면서 이렇게 말씀하셨다, "또 누구든지 제자의 이름으로 이 작은 자 중 하나에게 냉수 한 그릇이라도 주는 자는 내가 진실로 너희에게 이르노니 그 사람이 결단코 상을 잃지 아니하리라"(마 10:42).

81) 거기에다 "네 떡 조각을 초에 찍으라"라고 하여 더위를 식히게 해주었다 (룻 2:14).

82) 보아스는 룻의 결단과 행동에서 하나님의 손길과 섭리를 읽을 수 있을 만큼 신앙적인 사람이었다. Denise Lardner Carmody, *Corn & Ivy: Spiritual Reading in Ruth & Jonah* (Valley Forge, PA: Trinity Press International, 1995), 44를 보라.

83) Hubbard, *The Book of Ruth*, 160-161.

84) N. Mundhenk & J. de Waard, "Mission the Whole Point and What to Do about It—with Special Reference to the Book of Ruth," *Bible Translator* 26 (1975): 425.

85) 올바른 신앙orthodoxy, 올바른 고백orthopathy, 올바른 실천orthopraxy의 관계를 위하여 다음을 보라; 홍성철, 『불타는 전도자 존 웨슬리』, 제8쇄 (서울: 도서출판 세복, 2013), 8-9.

86) 제자원, 『여호수아, 사사기, 룻기』, 795.

87) Hubbard, *The Book of Ruth*, 179.

88) 위의 책, 181.

89) 위의 책, 183.

90) 제자원, 『여호수아, 사사기, 룻기』, 795.

91) Keil, & Delitzsch, *The Book of Ruth*, 480.

92) 제자원, 『여호수아, 사사기, 룻기』, 795.

93) Exell, *The Biblical Illustrator*, 63.

94) 룻기 1장 중 제9장인 "나오미의 설득"을 보라.

95) 이스라엘에서 아들이 없는 경우 기업의 땅은 딸에게 물려줄 수 있다(민 36:2).

96) Bush, *Ruth/Esther*, 147. "안식할 곳"은 이런 이점을 연상시킨다: "신부된 기쁨"(렘 7:23), "안전"(렘 42:6), "장수"(신 4:40), "물질의 풍요"(렘 40:9), "자녀들"(신 6:3), "나오미 사후의 보장." 이를 위하여 다음을 보라, Hubbard, *The Book of Ruth*, 198.

97) 제자원, 『여호수아, 사사기, 룻기』, 807.

98) Bush, *Ruth/Esther*, 150.

99) 위의 책.

100) 의의 책, 201.

101) 위의 책, 204.

102) 장례의 슬픔을 표시하기 위하여 목욕이나 기름을 바르지 않아야 하며(삼하 14:2), 상복을 입어야한다(창 38:14, 19).

103) Bush, *Ruth/Esther*, 152.

104) 위의 책, 157.

105) 히브리어에는 "보라!"의 의미를 가진 *힌네*(הִנֵּה)가 있다.

106) 이를 위하여 다음을 보라,『헤세드』, 688.

107) 본문에서 "놀라"는 원문에 의하면 "두려워서 부들부들 떨다"의 뜻과 "밤의 냉기로 떨다"의 뜻도 내포한다. 이를 위하여 다음을 보라, Bush, *Ruth/Esther*, 162.

108) Hubbard, *The Book of Ruth*, 211.

109) "옷자락"과 "날개"로 번역된 단어는 카나프(כָּנָף)이다.

110) Hubbard, *The Book of Ruth*, 212.

111) William Barclay, *The Gospel of Matthew*, 제1권, 수정판 (Philadelphia, PA: The Westminster Press, 1975), 167.

112) Bush, *Ruth/Esther*, 165.

113) Hubbard, *The Book of Ruth*, 213.

114) *헤세드*(חֶסֶד)는 룻기에서 "선대"(룻 1:8), "은혜"(2:20) 및 "인애"(3:8)로 각각 번역되었는데, 그 뜻은 모두 힘과 충성과 사랑이 내포된 행위를 말한다. 반면, "은혜"로 번역된 헨(חֵן)은 자격 없는 자에게 베푸는 호의를 의미한다(2:2, 10, 13).

115) Hubbard, *The Book of Ruth*, 214-125.

116) 어떤 학자에 의하면, 보아스는 룻에게 사랑을 느꼈지만, 그의 많은 나이 때문에 청혼하지 못했을거라고 한다. 이를 위하여 다음을 보라,『헤세드』687.

117) Bush, *Ruth/Esther*, 173.

118) 히브리어에선 "유력한"과 "현숙한"이 똑같은 단어, *하일*(חַיִל)이다.

119) Hubbard, *The Book of Ruth*, 216.

120) 만일 보아스가 결혼을 못해도, 그 기업 무를 자가 룻과 결혼함으로 엘리멜렉의 가문은 끊기지 않을 터이기에 보아스는 그래도 안심할 수 있었을 것이다. 이를 위하여 위의 책, 219를 보라.

121) 위의 책, 218.

122) 제자원, 『여호수아, 사사기, 룻기』, 809.

123) 여기에서 새벽은 "흰색과 푸른색을 구별할 수 있게 될 때… 늑대와 개를 구별할 수 있을 때, 당나귀와 노새를 구별할 수 있을 때… 사람들이 4~5m 거리에서 서로를 알아볼 수 있을 때"라고 정의하기도 한다. 이를 위하여 다음을 보라, 제자원, 『여호수아, 사사기, 룻기』, 809-810.

124) Hubbard, *The Book of Ruth*, 222.

125) 제자원, 『여호수아, 사사기, 룻기』, 810.

126) "빈손" 내지 "비어"로 번역된 히브리어는 *레캄*(רֵיקָם)이다.

127) Hubbard, *The Book of Ruth*, 226.

128) 위에서 언급한 대로, 보아스는 두 가지 이유 때문에 룻에게 접근하기를 주저했던 것 같다: 첫째는 그의 많은 나이 때문이고, 둘째는 그보다 더 가까운 고엘, 기업 무를 자가 있었다.

129) 제자원, 『여호수아, 사사기, 룻기』, 821.

130) 위의 책, 822.

131) Bush, *Ruth/Esther*, 197-198.

132) L. Köhler, *"Justice in the Gate," Hebrew Man* (London: SCM Press, 1956), 153.

133) Bush, *Ruth/Esther*, 197. 실제로 룻기에서 보아스의 이름은 25번, 나오미는 27번, 룻은 30번이나 나온다.

134) Phyllis Trible, *God and the Rhetorics of Sexuality* (Philadelphia, PA: Fortress Press, 1978), 190.

135) Hubber, *The Book of Ruth*, 234.

136) 이처럼 12명이 둘러앉아 중요한 결정을 논의하는 행위는 이스라엘의 12 아들과 예수님의 12 제자들을 연상시킨다.

137) Bush, *Ruth/Esther*, 200.

138) 위의 책, 202.

139) Keil & Delitzsch, *The Book of Ruth*, 489-490.

140) Hubber, *The Book of Ruth*, 245.

141) 위의 책, 251.

142) "아무개"가 그의 특권을 물려준 사실은 특권을 잃은 선조들을 상기시킨다. 예를 들면, 가인은 잘못된 제사의 선택으로, 이스마엘은 약속을 받지 못했음으로, 에서는 장자권을 판 이유로, 르우벤은 아비의 첩을 범한 선택으로, 그들은 모두 특권을 잃었다. 바울도 이를 증언한다(롬 9:6이하).

143) Hubber, *The Book of Ruth*, 255.

144) 위의 책.

145) 위의 책.

146) Hubbard, *The Book of Ruth*, 258.

147) Bush, *Ruth/Esther*, 240.

148) 에브라다는 갈렙의 아내이며 훌의 어머니인데(대상 2:19), 그녀가 자손들을 이끌고 베들레헴에 정착하였기에 베드라다를 베들레헴의 아버지, 곧 창시자로 불렸다(대상 4:4). 그리고 그녀의 이름을 빌어서 베들레헴을 에브랏이라고도 한다. 이를 위하여 다음을 보라, *위키피디아*[Wikipedia] *백과사전*, 제목 "Eprath."

149) 히브리어로 *하일*(חיל)이 사용된 뜻을 보면 다음과 같다: "재물"(민 31:9, 신 8:18), "보화"(슥 14:14), "현숙한"(잠 31:10).

150) Hubbard, *The Book of Ruth*, 261.

151) 위의 책, 267.

152) 위의 5가지 내용을 구체적으로 알려면 다음을 보라, Hamlin, *Ruth*, 67-68.

153) 룻기 1:19에서는 "온 성읍"이라고 묘사되었는데, 그 가운데는 "여인들"도 함께 했음에 틀림없다. Hamlin, *Ruth*, 69.

154) "회복시키다," "회복자"의 히브리어는 *하슈브*(השיב)로서, 원형은 "돌아오다"이다. 그러니까 죽은 생명이 다시 돌아오는 것을 뜻하는 단어이다. 이 단어는 구약성경에서 7번 나온다: 애 1:11, 16, 19, 욥 33:30, 시

19:7, 23:3, 35:17. 이를 위하여 다음을 보라: Hamlin, *Ruth*, 69.

155) 하나님의 허용적 뜻(헬라어로 *델레마*: θελημα)이며, 절대적 뜻(*불레마*: βουλημα)이다. 이에 대한 자세한 설명을 위하여 다음을 보라: 홍성철, 『우리에게 일용할 양식을 주소서』 (서울: 도서출판 세복, 1998), 82.

156) 룻기는 모두 85절로 이루어진 짧은 성경인데, 그 중 "여호와"가 17번, "하나님"이 2번, "전능자"가 1번, 합해서 20번이나 나온다. 참고로 룻은 30번, 나오미는 27번, 보아스는 25번 나오면서, 이 세 사람이 인간적인 주인공임을 시사한다.

157) Hubbard, *The Book of Ruth*, 274.

158) Hamlin, *Ruth*, 72.

159) Bush, *Ruth/Esther*, 261.

160) 위의 책.

161) 홍성철, 『눈물로 빚어낸 기쁨』, 156.

162) Hubbard, *The Book of Ruth*, 278.

163) Hamlin, *Ruth*, 73.

164) 구약성경의 저자들은 7대에는 아무나 넣지 않고 특별한 인물을 위한 곳으로 여기는 경향이 있다. 이를 위하여 Hubbard, *The Book of Ruth*, 283을 보라.

165) B. Porten, "The Scroll of Ruth: A Rhetorical Study." *Gratz College Annual of Jewish Studies* (1978): 48. 참고로 7대손의 위치는 너무나 영광스럽고 존귀하기에 아무에게나 주어지지 않고 보아스처럼 스러져가는 가문을 일으킨 사람에게 주어진다. 이를 위하여 Hubbard, *The Book of Ruth*, 284-285를 보라.

166) 룻기 1장에서는 보아스가 등장하지 않는다.

167) W. G. Heslop, *Rubies from Ruth* (Butler, IN: The Higley Press, 1964), 7.

168) 유월절은 무교절이라고도 하며, 오순절은 칠칠절, 초실절 또는 맥추절이

라고도 하며, 초막절은 수장절이라고도 한다. 강조하고픈 내용에 따라 각기 다른 이름을 사용하였다. 이를 위하여 다음을 보라, 홍성철, 『유대인의 절기와 예수 그리스도』.

169) Morris Epstein, *All about Jewish Holidays and Custom*, 개정판 (Jersey City, NJ: KTAV Publishing House, 1970), 68.

170) 위의 책, 71.

171) 히브리 원어에서는 동사와 명사의 어근(語根)이 같은데, 둘 다 다음과 같은 세 자음으로 구성된다: גאל.

172) 이 개념은 다음의 주석에서 가져온 것이다: 『헤세드』, 708-709.